新常态下兵团经济
发展问题研究

Research on the Economic Development of
XPCC under the New Normal

龚新蜀　主编
许晓莹　胡志高　副主编

中国财经出版传媒集团
经济科学出版社
Economic Science Press

图书在版编目（CIP）数据

新常态下兵团经济发展问题研究/龚新蜀主编.—北京：经济科学出版社，2016.12
ISBN 978-7-5141-7603-2

Ⅰ.①新… Ⅱ.①龚… Ⅲ.①生产建设兵团-经济发展-研究-新疆 Ⅳ.①E24

中国版本图书馆 CIP 数据核字（2016）第 319577 号

责任编辑：王东岗　张庆杰
责任校对：杨　海
版式设计：齐　杰
责任印制：邱　天

新常态下兵团经济发展问题研究
龚新蜀　主编
许晓莹　胡志高　副主编
经济科学出版社出版、发行　新华书店经销
社址：北京市海淀区阜成路甲 28 号　邮编：100142
总编部电话：010-88191217　发行部电话：010-88191522
网址：www.esp.com.cn
电子邮件：esp@esp.com.cn
天猫网店：经济科学出版社旗舰店
网址：http://jjkxcbs.tmall.com
北京财经印刷厂印装
787×1092　16 开　18.5 印张　350000 字
2016 年 12 月第 1 版　2016 年 12 月第 1 次印刷
ISBN 978-7-5141-7603-2　定价：49.00 元
（图书出现印装问题，本社负责调换。电话：010-88191510）
（版权所有　侵权必究　举报电话：010-88191586
电子邮箱：dbts@esp.com.cn）

前　言

　　自20世纪80年代中后期至2007年美国次贷危机爆发前的约20年间，世界经历了一个"大稳定"的时期，2002~2007年更是世界经济增长的"黄金时期"，各类经济体包括欧美发达国家、新兴经济体和发展中国家，都实现了较高速的经济增长，其中中国经济的高速增长成为世界经济增长的强有力引擎。然而这一过程被2007~2008年爆发的国际金融危机打断，虽然各国政府联手采取了宏观经济刺激政策，但并未能迎来所期望的经济恢复和增长，世界至今仍处于后危机时期的经济低迷之中。到2011年，中国开始认识到8%的增速主要并非周期性因素所致，而是一种结构性减速，即中国经济已发生了历史性的实质变化，已经进入了一个"新时代"或经济发展的新阶段。在这个新阶段中，将发生一系列全局性、长期性的新现象、新变化，这一切可以被简要概括为经济发展的"新常态"。

　　2014年5月，习近平主席在河南考察时首次使用新常态概念，要求领导干部"从当前中国经济发展的阶段性特征出发，适应新常态，保持战略上的平常心态"。2014年7月29日，在中南海召开的党外人士座谈会上，习近平主席又一次用新常态来概括当前经济形势。2014年11月10日，在北京召开的亚太经合组织（APEC）工商领导人峰会上，习近平主席集中阐述了我国经济发展新常态下的速度变化、结构优化、动力转化三大特点，并集中表达了新常态将给中国带来新机遇的乐观预期。在2014年12月9日的中央经济工作会上，习近平主席从九个方面，详尽分析了中国经济新常态的表现、成因及发展方向，并明确指出我国经济发展进入新常态是我国经济发展阶段性特征的必然反映，是不以人的意志为转移的。认识新常态，适应新常态，引领新常态，是当前和今后一个时期我国经济发展的大逻辑。新常态是中国迈向更高级发展阶段的宣示，它不仅分析了中国经济转型的必要性，而且明确指出了中国经济转型的发展方向。

　　对照我国经济运行新常态的主要特征，可以初步判断新疆生产建设兵团（简称：兵团）已经进入经济增速放缓、结构调整以及发展方式转变的新常态阶段。近三年兵团生产总值增速呈现逐年递减的趋势。在产业结构方面，第二产业和第三产业比重稳步提高，其中战略性新兴产业对工业发展贡献度提升，服务业、商贸流通业增速明显加快。在投资结构方面，固定资产投资更多投向基础设施、民生等方面，对资源型重工业的投资明显减少。总体来看，新常态下兵团经济发展仍然面临着诸多挑战：一是如何保持稳定合理的经济发展速度。新常态首要特征是高速转入中高速，也就意味着经济可能会减速，或者经济增长的速度放缓，同时经济发展质量效益得到提高。兵团与国家经济是保持同步放缓的，但是作为后发区域，兵团增速仍需高于全国平均水平，如何保持一个合理而又符合兵团当前经济发展状态的经济速度至关重要。二是发掘兵团经济增长的新动力。从理论上来说，经济增长动力的演进过程是从劳动密集型到资源密集型，再到技术密集型。但是兵团当前面临的尴尬局面是劳动密集型产业的动力尚未充分利用，人口红利已经伴随着人口老龄化、劳动力成本上升等问题的到来而逐渐褪去，而全国范围内资源密集型产业基本都存在产能过剩的问题，这意味着资源密集型动力给兵团留下的空间不大，在技术创新方面兵团基础仍然很薄弱。怎样借助于劳动力、资本和技术载体充分释放改革红利和体制红利，是新常态阶段兵团面临的一大难题。三是如何提高兵团城镇发展质量，培育新的经济增长极。党的十八大报告曾指出，"必须以改善需求结构、优化产业结构、促进区域协调发展、推进城镇化为重点，着力解决制约经济持续健康发展的重大结构性问题"，可见城镇化被认为是推动中国经济社会发展、调节经济结构的重要路径。新常态下，兵团城镇化还面临着城镇配套基础设施建设资金不足、城镇缺乏产业支撑、资源环境受约束、人口聚集能力较弱、经济贡献力有限等问题。基于此，本书探讨了新常态下兵团经济发展的重大问题，通过对兵团战略性新兴产业发展、兵团金融服务业发展以及基于社会稳定的兵团城镇化发展研究和新常态下兵团经济发展方式转变的研究，旨在解决兵团经济发展中的现实重大问题，提出解决的方案和对策，以加快推进兵团经济持续快速发展。

  本书综合运用经济学、管理学、社会学等学科的理论与方法，对新常态下兵团经济发展问题进行了研究。本书共分为五章：第1章概念界定与理论基础。主要对战略性新兴产业、金融服务业、城镇化及经济发展方式进行了界定，对战略性新兴产业、金融服务业、城镇化和经济发展方式转变相关理论进行分析。第2章兵团战略性新兴产业发展问题研究。通过分析兵团经济发展现状，提出兵团发展战略性新兴产业的现实需要和条件，从产业科技效果和效益、产业比较优势及市场需求、产业关联性及低碳效果、产业发展潜力和产业区位特征五个基准层构建评价指标体系，运用因子分析法选择适合兵团经济发展的战略性新兴产业，采用相关性分析法和鉴别力系数法对兵团战略性新兴产业发展进行综合评价，通过综合模糊评价法对新材料、生物、新能源、新一代电子信息和节能环保五个细分产业进行评价，借鉴国内外战略性新兴产业发展经验，提出兵团战略性新兴产业发展路径。第3章兵团金融服务业发展问题研究。通过分析兵团金融服务业发展状况，从金融活力和金融产业两个层面构建兵团金融服务业发展综合评价指标体系，运用因子分析法对兵团金融服务业发展进行综合评价，通过构建协调度模型测算兵团金融发展与经济发展的静态与动态协调度指数，针对兵团金融服务业发展存在的问题与制约因素，提出相应对策建议。第4章基于社会稳定的兵团城镇化发展研究。在梳理兵团城镇化发展状况的基础上，采用综合评价法对兵团及各师的城镇化水平进行测评，通过面板数据模型从经济增长、产业结构升级和反贫困三个层面对兵团城镇化的经济发展效应进行测算，利用面板格兰杰检验对兵团城镇化的人口聚集效应进行验证，采用规范分析法对兵团城镇化建设与新疆社会稳定之间的关系进行分析，在此基础上提出基于社会稳定的兵团城镇化路径和政策支撑体系。第5章新常态下兵团经济发展方式转变研究。分析兵团经济发展方式转变的现实基础，从经济、社会、自然三大系统构建兵团经济发展方式测评指标体系，运用模糊综合评价法对兵团经济发展方式转变所处的阶段进行测度，并探讨兵团经济发展方式转变存在的问题及现实障碍，借鉴国内外经济发展方式转变的成功经验，选择兵团经济发展方式转变的具体路径，并提出路径实施的保障措施。

兵团具有特殊的体制和机制，而且兵团经济发展问题涵盖了多学科多领域，绝非本书内容所能完全涉及。随着学科的发展和兵团改革实践的不断创新，我们的研究也将会不断地深化。毋庸置疑，本书还存在许多不足之处，切望得到各位专家、学者和读者的指正！

龚新蜀

2016年9月

目 录

第1章 概念界定与理论基础 / 1

1.1 概念界定 / 1
1.2 战略性新兴产业相关理论 / 13
1.3 金融服务业发展相关理论 / 16
1.4 城镇化相关理论 / 19
1.5 经济发展方式转变相关理论 / 21

第2章 兵团战略性新兴产业发展问题研究 / 25

2.1 兵团发展战略性新兴产业的现实基础 / 25
2.2 兵团战略性新兴产业的选择 / 34
2.3 兵团战略性新兴产业发展评价 / 42
2.4 兵团战略性新兴产业发展的路径及政策建议 / 63

第3章 兵团金融服务业发展问题研究 / 69

3.1 兵团金融服务业发展现状 / 69
3.2 兵团金融服务业发展实证分析 / 81
3.3 兵团金融服务业发展存在的问题与制约因素 / 93
3.4 加快兵团金融服务业发展的对策建议 / 102

第4章 基于社会稳定的兵团城镇化发展研究 / 107

4.1 兵团城镇化发展状况 / 107
4.2 兵团城镇化发展的社会稳定效果评价 / 122
4.3 基于社会稳定的兵团城镇化建设的思路 / 144
4.4 基于社会稳定的兵团城镇化路径的设计 / 149

4.5　基于社会稳定的城镇化路径实施的支撑体系／165

第5章　新常态下兵团经济发展方式转变研究／172

5.1　兵团经济发展方式转变的现实基础／172

5.2　兵团经济发展方式转变实证分析／181

5.3　兵团经济发展方式转变的问题及现实障碍／244

5.4　国内外成功经验对兵团经济发展方式转变的借鉴／254

5.5　兵团经济发展方式转变的路径选择与保障措施／260

参考文献／267

后记／286

第1章

概念界定与理论基础

1.1 概念界定

1.1.1 战略性新兴产业相关概念

1.1.1.1 战略性产业

1. 战略性产业内涵

战略性产业是指一国为实现产业结构高级化的目标而选定的对国民经济发展由重要推动意义的具体产业。一般来说，它们是各国根据不同经济技术发展水平和对未来经济技术发展的预见所确定的。战略产业最主要包括先导产业、支柱产业、主导产业和基础产业。战略产业最主要的是应该有战略意义，即受国家政策的扶持和保护、具备在未来经济发展中能够成为支柱产业或主导产业的可能性。其决定因素，首先是市场前景、产业自身技术特点和成长潜力，其次是现有产业结构状况、国家资源的特定条件和产业自身获取资源的能力等。通过大规模投资，在短时间内迅速建立起战略产业的发展基础，满足国家发展目标的要求，如提高战略产业的供给能力、占领产业制高点、改变本国产业的国际地位等，都是国家发展常用的战略手段。

2. 战略性产业特征

（1）战略性。主要体现在该产业对国民经济运行的重要作用，对产业结构高级化、综合国力和国际竞争力提升有巨大的促进作用。

（2）带动性。战略产业对国民经济发展和整个工业具有带动作用。这种带动作用主要表现在对与战略产业部门有直接供求关系的供需双方的带头作用，以及对与战略产业部门有间接联系的文教卫生和城市建设等部门的带动作用。例如，棉纺织业是英国早期战略重点的工业部门，棉纺织业的发展扩大了对蒸汽机和纺织机的需求，促进了早期机械制造业的发展；而机械制造业的发展又使钢铁的需求加大，从而推动了冶炼业、采矿业的发展；不仅如此，也间接推动了棉花等原材料生产的发展。此外，棉纺织业要想发展就需要扩充纺织工人数量，增强工人的技术水平，满足工人的精神和物质文化需求，从而必然推动文教卫生事业和城市建设的发展。

(3) 渗透性和扩散性。战略性新兴产业对提升传统产业的技术水平、市场的竞争力和开拓性起着重要的作用，为相关联产业带来潜在的经济效益，对于国家经济增长起着重要的带动和支撑作用。

(4) 动态性。一个族、一个国家在不同的发展时期，对应着不同的战略产业。一个产业在国家经济中的战略地位随着经济发展和产业技术进步而变化，大体趋势是随着经济发展和产业技术进步，某些传统战略产业逐渐失去其在国民经济发展中的战略地位，而代表未来经济、科技发展方向的产业将演变为战略产业。而在传统战略产业领域里，一部分垄断性战略产业逐渐向竞争性战略产业转变，其中又有许多竞争性战略产业最终转变为一般性产业，从而失去其在国民经济中的战略地位，而代表未来发展方向的产业最终将成为新的战略产业。

1.1.1.2 新兴产业

1. 新兴产业的内涵

新兴产业一般来说最主要的特点便是"新"，"新"说明产业处于生命周期的初创阶段，不仅代表了新兴技术的技术化水平，同时还代表现有的市场对旧产品的淘汰以及对产业结构升级的迫切需求。对于传统产业和新兴产业，新兴产业能够产生更大的影响力，这主要源自于新兴产业有更高的科技含量，能够引领传统产业未来的发展。当前新兴产业主要是指电子、信息、生物、新材料、新能源、海洋、空间等技术产生和发展起来的一系列新兴产业部门。

2. 新兴产业的特征

(1) 技术性和扩张性。新兴产业在成长的过程中要能够代表新技术的发展方向，在产业内能够形成紧密关联的部门整体，并且在相当长的时间内保有很强的技术竞争力；该产业还应有巨大的市场潜力和市场开拓能力，能够渗透到很多产业中，并能有效地吸收创新成果，满足大幅增长的市场需求，从而在成长过程中获得较高的产业增长速度。

(2) 经济效益的长期性。新兴产业在成长过程中的经济效益要具存长期性，这种经济效益指的是经济性的不断增加，也就是要其存单位成本的递减效应，随着时间和规模经济性的作使该产业的长期平均费用减少；该产业经过一段时间的保护和扶植后，产业竞争力会得到不断增强，最终成为具有国际产业竞争优势的产业。

（3）关联性和渗透性。新兴产业的成长对区域经济增长要具有较高水平的贡献率，这要求新兴产业比其他产业一定要具有较强的产业关联效应，能有效带动其他相关产业的发展；要求新兴产业的产量高效增加的同时，还要带动其他产业共同发展，创造就业机会、提高社会消费水平、改善贸易条件和提升产业高度，增强区域的总体经济实力。

1.1.1.3 战略性新兴产业

1. 战略性新兴产业的内涵

战略性新兴产业是战略产业和新兴产业的"交集"。"战略性"是从国家整体利益出发，关系到国家的经济命脉和国家安全，关系到我国在世界经济、政治、军事事务中的战略行动能力。"新兴"代表着市场对经济系统整体产出的新要求和产业结构转换的新方向，代表着科学技术产业化的新水平和正处于形成发展初期阶段的产业，具有明显的技术驱动和重大科技创新的特征，同时能够符合市场需求或创新的需求。综上所述，战略性新兴产业应具有以下内涵：战略性新兴产业是在经济发展的特定阶段，以科技的重大新突破为基础，融合新兴科技和新兴产业，能够引发社会新需求、带动科技创新、产业结构调整和经济发展方式转变，并对人类社会进步、国家未来综合实力具有根本性重大影响，在国民经济中具有重要战略地位，并在快速成长的新产业领域。

2. 战略性新兴产业特征

战略性新兴产业是一个新提出来的发展理念，一般来说应具有以下几个特征：一是战略全局性，主要是指战略性新兴产业在未来能够引领国民经济的发展方向，在未来国民经济与社会发展过程中占有战略性地位，可以缓解经济可持续发展过程中要面临的压力；二是产业关联性，主要是指战略性新兴产业与其他产业关联性较大，关联效应显著，同时该产业有较长的产业链，可以带动关联配套产业一起带来大量的就业机会，缓解当前国家的就业压力；三是科技创新性，主要是指战略性新兴产业可能突破靠引进的知识技术的限制，从而代表未来新兴技术的发展方向，取得较强的竞争优势；四是高速成长性，这主要体现在战略性新兴产业在市场和产品方面潜力较大，能够保持较快的增长速度。由于处于规模快速扩张的初创期，战略性新兴产业在发展过程中会呈现非线性发展的趋势；五是培育风险性，主要是指战略性新兴产业提出较晚，对战略性新兴产业的培育与发展也是摸着石头过河，没有发展经验可遵循，所以在其发展过程中有着较多的不确定性，很有可能产品出来后在市场上失败①。此外战略性新兴产业政策相关扶持体系尚不健全，而其又是 R&D 投入较大的产业，故而使得对其培育的风险性增加；六是政策导向性，主要是指政府部门对战略性新兴产业的选择及培育发展有一个引导作用，代表国家未来新的产业发展方向，同时也是引导技术、人才及资金等要素投放和产业政策制定的依据。

1.1.2 金融服务业相关概念

1.1.2.1 金融服务业

1. 金融服务业的内涵

金融是现代经济的核心。金融业是社会经济发展到一定阶段后，整个社会各经济主体从事的同货币、资本、信用、保险、证券等有关的经济活动。首先，关于服务业的概念在学术上就比较模糊，到目前尚未明确的服务业概念。我国对服务业普遍承认的观点是服务业是一种不以实物为主体，同时满足他人生产生活需求的所以相关活动的总和。于光远主编的《经济大辞典》将服务的概念界定在劳务上，并通过一定的工具与设备为社会输出劳务。按照世贸组织给定的服务业概念范围，把服务业分为 12 大类，包括教育服务、通信服务、建筑及相关工程服务、运输流通服务、娱乐文体服务、金融服务等；服务业行业部门共 142 个，是目前服务业分类最详尽、最权威的分类体系，能够涵盖社会生产生活的方方面面。

金融服务业是服务业分类中的一个具体行业部门，由于服务业概念本身尚未界定明晰，因此对金融服务业的概念范围及职能进行系统的、明确的界定难度更大。随着理论研究的不断推进，金融服务业的定义开始逐渐充实与细化。早期，马克思从货币的流通性质上将金融定义为货币资本的融通，是资金流通和信用交易之间的一系列经济活动的集合（中国金融百科全书，1990）。伴随着金融业的概念与信息经济学的融合，金融业定位在不确定环境下，信用与资本融通对资源配置的时间效率。金融在资本市场的作用主要靠金融工具，而金融工具的定价又依赖于金融功能，以此维护资本供给与运营。目前，世界贸易组织（WTO）对金融服务业的定义受到广泛认可，认为金融服务业是金融服务业主体为金融产品需求者提供的有关金融性质的服务。金融服务业务范围包括银行及其他金融服务业，具体包括 11 小类；保险及保险相关服务，如人寿保险及财产保险等直接性

---

① 肖兴志. 中国战略性新兴产业发展研究［M］. 北京：科学出版社，2011.

保险、分保险以及再保险等，而保险服务的提供者包括保险代理机构及中介机构，从事保险咨询、风险评估、精算以及保费索赔等保障性服务。

国内学者在金融服务业概念的研究中有代表性的有很多，如何德旭（2006）在对我国金融服务业发展特点的基础上，归纳金融服务业的具体概念并对金融服务业进行分类，为我国金融服务业的研究提供基础。他认为金融服务业主要包括六大类，分别是信贷服务、交易服务、证券服务、保险服务、资产管理服务以及信息咨询服务等。具体而言，一是信贷服务作为传统金融服务业的服务业务，是金融机构的最大收入来源。二是交易服务为企业及股东等提供会计服务，随着经济的发展，交易服务频率不断加快。三是保险服务通过一定的保险产品为客户转移风险，为客户应对意外风险实现损失最小化。四是证券服务于资本市场，包括资本市场的发行服务和交易服务，促进企业融资，降低企业融资成本。五是资产管理服务针对于资产风险或资本汇率偏好等，为投资者提供资产选择咨询以及保障投资人的资产安全，监督资产走势并进行项目管理。六是信息和咨询服务通常指的是金融中介部门为企业或目标客户提供交易信息，降低企业或目标客户搜集信息的成本，为投资人做资产评估以及投资建议等。

金融服务业作为国民经济的核心部门，是一个发展迅速的行业。因此，对金融服务业的内涵，以发展的视角分析金融服务业发展与演进的历程。金融服务业源自于资本、信用的快速膨胀，随着金融产品消费需求的增加与多样化、金融创新与监管放松，使得金融服务业的内涵更加丰富。金融服务业的核心是货币及其衍生商品的交易、流通与运营，以货币资金或金融工具为手段，为市场所有参与者提供金融产品与金融中介服务。此外，金融服务业由金融机构以及提供金融产品生产与流通的金融市场构成。具体而言，金融服务业包括了以银行业、保险业、证券业、信托业以及基金业五大传统金融行业部门，还包括以金融租赁、金融法律咨询等为主的非传统金融行业部门。在外延上，金融服务业连接各行业部门，是其他行业部门交易活动的纽带，由金融产品、金融工具、金融制度、金融市场组成的开放的系统。金融服务业通过输出金融产品，服务其他经济部门，实金融资源的再分配，为生产、分配各环节提供融资服务，为市场交易提供中介服务，实现生产交易的便利化。金融服务业是一个综合性的组织体系，经营形式依托各自的企业，推动其他产业的发展。

2. 金融服务业的分类

金融服务业是第三产业中独立的一项，目前在国际范围内尚未形成统一的划分标准；根据标准产业分类，金融服务业由金融、保险和房地产等八小类构成；在日本的服务业分类中，金融属于服务业六项分类中的第四类。按照我国2002年实施的《国民经济行业分类（GB/T4754—2002）》的划分标准，金融服务业分为四大类：银行、保险、证券以及其他金融行业。其中，保险是新加入金融行业的部门，并细分为人寿保险、非人寿保险、保险辅助服务；此外，证券业增添了证券市场管理、证券投资、证券经纪与交易、证券分析与咨询的细分项。

3. 金融服务业的特点

金融服务业作为国民经济部门的一部分，首先具有产业发展的一般性。其次，与其他产业部门相比，金融服务业本身具有一定的特殊性。从行业整体而言，金融服务业的特征可归纳为以下六个方面：

（1）金融服务产业的实体投资较为模糊，对金融服务的数量难以做出有效核算，缺乏准确的价格指标或者其他量化的指标进行度量，因而，金融服务业的产出具有较大的模糊性。

（2）在金融市场上，为便于金融产品交易，使得金融市场在地域上具有很强的方向一致性。金融服务业在产业空间布局上的特点显示金融产品趋于向经济发展较发达地区集中，并且根据市场环境，渐渐形成规模各异的金融中心。

（3）金融服务业主体，从狭义上主要指的是银行业，为满足市场上对金融产品、金融产品的需要，提供相应的金融产品和金融服务。然而，不同的金融部门提供的金融产品和金融服务具有各种的针对性和差异性，但其核心职能仍然是提供多样化的金融产品、降低交易费用、提供支付手段、降低商业风险等。

（4）从物质形态上，金融产品具有去物质性，金融产品之间的差异具体表现为运作方式、创新、法律法规等。随着金融产品的不断创新、经营模式的不断进步，金融产品的去物质性表现得更加明显，但是从本质上讲，金融产品始终不能脱离其货币承载数量的属性。

（5）在传统金融服务业与现代金融服务业的特征比较中，传统金融服务业集中于金融机构对资本融通的中介功能。然而，现代金融服务业不仅继承了传统金融服务业的一般性，而且伴随着信息技术的应用，使现代金融服务业在信息传递及交易效率上有了质的改变。当今的经济活动越来越多地体现出金融化，因此，金融信息化在经济活动中越来越重要。金融服务业从传统到现代，经历了由劳动密集到知识密集、信息密集和人力资源密集的转变。现代金融服务业的核心竞争力已然成为人力投入、信息承载能力在经济活动中价值创造的主要推动力。

（6）从风险控制上讲，金融服务业虽然具有风险规避的功能，但其本身就是一个风险性较为集中的行业部门。所以，金融机构的职能运行需要监管机构的持续监督才能保证金融服务业的风险控制。此外，金融服务业在宏观经济调控的主要杠杆，需要较权威的金融监管力度和能力。在现阶段，国内国际金融市场环境下，金融服务业正处于一个快速革新的时期，信息变革、金融深化在很长时期都会在这一领域持续下去。

1.1.2.2 兵团金融服务业的界定

本书在对新疆生产建设兵团（简称：兵团）金融服务业的研究中，将金融服务业研究范围界定在银行、保险和证券三个方面。伴随着兵团经济的发展，兵团金融服务业主要从事包括货币、资本、信用、资产、证券、保险等有关的活动，是具有服务性质、中介性质以及咨询性质的经营活动。兵团金融服务业的发展应以构建银行和非银行金融机构为核心，以政策性金融机构为补充，特色鲜明、结构完善的金融体系，从而为兵团经济服务。根据我国金融服务业行业部门分类及兵团金融服务业发展的实际，考虑到兵团金融行业部门中，银行业、保险业以及证券业在所有金融部门占据绝对比重；在金融规模以及金融中介功能上，银行业、保险业和证券业三方面承担着主要的功能。在有关资本交易、货币流通等方面，银行、保险以及证券涵盖了兵团金融服务业的交易活动。因此，在研究兵团金融服务业的过程中，通过对兵团银行业、保险业以及证券业的深入研究，反映兵团金融服务业的资本融通功能、金融结构以及金融规模等。

1.1.3 城镇化相关概念

1.1.3.1 城镇化

城镇化的概念来源于英文 urbanization，它是指农村人口不断向城镇转移，第二、第三产业不断向城镇聚集，城镇数量不断增加，城镇人口规模与地域规模不断扩大的一个过程。尽管城镇化从表面上看是一个人口迁移的过程，但实际上城镇化是一个包含人口、空间、经济、生态、社会等诸多要素的复杂系统，是一个具有城乡人口分布结构的转变、居住区域空间形态的变化、产业结构和社会结构的有效转变、人们价值观念和生活观念的转变和经济要素集聚方式的变迁或创新五层含义的综合过程。

1.1.3.2 城镇化路径

路径是指事物在发展过程中所遵循或经历的道路，路径不同往往会导致最终在结果上的差异，同时，即便是选择相同的路径，但由于个体差异的存在，也可能会产生不同的结果。城镇化路径有广义和狭义之分。狭义的城镇化路径是指城镇化的实现途径或方式，是推动城镇化发展所采取的方法或战略安排。广义的城镇化路径是指城镇化的方向、目标、战略、速度、实现途径及相关方针政策的总称。城镇化路径受历史、政治、经济、人口、文化、地理环境、资源禀赋等多重因素的影响和制约。因此，城镇化路径的选择并非只是一个国家或地区城镇化发展的简单定位问题，而是涉及诸多条件的综合考虑。本书中的城镇化路径即是指新疆特色城镇化的实现途径与实现方式，是指通过某种方法或方法的集合推动新疆不同区域的城镇化进程，提升新疆城镇化质量水平，实现新疆经济发展和社会稳定。

1.1.3.3 社会稳定

社会稳定是指整个社会处于稳固、安定、和谐的状态，是经济、政治、文化等多种人类活动因素综合作用的结果，是一个历史的、综合的、动态的概念。社会稳定的历史性、综合性和动态性，构成了辩证唯物主义和历史唯物主义社会稳定观的基本内容。一般意义上的社会稳定包括社会治安、刑事犯罪、宗教问题、民族问题、腐败以及经济上波动造成失业等，而本书所研究的社会稳定则专指新疆特殊环境下的国际恐怖主义、宗教极端势力和民族分裂势力造成的社会动荡，而刻意忽略其他意义上的社会稳定。

1.1.4 经济发展方式相关概念

1.1.4.1 经济增长与经济发展

经济增长与发展，历来就是学术界和经济实体部门关注的焦点，在不同时期、不同阶段有着独特的定义和特定的内涵，并伴随着经济水平的不断提升而逐步演进。同样，在现代经济学界，不同经济学流派、不同学者对于这两个范畴也有各自独到的见解，并分别发展成为相对成熟的理论体系。基于核心内涵的不同可分为以下几种形式。

（1）经济增长与经济发展的趋同论。在经济学理论发展的初期，经济学家对于增长和发展的概念不是明确的，甚至可以说是混同的。无论是重商主义"增长发动机"[①]的思想，还是威廉·配第（William Petty）对于什么是经济增长源泉的认识，亚当·斯密（Adam Smith）、李嘉图（David Ricardo）等人提出的财富增长观，虽然表现形式已从起初的供给逐步演化为产出的增长，但增长与发展的概念在经济学家看来几乎趋于一致。

（2）经济增长与经济发展的对象定位论。20世纪40年代以来，一些经济学者专注于研究不发达国家的经济问题，更好地实现与专注于研究发达国家经济问题的区分，将发展认为是发展中国家的经济问题，而发达国家的经济问题主要是经济增长，并由此逐步将前者演化为一门学科——发展经济学。[②] 以发展中国家经济的不同发展路径为对象，该学科演绎出结构主义、激进主义和历史主义三大流派，成为对传统新古典经济学的一大颠覆。当然，就该阶段发展经济学理论的内

[①] 罗伯逊（D. H. Roberston）于1937年在他得著作《国际贸易的未来》第一次使用了这一术语，以后在发展经济学文献中广泛沿用。该文载于1949年《国际贸易论丛》。

[②] 权衡. 转变经济发展方式的理论体系[J]. 科学发展，2009（3）.

涵而言，发展中国家这里的"发展"目标与发达国家的"增长"并无实质性的区别，都将物质财富作为衡量指标，突出的重点仅仅是发展中国家给予自身禀赋特点达到发展目标的不同发展方式，以区别于当时新古典经济学解释发达国家曾经的所谓"经典"的统一路径。

（3）经济增长与经济发展的功能差异论。西方国家在实现了资本迅速膨胀的目标，但是同时更多的社会问题也越来越暴露了出来，在这样的背景下经济学家们开始对经济增长的根本目的进行了反思。[①]"经济发展"一词的内涵重新纳入主流经济学家的视野，尤其是对增长与发展两者之间的联系重新予以审视。以小朱维卡斯为代表的经济学家提出经济增长即人均实际产出的增加，而经济发展是一个含义广泛的概念，包括经济结构、社会结构以及政治结构等诸多方面的变化。而诺贝尔经济学家获得者阿玛蒂亚·森（Amartya Sen）基于前人的思想提出了"发展是人们自由的扩展，实现人类全面的发展是社会发展的最终目的"[②]，不仅从内涵上将经济发展与经济增长概念区分，也为人类发展的最终价值目标研究拓展了一个全新的视野。

鉴于上述不同的内涵，本书对于经济增长与经济发展给予明确界定。

对象范围：经济增长与经济发展的范畴适用于全体国家，并非将前者专指发达国家，后者专指发展中国家。

涵盖内容：经济发展方式有经济增长的内容，但是不仅仅只含有经济增长的内容。经济增长方式主要重视的是量的增长，而经济发展方式更侧重于经济发展质量的提高和经济—社会综合协调发展。所谓经济质量指的能够衡量一个国家或者地区经济发展的稳定性，能够衡量一个国家或地区经济发展的协调程度，能够衡量一个国家或者地区经济发展的收入差异和共同富裕的程度。转变经济发展方式是建立在科学发展观理论基础之上的，体现了发展的偶然性与必然性的统一，保持现状和与时俱进的统一，是一个波浪式前进螺旋式上升的过程。是一种化解人与自然、人与人之间矛盾的有效方法。实际上伟大的哲学家、思想家马克思早就揭示了社会进步的本质。他认为，社会进步体现了生产关系要适应生产力发展的规律。衡量社会进步的尺度主要是生产力水平和人的解放程度。发展是经济规律、社会规律和自然规律的有机统一，只有倡导以促进"经济—社会—自然"复杂系统和谐发展的理念为目标，人类的发展才能实现手段与目的的统一，理论与实践的结合。

功能内涵：经济增长是经济发展的基础，经济发展是经济增长的结果。显然经济发展不仅包含了经济经济增长概念之中，而且其内涵则更加丰富。具体表现在经济发展是基于经济增长，实现一个国家或者一个地区的经济结构、消费结

---

①② 权衡. 转变经济发展方式的理论体系［J］. 科学发展，2009（3）.

构、人口结构、社会结构不断优化和同时实现提高人类发展质量的过程。①

1.1.4.2 经济增长方式与经济发展方式

西方学界对有关经济增长和经济发展的研究虽已有涉及,但在政府决策层面提出"经济增长方式转变",乃至当前"经济发展方式转变"的指导性部署,并不多见。作为社会主义市场经济国家,我国不仅在这方面积累了大量的经验,某种意义上说也是对政治经济学理论的再次创新。因此,区分有关"经济增长方式""经济增长模式"以及"经济发展方式""加快转变经济发展方式"几个范畴的含义是由必要的。

(1) 经济增长方式(经济增长理论、经济增长模式)。经济增长方式是苏联和东欧社会主义国家经济学者在20世界60年代至80年代分析计划经济体制下经济发展存在的问题和改进方向时提出的概念。经济增长方式是指通过生产要素投入的变化,包括生产要素增加、质量改善和组合优化来实现经济增长的方式。②

对于这种社会主义经济增长方式的分类,科尔奈(Janos Kornai)指出西方经济学者通常使用生产要素投入增加和综合要素生产率提高这对术语,而社会主义各国的学者却愿意采用另一对术语:粗放(外延)型方式和集约(内涵)方式。这两对概念在语义上是相同的,要素投入增加等于粗放(外延)型经济增长方式,而要素生产率提高与集约(内涵)型经济增长方式相当。可以看出,西方经济学的经济增长理论与社会主义学者提出的经济增长方式实指同一范畴,只是外在的表述有所区别。学术界还有一种提法称作"经济增长模式"。日本发展经济学家速水佑次郎(Yujiro Hayami)把现行国家在早期经济增长中采用的投资驱动的增长模式称为"马克思所分析的增长模式",而把他们在第二次产业革命以后普遍采用的效率驱动增长模式为库兹涅茨(Simon Smith Kuznets)所分析的增长模式。相较于经济增长方式而言,这里的经济增长模式更强调增长的原因分析,而从本质上与前者并无差别。

(2) 经济发展方式。基于前文对经济发展与经济增长的界定,这里的经济发展方式是指以经济增长方式为基础,从更加全面宏观的角度实现经济发展的方法和手段的总称,不仅包含经济增长方式,而且包括经济结构(产业结构、企业结构、产品结构、城乡结构、地区结构、贸易结构等)、运行质量、收入分配、经济效益、环境保护、城市化程度、现代化进程、工业化水平等内容。不仅要突出经济领域内的"数量"的变化,更要注重和追求经济运行中"质量"的提升和"结构"的优化,核心的要义是推动并全面实现人的发展。

---

① 权衡. 转变经济发展方式的理论体系 [J]. 科学发展, 2009 (3).
② 杨宁宁. 江苏省居民消费结构对经济发展方式转变的影响分析 [D]. 江苏大学硕士论文, 2009.

1.1.4.3 经济发展方式转变

早在 20 世纪 50 年代中期，忽视价值规律、轻视经济效率的计划经济体制所体现的问题开始受到了经济学者们的关注，经济学界开始进行了改变粗放式发展道路的大讨论，提出要重视价值规律，更好的发挥价值规律的作用，改革计划经济体制建立在价值规律之上的市场经济体制的主张。20 世纪 60 年代，以实现经济质量提高的"外延增长"和"内涵增长"概念开始进入我国，经济学者们将其结合我国实际，形成了粗放、集约、外延、内涵等经济增长的概念。1987 年，党的十三大提出要从粗放经营转变到以集约经营的观念。党的十四届五中全会明确提出"两个转变"，党的十五大又明确提出要"转变经济增长方式，改变高投入、低产出，高消耗、低效益的状况"。我国的经济发展也就是在以上思想和观念的提出的过程中在实现着缓慢的变化。① 20 世纪八九十年代我国的经济增长速度不仅很快而且比较平稳。但是，随着我国工业化的不断推进，同时资源利用又较为粗放，城市化进程的不断加快，在实现人口转移的过程中由于二元结构未能很好地被打破，同时制度改革落后，社会性问题不断凸显。我国经济社会的可持续发展受到了严峻的挑战。毫无疑问，仅仅从转变经济增长方式单一层面规范、调整已远远不能实现经济平稳、良好运行的目标，必须有尺度更大，涉及面更广的转变道路。因此，我国学者通过对经济发展规律进行了进一步的研究得到了更深层次的认识，并在此基础上形成了指导社会发展全局发展的科学发展观。②

进入新时期以来，国际经济形势复杂多变，转变经济发展方式已由传统的内生驱动转变为当前内、外双重压力的加速推进。胡锦涛在党的十七大报告中明确指出，要实现国民经济"又好又快"发展的手段是加快转变经济发展方式，这才正式提出"转变经济发展方式"。

（1）指导思想的转变。在经济发展方式转变之前的指导思想是以机械论规律为主的机械唯物主义思想，机械唯物主义承认世界是由物质构成，但是用静止、孤立、片面的观点解释世界，不能看到世界普遍联系和变化发展的特征，表现为机械和形而上学的特点。经济发展方式转变之后的指导思想是唯物辩证法哲学思想。唯物辩证法用普遍联系的观点去看待世界和历史，认为世界是一个有机的对立统一体，认为世界上的一切事物都处在相互影响、相互制约、相互作用之中，反对以片面、静止、孤立的观点看待问题。而在经济发展方式转变后指导思想中其主要体现在经济规律、自然规律和社会规律的对立统一。科学发展观是唯物辩证法规律与中国特色社会主义实践相结合的产物。

（2）发展目标的转变。在经济发展方式转变之前，发展的目标是追求短期经

---

①② 权衡. 转变经济发展方式的理论体系 [J]. 科学发展，2009（3）.

济效益的最大化。一切以经济建设为中心，通过各种方式方法发展经济，实现了经济总量翻几番的目标。但是伴随经济总量的增长，自然资源快速消耗，2008年10月6日中国和国际环保主义者发布报告称，"中国正在以可持续能力两倍的速度快速消耗农田、木材、水等自然资源。"环境质量每况愈下，近年来东部沿海城市屡次遭受雾霾天气困扰，严重影响人们的正常生活，威胁人们身体健康。在经济发展方式转变之后，经济发展的目标不再是经济效益一方独大，而是要将经济、社会和环境效益统一起来，做到经济发展、社会和谐与环境保护共同提高。

（3）遵循原则的转变。在经济发展方式转变之前，发展遵循的是"高投入、高产出"，即通过对于资源、劳动力、资本的高投入扩大生产规模，提高总产出。在这样的原则指导下，带来的是资源的低效率利用和浪费严重。在改革开放初期，由于总体经济基础较为薄弱，科技水平较低，而且中国地大物博的特征和廉价劳动力较为丰富，通过"高投入、高产出"确实改变了中国的面貌。但是，中国改革开放的继续推进，市场经济体制初步建立并且逐渐完善，尤其是劳动力市场机制的不断完善，改变了劳动力市场特征。因此，必须放弃"高投入、高产出"的原则，建立"减量化、循环利用、可持续发展"的原则。通过从源头减少垃圾的生产、中间环节通过再利用和循环利用减少排放物。

（4）增长方式的转变。党的十七大报告指出，坚持走中国特色新兴工业化道路，促进经济增长实现"三个转变"。这对于"十二五"期间，我国经济增长方式做了明确的规定，首先必须放弃一直以来的出口导向性的经济政策，适当减少投资和出口的比例，通过政策调整刺激国内需求是政策的重点。其次，充分推动产业结构调整和优化升级，工作重心从经济量的扩张，转移到经济结构调整和质的提高上来。最后，放弃增加劳动量和资源量的粗放型经济增长，追求依靠科技进步的内涵型经济增长。

（5）人与自然关系的转变。工业文明时期人类试图成为自然界的主宰，以牺牲自然为代价，积累了巨大的物质财富，人地关系呈现全面不协调，人地矛盾迅速激化，出现了全球性的资源、环境问题。后工业文明时期：20世纪60年代以来，人口激增、资源短缺、环境污染、生态破坏等问题日益突出，所有这些环境问题直接威胁到整个人类自身的生存与发展。在大力倡导树立科学发展观构建和谐社会的今天，我们必须对传统的人与自然关系重新进行深的思考。受到"人定胜天"思想的影响，人类不断战胜自然、改造自然。科学发展观要求我们必须摒弃这种征服自然、改造自然的理念，建立一种以实现共生、共赢为目标的正确自然观，必须遵守自然规律，利用自然规律科学改造自然，放眼未来，倡导自然的和谐发展观念。

（6）福利分配的转变。改革开放以来，非均衡经济发展战略在收入分配领域的体现是主要表现为"国富民穷""城市富裕,农村贫穷""企业富裕,工人贫穷",这有违社会主义国家的本质。社会主义国家的本质是"共同富裕",这虽然不是所谓的"同步富裕",但也绝对不是贫富差距悬殊。因此,我国"十二五"新时期福利分配调整应该实现三大关系的和谐发展。即国民关系、城市和农村的关系、企业与工人的关系从差距悬殊向更加体现分享型与公平性转变。

1.1.4.4　路径选择

对于"路径"学术界并没有形成共识,也从来没有一个准确的解释。在现代汉语词典里"路径"有两种解释:(1)道路;(2)门路。在英文词典里与路径相关的解释有方式、方法、道路、途径等。在日常生活中我们所指的路径解释为事物发展过程中所遵循或者经历的道路。路径的不同往往会导致不同的结果,同时,即便是相同的路径也可能会产生不同的结果。为了研究的需要必须要对路径有一个正确的定义。经济发展方式转变路径有广义和狭义之分。狭义的经济发展方式转变路径是指经济发展方式转变的实现途径或方式,是指推动经济发展方式转变所采取的方法或者战略安排。广义的经济发展方式转变路径是指经济发展方式转变的方向、目标、战略、实现途径及相关方针政策的总称。路径选择是指在众多条路径中依据一定的判断依据选择其中的一条或者几条路径的过程。一个地区采取什么样的路径来转变经济发展方式受到该地区的历史、政治、经济、文化等多重因素的影响和制约。因此,经济发展方式转变的路径选择并不仅仅是一个国家或者地区经济发展方式转变的简单定位,而是涉及许多领域许多目标的综合考虑。[①] 这些目标或者领域的不同从根本上客观地、内在地决定了经济发展方式转变路径的差异性。本文为了研究的需要将经济发展方式转变的路径定义为狭义的概念,即指兵团经济发展方式转变的实现方式和实现途径,具体是指通过什么样的方法或者方法的集合推动兵团实现经济发展方式转变的进程,提升兵团经济发展方式的质量,实现兵团经济跨越式发展、生态安全和社会的长期和谐与稳定。

1.2　战略性新兴产业相关理论

1.2.1　产业生命周期理论

产业生命周期理论源自于产品生命周期理论,两者有一定的共通点。产业生

[①] 马远. 新疆特色城镇化路径研究 [D]. 石河子:石河子大学,2011.

命周期主要是指一些产业从开始到完全退出社会活动这期间构成的时间总长度，一般情况下每个产业都要经历初创、成长、成熟以及衰退等四个阶段的演变与循环；判断产业生命周期处于哪个阶段，一般可以从市场增长率、市场占有情况、需求潜力以及技术创新程度等标志来判断。在产业初创阶段，由于产业刚起步或初建不久，所以会有企业数量少、产品品种单一、产业利润少、市场规模小，以及对经济增长贡献小等一些特点。在初创阶段后期，由于生产技术手段的逐步提升，这会使得市场的需求不断加大，同时生产产品时的成本也会降低，这个时候产业会逐渐发生转变，一般都会从高风险低收益时期转向到高风险同样高收益的阶段。在产业成长期，企业数量不断增加，市场需求也越来越广阔，产品也逐渐脱离低质单一化，逐步向高质多元化发展，企业利润也不断增长，对经济整体贡献也越来越明显，一些具有高成长性、综合实力强的企业开始发挥其竞争优势来主导市场。在产品成熟阶段，开始出现一定数量的垄断厂商，在激烈的竞争中生存下来的厂商在竞争手段上开始转变，从最初的价格战逐步向差异化产品、高质量、高性能以及售后服务等方向转变，市场规模增速也开始放缓，由于垄断，企业利润达到最大化，对经济增长也实现了贡献率最高。在产业衰退阶段，衰退意味着会出现新的产品，原产业的市场需求萎缩，企业数量逐步减少，产品销量利润也开始下滑，从而导致对经济增长的贡献程度减弱。部分厂商在这个时候会利用已有资金向新的产业开始转移，当原产业中企业正常利润无法维持的时候，整个产业也就随之解体了。

1.2.2 波特的竞争理论

迈克尔·波特（Michael E. Porter）作为美国著名的战略管理学家，于1990年在其完成的著作中首次提出"国家竞争优势"理论，也就是后面经过完善的钻石理论。在该理论中，其核心思想是在国家某一个产业产业竞争力方面的构成要素，比较重要的四个要素分别为产业的生产要素、市场的需求条件、相关产业及其支持产业的发展状况、企业的发展战略、机构及竞争等，这些要素构成了企业竞争过程中最基本的环境氛围。此外，政府和机会也是两大影响因素，这六个要素相互关联，每个要素都决定着一国产业在国内外市场竞争力上的表现。其中，生产要素主要是指那些在生产过程中会用到的诸如自然资源、知识人才资源等，这些要素主要体现在生产完工后产品的国际竞争优势上；需求条件主要是指本国市场对该产业中企业生产产品以及提供的服务的需要，由于市场对一国产业具有影响力，所以国内需求市场能够凭借其对经济的影响力而提高一个产业的效率[1]；

---

① 王磊，唐永林. 基于钻石理论的区域竞争情报评价指标体系[J]. 情报杂志，2008.

相关和支持性产业主要是为一国的竞争优势提供一个优势平台，该平台可以通过一个产业上下游产业的扩散以及相关产业内效应提升而形成；企业的战略、机构和竞争对手主要是一个企业在发展过程中制订的目标计划、管理组织框架以及在相同或相关行业里竞争对手的市场状况等[1]。总的来说，Michael E. Porter 的钻石体系是一个比较动态及双向强化的系统，更强调一国产业要素的创造力的重要性。

1.2.3 熊彼特的创新理论

约瑟夫·熊彼特（Joseph A. Schumpeter）在 1912 年出版的《经济发展理论》一书中第一次提出了创新理论，在熊彼特看来，企业家一般都是从取代旧的生产函数，通过组合生产要素建立新的生产函数来开始实现创新的。他的"组合创新理论"的本质就是创新者通过对创新资源重新进行组合而实现创新的，与此同时他也研究了开发实验室与从事技术创新的工业研究以及起主导作用的一些龙头企业之间的关联性。一般大企业发展过程中会逐步形成规模优势，造成其他创新者进入该领域的壁垒，在这个创造性积累方式下，熊彼特阐述了大企业中的创新资源在经过垂直一体化后如何形成竞争优势，即企业破坏重组资源，通过创造不断积累创新能力和技术。因此从"创新资源重组"的观点，我们可以看出产业结构升级中包含"突变"的性质，产业结构升级就是一个产业中资源重组的过程，而突变则是建立在创新资源的流动性以及对非创新性资源的放弃基础上的。战略性新兴产业是知识技术密集型产业，而技术进步与创新以及技术在空间的转移都是战略性新兴产业发展至成熟至关重要的因素，从这点来看，创新理论特别是技术创新理论就成为了战略性新兴产业发展的基础理论[2]。

1.2.4 增长极理论

增长极理论是由法国经济学家佩鲁在 1950 年首次提出的，后为保德威尔和缪尔达尔等人所发展，是西方区域经济学中经济区域观念的基石，是不平衡发展论的依据之一。区域增长极理论是在法国经济学家弗朗索瓦·佩鲁的增长极理论基础上发展起来的。佩鲁在其提出的理论中认为经济增长并不是出现在国家所有部门中，而是出现在一些创新能力较强的部门，这些有创新能力的行业部门分布在不同经济区域，从而就形成了增长极。而区域增长极则稍微有所差别，它更多地倾向于一些具有引领带动性、创新性的主导产业及相关行业，在某一区域形成

---

[1] 迈克·波特. 国家竞争优势 [M]. 李明轩，邱如美译. 北京：华夏出版社，2002.
[2] 约瑟夫·熊彼特. 经济发展理论 [M]. 孔伟艳译. 北京：北京出版社，2000：40.

一定的经济中心。增长极主要包括三个特点：一是在空间上通过与周边地区的空间联系而成为支配经济活动组合发展的中心；二是在某一产业发展的过程中，该产业更是能够引领一批前后向关联的产业一同发展，同时借助同周边区域的技术纽带以及空间联系而逐步成为区域经济发展过程中重中之重；三是在物质形态上表现为某一区域中的中心城市。增长极一般不仅仅会通过乘数效应和支配效应，同时会通过扩散以及极化效应来对一个地区的经济活动进行影响。

1.3 金融服务业发展相关理论

1.3.1 金融结构理论

金融结构理论是金融理论发展中的重要组成部分。戈德史密斯（R. Goldsmith, 1967）在《金融结构与金融发展》中，首次提出了金融结构这一概念。戈德史密斯认为某一国家或地区的金融结构决定着金融业的发展，同时与金融工具以及金融产品交易共同构成了完整的金融市场。金融业的发展时刻伴随着金融结构的不断演化，在对金融结构指标的具体界定过程中发现，金融相关率（FIR）对于衡量一国的金融结构以及金融发展状况有重要贡献。起初，金融相关率（FIR）通过金融资产总额与社会总资产的比重来计算，随着金融相关率（FIR）在研究中应用的不断深入以及数据的获得与统计的有效性等，金融相关率（FIR）的计算公式普遍认为是金融资产总额与国民生产总值的比值或用广义货币 M^2 与国民生产总值之比来计算。研究发现，金融相关率高的国家，金融市场与金融体系就越完善。

戈德史密斯在对金融结构的界定中，把金融机构构成与金融工具种类的综合定义为金融结构，金融结构的变化是金融发展的根本动机。对比各个时期金融结构变化与金融发展，发现金融发展的不同阶段，金融结构呈现出不同的特征。戈德史密斯在计算金融相关率时发现，发达的金融系统中，金融相关率的变化与金融资产规模的变化之间呈正相关关系。在随后的研究中，这一结论为金融研究奠定了基础。金融结构理论也为许多国家的金融发展路径提供支撑，研究发现，金融资产比重、金融相关率以及金融机构结构的变化呈现一定的规律性。规律表明，金融相关率随着经济的发展逐渐上升，上升到一定程度后保持稳定。此外，金融机构结构变化中，随着金融的发展，银行业在金融机构中的比重逐渐降低，而非正规金融机构占比逐步上升。随着研究的深入以及经济发展阶段的变迁，金融结构理论的缺陷逐步显现，忽视了对金融与经济增长之间互动关系研究。

1.3.2　金融抑制理论

麦金农（Mikinnon，1973）在《经济发展中的货币与资金》中提出，金融抑制是发展中国家经济发展缓慢，居民贫困的根源。在对金融发展与经济增长的关系中指出，对利率的压制，提高了市场中企业的经营成本，从而降低市场活力。发展中国家对利率和汇率的管制，限制金融市场的竞争性，导致金融资源配置错位，金融市场与外汇的供求关系与价格剥离。当市场中出现通货膨胀或市场利率处于低水平时，利率对信贷配置至关重要，对利率的管制会压低信贷效率。若持有货币的价值随着利率降低与通货膨胀的压榨而降低时，货币持有者往往会选择放弃持有用于投机性质的货币如现金、存款等，而会选择用货币交换实物商品或转向资本回报率较高的实物上，从而加剧通货膨胀，降低经济发展速度。上述后果就是金融抑制在发展中国家影响经济发展的传导机制。金融抑制极大地限制了发展中国家的储蓄率，金融市场干预过高，对国外资本依赖性大等。金融抑制论对研究发展中国家的经济与金融发展有着重要的意义。但是金融抑制理论中设计的货币概念还比较模糊，缺乏对货币统计口径的统一。如广义的货币 M^2 的范围界定，包括市场流通的货币、储蓄与活期存款，同时还有包括其他库存货币等，没能把非银行机构存款纳入到广义货币 M^2 的范畴内，从而在长期内，造成学术界对广义货币 M^2 范围统计不一。

1.3.3　金融深化理论

1969 年，麦金农（Mikinnon，1979）对发展中国家出现的金融动荡，发现金融自由化能够有效活跃市场交易，能根据市场供需机制自发性的引导社会中的流通资金转化为投资，为企业生产提供资金，增加市场活力，促进经济发展。随着经济的发展，投资中所得的收益反哺经济的发展，从而，形成了一个经济与金融之间的互动影响机制，该机制在学术界被称为金融深化。肖（Shaw，1979）指出金融深化理论的效果体现离不开三方面的支撑，即金融规模不断扩大、金融工具的优化以及金融市场机制的合理配置。通常用广义货币与国民生产总值之比或金融相关率衡量金融规模的状况，分析金融深化带来的外部效应。发展中国家的金融抑制是其发展落后，国家贫困的主要原因。因此，在对发展中国家金融政策的制定中，针对性的刺激居民的储蓄行为，并合理利用储蓄转化为投资，接着从投资回报中提高自身收入。按照新古典经济学的观点，储蓄与投资是拉动经济部门发展的两大主要动力。鉴于此，金融深化理论支持者认为，政府或货币当局通过放松对金融机构的干预，营造宽松的金融环境，消除金融抑制，从而解决贫困，提高收入。稳定利率水平在市场的一般均衡状态，体现资本的稀缺性，提高金融市场的竞争性。随着金融竞争性的提高，市场流通货币会逐渐减少，从而降低潜在的通货膨胀的威胁，确保居民持有货币的价值，提高储户的储蓄动机以及信贷资金的回报率，形成一个金融与经济两大系统间的互动状态。需明确的一点是，金融深化理论的提出针对的是发展中国家的金融发展而存在的，对推动金融改革与监管提供指导。

随着金融深化理论研究的深入，学者对该理论模型化，从而充实金融深化理论的内容。格林伍德（Greenwood, 1997）[①] 经过对金融市场的调查，发现金融的垄断造成了一定的效率流失。金融市场的形成源于成本。随着均收的增加，通过固定交易成本分析，发现金融市场在财富累积的基础上，不断发展。此外，后续的研究中，金融市场的资本生产率依赖于专业的信息搜集、提供风险分析服务以及产品创新等。金融资产大量集中在金融机构，可通过资本组合，提高资本回报率，降低资产投资风险，从而促进经济发展。金融市场上，金融机构为市场服务，为市场提供金融产品，如资产投资风险做担保，化解投资风险。在金融政策制定方面，金融深化理论主张对放松存款利率的管控，吸引储户增加储蓄，并将这些储蓄转化为投资。金融深化还有抑制通货膨胀的作用，降低市场中的货币流通量。改善金融机构垄断局面，放松金融管制，提高金融市场竞争力度，提高资本配置效率。改善汇率价格形成机制，鼓励自由浮动的汇率制度，放松对汇率形成的行政干预。在政府财政收入方面，金融深化能减缓政府债务、消除财政赤字，同时还能改善对外贸易格局，推进贸易自由化。

1.3.4　金融约束理论

金融自由化在发展中国家的实践，证明金融自由化在特定的经济发展阶段能对经济发展起到推动作用，然而，对经济相对落后，经济发育不成熟的国家而言，金融自由化相反会扰乱金融市场秩序。在此背景下，对发展中国家金融服务业的研究焦点逐渐转向金融管制，分析金融管制对金融市场秩序的维护以及受管制的金融系统对经济部门服务的效应。金融约束理论在众多学者的研究下逐步完善。斯蒂格利茨（Stiglitz）率先分析金融服务业在经济部门服务中如何失效。从货币市场的总需求与总供给出发，认为金融机构缺乏监管，使得金融市场放任自流，因此，货币当局应加大对金融机构的控制，制定一系列原则，明晰监管范围，确立监管标准。在对东亚经济的研究中，针对金融自由化引发的金融动荡，

---

① Greenwood, J. and Jovanovie, B., Financial development, growth, and the contribution of Income, Journal of Political Economy Vol. 98, No. 10, 1990, pp. 1076–1107.

进一步明确金融约束在金融业规范发展的地位。金融约束理论强调，政府通过政策约束等方式稳定金融市场稳定，常用的调控手段有明确银行存款与贷款红线，守住市场利率底线，拓展融资来源，降低成本等。同时，金融监管部门还应注重对银行业等行业的市场准入门槛调整，限制同行业间的无序竞争，从而实现对储蓄的再投资的管理，确保存款利率为正。因此，金融约束常常被当做是一种政策工具，对金融体系不完善、结构赢弱的国家较适用。金融约束理论同时也是一个动态的政策工具，随着经济结构的不断演进，经济环境的不断改善，而相应调整的。因此，随着国际间经济的发展，金融约束理论成为金融深化理论的延伸，是发展中国家应对金融抑制的过渡性政策。

1.4 城镇化相关理论

1.4.1 集聚经济理论

集聚经济理论从微观层面描述了城镇形成和发展的机理，它揭示了城镇作为区域经济的一种组织形式，主要依靠聚集生产要素以实现自身的发展。城镇作为区域经济的主要子系统，它较为集聚的形态使之内部的要素能够更为频繁地发生作用，从而创造出大于一般分散系统的社会经济效益。因此，城镇化发展的根源在于城镇对于经济的发展比分散型经济体具有更低的成本和更高的效益。集聚经济理论主要包括区位理论、城市集聚经济理论、新经济地理理论等，主要代表学者有韦伯、克里斯塔勒、勒施、巴顿、克鲁格曼、藤田昌久等。他们的研究侧重点虽然不同，但在其著作中都揭示了聚集经济在城镇化中的作用，即从区位、交通、市场、规模效益、报酬递增等角度阐述了城镇化发展的微观机理。

韦伯首先铺设了研究集聚经济理论的道路，他通过研究工业区位布局和发展的规律，发现影响区位选择的主要因素是运输成本，但在他的研究基础上，人们发现，集聚因素对区位选择更具有决定意义。集聚首先意味着规模效应，能够降低单位产品的生产成本，其次，经济活动在地域上的集中还有利于经济主体之间开展协作，提高生产效率、降低交通费用并在促进企业的技术扩散和应用同时享受基础设施共享带来的正的外部性。克里斯塔勒和勒施进一步提出"中心地理论"，其核心思想是城镇作为"中心地"，能为周边居民提供商品和服务。而根据不同城镇提供中心性商品和服务的能力不同，可以将城镇划分为不同等级。因此，中心地理论能够用来描述城镇的等级和分布规律。巴顿将韦伯的集聚经济理论进一步细化后与城市经济理论相结合，又提出了城市的聚集经济效益理论。

1.4.2 新兴古典城市化理论

古罗马时期的色诺芬就注意到了古代城邦的形成与分工之间存在密不可分的关系。斯密认为分工引致能够工作效率的提升，而配第指出，城镇能够提高分工水平则是因为城镇的存在使得交易费用得到大大降低。杨小凯等人将把交易的分层金字塔结构理论和分工理论等用于城镇化问题的研究中，从而建立了新兴古典城市化理论。这个理论能解释城市的起源、城乡的分离、城市的发展乃至分层，都可视为分工演进的结果。新兴古典城市化理论认为，城镇的起源和发展是由分工演进导致的，农业生产不能像工业生产那样集中在较小的区域因为无法实现较为细致的分工，而工业生产既可以分散分布在广大地区也可以集中布局在城镇。假定生产每种商品都存在专业化经济，即专业化程度越高时生产效率也越高，由于交换时交易费用不为零，那么就会存在专业化经济与交易费用之间的权衡。假如交易效率很低费用很高，人们就会选择自给自足，此时没有市场，也不会产生城镇。但随着交易费用的降低，分工结构就会从自给自足演变为局部分工，出现部分专业化的农民和部分专业化的工业品生产者。而工业品生产者为了降低分工带来的交易费用，会选择离农民最近的地方居住。可见，如果农业和非农业间的分工水平较低的话，就不可能产生城市。随着分工的发展，市场会自发地形成最优的分层城城镇体系。

城镇的分层是对集中交易带来的效率有利和费用不利进行折衷的结果。集中交易的效率是指在具有较大容量的市场上利用信息和各种服务的便利程度，而集中交易能够改变交易的效率，这就是集聚效益。集聚效益分为两种，其一是制造业从业者的聚集能够促进分工、降低交易成本从而提升交易效率；其二则是分工的网络效应和集中交易对提高交易效率的正向作用，这也可以解释分工如何促进了城市的产生。网络效应的存在致使交易在地理上逐渐集中，而交易的集中又促进了生产和就业的集中，进而城市得以形成。因此，城镇的形成的根源在于便利交易的发生，而分工又为交易提供了基础与前提。因此，明细的分工、较低的交易费用和较大的交易规模共同决定了城镇的规模体系与空间布局，并持续推进着城镇的发展。

1.5 经济发展方式转变相关理论

1.5.1 经济增长理论

1. 古典经济增长理论

有关经济增长的命题源远流长。基于现代经济学视角，真正从理论层面对经济增长问题做出系统论述要数亚当·斯密的著作《国民财富的性质和原因的研究》。[①] 斯密（1776）指出，经济增长是一个宏观问题，它表现在社会或国民财富的增长，并将这种国民财富的源泉归纳为生产劳动者的人数、分工程度和资本积累三方面。他认为国民财富本质上是劳动属性的体现，强调劳动分工所导致的劳动生产率提高对经济增长的独特作用，同时认为劳动分工的程度要受交换能力大小的限制，即受市场容量大小的约束，而市场容量又取决于资本的数量，以资本的积累为前提。只有当资本总量及其集中的劳动者人数达到一定规模并使劳动分工深化，才能实现国民财富的增长。上述这种以分工效率、生产规模以及资本积累促进国民财富增加的系统性论述可看作经济增长框架的雏形，为以后增长理论的构建打下坚实基础。

随着时间的推移，经济学家对发达国家经济增长理论的研究逐步向定量分析及微观数学基础深入，尤其进入 20 世纪 40 年代后终于诞生了首个经济增长理论模型：哈罗德—多马模型（Harrod-Domar model）。英国经济学家哈罗德（R. Harrods）和美国经济学家多马（E. Domar），根据凯恩斯（John Maynard Keynes）的收入决定理论，把凯恩斯理论动态化和长期化，差不多在同时分别推出极为相似的长期增长理论，合称为"哈罗德—多马模型"。

值得一提的是，物质资本是哈罗德—多马模型关注的核心。由于假定不变的资本—产业比，从而经济增长唯一决定于储蓄率，也就是资本积累率。从模型看，产量增长率提高到它所引起的投资恰好能吸收本期的全部储蓄的程度，是实现经济均衡增长的基本条件，从而为经济增长找到了一种合理的持久动力和源泉。但哈罗德—多马模型绝非尽善尽美，对资本积累的过分强调，且始终假定资本—产出比不变等恰恰也是该理论的致命缺陷。

2. 新古典经济增长理论

新古典经济增长模型比哈罗德—多马经济增长模型显然进步了许多。1956

[①] 孙志. 转变经济发展方式的财政视角：体制与政策演变及创新 [D]. 东北财经大学博士论文，2011.

年美国经济学家罗伯特·索洛（Robert Merton Solow）在他的论文《关于经济增长理论的一篇投稿》，同年英国经济学家斯旺（Joseph Wilson Swan）也发表了内容相似的一篇论文，创立了索洛—斯旺模型（Solow-Swan Model），同时也开创了新古典经济增长理论模型的新时代。与传统古典经济增长模型最大的不同之处在于，新古典经济增长模型改变了原来生产函数中有关"资本和劳动"比例固定不变的前提，而假设资本和劳动等要素可以相互替代，且要素投入报酬递减等。在完全竞争条件下，通过生产要素价格来自行调节要素在生产投入环节中的各自比例，以实现稳定的经济增长，新古典经济增长理论看似"完美"解决了古典经济增长理论所遇到的"刀锋均衡陷阱"。

不可否认，建立于古典增长模型上的新古典模型更加具有完备的微观基础，对战后各国经济增长的实践也起到了某种程度的阐释。但该理论内核依然来自早期的经济增长思想，储蓄率和投资率依然是其关注的中心，虽然也将技术变化因素初步纳入体系，但也只是作为外生变量最终给予了"余值"的处理，并未解释整个经济的全貌。

从哈罗德—多马到索洛—斯旺，两种经济增长理论的最突出特点是构建了完整的数学模型，为整体理论的演进奠定了扎实的微观基础。但理论要义而言，物质资本积累居于核心地位，并没有对其他因素进行深入考察，对现实社会各种经济体不同的经济增长路径也缺乏解释力。

1.5.2 经济发展阶段理论

通过整理相关参考文献和书籍发现现有关于经济发展阶段划分的类别没能够得到统一的观点，但是一般可以将其分为：三阶段论、四阶段论、五阶段论和六个阶段论四大类。在同一类中不同学者所依据的划分思想和标准及其对于不同阶段的名称都有不同。[①]

三阶段论的主要代表人物有萨米尔·阿明（1990）、霍利斯·钱纳里（1989）和刘佑成（1987）。其中，阿明构造了"中心—外围"理论，将"外围"国的发展划分为：殖民主义阶段、进口替代工业化阶段和真正走上自力更生道路阶段。[②] 钱纳里（1989）以多国经济发展模式将经济阶段分为准工业化阶段、工业化的实现阶段和后工业化阶段。[③] 刘佑成（1987）通过对不同属性劳动之间关系和个体与社会关系将经济发展过程分为以自然经济为基础且以人的依赖关系为

---

① 白雪飞. 我国经济发展方式转变阶段测试研究 [D]. 博士学位论文，辽宁大学，2011.
② 萨米尔·阿明. 不平等的发展：论外围资本主义的社会形态 [M]. 北京：商务印书馆，1990：248-285.
③ 霍利斯·钱纳里等. 工业化和经济增长的比较研究 [M]. 上海：上海三联书店，1989：117-130.

特征的群体社会、以商品经济为基础且以物的依赖关系为特征物质社会和以时间经济为基础且以自由个性为特征的资助社会三阶段。[①]

四阶段论的代表人物有弗里德曼（1966）、井村干男和蒋清海（1990）。弗里德曼根据"核心—边缘"理论，将区域经济发展分为前工业阶段、过渡阶段、工业阶段和后工业阶段。[②] 井村干男根据一国资源状况的基本条件将发展中国家经济发展划分为工业化第一、第二、第三、第四阶段。[③] 蒋清海（1990）以制度因素、产业结构和总水平为标准将经济发展分为传统经济阶段、工业化初级阶段、全面工业化阶段和后工业化阶段。[④]

五阶段论以李斯特（1997）、埃德加·胡佛，约瑟夫·费雪为代表。李斯特以生产部门的发展状况为标准将社会发展划分为原始未开化时期、畜牧时期、农业时期、农工业时期和农工商时期。[⑤] 胡佛和费雪以产业结构和制度背景将经济社会发展划分为自给自足经济阶段、乡村工业崛起阶段、农村生产结构转换阶段、工业化阶段和服务业输出阶段。[⑥]

六阶段论以罗斯托（2001）和施穆勒（1931）为代表。罗斯托将经济发展分为传统社会、为起飞做准备、起飞、走向成熟、大众高消费和最求生活质量六个阶段。[⑦] 施穆勒综合经济、社会结构包括伦理等因素将社会分为氏族和部落经济、农村经济、城市经济、地区经济、国民经济和世界经济。[⑧]

1.5.3 可持续发展理论

如果说缪尔达尔的经济发展观是对传统经济发展理论的突破，那么莱斯特·布朗（Lester R. Brown）的可持续发展观则是完全打破了原有的经济单元体系，从自然生态这一全新视角重新审视经济发展问题。理论界对于生态重要性的研究并非新鲜，1962 年，美国女生物学家莱切尔·卡逊（Rachael Carson）发表了著作《寂静的春天》，这引起了全世界对发展观念的大讨论。[⑨] 其后，生态学逐步与经济学产生融合，并发展出自律派和创新派两大体系。但是，上述两种理论对于人在自然生态系统中的定位均非常偏激，要么宣扬人类活动对调节生态危机的无能论，要么过分强调人类活动对改善生态的能动论。

布朗则在吸收自律观与创新观理论的基础上，认为发展不是一个纯粹的经济

[①] 刘佑成. 社会发展三形态 [M]. 杭州：浙江人民出版社, 1987: 25-26.
[②③⑥] 陈刚, 金通. 经济发展阶段划分理论研究评述 [J]. 北方经贸, 2005 (4): 12-14.
[④] 梁炜, 任保平. 中国经济发展阶段的评价及现阶段的特征分析 [J]. 数量经济与技术经济研究, 2009 (4): 3-18.
[⑤] 李斯特. 政治经济学的国民体系（中译本）[M]. 北京：商务印书馆, 1961: 177.
[⑦] 罗斯托. 经济增长的阶段——非共产党宣言 [M]. 北京：中国社会科学出版社, 2001: 4-13.
[⑧] G. Schmoller. The Mercantile System and Its Historical Significance [M]. Peter Smith, 1931: 2-3.
[⑨] 杨宁宁. 江苏省居民消费结构对经济发展方式转变的影响分析 [D]. 江苏大学硕士论文, 2009.

问题，而是一个蕴含于自然系统中的全局性范畴。他批判了割裂经济增长与生态环境的传统经济理论倡导的机械世界观，提倡将经济视为一个有机整体的经济思想。他认为人与自然是统一的，而不是分离的更不是对立的。人类的一切活动都体现在完整美好的大地伦理中，而环境的大规模或不可逆变化存在许多看不到的危险和不确定性，由此人与自然的相融与统一具有充分的实现性和紧迫性。[①]

在促进经济自然协调发展的路径上，布朗提出可持续发展的理念，蕴含着有机整体性、大地伦理、不确定性等哲学思维，以消融"统治的逻辑"——人与自然的二元对立为核心，引导人们重新认识自然价值，从而转变以经济为中心、自我为中心，生态为工具、自然为工具的旧有体系，建立经济系统隶属自然生态系统的新的经济理论，企图实现对现行经济从托勒密模式转向哥白尼模式的范式革命。[②]

生态可持续发展观的运行离不开现实社会各行为主体的执行，而在当今全球化的背景下，杰弗里·萨克斯（Jeffrey Sachs）将经济发展的理念更进一步，提出了包含从行为对象到核心目标的新发展观：全球可持续发展理念，并警示当前人类的发展已面临极限，重新定位发展路径迫在眉睫。

萨克斯认为全球可持续发展这一范畴具有丰富内涵，包括实现经济可持续增长，缩小贫富差距，保护自然环境三方面内容，唯有三者的有机统一才是真正意义上的经济发展内涵。他进一步指出从单纯的经济增长到全球可持续发展理念的提出，一方面体现出人类自身认识水平的普遍提升及时代进步；另一方面也折射出物质财富增长对社会生活、自然环境等方面所造成的诸多不利影响。虽然当今世界离这目标的实现尚有较大距离，但全球可持续发展毫无疑问代表未来发展的必由之路。

基于当今人类社会发展的现实问题，萨克斯教授从全球视角提出维系人与自然和谐发展的十大安全边界：生态多样性、大气气溶胶沉淀、化学污染、气候变化、海洋酸化、臭氧层破坏、氮循环、磷循环、全球淡水使用和土地使用。在这其中，物种多样性、气候变化和氮循环三方面的自然循环已遭受人类活动的严重影响及破坏，逼近地球所能承受的极限。如再不加以控制将会造成难以挽回的严重后果。进一步，萨克斯认为这些问题的形成与人类食物过度生产、化石燃料依赖、化学工业兴盛、人口急剧增长不无关系。而可持续农业、低碳能源、电动汽车、绿色建筑及可持续城市不仅代表补救措施，更是可持续发展的实现路径。

[①][②] 何嫣. 科技哲学视野下莱斯特·布朗生态经济思想研究 [D]. 中南大学硕士论文, 2006.

第2章

兵团战略性新兴产业发展问题研究

2.1 兵团发展战略性新兴产业的现实基础

2.1.1 兵团产业发展现状

2.1.1.1 兵团基本情况

新疆生产建设兵团隶属于新疆，同时受新疆和中央管辖，是中国截至目前唯一一个集"党政军企"合一的屯垦组织。自新中国成立后，屯垦戍边一直在新疆延续，并有了进一步的发展。1949年10月，中国人民解放军第一野战军第一兵团，在王震司令员的带领下进入新疆，与"三区"革命军和新疆起义部队会师，至此，新疆迎来了一个崭新的发展时期。1954年8月，中央军委、总参谋部电令新疆军区生产管理部和二十二兵团几个部门共同合成新疆军区生产建设兵团，其中包括10个农业师，9个建设兵团以及一个建工师。同年10月7日，新疆军区正式颁发命令要求正式设立新疆生产建设兵团[1]。由于兵团是以人民解放军部分官兵专业为基础建立起来的，所以保持了相应的军事序列，寓兵于农，不仅能使得新疆政治、经济、军事以及文化等各项事业蓬勃发展，同时也能保证保卫祖国边疆，巩固国防的需要。

自兵团建立以来，兵团先后经历了发展、撤销、恢复、再发展和快速发展等几个阶段。第一阶段，1954年10月到1966年6月，经过12年的发展，兵团除了大规模开发农业外，还积极的发展了工业，迅速兴建了一批大中型企业，使得兵团的经济实力有了显著的提高。第二阶段，1966～1981年，由于"文化大革

---

[1] 张冰鹤. 毛泽东屯垦思想在新疆的实践研究 [D]. 华东师范大学，2007.

命"的破坏，兵团在1974年就成为了全国农垦亏损的大户，亏损达1.96亿元，内外债的包袱使得兵团的财政异常困难，加上当时内地兵团的相继撤销造成的连锁反应，最后直接导致了兵团的解体。第三阶段，兵团撤销后，由于国内外敌对势力的蓄意组织破坏，新疆地区多次发生群体事件、民族纠纷，甚至反革命暴乱事件，严重影响了新疆乃至全国的和谐稳定。为了保障西北边疆稳定，邓小平在听取了各方面的意见后指示恢复新疆生产建设兵团，组织形式与农垦军场不同，认为还是党政军结合。第四阶段，1981~1991年，从1981年恢复兵团建制以后，兵团开始了第二次创业。1990年兵团国民经济和社会发展在国家实行计划单列，为兵团经济发展创造了良好的外部环境，通过一系列制度体制改革，兵团的建设和发展进入了一个快速发展的新时期。第五阶段，1991~2016年，兵团以建立社会主义市场经济体制为目标，加强农业的基础地位，积极发展二、三产业，着力保增长、抓改革、调结构、促转型、强监管、优服务、促发展，国有经济保持平稳增长。

目前，兵团下设14个师（其中1个建工师），175个农牧团场，一、二、三、十四师分布在南疆，四、五、六、七、八、九、十、建工、十二、十三师分布在北疆。通过60多年的发展，新疆兵团的发展取得了长足的进步，对加快新疆经济发展、促进民族团结、巩固新疆的社会稳定发挥了重要的作用。

2.1.1.2 兵团产业发展状况

兵团地处中国西部，是贯通亚欧大陆桥西向开放的重要通道。根据兵团统计年鉴数据，兵团现有14个师，其中包括13个农业师和1个建工师，辖有175个农牧场，7901个工业、建筑、运输、商业企业以及健全的科研、教育、文体以及金融保险等社会事业和司法机构，2012年末总人口264.86万人，在岗职工68.79万人。

兵团作为新疆的一部分，对新疆的经济发展有着重要的支撑作用。2012年，全年实现兵团生产总值1197.21亿元，比上年增长18.4%。国有及国有控股农工建交商企业实现利润56.02亿元，比上年减少1.09亿元（见图2-1）。从兵团生产总值构成来看，第一产业生产总值为388.37亿元，占全部生产总值的32.4%，同比增长9%；第二产业生产总值为475.16亿元，占全部生产总值的39.7%，增长29.5%；第三产业生产总值为333.68亿元，占全部生产总值的27.9%，增长14.5%，三次产业的生产总值呈现逐年增长的态势。截止到2012年，兵团的产业结构由2010年的36.2∶34.03∶29.8变为2012年的32∶40∶28（见图2-2），产业结构也在不断优化，相比全国及新疆而言，第一产比重高于全国和新疆比重，二三产业比重一直低于全国和新疆比重。其中第三产业中，社会消费品零售总额增长22.1%，进出口总额增长26.4%。从就业结构上看，

2012年年末第一产业从业人员461359人,第二产业从业人员289663人,第三产业从业人员421138人,三次产业从业人员的比例从2007年的49.2∶19.2∶31.6变为2012年的39.4∶24.7∶35.9,一产从业人员比较下降,逐步向二三产业转移。从产业结构与从业人员结构对比分析来看,兵团第二产业尤其是工业已经逐步成为经济增长的主导力量,其对经济增长的贡献率一度达到50%以上。

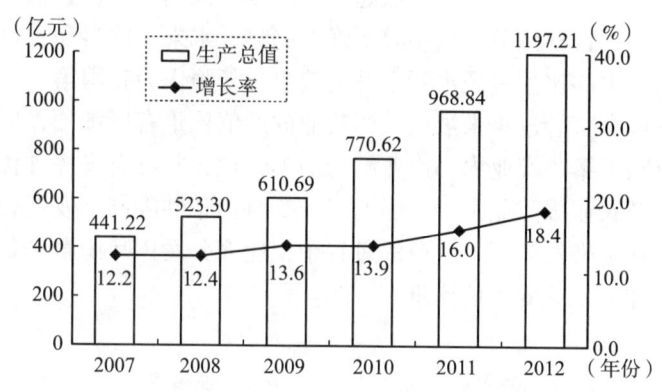

图 2-1 2007~2012年兵团生产总值及其增长速度

资料来源:《新疆生产建设兵团统计年鉴》(2013)。

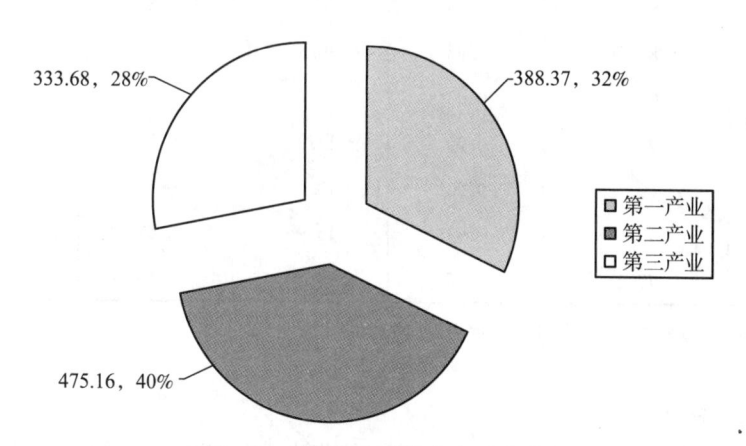

图 2-2 兵团三大产业分布(2012)

资料来源:《新疆建设兵团统计年鉴》(2012)。

1. 第一产业

兵团是我国重要的粮棉以及油菜基地,在全国农垦区的发展过程中占有重要的地位。2012年兵团全年完成农业总产值802.10亿元,比上年增长19.9%。其中兵团全年棉花产量实现141.77万吨,比上年增长9.6%;粮食产量187.13万吨,比上年增长11.9%;油料产量13.57万吨,与上年相比下降24.1%;甜菜产量 216.25 万吨，比上年增长 5%；年内牲畜出栏头数为 603.06 万只，同比下降 1.3%。从表 2-1 可以看出，从 2006 年到 2012 年，农林牧渔及农业服务业的比重由 81.5∶1.03∶9.1∶0.52∶7.8 变为 77.2∶1.15∶14.3∶0.59∶6.74，其中种植业比重下降，牧业比重上升，林业、渔业以及农业服务业比重变化不大。从总体上看，兵团农业内部目前仍处于以种植业为主的单一阶段，而棉花在种植业中仍占主导地位，所占比重最大且其产值超过了总体产值的一半；谷物和油料作物比重波动幅度不大，且整体呈现出小幅下降的趋势；水果、饮料和香料以及蔬菜园艺作物在种植业中的比重呈现不断上升的趋势。新疆作为我国第二大牧场的分布区域，草场资源丰富。近年来虽然兵团牧业的产值比重有所增加，但相比种植业仍显偏低，反映了第一产业内部产业结构的不合理，并没有发挥其优势资源。而林业、渔业以及农业服务业由于兵团的气候等自然条件限制，发展较为缓慢，产值比重较低。在未来发展第一产业的过程中，应充分发挥兵团草场资源优势，大力发展牧业，加大牧业的产值比重。

表 2-1　　　　　　　　兵团农林牧渔和农业服务业产值结构　　　　　　　　单位：%

年份	种植业	林业	牧业	渔业	农业服务业
2006	81.5	1.03	9.1	0.52	7.8
2007	80.5	0.98	10.8	0.53	7.2
2008	77.4	0.93	13.6	0.59	7.4
2009	77.5	0.99	14.3	0.56	6.64
2010	79.12	0.96	13.5	0.53	5.9
2011	76	0.938	15.9	0.579	6.55
2012	77.2	1.15	14.3	0.59	6.74

资料来源：《新疆生产建设兵团统计年鉴》（2007~2013）。

2. 第二产业

近年来兵团坚持走新型工业化道路，依靠企业不断的自主创新来推进工业化的结构调整。充分利用区位优势以及政策优势，通过改造传统产业来扩展传统产业的发展空间，同时通过技术引进以及技术创新来发展高新技术产业，重点培育和发展一批具有核心竞争力的龙头企业。从表 2-2 可以看出，从 2008 年到 2012 年期间，第二产业的生产总值不断增加，而工业中轻工业的比重不断下降，由 2008 年的 49.4% 下降到 2012 年的 37.2%，重工业的比重则不断增加，由 2008 年的 50.6% 增加到 2012 年的 62.8%，轻重工业的结构逐步优化；且建筑业在第二产业中的比重也不断上升，由 2008 年的 27.76% 增加到 2012 年的 35.15%。截止到 2012 年，兵团第二产业总产值达 18689920 万元，比上年增长 36.67%。其中工业比重占 64.85%（轻工业 24.12%，重工业 40.72%），全年全部工业增加值实现 327.70 亿元，比上年增长 30.3%，规模以上工业企业实现利润 74.68 亿元，比上年增长 8%。建筑业比重占 35.15%。全年全社会建筑业增加值 147.46 亿元，比上年增长 27.6%，兵团具有资质等级的总承包和专业承包建筑企业实现利润 9.74 亿元，增长 76.1%，其中国有控股企业 7.68 亿元，增长 74.1%。

表 2-2　　　　　第二产业产业内部产业产值结构及比重

产业	2008 年	2009 年	2010 年	2011 年	2012 年
二产总产值（万元）	5560387	7197456	9550587	13674927	18689920
轻工业（%）	35.68644	36.73757	36.3	29.79472	24.1245
重工业（%）	36.55331	35.15592	34.87647	39.33456	40.7208
建筑业（%）	27.7603	28.1065	28.8235	30.8707	35.1547

资料来源：《新疆生产建设兵团统计年鉴》(2009~2013)。

3. 第三产业

由于目前兵团处于工业化初级阶段，因此第三产业发展较为缓慢。从 2009 年到 2012 年，兵团第三产业产值逐年增加，但在三次产业中的产值比重逐年下降，这反映出第三产业内部结构的不合理。

从表 2-3 可以看出，从 2009 年到 2012 年，第三产业内不同类行业的产值所占比重变化不是很大，在流通部门中，批发和零售业产值比重略有下降，交通运输、仓储和邮政业以及住宿和餐饮业产值所占比重增加，2012 年达到 36.25%，同期国内发达地区的比重为 26% 左右，整体上兵团的传统服务业所占比重依旧偏高。与此同时现代服务业中金融业所占比重出现下降趋势，房地产业所占比重增加，整体所占比重下降，2011 年下降为 18.56%，而其他服务业比重上升为 45.19%，其中教育、卫生、社会保障和社会福利业以及房地产业所占比重都逐年增加。根据发达省市的发展的经验，随着经济发展水平的提高，传统服务业的比重应不断下降，取而代之的是服务发展方式的转变以及服务质量的提升，而兵团现阶段传统服务业的比重偏高、质量偏低，金融保险、IT 以及文化科技等新兴服务业还处于兴起阶段，未能得到充分的发展。要提高第三产业的整体发展水平，大力发展金融、信息技术、教育以及科技文化产业等现代服务业显得尤为必要。

表 2-3　　　　　　　　兵团第三产业内部各行业产出结构及比重

行业	2009年 产值（万元）	2009年 比重（%）	2010年 产值（万元）	2010年 比重（%）	2011年 产值（万元）	2011年 比重（%）	2012年 产值（万元）	2012年 比重（%）
交通运输、仓储和邮政业	195454	9.80	229614	10.0	310292	11.33	351113	12.18
信息传输、计算机服务和软件业	44581	2.24	48541	2.11	68329	2.49	69674	2.42
批发和零售业	375456	18.83	394095	17.17	483672	17.66	520741	18.06
住宿和餐饮业	101642	5.10	130049	5.67	181928	6.64	173288	6.01
金融业	334850	16.80	337180	14.69	281168	10.26	265072	9.20
房地产业	140754	7.06	178742	7.79	240871	8.79	269824	9.36
租赁和商务服务业	5390	0.27	24953	1.09	38034	1.39	42660	1.48
科学研究、技术服务和地质勘查业	39907	2.0	45316	1.97	59205	2.16	69714	2.42
水利、环境和公共设施管理业	46041	2.31	60241	2.62	67422	2.46	51508	1.79
居民服务和其他服务业	80495	4.04	95948	4.18	111246	4.06	111065	3.85
教育	207098	10.39	253231	11.03	295304	10.80	310991	10.79
卫生、社会保障和社会福利业	139637	7.03	159076	6.93	208900	7.63	232008	8.05
文化、体育和娱乐业	19735	0.99	23337	1.02	31278	1.14	33167	1.15
公共管理和社会组织	262877	13.18	315081	13.73	361849	13.21	381873	13.25

资料来源：《新疆生产建设兵团统计年鉴》(2010~2013)。

4. 对比分析

从 2001 年到 2012 年期间，兵团区域经济一直保持着较快的发展态势。为了保持这种态势，可以进一步加快产业结构的优化，转变经济发展方式。兵团作为中国重要的农垦区，农业一直占较大比重，但随着新型工业化的发展，工业逐步成为兵团占据经济结构的重要部分。从图 2-3 可以看出，兵团的产业结构呈现出明显的变化态势，且以一产和二产变动最明显。2001 年，兵团农业服务业归属于三产，故而三产比重最大，达到 37.5%，随后第一产业的比重逐步上升，第二产业及第三产业比重逐步下降，截止到 2003 年，兵团第一产业比重达到最高 42.3%，第二产业达到最低 24.8%。2003 年后，农业服务业划分到第一产业，至 2009 年期间第一产业比重逐步下滑，第二产业比重首先呈现出逐步上升的态势，2009 年，第二产业的比重达到 34%，实现近来来首次超过第一产业。而第三产业比重一直以来呈现波浪式下降趋势，2001 年第三产业的比重超过一产二产，达到 37.5%，2002 年到 2008 年期间，兵团的产业结构也基本上呈现1∶3∶2的比例，从2009年开始，第三产业的比重进一步下降，截止到2012年，三产比重下降为28%，三次产业比重变为32∶40∶28。与全国平均三次产业结构比重10.1∶46.8∶43.1相比，兵团的产业结构层次还较低，第一产业比重过高，而三产比重不足，因此加快承接产业转移的步伐，进一步优化产业结构层次意义重大。

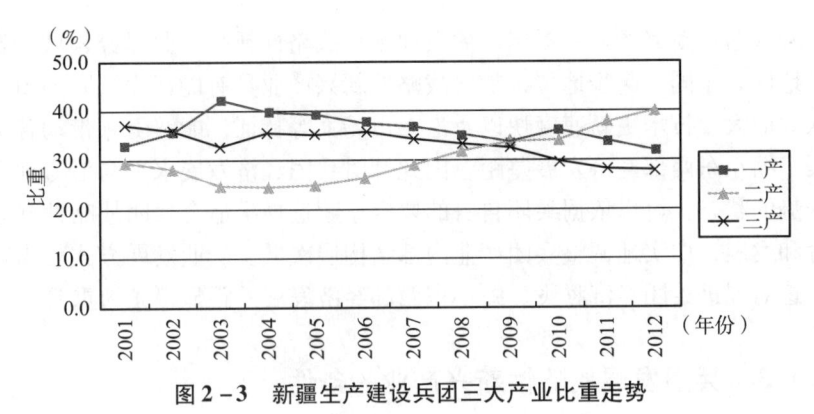

图2-3 新疆生产建设兵团三大产业比重走势

资料来源：《新疆生产建设兵团统计年鉴》（2002~2013）。

2.1.2 兵团发展战略性新兴产业的现实需要

2.1.2.1 实现兵团可持续增长的突破口

"十一五"以来，兵团开始着力加快推进新型工业化进程以及优势资源转换战略，截止到2016年，兵团的综合竞争力明显加强。在兵团发展战略性新兴产业的过程中，可以根据战略性新兴产业自身特点及其发展规律，并结合中央给予的一系列优惠政策以及现阶段兵团的实际情况来找准突破口，充分利用并发挥兵团的比较优势和后发优势，建立具有兵团特色的战略性新兴产业。同时在发展战略性新兴产业过程中进一步来深化其资源转换战略的内容以及措施，这对全面增强兵团产业发展实力，发掘和利用国内外市场潜力，延伸产业链，转变兵团现有的经济发展方式具有重要现实意义。

2.1.2.2 实现兵团经济发展方式转变的需要

兵团战略性新兴产业的培育和发展，可以有效提高兵团经济社会可持续发展的综合实力，从而进一步带动并提高各类产业的发展质量以及经济发展总量，与此同时，战略性新兴产业的发展对兵团增加居民就业以及提高职工生活水平等方面作用非常明显。在推进兵团战略性新型工业化进程中，战略性新兴产业经过培育与发展会逐步演变为兵团的主导产业甚至支柱产业,而支柱产业在进一步的技术革新后会形成新一轮的战略性新兴产业,由于战略性新兴产业具有低耗能、低污染、高附加值等特点,因此有必要通过发展战略性新兴产业来转变兵团的经济发展方式,提高兵团经济增长质量以及经济增长的可持续性。

2.1.2.3 实现东西部经济协调发展

随着战略性新兴产业的提出,后发地区在战略性新兴产业部分领域的发展上与先发地区处于同一起步地位,加之战略性新兴产业具有能耗少、附加值高、产业关联效应大、技术更新速度快以及潜在市场大等特征,能够引领带动各类产业的发展,缩小东西部经济发展差距。因此针对兵团经济发展水平与沿海地区相比处于弱势的状态,可以依据兵团自身的要素禀赋选择出适合兵团战略性新兴产业来培育和发展,切实地调整兵团产业内部结构层次低、产业发展方式较为粗放的现状,这对促进兵团经济腾飞、缩小东西部经济发展差距显得尤为重要。

2.1.3 兵团发展战略性新兴产业的条件

2.1.3.1 资源优势明显

新疆作为中国西向开放过程中重要的要塞,不仅有着丰富的战略性资源,同时新疆的稳定与发展也对我国经济社会的发展起着重要的支撑作用。其不仅矿产种类全、储量大,而且油气资源丰富,药用价值作物种类多。截止到目前,矿产已发现138种,已经探明储量的就有83种,在全国已发现的171种矿产中占有很大比例,达到80.7%。其中已探明储量的资源,41种矿产资源储量在全国的前列,6种矿产资源摆在首位。在同期石油、煤炭、铜、金、稀土金属、工用建材、非金属以及矿物盐等资源储量非常丰富,根据第二次全国油气资源评价结果可以知道新疆石油预测资源储量已经达到208.6吨,在全国陆上资源储量中,新疆的就占据了30%之多,同时天然气和石油的预测储蓄量都分别为10.3立方米、21900亿吨,储量相当之大,在全国储蓄量中分别达到34%和40%。不仅如此,新疆有经济和药用价值的植物也有1000多种,并且其中稀有植物就有100多种,占到近10%,如甘草、红花、雪莲、大芸、麦冬、当归、党参、麻黄、秦艽、肉苁蓉、贝母、阿魏、枸杞、青竺等,药用和经济植物中,在这其中仅仅甘草面积兵团就占有2.67万公顷,质量和产量居全国农垦之首位①。正因为新疆得天独厚的资源优势,加之部分资源新疆和兵团共享,才使得兵团在发展战略性新兴产

---

① 张彦. 基于生态足迹理论的新疆生产建设兵团可持续性发展的研究 [D]. 新疆师范大学,2011.

业方面有一定的基础。

2.1.3.2 技术研发手段加强

战略性新兴产业一般情况下都掌握着产业发展的关键核心技术，通常其都脱胎于高新技术产业的范畴，其在培育与发展的过程中必须牢牢把控助其发展的关键技术。截至目前兵团共有 10 个重点实验室（其中科技部省部共建国家重点实验室培育基地 4 个，教育部重点实验室 2 个），实验室设置的领域涉及方面比较广，主要有农业、畜牧、医药、农机、化工、节水技术等。现如今，兵团技术研发力量不断加强，已分别有国家级和省级技术研发中心 4 家、36 家，同时拥有国家地方联合工程实验室 5 家，国家新材料高新技术产业化基地 1 个，科技部与省部共建的国家级重点实验培育基地 4 家，新疆建设兵团重点实验室 6 个，教育部直属重点实验室 2 家，新疆兵团重点实验室 6 家，这些都使得兵团的技术研发力量不断加强。虽然部分实验室设置的领域与战略性新兴产业相关的领域对接较少，科技创新能力还很弱，但随着各类科技经费及项目投入强度的加大，兵团整体的技术研发手段在持续加强中。其中新疆宏远电子出产的一些电极箔明显已经处在国内前沿地位，引领着国内特高压电极箔的发展走向；天康畜牧生物公司生产的三种疫苗（口蹄疫 O 型、亚洲 I 型三价灭活疫苗）已经成功注册为国家的新兽药，在生物技术水平方面在国内处于领先地位。

2.1.3.3 经济总体实力上升

近年来，兵团经济发展速度持续加快，以一年跨越两百亿元的速度向着千亿元冲刺，近三年经济整体增长速度达到平均 15%，跨越式发展的步调很明显。"三化"建设全面推进，调整结构、增强活力、提高质量、惠及民生等工作都取得了明显效果，转型发展的势头慢慢形成。截至 2012 年，兵团实现生产总值 1197.21 亿元，按可比价计算，比上年增长 18.4%，增速比上年加快 2.4 个百分点，高于全国平均增速 9.2 个百分点，在全国各省区市排名第二。与此同时，固定资产投资增速创 1980 年以来新高。兵团应紧紧抓住中央新疆工作座谈会一系列的政策机遇，把投资作为拉动经济增长的重中之重，加大项目建设和招商引资力度，拓宽融资渠道，全力促进投资增长，与此同时加快技术引进，提升自主创新能力。2012 年，兵团完成全社会固定资产投资 1039.34 亿元，比上年增长 52.1%，增速较上年减缓 0.4 个百分点，高于全国平均增速 28.5 个百分点，在全国各省区市中位列第一。虽然兵团相对全国其他地区总体经济的总体实力有所不如，但其经济逐年不断增强，经济实力的不断提升，为战略性新兴产业发展提供了前提条件。

2.1.3.4 产品需求市场广阔

传统产业的市场需求来自于人类的基本生活需要，而战略性新兴产业生产和需求的互动不如传统产业那么直接和透明，其产品的市场需求在很大程度上都需要引导和培育。新疆地处西北，毗邻中亚国家，产品市场广阔，有利于战略性新兴产业的兴起。同时，西部大开发过程中，国家加大对西部的扶持投入力度，产业政策倾斜，都有利于产品市场的培育和完善。一般来说，战略性新兴产业的消费需求大，才会获得各级政府的大力支持。随着兵团经济社会的发展，兵团经济总体实力的提升，未来对战略性新兴产业的需求会不断加大，主要体现在以下几个方面：一是消费者市场对战略性新兴产品的需求，例如随着人们生活水平的提高，现代疾病复杂性和多样性的特点会使得消费者增加对新型生物医药技术及产品的需要等；二是生产商对战略性新兴产品的需求，比如现代能源的短缺以及经济社会发展转型的需要会使得生产商加大对新能源、新材料等方面的需求；三是转卖者市场对战略性新兴产品的需求，比如随着现代物流的快速发展，物联网的出现使得人们对信息技术的需求加大；四是政府市场对战略性新兴产品的有效需求，政府为保证战略性新兴产业的快速发展，会使得在政府在具体购买过程中向新兴产业产品方面倾斜，比如政府对电动汽车进行政府采购产生的政府需求。

2.2 兵团战略性新兴产业的选择

战略性新兴产业的选择是优化我国产业结构，提升产业的国际竞争力的重头戏。温家宝同志曾反复说明要把握新兴产业三个主要特点，即首先市场发展潜力必须大，要有足够广阔的市场需求；其次要能够有一定的技术创新性，在某些关键技术上占凸显地位；再其次作为新兴产业，一定要能够影响前后向关联产业并带领其发展。区域战略性新兴产业在选择的过程中不仅要遵循科学原则，更重要的是要能够找到适宜地方经济迅速发展的选择基准。

2.2.1 兵团战略性新兴产业的选择原则与基准

2.2.1.1 兵团战略性新兴产业的选择原则

1. 可持续性原则

目前具有低污染、低能耗等特点的产业能够承担战略性新兴产业"绿色"的使命，同时通过转变以牺牲环境为代价的粗放型经济增长方式是兵团提出战略性新兴产业的目标之一，这要求兵团企业不再是盲目的追求国民经济的增长，而是要转变成"低碳GDP"的思维模式。通过转变思维后的战略性新兴产业能够代表产业升级的前沿技术革命以及未来兵团产业升级和发展的趋势，同时这也决定着兵团在未来相当长一段时间内在国际市场上的竞争力。

2. 高竞争力原则

与传统产业相比，战略性新兴产业对技术创新的要求更高，如果不能建立战略性新兴产业自主创新体系，就难以实现高附加值和高技术含量，也就会使其缺乏核心竞争力，进而使制造业再次步入产业链低端的尴尬境地。当然，战略性新兴产业还必须拥有广阔的市场前景才能够维持其在长期在市场上的地位。

3. 协调性原则

战略性新兴产业的概念是在我国首次提出，因此我国各地在战略性新兴产业选择过程中一定要慎重，要因地制宜，不能盲目选择，否则会出现混乱无序的竞争局面。各地区一定要从国家整体战略角度出发来进行布局分工，这就要求各地一定要针对自身经济发展条件来进行战略性新兴产业选择，通过协调各地发展领域，不仅可以避免重复性投资建设，同时还可以完善兵团及我国在战略性新兴产业方面的战略规划。

4. 循序渐进原则

战略性新兴产业的培育和发展是一个循序渐进的过程，而并不是一步到位，在战略性新兴产业选择过程中我们不能选择所有相关联的领域，只能依据兵团的经济比较优势选择当下最具有发展潜力的行业，抓小放大，真正做到有所为有所不为，重点突破优势领域。在战略性新兴产业发展初期，被发展的产业可能仅仅限制在一定的领域内，但随着整个产业技术水平的提高和产业间的溢出效应越来越明显，战略性新兴产业发展还会进一步促进其他领域的兴起。

5. 集群化发展原则

产业集群并不是只适用于一些传统的制造业，战略性新兴产业在发展过程中同样需要应用集群化这样一种方式来实现产业的范围经济和规模经济，最后构成类似台湾新竹，以及美国硅谷等一些高新技术产业创新集群。战略性新兴产业在规划与布局过程中一定要充分利用产业集群化，加强产业链的延伸，使得产业产品具有高技术含量、高附加值的特点。当然，战略性新兴产业集群的集聚并不是说所有领域都要聚集，它也可以是某些产业内某个行业的聚集，但它能够提升相关行业领域的发展以及区域经济的长期性增长。

2.2.1.2 兵团战略性新兴产业选择基准

温家宝曾经指出，科学合理地选择战略性新兴产业是极其重要的，如果选对了那么就会形成跨越式发展，但一旦选错，也将会贻误时机。而目前国内在战略性新兴产业选择的指标体系这方面起步不久，所以应该大量借鉴已存的关于主导产业、优势产业以甚至一些特性与之相关的产业的研究成果，在尽量挖掘战略性新兴产业的自有特性的同时，从而设计出一个更加有效的选择指标体系。

国外现有理论研究也为制定产业选择的基准提供了丰富的参考。这其中要数以研究主导产业的起步最早，而美国经济学家罗斯托则是最先提出了制定产业选择基准的概念。之后越来越多的经济学家们开始对主导产业选择基准进行了深入探索，更是在这个基础上诞生了其他产业的选择基准，主要的具有代表性成果的不仅仅有赫希曼基准和筱原基准，还包含有比较优势基准以及竞争优势基准等。赫希曼基准的产生源于美国经济学家赫希曼在《经济发展战略》中对产业间关联度和工业化关系的研究，认为发展中国家应优先发展后向关联度较高的产业，即产业的影响力系数和感应度系数之和。此后日本经济学家筱原三代平提出筱原基准，即提倡选择需求收入弹性大、生产率高的产业为主导。大卫·李嘉图则从国际贸易角度出发，认为每个国家都应该选择那些发展潜力大、影响力深远的比较优势产业，由此形成比较优势基准。此外，美国哈佛商学院教授波特在 H-O 模型下创立了国家竞争优势理论，指出一国竞争优势取决于本国的要素条件、需求条件、支持产业、企业的组织与竞争和外部的随机事件及政府，于是产生竞争优势基准。上述理论虽然各有差异，但均一致主张主导产业或优势产业的选择基准应根据一国产业结构的优化进程、对技术的吸收能力和经济效益确定。

正是基于以上对主导产业及相关优势产业选择基准的理论研究，根据区域战略性新兴产业的内在特点和发展前景，结合对兵团地区的自身要素条件、市场需求条件以及可持续发展要求的综合考虑，可以大概地把兵团战略性新兴产业的选择基准划分为五个层次：(1) 产业科技效果和效益基准。在新疆兵团十八大报告中，已经明确指出各师在战略性新兴产业的选择和相应布局上首先要考虑该产业的科技推动效果和综合效益。(2) 产业比较优势及市场需求基准。在选择兵团战略性新兴产业的过程中，各兵团要根据自身的比较优势以及周边区域的市场需求特点，从整体上产生一定程度的产业集聚效应和良好的需求前景。(3) 产业关联性及低碳效果基准。兵团战略性新兴产业不应该只能带动前向或后向相关联的产业的发展，同时也应该从效果上带动产业的可持续性发展，从而为产业的更长远发展找到支撑点。(4) 产业发展潜力基准。兵团现有的某些产业的发展比较迟缓，但它们具有一定的发展潜力，因此在选择产业的过程当中应该考虑其发展潜力来选择合适的产业。(5) 产业区位特征基准。在选择兵团战略性新兴产业时，更应该注重从产业发展内容出发，重点选择那些符合新疆建设兵团自身的区域规划和发展特点的产业。

综合以上分析，本书认为战略性新兴产业的选择首先应该符合国家战略统筹规划的要求，把兵团战略性新兴产业的选择基准作为构建指标体系的前提条件，运用上述的前四个基准来建立选择指标的基本体系，从而对该区域进行初步的了解和分析，最后一个基准完全是在了解情况并得到分析结果后对这些产业进一步选择，从而挑出适合发展的战略性新兴产业。

2.2.2 基于因子分析法的兵团战略性新兴产业选择

2.2.2.1 因子分析法的基本原理

一般来讲，因子分析法是用来研究多个变量的内部相互依赖关系，通过将较为复杂分散的变量最后归类为几个具有代表性的综合因子的数量方法。它的基本思想就是将所观察到的高度相关性、关联程度密切的因子放到一类，而那些相关性比较低的观测变量则都可以单独代表一类因子，通过归类最后形成的基本架构即是公共因子。所以说因子分析法的原理很简单，就是对所研究的问题用较少数量的不可测度的公因子的线性函数加上特殊因子之后来细致地描述原来观测到的分量。具体数学模型为 $X_i = a_{i1}F_1 + a_{i2}F_2 + \cdots + a_{im}F_m + \varepsilon_i (m \leq p)$，简化矩阵表示为 $X = AF + \varepsilon$；其中：X_i 为第 i 个标准化变量，F_1，F_2，$\cdots$，F_m 称为变量 X 的公共因素或潜在因素，而 A 则被叫做因子荷载矩阵，ε_i 被叫做第 i 个变量的特殊因子。具体计算步骤为：

（1）选择变量，标准化原始数据。如果原始变量具有很强的相关性，然后会有共同的因素，则记原始数据为 x_{ij}。

（2）建立原始变量的相关系数矩阵 R。

$$r_{ij} = \sum_{a=1}^{n}(X_{ai} - \overline{X}_i)(X_{aj} - \overline{X}_j) \Big/ \sqrt{\sum_{a=1}^{n}(X_{ai} - \overline{X}_i)^2} \cdot \sqrt{\sum_{a=1}^{n}(X_{aj} - \overline{X}_j)^2}$$

（3）求解 R 的特征值和单位的对应的特征向量，提取公因子。根据方差大于1（或特征值大于1）的条件来提取对某一公因子贡献较大的因子，因子的累计方差贡献率必须大于80%方可符合要求。

（4）根据 R 的特征值和单位的对应的特征向量建立因子荷载矩阵 A，并对 A 实施方差的最大正交旋转。

$$A = \begin{bmatrix} a_{11} & a_{12} & \cdots & a_{1m} \\ a_{21} & a_{22} & \cdots & a_{11} \\ \cdots & \cdots & \cdots & \cdots \\ a_{p1} & a_{p2} & \cdots & a_{pm} \end{bmatrix} = \begin{bmatrix} u_{11}\sqrt{\lambda_1} & u_{12}\sqrt{\lambda_2} & \cdots & u_{1m}\sqrt{\lambda_p} \\ u_{21}\sqrt{\lambda_1} & u_{22}\sqrt{\lambda_2} & \cdots & u_{2m}\sqrt{\lambda_p} \\ \cdots & \cdots & \cdots & \cdots \\ u_{p1}\sqrt{\lambda_1} & u_{p2}\sqrt{\lambda_2} & \cdots & u_{pm}\sqrt{\lambda_p} \end{bmatrix}$$

（5）计算因子得分，并进行综合评价。$F_j = \beta_{j1}X_1 + \beta_{j2}X_2 + \cdots + \beta_{jp}X_p (j = 1, 2, \cdots, m)$；综合评价函数最后可以表示为 $F = \alpha_1 F_1 + \alpha_2 F_2 + \cdots + \alpha_m F_m$，其中 α_j

为 F_j 的方差贡献率。

2.2.2.2 兵团战略性新兴产业的选择结果

目前战略性新兴产业的发展还处于起步阶段，还没有相关造册的统计数据出台，考虑到战略性新兴产业脱胎于工业，本书以新疆生产建设兵团为例，结合战略性新兴产业的内部特征，选取兵团食品加工业等27个产业作为备选产业并对其经济效益进行综合评价选择，其中工业成本费用利润率、总资产贡献率、区位商、需求收入弹性、感应度系数、影响力系数、总资产利润率、就业规模、产业产值能耗、产值比重、全员劳动生产率以及行业市场占有率等指标分别表示为 (X_1, X_2, …, X_{12})。为消除量纲的影响，对各个指标的数据进行标准化。各指标的初始数据主要来源于2012年和2013年的《中国统计年鉴》和《新疆生产建设兵团统计年鉴》，利用SPSS Statistics软件来进行实证分析，具体步骤如下：

(1) KMO和巴特利特验证有效性检验。巴特利特检验结果表明巴特利特值为156.962，P<0.0001，表明该数据适合做因子分析，同时KMO值为0.671大于0.5，进一步表明各个指标之间存在线性相关的结果可以接受。

(2) 主因子的确定及因子载荷的正交旋转。在因子分析的过程中，首先将因子数的值设置为4，所得到的输出结果如表2-4所示，可以看出，第一个公因子的方差贡献率为29.533%，其他几个公因子贡献率依次为25.166%、18.694%、13.128%，四个公因子总贡献率达到86.521%，并且其特征值大于1，所以认为通过四个公因子就可以涵盖原始数据的大部分信息。

表2-4　　　　　　　　　　　解释的总方差

成分	初始特征值 合计	初始特征值 方差（%）	初始特征值 累积（%）	提取平方和载入 合计	提取平方和载入 方差（%）	提取平方和载入 累积（%）	旋转平方和载入 合计	旋转平方和载入 方差（%）	旋转平方和载入 累积（%）
1	3.930	32.749	32.749	3.930	32.749	32.749	3.544	29.533	29.533
2	3.697	30.812	63.561	3.697	30.812	63.561	3.020	25.166	54.699
3	1.560	12.999	76.560	1.560	12.999	76.560	2.243	18.694	73.393
4	1.195	9.961	86.521	1.195	9.961	86.521	1.575	13.128	86.521
5	0.477	3.974	90.495						
6	0.398	3.318	93.813						
7	0.313	2.609	96.422						
8	0.197	1.638	98.060						
9	0.106	0.886	98.946						
10	0.086	0.718	99.664						
11	0.032	0.264	99.929						
12	0.009	0.071	100.000						

为了进一步反映原始变量的特征，随后可以通过对主因子成分矩阵进行旋转，而后可以得到旋转成分矩阵如表2-5所示，其中提取的第一个主因子在工业成本费用利润率、全员劳动生产率、总资产贡献率、总资产利润率等4个指标上具有较大的载荷，且这个主因子的方差贡献率最大，达到29.533%，主要反映了产业发展程度、科技创新等方面的信息，因此，将第一个主因子命名为科技创新能力因子；第二个因子包括区位商、就业规模、产值比重、行业市场占有率等4个指标，其方差贡献率为25.166%，主要反映了各产业在各地区的相对专业化程度以及市场的优势竞争力情况，因此，将第二个主因子命名为市场发展能力因子；第三个主因子包括感应度系数、影响力系数、产值能耗等3个指标，其方差贡献率为18.694%，主要反映产业相互影响程度以及对环境的影响程度，因此，将第三个主因子命名为关联效应因子；第四个因子包括需求收入弹性，方差贡献率为13.128%，能够间接反映出产业发展的可持续性，因此，将第四个主因子命名为可持续发展因子。

表2-5　　　　　　　　　　　主因子旋转成分矩阵

主因子	成分			
	1	2	3	4
X_1	0.960	-0.051	0.087	0.126
X_{11}	0.922	-0.070	-0.017	0.020
X_2	0.897	0.073	0.051	0.194
X_7	0.880	0.039	0.004	0.214
X_3	0.002	0.963	-0.020	-0.077
X_{12}	0.034	0.957	0.031	-0.043
X_{10}	-0.040	0.792	0.394	-0.012
X_8	-0.047	0.706	0.613	-0.014
X_9	0.079	0.121	0.925	0.117
X_5	0.041	0.121	0.909	-0.125
X_6	-0.105	0.056	0.092	-0.922
X_4	0.409	-0.066	0.104	0.766

（3）因子得分。最后通过回归估计得出各因子 F_1、F_2、F_3、F_4 的因子得分，各主因子的得分系数矩阵如表2-6所示。

表2-6　　　　　　　　　　　　因子得分系数矩阵表

因子	成分			
	1	2	3	4
X_1	0.294	-0.025	0.021	-0.094
X_2	0.261	0.033	-0.017	-0.024
X_3	0.020	0.375	-0.174	-0.008
X_4	-0.016	-0.002	0.049	0.495
X_5	0.008	-0.114	0.454	-0.099
X_6	0.141	-0.043	0.046	-0.674
X_7	0.253	0.029	-0.035	-0.007
X_8	-0.032	0.170	0.202	0.034
X_9	-0.027	-0.104	0.460	0.076
X_{10}	-0.022	0.241	0.073	0.039
X_{11}	0.305	-0.020	-0.029	-0.167
X_{12}	0.022	0.366	-0.147	0.012

第一个因子得分函数：

$$f_1 = 0.294X_1 + 0.261X_2 + 0.020X_3 - 0.016X_4 + 0.008X_5 + 0.141X_6 + 0.253X_7 - 0.032X_8 - 0.027X_9 - 0.022X_{10} + 0.305X_{11} + 0.022X_{12}$$

第二个因子得分函数：

$$f_2 = -0.025X_1 + 0.033X_2 + 0.375X_3 - 0.002X_4 - 0.114X_5 - 0.043X_6 + 0.029X_7 + 0.170X_8 - 0.104X_9 + 0.241X_{10} - 0.020X_{11} + 0.366X_{12}$$

第三个因子得分函数：

$$f_3 = 0.021X_1 - 0.017X_2 - 0.174X_3 + 0.049X_4 + 0.454X_5 + 0.046X_6 - 0.035X_7 + 0.202X_8 + 0.460X_9 + 0.073X_{10} - 0.029X_{11} - 0.147X_{12}$$

第四个因子得分函数：

$$f_4 = -0.094X_1 - 0.024X_2 - 0.008X_3 + 0.495X_4 - 0.099X_5 - 0.674X_6 - 0.007X_7 + 0.034X_8 + 0.076X_9 + 0.039X_{10} - 0.167X_{11} + 0.012X_{12}$$

将2012年兵团备选的各个产业标准化后的指标数据代入以上因子得分函数，然后以各主因子的方差贡献率与累计方差贡献率的比重为权数，将各主因子得分进行加权汇总，得出工业产业综合选择评价函数为 $\sum W_i F_i = W_1 F_1 + W_2 F_2 + W_3 F_3 + W_4 F_4$（其中 W_i 是因子 F_1、F_2、F_3、F_4 方差贡献率在总方差贡献率中的比重值），综合因子得分详见表2-7。

表 2-7　　　　　　　因子分析结果——综合排名前 12 位的产业

产业	F_1	F_2	F_3	F_4	综合得分
废弃资源及废旧材料回收加工业	4.56957	-0.44045	-0.18254	0.01179	1.394246
化学原料及化学制品制造业	0.28279	1.84609	1.69788	-0.18161	0.972784
电力、热力的生产和供应业	-0.16556	-0.13488	4.15672	-0.10156	0.786939
食品制造业	-0.12392	2.45288	-0.99959	-0.19502	0.425578
饮料制造业	0.44838	1.42629	-0.56987	-0.13228	0.424726
非金属矿物制品业	0.05093	0.81028	0.54997	0.2254	0.406091
农副食品加工业	-0.27748	1.79823	-0.34195	-0.10375	0.338681
通信设备、计算机及其他电子设备	-0.11336	-0.58007	-0.65505	3.77831	0.224334
石油加工、炼焦及核燃料加工业	-0.27071	-0.52086	1.03118	1.32028	0.179208
有色金属冶炼及压延加工业	-0.54491	0.30972	0.22113	1.29974	0.149045
纺织业	-0.40408	1.21937	-0.38767	-0.29943	0.087525
塑料制品业	-0.02271	0.64036	-0.40023	-0.33073	0.041847

2.2.2.3　兵团战略性新兴产业的确定

根据表 2-7 中综合因子得分排序，我们可以看到，废弃资源和废旧材料回收加工业，化学原料及化学制品制造业，电力、热力的生产和供应业排名靠前，与此同时，结合战略性新兴产业的自身特点和兵团区域发展与规划的目标，可以同时将非金属矿物制品业、通信设备计算机及其他电子设备以及塑料制品业作为未来兵团的战略性新兴产业来扶持培育。通过比对《国民经济行业分类》，本书认为化学原料及化学制品制造业中不仅仅有生物技术领域的小分类，也和新材料有部分重合领域；废弃资源和废旧材料，通过比较和节能环保产业的循环再造业具有相同的领域；电热力的生产和供应在国民经济分类中与新能源有重合领域；非金属矿物业通过比对和新材料在部分领域重合；通信电子设备领域则和战略性新兴产业中的电子信息领域有重复；塑料制品行业同样和新兴产业中的新材料产业有部分领域重合。通过国民经济行业分类与战略性新兴产业行业分类比对，可以得出兵团在发展战略性新兴产业时可以将新材料、新能源、生物技术、节能环保以及电子信息作为重点发展领域。

从兵团战略性新兴产业主因子得分情况可以看出，在产业科技创新因子方面，新能源、电子信息技术以及新材料等产业处在相对薄弱地位，这就需要兵团在研发投入上加大投入力度；在市场发展能力因子方面，新能源、节能环保和电子信息三大产业发展速度相对缓慢，说明兵团在这几大产业发展上还未有效地形成一定的规模效应以及市场需求；在产业关联效应因子方面，新材料和节能环保两大产业的产业链较短，缺乏产业链延伸，不能有效地形成产业集群带动相关产业的发展；在产业可持续发展能力因子方面，新能源、生物技术以及新材料几大产业相对而言有一定的发展基础，并且发展过程中有政府的重点支持，所以其在发展过程中潜力巨大，有待进一步挖掘。

2.3 兵团战略性新兴产业发展评价

伴随着战略性新兴产业的逐步兴起，战略新兴产业的发展问题已经成为关乎我国未来经济该何去何从的热点问题之一。战略性新兴产业是知识技术密集型产业，是物质资源消耗少、成长潜力大、综合效益好的产业，对兵团经济社会发展全局具有引领带动作用。兵团加快培育和发展战略性新兴产业，有助于产业结构调整和经济发展方式转变，增强综合实力和竞争力，促进经济可持续发展，对于新产品开发、新技术升级以及产业结构优化也将起到积极的推动作用。本章主要通过对兵团战略性新兴产业总体发展水平以及细分行业发展状况进行评价，通过对比发现兵团新型工业战略性新兴产业在发展规模、人才结构、科技创新、融资渠道等方面还存在一定的差距。

2.3.1 兵团战略性新兴产业发展的综合评价

2.3.1.1 评价指标体系构建

战略性新兴产业的发展研究，离不开对战略性新兴产业发展水平展开综合评价。战略性新兴产业发展水平的综合评价指标体系是战略性新兴产业发展水平系统的结构框架。现今，相关学者对产业发展水平的计量方法已经做出了许多有益的探索，取得了若干成果，并建立了相应统计指标。本文在国内外文献的基础上，通过查询国内外专家以往在发展水平评价过程中所使用的指标，对那些在众多文献中被通用的指标进行了关注，在遵循评价指标的选取原则的基础上，结合战略性新兴产业自身的特点以及现行统计数据的可获取性，采用全面系统的原则，从产业投入水平、产出水平以及发展潜力水平三个方面构建评价指标体系，并采用相关性分析法和鉴别力系数法对评级指标进行筛选。需要说明的是，本研究中所构建的战略性新兴产业发展水平评价指标体系中的部分指标，由于数据采集困难以及一些指标难以量化，故而在指标的选取上稍有偏差，但不影响整体评价结果。

为了进一步量化战略性新兴产业的发展水平,本书将战略性新兴产业发展水平设为 Y,战略性新兴产业投入水平为 X_1、战略性新兴产业产出水平为 X_2、战略性新兴产业发展潜力水平 X_3。用函数来表示,即:$Y = F(X_1, X_2, X_3)$。

结合本文的研究内容,将一级指标设置为 3 个,二级指标 16 个,如表 2 - 8 所示,其中,Y 是战略性新兴产业发展水平的度量;X_1 是反映战略性新兴产业知识技术密集和资金密集的指标;X_2 是反映战略性新兴产业的产出水平、规模大小、附加值的指标;X_3 是反映战略性新兴产业效率和效益水平的综合指标,其中战略性新兴产业投入水平方面,包括 6 个二级指标:从业人员年平均数、R&D 人员全时当量、R&D 经费内部支出、R&D 经费投入强度、新产品开发经费支出、新增固定资产;战略性新兴产业产出水平方面,包括 5 个二级指标:战略性新兴产业总产值、战略性新兴产业总产值占 GDP 比重、战略性新兴产业利润水平、新产品产值、专利申请数;战略性新兴产业发展潜力水平方面,包括 5 个二级指标:战略性新兴产业对经济增长贡献率、利润占主营业务收入比重、新产品销售率、新产品市场占有率以及固定资产交付使用率。

表 2 - 8　　战略性新兴产业发展水平的综合评价指标体系

	一级指标	二级指标
战略性新兴产业发展水平 Y	投入水平 X_1	从业人员年平均数（万人）X_{11}
		R&D 人员全时当量（人年）X_{12}
		R&D 经费内部支出（亿元）X_{13}
		R&D 经费投入强度（%）X_{14}
		新产品开发经费支出（万元）X_{15}
		新增固定资产（亿元）X_{16}
	产出水平 X_2	战略性新兴产业总产值（亿元）X_{21}
		战略性新兴产业总产值占 GDP 比重（%）X_{22}
		利润（亿元）X_{23}
		新产品产值（万元）X_{24}
		专利申请数（件）X_{25}
	潜力水平 X_3	战略性新兴产业对经济增长贡献率（%）X_{31}
		利润占主营业务收入比重（%）X_{32}
		新产品销售率（%）X_{33}
		新产品市场占有率（%）X_{34}
		技术市场合同成交额（亿元）X_{35}

指标体系的测算尽管指标体系的设计在理论上可以做到更细化,但事实上并非越多越好,只有选择适当才能分清主次,从而准确反映出兵团战略性新兴产业的发展要求。指标体系的构建是用来进行实证部分的基础,科学的构建方法对分析效果很重要。

2.3.1.2 指标权重的确定

在建立了分层指标体系后,还必须给出指标的权重。指标权重的确定一般都是一个主客观相统一的过程,目前有关产业发展评价的方法有很多,主要区别在于对于指标权重值的赋予,传统的指标体系权重设置方法有关键特征值法、特尔菲法、德尔菲法、专家评断平均法、两两比较法、层次分析法以及因子分析法。一般而言,指标权重的差异主要由以下三方面因素构成:第一,评价者对各项指标的重视程度,反映主观差异;第二,各项指标对综合评价的贡献程度,反映客观差异;第三,各项指标的可靠性程度,也反映客观差异[1]。鉴于本书指标多且部分指标数据不易得到的情况,本书选取层次分析法来确定指标体系权重,主要对同一层次内的诸因素通过两两比较的方法确定相对于上一层目标的权系数,层层进行下去,直到最后一层,即可给出所有因素(或方案)相对于总目标而言按重要性程度的一个排序。

1. 层次分析法介绍

层次分析法 AHP(analytic hierarchy process)是由美国著名运筹学家萨蒂(T. L. Saaty)教授在20世纪70年代提出的一种使用多准则系统进行分析的方法,是一种定性和定量相结合,进行系统化、层次化的分析,具有实用性,间接性、系统性等优点,它将德尔菲法和统计方法相结合,权重的计算具有较强的准确性和科学性。它的基本思路是首先把一个系统复杂的问题分解为若干组成因素,弄清楚要素在系统中的地位和彼此的关系,按照支配关系将这些要素归为不同的层次结构中,然后通过专家评分的方法对不同层次以及层次中的各个要素进行比较和打分,并在此基础上确定各个层次间及层次内部中各个要素的相对重要性,最后综合各层次要素的重要程度,得到要素的综合评价值,并因此作出决策[2]。具体分析步骤如下:

(1)建立层次结构模型。将评价目标按所含的要素分组,然后按照要素间相互关系影响以及隶属度关系,按照目标层、准则层和方案层组合,建立出一个多层次的结构模型。

(2)构造判断矩阵。比较第 i 个元素与第 j 个元素相对于上层某个因素的重要性时,使用量化的相对权重 a_{ij} 来描述。设共有 n 个元素参与比较,则称 A =

---

[1] 张健民. 安徽省战略性新兴产业选择和发展研究 [D]. 安徽工业大学, 2013.
[2] 吴晋. 新疆对外贸易发展方式转变研究 [D]. 石河子大学, 2013.

$(a_{ij})_{mn}$ 为比较判断矩阵。请相关行业的专家对准则层和要素层进行评价，通过在各个要素层中进行两两比较，评判各要素间的重要性，构建出判断矩阵，以此计算出各个要素的权重。对于确定 a_{ij} 的值时，Saaty 等建议引用数字 1~9 及其倒数作为标度，如表 2-9 所示。

表 2-9　　　　　　　　　　层次分析法尺度判断划分

标度	含义
1	第 i 个因素与第 j 个因素的影响相同
3	第 i 个因素比第 j 个因素的影响稍强
5	第 i 个因素比第 j 个因素的影响强
7	第 i 个因素比第 j 个因素的影响明显强
9	第 i 个因素比第 j 个因素的影响绝对强
2、4、6、8	第 i 个因素相对第 j 个因素的影响处于两个相邻等级之间
倒数	若要素 i 与要素 j 的重要性之比为 a_{ij}，则要素 j 与要素 i 的重要性之比为 $a_{ji} = 1/a_{ij}$

（3）层次单排序及一致性检验。层次单排序是指确定下层各因素对上层某要素影响程度的过程。通过要素两两重要性比较得出判断矩阵 A 后，求出判断矩阵 A 的最大特征向量 λ_{max} 以及判断矩阵 A 对应的特征向量 W，再将特征向量 W = $[W_1, W_2, \cdots, W_n]$ 做归一化处理（使各个分向量的和为 1），得到各个特征向量分量，即方案层中各评价指标的权重。由于 λ_{max} 连续的依赖于 a_{ij}，如果 λ_{max} 比 n 大的越多，矩阵 A 的不一致性越严重。用最大特征值对应的特征向量作为被比较要素对上层某要素影响程度的权向量，其不一致程度越大，引起的判断误差越大。因而引入一致性指标 CI（Consistency Index）用来衡量不一致程度，其定义为：

$$CI = \frac{\lambda_{max} - n}{n - 1}$$

一致性指标 CI 的值越高，表明判断矩阵的偏离程度越大；CI 值越小，越接近于完全一致性。一般判断矩阵的阶数 n 越大，人为造成的偏差也就越大，因此，对于多阶判断矩阵，需引入平均随机一致性指标 RI（Random Index）。表 2-10 给出 1~10 阶的平均随机一致性指标 RI。

CR（Consistency Ratio）称作一致性比率，是指 CI 与 RI 的比率，即 CR = CI/RI。当 CR<0.1 时，所求得的指标权重是可行的，一般认为判断矩阵具有满意的一致性。当 CR≥0.1 时，就需要调整和修正，使之具有满意的一致性。

表 2-10　　　　　　　　　　　平均随机一致性指标 RI

矩阵阶数	1	2	3	4	5	6	7	8	9	10
RI	0	0	0.52	0.89	1.12	1.26	1.36	1.41	1.46	1.49

（4）层次总排序和一致性检验。层次单排序是指一组元素对其上一层某元素的权重向量。层次总排序是指在求出某一准则下各要素的权重后，再计算各个层次所有要素对于最高层总目标的重要性的排序权值。总排序权重需要自下而上地将单准则下的权重进行合成。设上一层次（A 层）包含 A_1，A_2，…，A_m 共 m 个因素，它们的层次总排序权重分别为 a_1，a_2，…，a_n。又设其后的下一层次（B 层）包含 B_1，B_2，…，B_n 共 n 个因素，它们关于 A_j（j = 1，2，…，m）的层次单排序权重分别为 b_{1j}，b_{2j}，…，b_{nj}。现求 B 层中各因素关于总目标的权重，即求 B 层各因素的层次总排序权重 b_1，b_2，…，b_n，计算按以下方程进行，即：$b_i = \sum_{j=1}^{m} b_{ij} a_j$（j = 1，2，…，n），依次类推，可以求出各个层次中各个指标在总排序中的权重。

对层次总排序也需做一致性检验。设 B 层中与上层 A_j 相关因素所构成的判断矩阵在单排序中经过一致性检验，求得的单排序一致性指标为 CI(j)（j = 1，2，…，m），相应的平均随机一致性指标为 RI(j)，其中，CI(j)、RI(j) 已在层次单排序中求得，则 B 层总排序一致性比率为：

$$CR = \frac{\sum_{j=1}^{m} CI(j) a_j}{\sum_{j=1}^{m} RI(j) a_j}$$

检验条件与单排序向量检验条件一致为，当 RI < 0.1 时，该层次模型在 B 层次水平上具有较满意的一致性。

2. 权重的确定

在分析兵团经济发展水平及产业发展现状的基础上，邀请满足研究需要的且长期从事产业经济学研究的新疆相关专家学者，通过专家打分建立判断矩阵。由于判断矩阵一般都是长期从事产业相关研究方面专家的经验基础上建立起来的，所以肯定会存在稍许误差。为了使判断结果更好地与实际结果吻合，需要做一致性检验看是否通过。一般地，当一致性比率 CR < 0.1 时，认为该判断矩阵的不一致性程度在容许范围内，即通过一致性检验。在一致性前提下，可以用归一化特征向量作为权向量。

根据 AHP 软件可以求得特征最大值为 λ_{max} = 3.0536，同时得出判断矩阵一致性比例：0.0516≤0.1，一致性检验结果通过；对总目标产生的权重为 1.0000；

同时得到权向量为：W = (0.4126, 0.3275, 0.2599)，具体如表 2-11 所示。

表 2-11　　　　　　　　　判断矩阵 Y-X

Y	X_1	X_2	X_3	W_i
X_1	1.000	1.000	2.000	0.4126
X_2	1.000	1.000	1.000	0.3275
X_3	0.500	1.000	1.000	0.2599

同理可以求得判断矩阵 X_1-Y 的特征最大值为 $\lambda_{max}=6.1310$，同时得出判断矩阵一致性比例：$0.0208 \leqslant 0.1$，一致性检验结果通过；排序后对总目标产生的权重为 0.4126；得到的权向量为 W_1 = (0.0848, 0.1542, 0.2078, 0.1942, 0.2618, 0.0971)，具体如表 2-12 所示。

表 2-12　　　　　　　　　判断矩阵 X_1-Y

X_1	X_{11}	X_{12}	X_{13}	X_{14}	X_{15}	X_{16}	W_i
X_{11}	1.000	0.500	0.3333	0.500	3.000	1.000	0.0848
X_{12}	2.000	1.000	0.500	1.000	0.500	2.000	0.1542
X_{13}	3.000	2.000	1.000	1.000	0.500	2.000	0.2078
X_{14}	2.000	1.000	1.000	1.000	1.000	2.000	0.1942
X_{15}	3.000	2.000	2.000	1.000	1.000	2.000	0.2618
X_{16}	1.000	0.500	0.500	0.500	0.500	1.000	0.0971

判断矩阵 X_2-Y 可求得特征最大值为 $\lambda_{max}=5.2165$，同时得出判断矩阵一致性比例：$0.0483 \leqslant 0.1$，符合一致性检验结果；排序后对总目标产生的权重为 0.3275；得到的权向量为 W_2 = (0.1449, 0.1261, 0.2196, 0.2898, 0.2196)；具体如表 2-13 所示。

表 2-13　　　　　　　　　判断矩阵 X_2-Y

X_2	X_{21}	X_{22}	X_{23}	X_{24}	X_{25}	W_i
X_{21}	1.000	1.000	0.500	1.000	0.500	0.1449
X_{22}	1.000	1.000	0.500	0.500	0.500	0.1261
X_{23}	2.000	2.000	1.000	0.500	1.000	0.2196
X_{24}	1.000	2.000	2.000	1.000	2.000	0.2898
X_{25}	2.000	2.000	1.000	0.500	1.000	0.2196

判断矩阵 $X_3 - Y$ 可得特征最大值 $\lambda_{max} = 5.1571$,同时得出判断矩阵一致性比例:$0.0351 \leq 0.1$,符合一致性检验结果;排序后对总目标产生的权重为 0.2599;得到的权向量为 $W_3 = (0.2858, 0.2166, 0.1244, 0.2488, 0.1244)$,具体如表 2-14 所示。

表 2-14　　　　　　　　　判断矩阵 $X_3 - Y$

X_3	X_{31}	X_{32}	X_{33}	X_{34}	X_{35}	W_i
X_{31}	1.000	1.000	2.000	2.000	2.000	0.2858
X_{32}	1.000	1.000	2.000	0.500	2.000	0.2166
X_{33}	0.500	0.500	1.000	0.500	1.000	0.1244
X_{34}	0.500	2.000	2.000	1.000	2.000	0.2488
X_{35}	0.500	0.500	1.000	0.500	1.000	0.1244

由权重的分布可以看到,X_{15}、X_{24} 及 X_{31} 指标获取了较高的权重。由此可以得出,专家策略认为,在现阶段,新产品研发经费投入、新产品产值以及战略性新兴产业对经济的贡献率已经成为战略性新兴产业发展水平评判的重要标准。

2.3.1.3　综合评价结果分析

1. 评价函数选取

在构建战略性新兴产业发展评价指标体系的基础上,得出各个指标的具体权重,以及确定无量纲化的方法后,最终必须根据所评价对象的特点来选用相应的综合评价模型。本文根据文中指标体系及权重的层次划分,采用多目标线性加权函数法,逐级计算一级指标综合得分及发展水平综合得分,通过综合评价反映兵团战略性新兴产业发展中存在的问题,具体函数如下:

分指标得分计算公式:

$$F_j = \sum_{j=1}^{m} Z_{ij} \times w_i$$

综合得分计算公式:

$$F = \sum_{i=1}^{n} \left(\sum_{j=1}^{m} Z_{ij} w_{ij} \right) \times W_i$$

式中,F_j 为第 j 项指标评价的得分,F 为发展水平综合得分值,W_i 为一级指标的权重,w_{ij} 为各二级指标 x_{ij} 所对应的指标权重,z_{ij} 为各二级指标标准化后的值。

2. 数据来源及其标准化

鉴于战略性新兴产业概念提出不久,因此相关数据较少,而高技术产业与战略性新兴产业两者总体具有类似的特征,同属新兴产业范畴,对我国的社会经济造成重大的影响。综合考虑数据的可得性和合理性，本书采用高技术产业的数据来替代战略性新兴产业的数据，数据主要来源于 2011~2013 年的《中国高技术产业统计年鉴》《国家统计年鉴》《新疆生产建设兵团统计年鉴》以及兵团年度经济发展报告。

在数据处理过程中，考虑到数据统计口径及数据性质的不同，为使指标具有可比性，先将原始数据转化成无量纲判别的标准化值。考虑到采用 0~1 标准化（归一化）会出现较高比例的 0 值和 1 值，数据比对结果会出现误差。因此本书通过 Z-score 标准化法（以 0 为均值，1 为方差）来处理原始数据，各级指标进行 Z 标准化后的数据如附表 2 所示。

3. 综合评价得分及结果分析

在对全国 30（除西藏）个省区市及兵团的战略性新兴产业发展水平评价各项指标的原始数据标准化处理后，通过逐级递加权重并加权综合后，得出各省区市及兵团发展水平的最终得分及排序，具体如表 2-15 所示。

表 2-15　　　　　　　　战略性新兴产业发展水平综合得分

省区市	X_1	排名	X_2	排名	X_3	排名	Y	排名
北京	1.9797	3	1.4105	3	0.3881	3	1.6653	3
天津	0.1088	9	0.1373	7	0.2574	4	2.4161	8
河北	-0.3158	16	-0.4041	19	-0.3724	26	5.9590	19
山西	-0.4271	21	-0.4800	23	-0.4553	29	7.2161	24
内蒙古	-0.5630	25	-0.5233	26	-0.2205	24	8.2418	25
辽宁	0.0693	11	-0.0927	10	-0.2092	23	3.1824	11
吉林	-0.3836	20	-0.2780	16	0.1024	9	5.1519	17
黑龙江	-0.3789	19	-0.4617	21	-0.3848	28	6.5870	21
上海	0.8305	4	0.7355	4	-0.1480	20	1.5750	4
江苏	2.0384	2	2.2273	2	1.2651	2	1.9028	2
浙江	0.3862	6	0.2799	6	-0.0163	12	2.0763	6
安徽	-0.0859	12	-0.2674	15	-0.0634	16	4.7857	15
福建	-0.1485	13	0.1137	8	-0.0249	14	2.6604	9
江西	-0.3493	18	-0.3071	18	-0.0287	14	5.7608	18
山东	0.6822	5	0.5351	5	0.2536	6	1.9242	5
河南	-0.1510	14	-0.2192	13	0.2152	7	4.2230	12
湖北	0.0885	10	-0.1444	11	-0.1456	19	3.5050	10
湖南	-0.2055	15	-0.2384	14	0.1590	8	4.5279	14

续表

省区市	X_1	排名	X_2	排名	X_3	排名	Y	排名
广东	2.3151	1	3.0362	1	1.5474	1	1.9824	1
广西	-0.5027	23	-0.4232	20	-0.1350	18	6.3403	20
海南	-0.6759	30	-0.5249	27	-0.0574	15	8.6110	26
重庆	-0.3340	17	-0.2967	17	0.0612	10	5.4610	16
四川	0.1820	7	0.1003	9	0.2539	5	3.0549	7
贵州	-0.5790	26	-0.4653	22	-0.5751	31	6.8636	30
云南	-0.5553	24	-0.4985	24	-0.1730	22	7.6094	23
陕西	0.1425	8	-0.1740	12	-0.3424	25	3.7692	13
甘肃	-0.4948	22	-0.5157	25	-0.3755	27	7.8771	27
青海	-0.6493	29	-0.5667	30	-0.5481	30	9.4487	31
宁夏	-0.6307	27	-0.5622	29	0.0560	11	9.2801	22
新疆	-0.6337	28	-0.5573	28	-0.1337	17	8.9053	28
兵团	-0.7593	31	-0.5751	31	-0.1502	21	9.8762	29

根据表 2-15 中对兵团战略性新兴产业各因子及综合发展水平的得分，可以得出如下结果。从分领域投入因子来看，广东、江苏、北京等地得分较高，新疆及兵团得分较低，说明兵团战略性新兴产业产业投入较低，尤其是在资金和人员两个方面的投入明显不足，限制了战略性新兴产业整体的发展。兵团战略性新兴产业与其他省区相比，依然呈现出发展规模比较小，企业比较分散，没有形成充分依托新疆兵团优势资源，发展战略性新兴产业的格局，从而造成其新兴产业的成长速度较为缓慢。拿产出水平因子来说，产出能力因子得分前 6 位的地区依次为广东、江苏、北京、上海、山东、浙江，新疆及兵团分别位于第 28 位和第 31 位。兵团战略性新兴产业尚处于初创阶段，产值水平还处于低端，新产品市场占有率低，战略性新兴产业的市场化能力还有待进一步提高。当然在全国范围内，东部沿海省份战略性新兴产业的产出水平由于国情体制的原因确实比中西部要高很多。从发展潜力因子来看，建设兵团的战略性新兴产业具有一定的发展潜力。从上表中各项指标的数据可以通过分析得出，新疆建设兵团在技术创新以及技术成果转化等方面和广东、上海以及江浙一带存在非常大的差距，但是新疆建设兵团也有自己的优势，近些年来通过国家西部开发的扶持以及对口支援的优惠政策，这些都使得兵团的软硬件条件都在迅速提高，同时沿海地区的先进技术也在国家宏观战略背景下逐渐发生转移，通过技术的共享兵团有了非常大的后发优势。因此后期兵团在战略性新兴产业的培育与发展过程中，其更应该重视自主知

识创新所能发挥出的巨大作用，一定要积极开展产学研联合，不断提高技术创新速度。

从综合发展水平来看，兵团战略性新兴产业发展水平得分综合排名第 29，在全国 31 个省市区中还处于相对落后的水平，尤其和国内先进地区的发展水平相比还是有很大的差距。兵团的战略性新兴产业目前还处于幼稚阶段，没有形成一定的规模，所以对经济增长的促进作用比较弱，兵团经济发展方式依旧没有摆脱粗放式发展的格局，同时战略性新兴产业在研究开发方面的经费投入明显不足，这也造成了兵团目前技术人才缺乏、科研实力弱等问题，虽然如此，但兵团战略性新兴产业由于具有后发优势，所以其还是有很大的潜力待以挖掘，总体来说，通过选择发展一些对经济增长贡献度高的产业，只有这样才能实现兵团经济的快速增长，最终达到兵团经济社会的真正腾飞。

2.3.2 兵团战略性新兴产业细分产业发展评价

2.3.2.1 评价方法的选取

综合模糊评价法来源于模糊集合理论，该理论最早是被美国的自动专家查得（L. A. Zadeh）提及并衍生出来的方法，主要用来分析某种不确定性的事物。综合模糊评价法是在模糊数学的基础上一步步发展而来的，通过模糊数学的隶属度理论能够有效地使一些定性问题可以进行量化分析，也就是说要用模糊数学来对一些受到定性限制的事物做出一个定量的综合评价。一般情况下，通过综合模糊评价后可以较为清晰并系统地解决掉一些难以量化分析的定性问题。

综合模糊评价方法一般包括以下几个步骤：

第一步：确定因素集 U。模糊因素集主要包括两级因素：一级因素的集合为 U{U_1, U_2, U_3, $\cdots$, U_n}，说明一级指标要评价 n 个指标，与一级因素集相对应的权重水平集合为 A{A_1, A_2, A_3, $\cdots$, A_n}；二级因素的集合为 U_i{x_1, x_2, x_3, $\cdots$, x_n}，其中 i = 1, 2, 3, $\cdots$, n，说明一级因素集里的因素要评价 k 个二级指标，得出与之对应的权重水平集为 A{a_1, a_2, a_3, $\cdots$, a_n}。

第二步，构建评价集 V。本位根据经验借鉴将最终的评级分数集合定为 V{V_1, V_2, V_3, V_4}，其中 V_1 为优，效果最好，V_2 为良，效果理想，V_3 为中，效果一般，V_4 为差，效果不好。

第三步，确定 R 矩阵。

$$R_i = \begin{bmatrix} r_{11} & r_{12} & r_{13} & r_{14} \\ r_{21} & r_{22} & r_{23} & r_{24} \\ \cdots & \cdots & \cdots & \cdots \\ r_{k1} & r_{k2} & r_{k3} & r_{k4} \end{bmatrix}$$

且
$$r_{kj} = w_{kj} \Big/ \sum_{j=1}^{4} w_{kj} \ (j=1,2,3,4)$$

其中，w_{kj}代表不同二级因素在评语过程中获得"优，良，中，差"的票数。

第四步，综合模糊评价。首先对每个二级因素做一个综合评价，其中 $B_i = A_i \cdot R_i$，R_i 代表的是每个二级因素的 R 矩阵，A_i 为相应的权重。当 $\sum_{i=1}^{n} B_i \neq 1$，可归一化处理，即令 $B_i = B_i \Big/ \sum_{i=1}^{n} B_i$。然后，再对第一级因素集进行综合评价。

模糊综合评价的模型为：

$$B = AB_i = A \begin{bmatrix} B_1 \\ B_2 \\ \vdots \\ B_i \end{bmatrix} = A \begin{bmatrix} A_1 \cdot R_1 \\ A_2 \cdot R_2 \\ \cdots \cdots \\ A_i \cdot R_i \end{bmatrix} = (\overline{B_1}, \overline{B_2}, \overline{B_3}, \overline{B_4})$$

第五步，计算总分值。用 F 权值反映各级评语的重要程度：

$$V \begin{cases} 优 & V_1 = 100 \\ 良 & V_2 = 85 \\ 中 & V_3 = 70 \\ 差 & V_4 = 55 \end{cases} \quad V = B \cdot \begin{bmatrix} 100 \\ 85 \\ 70 \\ 55 \end{bmatrix} = (\overline{B_1}, \overline{B_2}, \overline{B_3}, \overline{B_4}) \cdot \begin{bmatrix} 100 \\ 85 \\ 70 \\ 55 \end{bmatrix}$$

V 取值在 0~100 之间，分值越接近 100 意味着运行状况越好，分值越小则显示问题越多，一般而言 90 分以上为"好"。

2.3.2.2 指标体系测算与评价

1. 新材料产业综合评价

新材料领域中，新疆建设兵团已经有了一定的战略性新兴产业基础，在这当中，"宽带隙半导体材料碳化硅晶体产业化关键技术"已经取得了巨大的成功，现如今的规模不断扩张，截止到目前，已经有第三代碳化硅晶体生长炉 25 台，并且能够年产 2 万片 SIC 芯片的容量，而其成本较为低廉，只有国际上的 1/10 ~ 1/8，所以建立了属于自己的规模化碳化硅晶胚生产基地。与此同时农一师、八师、十二师目前生产的"超级电容器电极用多孔碳材料"在经过不断的创新后，已经达到年产 50 吨的规模，并且第一批制品已经被国内外很多厂家预定使用，突破了一些技术领先的国家对其设置的壁垒。还有新疆宏远电子出产的一些电极箔明显已经处在国内前沿地位，引领着国内特高压电极箔的发展走向。除了以上兵团的一些新材料领域，国家目前也在积极开展对新材料的支持工作，如农八师已经在依据自身条件，遵循市场化原则的情况下引导石河子市设立了新材料产业的创业投资基金，这为新材料产业的发展创造了宽松的投融资环境。

对兵团新材料产业进行调研,并组织有关学者专家进行评价。共发放调查问卷30份,回收28份,回收率93%,符合社会调查的要求。对回收的调查问卷进行整理,评价情况见表2-16。

表 2-16　　　　　　　　　新材料产业的评价情况

一级指标	二级指标	优	良	中	差
投入水平	从业人员情况	3	12	10	3
	R&D 活动人员数量	2	15	7	4
	产业资金投入情况	6	13	6	3
	R&D 经费投入强度	5	7	12	4
	新产品研发投入情况	3	11	10	4
产出水平	新增固定资产情况	3	13	8	4
	产业规模大小情况	5	12	8	3
	产值占 GDP 比重情况	4	6	14	4
	产业化程度	6	15	4	3
	创新成果转化情况	6	10	9	3
潜力水平	专利申请情况	5	12	7	4
	产业贡献度情况	1	6	16	4
	利润占主营业务收入比重情况	8	15	3	2
	新产品销售情况	10	11	5	2
	新产品市场份额情况	3	14	8	3
	技术市场发展情况	6	10	8	4

最终得到综合模糊评价矩阵:

$$B_i = [W_1 \cdot R_1 \quad W_2 \cdot R_2 \quad W_3 \cdot R_3 \quad W_4 \cdot R_4]$$

$$= \begin{bmatrix} 0.1378 & 0.4119 & 0.3178 & 0.1324 \\ 0.1923 & 0.4044 & 0.2839 & 0.1195 \\ 0.1698 & 0.3950 & 0.3154 & 0.1096 \end{bmatrix}$$

目标层综合模糊评价为:

$$B = W \cdot B_i = [0.1639 \quad 0.4050 \quad 0.3061 \quad 0.1222]$$

综合评价值为 78.97。

2. 生物产业综合评价

在生物医药领域,天康畜牧生物公司生产的三种疫苗(口蹄疫 O 型、亚洲 I

型三价灭活疫苗）已经成功注册为国家的新兽药，在生物技术水平方面在国内处于领先地位，与此同时，该公司生产的其他产品，如益绿素植物提取物饲料添加剂、泰力饲用复合酶制剂等产品已经在相关产品市场上取得了一定竞争优势。

在生物农业领域，通过生物育种和农业产业关键技术开发等专项的实施，使农作物分子育种技术、动物胚胎工程和细胞工程快繁技术取得了高速发展，目前已经形成了年产万枚牛胚胎20万只优良肉用多胎羊的产业化能力，与此同时在生物农业方面通过分子标记、远缘杂交以及转基因等一些技术，到现在已经陆续培育出新海25号的长绒棉，新陆早33号的陆地棉，5、6、7号的新彩棉以及新海28号、29号的长绒棉等一系列新品种，并且这些新品种都已经实现了产业化生产。

对兵团生物技术产业进行调研，并组织有关学者专家进行评价。共发放调查问卷30份，回收28份，回收率93%，符合社会调查的要求。对回收的调查问卷进行整理，评价情况见表2-17。

表2-17　　　　　　　　生物农业与医药产业的评价情况

一级指标	二级指标	优	良	中	差
投入水平	从业人员情况	4	16	6	2
	R&D 活动人员数量	2	18	7	1
	产业资金投入情况	8	12	5	3
	R&D 经费投入强度	5	7	13	3
	新产品研发投入情况	4	15	6	3
	新增固定资产情况	5	13	7	3
产出水平	产业规模大小情况	7	17	3	1
	产值占 GDP 比重情况	5	7	13	3
	产业化程度	8	15	3	2
	创新成果转化情况	6	13	4	5
	专利申请情况	7	10	8	3
潜力水平	产业贡献度情况	2	8	16	2
	利润占主营业务收入比重情况	10	15	3	0
	新产品销售情况	12	11	3	2
	新产品市场份额情况	5	15	5	1
	技术市场发展情况	8	12	5	3

最终得到综合模糊评价矩阵：

$$B_i = [W_1 \cdot R_1 \quad W_2 \cdot R_2 \quad W_3 \cdot R_3 \quad W_4 \cdot R_4]$$

$$= \begin{bmatrix} 0.1719 & 0.4705 & 0.2644 & 0.0931 \\ 0.2301 & 0.4543 & 0.2156 & 0.1001 \\ 0.2311 & 0.4332 & 0.2665 & 0.0515 \end{bmatrix}$$

目标层综合模糊评价为：

$$B = W \cdot B_i = [0.2063 \quad 0.4555 \quad 0.2489 \quad 0.0846]$$

综合评价值为 81.43。

3. 新能源产业综合评价

2012年，兵团核准光伏电站开发建设项目16个，总装机量370兆瓦，核准风电场建设项目2个，装机容量9.9兆瓦。截止到目前，兵团已经具备包括风电、水电、光伏热电在内的总装机容量30.55万兆瓦，其中阿拉山口风力发电站，还有农八师和农十三师的一些兆瓦级的光伏并网发电项目正在积极组建过程中。其中农八师石河子市引进的新疆大全新能源有限公司光伏产业项目等项目向后在石河子开发区落地。农一师阿拉尔市利用南疆太阳能光热资源充分的有利条件集中力量发展光伏产业，已有新疆哥兰德新能源有限公司200兆瓦太阳能电池、新疆金胡杨光电有限公司1000兆瓦太阳能电池组件一体化等项目在农一师阿拉尔光伏产业园开工建设，农七师、十三师也相继开工建设了一批工业硅、光伏线切材料等项目，十三师国电电力三塘湖风电场一期49.5兆瓦，2012年底实现并网发电，项目的建设投产大幅度提高兵团新能源比重，进一步优化了兵团的能源结构。随着兵团光伏产业快速聚集发展，具有一定特色的战略性新兴产业已经起步。

对兵团新能源产业进行调研，并组织有关学者专家进行评价。共发放调查问卷30份，回收28份，回收率93%，剔除无效问卷3份，有效回收率86.7%，符合社会调查的要求。对回收的调查问卷进行整理，评价情况见表2-18。

表2-18　　　　　　　　新能源产业的评价情况

一级指标	二级指标	优	良	中	差
投入水平	从业人员情况	2	8	15	3
	R&D活动人员数量	3	7	17	1
	产业资金投入情况	6	6	13	3
	R&D经费投入强度	1	5	10	12
	新产品研发投入情况	3	8	13	4
	新增固定资产情况	2	8	13	5

续表

一级指标	二级指标	优	良	中	差
产出水平	产业规模大小情况	3	4	13	8
	产值占 GDP 比重情况	2	5	10	11
	产业化程度	5	8	14	1
	创新成果转化情况	2	10	13	3
	专利申请情况	3	9	13	3
潜力水平	产业贡献度情况	2	6	7	13
	利润占主营业务收入比重情况	6	8	12	2
	新产品销售情况	5	7	13	3
	新产品市场份额情况	1	4	13	10
	技术市场发展情况	2	3	14	9

最终得到综合模糊评价矩阵：

$$B_i = [W_1 \cdot R_1 \quad W_2 \cdot R_2 \quad W_3 \cdot R_3 \quad W_4 \cdot R_4]$$

$$= \begin{bmatrix} 0.1090 & 0.2445 & 0.4715 & 0.1748 \\ 0.1080 & 0.2800 & 0.4586 & 0.1534 \\ 0.1068 & 0.2031 & 0.3998 & 0.2903 \end{bmatrix}$$

目标层综合模糊评价为：

$$B = W \cdot B_i = [0.1081 \quad 0.2454 \quad 0.4486 \quad 0.1978]$$

综合评价值为 73.95。

4. 新一代电子信息产业综合评价

目前兵团拥有各类信息产业公司 19 家，在电子元器件制造业方面，新疆天科合达蓝光半导体有限公司，成功开发出碳化硅半导体晶片新产品，新疆西部宏远电子有限公司生产的特高压电极箔也填补了国内空白；在信息化建设方面，随着国家电子信息产业振兴规划的实施，国家对利用信息技术改造传统产业、提高政府工作效率和发展信息产业的重视程度越来越高，党的十六大以来，兵团列入国家信息化建设专项项目共 21 项，总投资 5.29 亿元，其中国家资金 1.72 亿元。特别是"十一五"时期，兵团分期分批建设了各师电子政务项目，完善了师本级的基础网络、门户网站、协同办公系统等，缩小了各师间电子政务建设差距；同时兵团还相继投入使用了一些以"金"字工程为代表的重点支持类业务应用系统，大幅度提高了行政办公效率；以信息技术为主导的精准农业发展成效显著，推动了农业现代化进程，农业综合信息服务系统的建立，促进了团场职工增收和农业增效；龙头企业信息化建设进程的积极推进，不仅提高了企业的整体管理效率，同时还使得业务流程更为简便快捷。

对兵团电子信息产业进行调研，并组织有关学者专家进行评价。共发放调查问卷30份，回收28份，有效回收率93%，符合社会调查的要求。对回收的调查问卷进行整理，评价情况见表2-19。

表2-19　　　　　　　新一代电子信息产业的评价情况

一级指标	二级指标	优	良	中	差
投入水平	从业人员情况	1	9	15	2
	R&D 活动人员数量	2	5	18	3
	产业资金投入情况	3	4	16	5
	R&D 经费投入强度	0	3	10	15
	新产品研发投入情况	2	8	14	4
	新增固定资产情况	1	7	13	7
产出水平	产业规模大小情况	2	5	14	7
	产值占 GDP 比重情况	1	3	10	14
	产业化程度	3	6	16	3
	创新成果转化情况	2	8	13	5
	专利申请情况	1	9	14	4
潜力水平	产业贡献度情况	2	5	16	5
	利润占主营业务收入比重情况	5	8	13	2
	新产品销售情况	3	7	15	3
	新产品市场份额情况	2	2	13	11
	技术市场发展情况	2	4	11	11

最终得到综合模糊评价矩阵：

$$B_i = [W_1 \cdot R_1 \quad W_2 \cdot R_2 \quad W_3 \cdot R_3 \quad W_4 \cdot R_4]$$

$$= \begin{bmatrix} 0.0585 & 0.2044 & 0.5086 & 0.2254 \\ 0.0669 & 0.2398 & 0.4873 & 0.2059 \\ 0.0991 & 0.1796 & 0.4949 & 0.2265 \end{bmatrix}$$

目标层综合模糊评价为：

$$B = W \cdot B_i = [0.0718 \quad 0.2095 \quad 0.4981 \quad 0.2193]$$

综合评价值为71.92。

5. 节能环保产业综合评价

兵团节能环保产业目前主要围绕节能、节水、循环经济、资源综合利用、污染防治以及城镇污水和垃圾处理等方面组织实施重点工程项目建设,依托兵团城镇化建设,探索中小城市经济的节能模式;依托"生态城镇化"建设,着力开展探索兵团低碳城市试点化工作的进行;依托发展高技术产业和服务业,探索兵团低碳城市试点工作;依托发展高新技术产业和服务业,探索高效节能技术,资源综合利用、循环利用能力提升;依托石河子市、新疆天业循环经济示范基地,探索推广兵团循环经济发展试点模式。其中节能减排方面,兵团实施了五师电力公司师部城区集中供热管网节能改造、四师双新环保新型建材有限责任公司年产1亿块粉煤灰蒸压砖、城镇污水垃圾处理工程等15个列入2012中央预算内资源节约和环境保护投资项目,争取中央预算内资金1.2亿元,比上年增加3800万元。与此同时新疆天业有限公司40000KVA密闭式电石炉清洁生产及尾气提纯与处理关键技术开发项目的实施,标志着电石产业清洁生产技术获得重大突破;天辰化工有限公司2×135MW大型热电机组电石渣气脱硫产业技术升级项目的实施,结束了我国燃煤电站烟气脱硫技术长期依赖国外的局面,新疆金禾山环保设备有限公司除尘器、高效脱硫等环保工业建设项目用地的批复,标志着兵团节能环保产业的正式起步。

对兵团节能环保产业进行调研,并组织有关学者专家进行评价。共发放调查问卷30份,回收28份,有效回收率93%,符合社会调查的要求。对回收的调查问卷进行整理,评价情况见表2-20。

表2-20　　　　　　　　节能环保产业的评价情况

一级指标	二级指标	优	良	中	差
投入水平	从业人员情况	1	3	5	16
	R&D活动人员数量	2	3	6	17
	产业资金投入情况	3	3	6	16
	R&D经费投入强度	0	2	2	24
	新产品研发投入情况	1	2	4	21
	新增固定资产情况	1	2	5	20
产出水平	产业规模大小情况	0	3	5	20
	产值占GDP比重情况	1	1	3	23
	产业化程度	1	1	5	21
	创新成果转化情况	2	3	8	15
	专利申请情况	2	2	7	17

续表

一级指标	二级指标	优	良	中	差
潜力水平	产业贡献度情况	1	1	2	24
	利润占主营业务收入比重情况	1	2	3	22
	新产品销售情况	0	2	2	24
	新产品市场份额情况	1	2	4	21
	技术市场发展情况	1	1	3	23

最终得到综合模糊评价矩阵：

$$B_i = [W_1 \cdot R_1 \quad W_2 \cdot R_2 \quad W_3 \cdot R_3 \quad W_4 \cdot R_4]$$

$$= \begin{bmatrix} 0.0491 & 0.0874 & 0.1613 & 0.6930 \\ 0.0487 & 0.0746 & 0.2163 & 0.6604 \\ 0.0313 & 0.0568 & 0.1014 & 0.8106 \end{bmatrix}$$

目标层综合模糊评价为：

$$B = W \cdot B_i = [0.0444 \quad 0.0752 \quad 0.1637 \quad 0.7129]$$

综合评价值为 61.50。

2.3.2.3 评价结果分析

综上所述，根据建立的 FAHP 模型，兵团五大战略性新兴产业的综合评价得分如表 2-21。

表 2-21　　　兵团战略性新兴产业综合评价得分

产业名称	综合得分
生物产业	81.43
新材料产业	78.97
新能源产业	73.95
电子信息产业	71.92
节能环保产业	61.50

根据上面评价结果，可以根据："优"的隶属度对兵团综合评价结果进行排序，依次为生物产业、新材料产业、新能源产业、电子信息产业、节能环保产业。其中兵团生物产业得分最高，说明兵团生物农业和生物医药行业发展态势最好，节能环保产业得分较低，说明兵团在发展高效节能装备以及循环经济方面还处于产业生命周期初创期，亟待政府的重点培育发展。除了节能环保产业，其他

产业得分都在70分以上,排名前三的分别为生物产业、新材料产业和新能源产业,表明这些产业的发展对于满足经济社会发展需求、促进产业结构升级转换都具有较重要的意义,应该重视其发展。

到目前为止,兵团依然属于后发地区,在人力、物力和财力方面条件不足,如果依据国家产业规划提出的七大产业来发展,则很可能会导致产业发展较为分散,缺乏竞争优势。所以兵团应该根据自身的条件,有选择地对出台的战略性新兴产业进行培育和发展,争取做到在一些基础雄厚的产业上优先突破,从而最终以点带面的发展,只有这样才能赢得优势、赢得未来。根据对细分产业的综合评价以及对选择出来的五大产业进行上排序,可以将兵团战略性新兴产业分为3个梯度来发展,建立和形成"2+2+1"的兵团战略性新兴产业培育发展格局。生物医药、新材料产业既有一定的产业基础实力,也有较为广阔的发展空间,政府在制定产业政策时应充分发挥这种已有的产业优势,重点扶持发展,可以作为第一梯度来重点发展;新能源、电子信息产业与其他先进地区相比,产业领域并不占优优势,可以作为第二梯度潜力产业来加以培育;电子信息及节能环保产业的分别排在第四和第五位,而且总得分也与前三大产业有较大差距规模较小,可以作为第三梯度产业来发展。总体来看,兵团战略性新兴产业已经初步具备发展的产业基础,也具备了成为主导和支柱产业的可能条件,但考虑到人力、财力、物力的有限性以及五大产业发展现状的不平衡性,现阶段兵团应集中一切优势资源发展生物、新材料两大产业,在这两大领域优先实现重点突破。

2.3.3 兵团战略性新兴产业发展中面临的困境

新疆生产建设兵团在国家战略性新兴产业提出来后,积极响应国家的整体规划,重视战略性新兴产业的发展,努力使之成为兵团经济起飞的制高点。目前,兵团战略性新兴产业发展已初步取得了一些成果,但与国内其他发达省市或发达国家相比,兵团战略性新兴产业起步较晚,在科创能力、产业结构、融资渠道、人才结构、配套服务体系方面仍存在一定差距。

2.3.3.1 融资渠道狭窄,战略性新兴产业发展资金不足

兵团战略性新兴产业发展的融资渠道窄、资金投入不足,主要表现在:首先,研究开发资金投入不足。2012年,兵团科技经费支出为1.6亿元,R&D经费为6429万元,R&D经费投入强度为0.083%,同期,西藏的R&D经费投入为1.9亿元,R&D经费投入强度为0.29%,同年江苏、北京、广东、山东、浙江和上海6省(市)R&D经费投入在300亿元以上,这些地区对科技投入比较大,战略性新兴产业发展的也比较好,都依靠自主创新实现了跨越发展。相比之下,

对兵团而言，科技经费投入明显不足。其次，兵团的资金来源主要依靠财政拨款，各项投入也是依靠财政投入，兵团无税收权，导致自身积累资金的能力不足，加之由于目前战略性新兴产业投资风险大、回收期长、商业银行风险投资体系尚不完善，贷款存在压力，兵团利用金融产品融资的渠道不畅，也就不能够给战略性新兴产业提供资金支持。再其次，民间对战略性新兴产业直接投资的热情不高。虽然战略性新兴产业的产品有广阔市场，但民间资本讲求的是立竿见影的效益。追求短期获得最大利润，导致民间资本投资战略性新兴产业的热情不高，兵团对民间资本的应用不足，使得融资渠道单一，战略性新兴产业资金投入不足，这直接制约着战略性新兴产业的培育和发展，也不能支撑战略性新兴产业的快速发展。

2.3.3.2 战略性新兴产业人才结构层次低，高层次人才缺乏

战略性新兴产业和一般的传统制造业有所不同，它对科创人才的要求更高。目前，战略性新兴产业的发展不再是人口密集型产业，而是技术密集型产业，所以这就需要一些尖端科技人才来攻克一些技术上的核心难题，但目前教育体制的弊端以及各个院校培养氛围的差异都导致了人才在空间上的分布不均。兵团仅有六师、七师、八师、十二师等师（市）及部分团场靠近腹心地带发展条件较好，多数师团地处边远，经济发展水平层次较低，发展战略性新兴产业基础条件较为薄弱，科技管理等方面的高端人才严重缺乏，制约了兵团战略性新兴产业的进一步发展。具体表现为兵团出现高级人才少，中初级人才多；高学历人才少，低学历人才多；创新型人才少等现象，截至 2012 年底，兵团有各类专业技术人员 11.72 万人，工程技术人员占 13.4%；农业技术人员占 11.4%；卫生、教学人员 39.7%；其他人员占 30.7%，这些技术人员中懂战略性新兴产业知识的人才少之又少，如物联网、创意产业等一批新兴产业都存在巨大的人才缺口。创新人才队伍的规模与结构难以适应和满足战略性新兴产业发展的需求，这就容易造成在关键核心技术上受制于他国。

2.3.3.3 科技创新能力不足，战略性新兴产业结构单一

"十一五"以来，兵团坚持把科学技术放在优先发展的战略地位，把科技进步和创新作为推动经济社会发展的强大动力，但兵团的科技创新能力始终不足，兵团共有 10 个重点实验室（其中科技部省部共建国家重点实验室培育基地 4 个，教育部重点实验室 2 个），实验室设置领域涉及农业、畜牧、医药、农机、化工、节水技术等，但与战略性新兴产业相关的领域涉及的很少，2012 年，规模以上工业中，六大高耗能行业增加值占规模以上工业增加值的比重达 60.2%，比上年增长 43.0%；高新技术含量较高的医药制造、通信设备、计算机及其他电子设备

制造业所占比重仅为0.8%。说明兵团在战略性新兴产业领域里的科技创新能力很弱，基本上仍处于产业链低端，深加工、高附加值产品和高新技术产品所占比重偏低，对于利润丰厚的前端研发、设计和后端品牌销售阶段生产经营还存在严重不足，与此同时兵团战略性新兴产业主要集中在新材料的碳化硅晶片生产、生物医药、生物农业领域，与国家"十二五"规划中提到的节能环保、新一代信息技术、生物、高端装备制造、新能源、新材料、新能源汽车等战略性新兴产业相比结构单一，产业层次低，产业聚集度不高，生物医药主要依靠天康公司，生物农业主要集中在棉花产业。此外，由于新兴产业门类较多，行业较为分散，兵团没有与其配套的上下游产业，也尚未形成配套齐全，功能完备的分工合作的产业链，这都是制约着兵团战略性新兴产业发展不可忽视的问题。

2.3.3.4 战略性新兴产业培育和发展的孵化器缺乏，科技成果转化率低

企业孵化器是一个以制度性框架和中介性体系为根本特征的智能服务产业，是发展新兴产业的主要模式和重要载体，企业孵化器作为催生新兴产业的"温床"，以其在企业和创新人才成长方面特有的孵化功能，可以将各种知识、技术、经济的发展要素资源聚集于此，通过相关机制的优化配置培育出具有战略性的新兴产业的"新种子"。目前兵团高等院校和科研机构的数量稀少，中介机构也十分缺乏，一方面大量企业难以获取适合的技术成果，如在新材料中一条包括碳纤维原丝、碳纤维、碳纤维制品和碳纤维设备等完整的产业链都还未形成；另一方面，企业孵化器的缺失也使得很多科研机构研发出的成果又找不到合适的扩散渠道，只能自己小规模转化，造成很多先进技术成果不能完全发挥它们的社会效益。因此有必要尽快建立兵团战略性新兴产业企业孵化平台，充分发挥企业孵化器培育和发展新兴产业的重要功能，使得企业孵化器和被孵企业能够形成良性的互动成长。

2.3.3.5 政策体系不健全，战略性新兴产业相关制度有待完善

兵团战略性新兴产业刚刚起步，在很多方面都离不开政府的支持，然而目前的政策环境与新兴产业的发展要求还有距离，不完善之处主要表现在管理体制、融资渠道以及政策制定三个方面。首先，在管理体制上，主管新兴产业发展的部门较多，如工信委、发改委、科技局等多个部门，缺乏有效的协调与沟通机制，有时难免出现政策间的冲突，致使管理体制上呈现多头和无序管理的局面，直接导致资源分散和管理低效等一系列问题。其次，在融资渠道方面，主要表现为民营企业融资难的问题：一是新兴产业多以无形资产为主，民营企业固定资产的数量较低，不足以作担保或是抵押，所以很难从银行得到贷款；二是缺乏有效的风

险投资运作机制来支持民营企业从萌芽、成长直到产业化发展壮大；三是民营企业尚未形成集中的融资联盟，承担金融风险的能力尚不足以将资本市场的青睐从大企业转向自身。再其次，在政策制定方面，重点表现为税收政策的制约。尤其是在生物和新兴信息等产业，增值税率高、个人所得税得不到抵免、出口退税政策不完善，以及缺少国家层面的引导性资金等原因，使这些产业内的企业因享受不到优化政策而背负过重的负担，难以打造与国际领先企业齐名的品牌。

2.4 兵团战略性新兴产业发展的路径及政策建议

2.4.1 兵团战略性新兴产业发展的路径选择

传统产业改造升级是发展战略性新兴产业的重要途径，但同时也不可忽视战略性新兴产业的单独培育，两者应协调进行并相互促进，如图2-4所示。无论是通过高新技术的产业化还是通过改造提升传统产业来发展战略性新兴产业，最为关键的都是在于技术是否能够创新和突破。战略性新兴产业的发展一定要遵循内源式发展和外源式发展相结合的原则，力求实现内源式道路和外源式道路的优势互补，即应充分利用好"国内、国际两种市场"，积极开展国际技术合作，对外源式路径引进的技术进行集成创新和再创新，形成自主知识产权，避免陷入"引进—再引进—落后—再落后"的恶性循环。

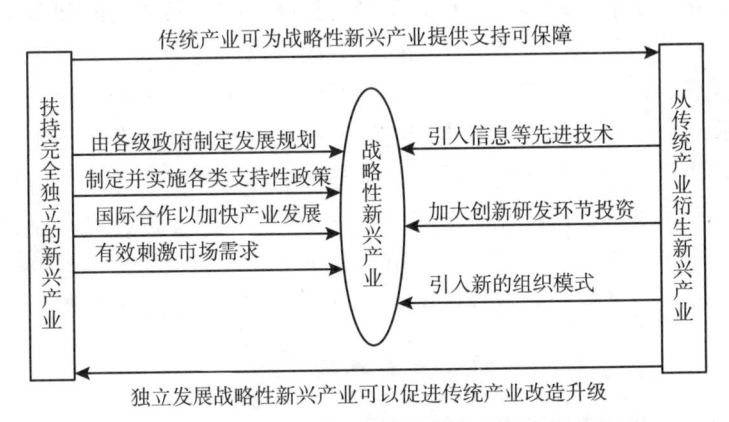

图2-4 战略性新兴产业实现的两种途径之间的关系

在近几年兵团战略性新兴产业的发展过程中，兵团以各类园区为载体，系统承接内地产业转移，努力打造资源得到综合利用的完整产业链，实施招商引资项目 876 个，引进兵团以外资金 324.3 亿元。通过承接产业转移把项目请进来，是引进技术培育和发展战略性新兴产业的一条捷径，在承接产业转移、引进项目的过程中，应针对人才、技术等创新资源流动的趋势和特点，着力承接发展生物技术、中医药、新材料、新能源等领域，增加产业科技含量和附加值，提高新兴产业的比重，但仅仅依靠承接产业转移来发展战略性新兴产业远远不够。在引进项目的同时，对于技术成熟度较高或可获取性强的技术，应该采取外源式道路，可获取性不强、难度较大、成本也高的尖端技术，则可通过先行引进，并在此基础上进行自主研发。与此同时，对于初创型的战略性新兴产业，兵团应该更加注重在市场机制与行政职能共同构筑的环境中形成与发展。

2.4.1.1 依托传统产业型发展路径

目前兵团在新材料、生物医药、现代中药等产业领域已初步形成一定规模，占新兴产业总产值 80% 以上，而以上新兴产业正是通过食品医药、氯碱化工和煤化工、特色矿产资源加工等支柱产业等传统优势产业的产业链向下游产品延伸，向价值链的高端拓展中逐步形成的，传统产业也在这一过程中焕发出新的生机和活力。就兵团现阶段而言，兵团处于工业化初期和资本原始积累阶段，经济总量小、传统产业比重较大、产业基础薄弱，传统制造业仍然是当前的经济支柱，兵团应该依托传统产业的技术基础与要素禀赋，重视传统产业的改造升级，推动战略性新兴产业走一条相对可行的内源与外源式相结合的发展路径。通过从地方传统产业中筛选出优势产业，围绕新材料、新能源以及生物育种产业，积极引进吸收先进技术方法并创新，用高新技术设备代替原有关键设备，从工艺升级、产品升级、功能升级等多种形式来最终提高传统产品的功能和质量，增强技术含量，并逐步衍生出新兴产业。例如，兵团可以通过挖掘石油化工、煤化工领域的比较优势，通过大力发展煤化基以及石化基，逐步完善该产业的产业链，将碳纤维、膜材料作为未来兵团重点依托发展的新材料领域；有赖于化工行业在新能源的开发中也具有重要作用，兵团可以把二甲醚、纤维乙醇、生物柴油等作为依托化工产业发展新能源产业的重点领域。在对传统产业进行更专业、更精细的产品分工、市场分工时，尤其是要以市场竞争力较强的传统大中型企业作为整个产业发展的起点，然后由一点到多个点，再到"面"形成产业集群。

2.4.1.2 基于独立扶持型发展路径

依据国家发布的重点支持领域，结合当前经济发展需要，兵团应该支持化工、生物技术、新材料和光伏等重点领域的发展以及产业工程研究中心、企业技术中心的建设，通过积极探索和认定产学研联合开发示范基地、支持技术创新建设和运行等手段和途径，引导和鼓励兵团企业和国内知名高校、科研院所建立产期合作关系，围绕兵团化工、生物疫苗、生物农业、中医药、新材料和光伏等产业发展中的关键共性技术、重大瓶颈问题开发联合研究、开发与攻关，搭建好适合兵团企业持续发展的科研开发平台，发挥石河子大学、塔里木大学和农垦科学院"两校一院"科技创新活力以及新疆西部宏远电子有限公司、新疆震企油脂有限公司、石河子开发区天富科技有限公司、新疆隆平高科弘安天然色素有限公司等4家自治区产学研联合开发示范基地的作用，促进形成企业主导产业技术创新的体制机制。在战略性新兴产业发展初期，技术亟待突破，市场竞争力不强，政府强有力的扶持尤显重要，兵团应该充分发挥其政府主导作用以及各项政策扶持性措施，借助政府"看得见的手"的推动作用，降低战略性新兴产业的发展成本，缩短产业的成长时间，与此同时，为避免单纯政府推动所带来的产业素质低、自我发展能力不强、抗风险能力弱和可持续发展能力差的弊端，兵团可以充分发挥价格机制、竞争机制的激励功能，通过政府和市场的共同作用，积极开展各项技术独立研发与合作，有效促进技术创新并刺激市场需求，从而加快兵团战略性新兴产业的兴起与发展。如国家可以组织开展创业投资基金试点工作，在前期工作的基础上，按照市场化原则，引导、推动农八师石河子市设立现代农业、新材料创业投资基金，为科技产业发展创造宽松的投融资环境，待市场发展进入正轨后，市场力量将发挥主要作用，政府的规划、扶持作用将只处于辅助作用。

2.4.2 加快兵团战略性新兴产业发展的政策建议

2.4.2.1 深化财税体制改革，完善投融资体系

金融支持作为战略性新兴产业培育和发展过程中最为重要的一环，有着举足轻重的作用。针对兵团目前战略性新兴产业的发展，首先，应设立兵团专项资金，加强对重点领域和技术的扶持和引导，建立起持续稳定的财政投入增长机制，切实加大财政投入倾斜力度，将有限的政府资源投到实处，对新兴产业相关企业的技术研发、技改经费、新产品研制、新设备购置、能源技术开发等方面给予补贴。其次，对大型项目给予财政补贴，要能够最大化地利用财政资金的杠杆作用以及完善相关税收政策，通过结合战略性新兴产业的内部特点，在现有的一些新兴产业政策优惠基础上出台能够加快兵团战略性新兴产业发展的税收激励机制。再其次，由于战略性新兴产业在技术研发和产业孵化阶段需要非常大的成本，故而产生的风险较大，并不适合大规模的盲目投资，这需要在将风险降低到最小的情况下，打开多元化资本市场，通过企业需要积极引入风险投资及民间信贷资本，建设并完善市场化融资体系，进一步深化科技、产业与金融间的合作。

除此之外，兵团还应引导金融机构建立符合战略性新兴产业特点的信贷管理

以及贷款评审制度，对重点项目、重点产业的有效生产需要，合理确定贷款额度和期限，尽快建立包括社会资金投入和财政出资在内的多层次担保体系。同时支持新兴产业在资本市场上融资，对符合申报要件的企业优先发行处理，积极推进技术知识等核心资产的产权质押融资以及上下游产业链融资等融资服务产品的创新。

2.4.2.2 完善科创人才发展机制，增强企业科技创新能力

完善的科技创新体系是战略性新兴产业快速发展的必要条件，在引导创新要素向企业集聚，强化企业自主创新意识和能力的过程中，兵团各师（市）应重视企业技术创新主体地位，完善科技人才资源共享利用机制。

一方面利用中央和国家机关、中央企业和对口支援省市的援疆机制，充分发挥产业援疆、科技援疆、教育援疆、人才援疆、干部援疆的作用，改善科技项目审批机制，加强企业与国内外科研机构、院校和企业在公共创新平台建设，支持支持有条件的企业技术研发中心承担国家和兵团科研开发任务，促使更多财政性科研经费向企业倾斜，通过企业建立企业技术研发中心，积极推进"协同创新"，充分发挥石河子大学、塔里木大学和新疆农垦科学院的作用，切实推动产学研用开展深度合作，完善以企业为主体、市场为导向、产学研相结合的高新技术创新体系，加大在新材料、新能源、农用装备、生物医药、化工、食品等领域企业技术研发中心建设与创新的支持力度。

另一方面又要切实改变兵团战略性新兴产业在科研、生产、服务等方面相互割裂的现状，充分发挥研究型大学的支撑和引领作用，支持高等学校和科研院所建立技术转移激励机制，鼓励更多的科技资源积极参与兵团企业科技创新，加强战略性新兴产业相关专业学科建设，积极探索和完善企校联合企业在人才培养、选拔任用、流动配置、激励保障等方面的体制机制，促进创新型、应用型、复合型和技能型的高层次、高水平的战略性新兴产业领军人才的稳定，充分调动创新人才的积极性，提升兵团战略性新兴产业的科研创新水平。

2.4.2.3 打造兵团战略性新兴产业的孵化器和发展平台

为培育和发展具有前瞻性、成长性、带动性的"战略性新兴"企业，兵团要制定有关孵化器"十二五"发展规划纲要和管理工作细则，实施国家科技企业孵化器指标评价体系和动态管理，旨在加快建立兵团自己的孵化器，其中包括科技园、创业中心以及专业孵化器等，孵化器最重要的是要重点吸引各类小额贷款公司、创投公司等。

针对兵团中小型金融机构经验、资源缺乏的问题，孵化器可以依托疆内大学，甚至全国的专家资源，为孵化企业提供专业服务同时应大力支持专业孵化器

向产业集群发展并实施分类管理。在科技企业成长从创意到初创企业,到发展企业再到成熟企业阶段,我们要用不同的机构来孵化。在孵化过程中,一旦认定一个专业孵化器,就应该有意识将其培养成一个产业集群,形成区域优势。对于那些拥有核心技术与行业领袖地位的创办企业,如果符合兵团产业规划,就要实施孵化器政策体系建设,围绕"孵化工程"的实施,在深入调研战略性新兴产业的发展规律基础上,着力捕捉"龙头"企业,实施跟踪、服务和重点扶植,同时根据国家有关促进科技产业化的政策实施情况,结合兵团的客观需求,制定相应的孵化器创业基金、成果转化、风险投资等方面的优惠政策,并适时提出国家财政经费和税收减免的政策建议,完善孵化器的政策体系建设。

2.4.2.4 健全现代知识产权制度,优化产权管理服务体系

扶持企业知识产权的交易、转化与深度开发,建立和完善科技成果技术交易平台,是推动兵团信息化与工业化的深度融合,所以健全的知识产权制度显得尤为重要。

首先,要加强知识产权的保护。通过健全和完善相关知识产权预警应急机制、国内外维权和争端解决机制,建立由企业、行业组织、研发机构和服务机构共同参与的维权援助体系,指导和帮助企业在当地及时有效得到知识产权保护加强商品流通领域的知识产权监管,同时加强知识产权的侵权处罚力度和司法保护体系建设,增强全社会的知识产权意识,对新兴产业形成有效的保护和激励机制。

其次,加速专利权简易审查制度,倡导企业研发自主知识产权。通过完善知识产权申请和审查制度,指导企业进行消化吸收再创新,生成更好的专利技术,增加在竞争中进行交叉许可的可能性,引导企业和研发机构优化知识产权结构。同时借助对我国创新主体的公共财政资助,可以将专利费用资助制度普遍实施于兵团战略性新兴产业。

再其次,建立产权流动制度,鼓励新兴产业的并购、重组等扩张行为。通过鼓励有条件的重点龙头企业通过兼并、收购、划转、全资等方式进行资本扩张和资产重组,倡导加强面向企业的技术开发平台和技术创新服务平台建设,实现资源共享和优势互补,加快技术创新及其产业化进程。同时研究制定更加积极的促进技术转移的政策,规范技术转移行为,维护技术市场秩序,保护知识产权,有效促进知识流动和技术转移。

2.4.2.5 制定面向中小企业的战略性产业创业政策

战略性新兴产业的技术创新在不同的产业组织结构之间具有不确定性。当某产业发生技术上的重大革新时,从单个企业来看,中小企业由于其技术、资金的

受限，创新的失败率很高，但大量的中小企业在这种不连续的破坏性创新中比大型企业有更多的机会成为产业创新的推动力量，所以兵团要鼓励和扶持民营中小企业进军新材料、生物制药等战略性新兴产业。

在进军战略性新兴产业过程中兵团要制定一系列面向中小企业的战略性新兴产业创业政策，一方面要健全新兴产业投资体系，完善多层次多多渠道的投资市场，加强对创业投资基金的引导，借助融资担保以及风险补助等一系列方式来激发民间以及公有制金融机构的投资积极性，从而更好地发挥财政资金的导向和杠杆作用[1]。另一方面，要借鉴国内外经验，在政策上要加强引导，在资源配置加大支持，通过在战略新兴产业在市场准入、土地使用、财政支持等方面给予更加宽松的发展环境和更加优惠的扶持政策，支持民营企业与高等院校、科研院所合作开展各项技术创新，并鼓励他们参与国家或省级的重大技术攻关，建立行业工程技术研究中心，引导和支持工程技术研究中心开展行业公共技术、高新技术研究和产品开发，面向中小企业提供服务，提升行业整体技术水平和创新能力及产业发展能力。

2.4.2.6 优化战略性新兴产业市场环境

战略性新兴产业的发展应该根据国家、自治区相关产业发展规划，立足兵团现实发展情况，通过一系列发展规划来明确市场定位，积极培育待开发市场，发挥市场在资源配置中的基础性作用，充分调动企业生产积极性，为战略性新兴企业营造一个公平、公正、稳定的市场环境。

首先，在战略性新兴产业发展的前期阶段，由于产品价格及消费者观念问题，产品接受程度低，所以政府要挖掘消费者消费行为的规律，通过舆论宣传绿色消费和循环消费理念，发挥政府示范应用工程作用，同时适当将一些产品列入政府采购优先范围，积极培育和拓展消费需求。其次，要继续加大基础设施投入以及对知识产权和专利等无形资产的保护，完善基础设施环境法律法规体系，为战略性新兴产业的发展提供更好的环境。同时还要调动各方积极性，对各种企业和市场行为进行监督，形成政府主导、全民参与的监管体系。再其次，应抓住兵团当前对口援疆以及大力发展工业园区和建镇设市的机遇，加速新兴产业的发展和布局调整，大力开展招商引资工作，制订新兴产业发展招商计划，着力引进关联度大的龙头型项目、带动力强的基地型项目、产业链长的综合性项目，注重引进高投资强度、对新疆高税收贡献及高科技附加值的项目，强化新兴产业服务配套能力。

---

[1] 杨楠楠. 对发展兵团战略性新兴产业的思考 [J]. 新疆农垦经济，2012.

第3章

兵团金融服务业发展问题研究

3.1 兵团金融服务业发展现状

3.1.1 兵团金融服务业发展总体状况

3.1.1.1 单位规模

目前，兵团各金融机构中，国民村镇银行3家，小额贷款公司6家，融资担保公司16家；辖区内各银行金融服务网点数315个，在整个服务业中所占比不足0.2%。与全国平均水平相比，兵团金融服务业机构数较少。目前，兵团已与中国银行、国家开发银行、中国进出口银行、华夏银行等16家银行签订长期战略合作协议，且各家银行均在兵团设立了营业机构，面向兵团各行业开展金融服务，授信额度1500多亿元，有力地支持了兵团经济和各项事业的发展。就上市公司年末累计募集资金总额来看，2002年兵团企业首先开始上市，上市公司有8家，年末累计募集资金总额达到29.99亿元，到2011年兵团上市公司增加到了14家，年末累计募集资金总额达到104亿元。由此说明，兵团企业融资能力在逐步提高。截至2012年末，兵团在中小企业板上市企业3家，累计融资25.65亿元；在创业板上市企业1家，累计融资3.57亿元；兵团企业累计发行短期融资债券131亿元，中期票据21.5亿元，企业债14.8亿元。保险业方面，2012年，兵团实现保费累计收入达191.25亿元，比2011年增长4.55%。保费收入构成中，首先是财产险保费收入占保费收入的绝大部分，达158.51亿元；其次是农险保费收入，达22.41亿元；最后是短期人身险保费收入，达10.32亿元。上述险种中，农业保险保费收入同比增长93.69%，增速突出。兵团全年保险累计索赔支出达133.92亿元，综合成本率与2011年相比，明显下降。2012年兵团在保险资金在投资上，投资收益达1.98亿元。尽管如此，当前兵团保险投资负债率持续走高，从而使得保险业经营前景不够乐观，唯有通过增持资本缓解高负债率带来的危机。

从金融单位构成来看，私营企业所占比重较小，在金融业企业结构中的生产空间狭小。近年来，为适应兵团跨越式发展及对口支援兵团建设的资本需要，兵团金融改革不断深入推进，金融机构股份制改造正在逐步开展，金融企业不断调整企业战略方向。然而，兵团金融改革步伐较为缓慢，金融服务业中股份制企业比例仍然处于弱比重状态，不足47%，私营企业占比达18.9%，国有或集体参与或投资组成的公有制企业比例26.5%。随着兵团金融服务业的快速发展，内地金融企业也加入到兵团金融服务业的建设队伍之中，抢占兵团金融市场空间，提高了兵团金融服务业的竞争强度，丰富了金融服务业企业的构成成分。同时，兵团积极主动地与各金融机构的战略合作全面展开。

3.1.1.2 资本规模

2012年兵团金融服务业资产总额达到了842.44亿元，其中，银行存款746.56亿元，贷款232.39亿元，保险总额达到50493亿元，上市公司年末募集资金已达104.70亿元。与2003年相比，兵团金融服务业资产总额仅仅为165.77亿元，其中，银行存款为225.47亿元，银行贷款147.08亿元，保险总额1628.45亿元，上市公司年末募集资金仅为28.99亿元。在2002~2011年这10年间，兵团金融服务业各项金融服务业规模指标均呈上升趋势，尤其在2005年到2009年间，各项规模指标上升速度较快（见表3-1）。

表3-1　　　　　　　　兵团金融服务业资产规模　　　　　　　单位：亿元

年份	资本规模	上市公司资产总值	上市公司年末募集资金	保险总额
2003	165.7725	119.955858	28.99	0.16
2004	173.7282	187.265452	33.57	0.53
2005	184.2198	219.233166	34.38	1.3
2006	179.1872	226.5232	36.72	2.21
2007	426.9848	260.518874	44.81	3.53
2008	485.6773	313.798275	63.03	4.15
2009	499.0414	332.31875	70.41	5.06
2010	633.9536	346.175642	74.76	5.07
2011	768.9130	438.555929	100.7	4.58
2012	842.4428	449.739577	104.986	5.05

注：数据根据《新疆生产建设兵团统计年鉴》与《兵团国民经济和社会发展统计公报》整理而成。

目前，兵团金融服务业主要偏重于银行业的推动，直接融资比例较低，企业资金需求仍过度依赖银行贷款。因此，兵团经济在银行单一投资驱动的情况下粗放发展。银行信贷在金融资源配置中占据着主导性的作用，在长期的配置过程中，银行信贷的单一金融结构缺乏一定的稳定性，从而难以改变兵团以固定资产投资为主的粗放型增长方式。企业融资渠道的单一性，一方面增加了企业尤其是中小规模企业融资的难度和不确定性，不仅阻碍金融对产业增长差异和经济增长区域差异的均衡协调作用，而且容易形成马太效应，使产业增长差异和区域经济增长差异进一步扩大；另一方面，容易增大银行体系的风险积聚和爆发的概率。

3.1.1.3 从业人员数量

兵团金融服务业从业人数截止到 2011 年已达到 6612 人，占兵团从业人员总和的 2.64%，近十年来，兵团金融服务业就业人数从 1659 人到 6612 人，增长了 386.39%。就行业部门而言，首先是保险业占据着金融行业从业者的多数，占金融行业总体从业人员数量的 80% 以上；其次是银行业从业者，占金融服务业全体从业者人数的 10% 左右，再其次是券业从业人数占比最小，从业人员数量最少，其他金融服务业从业者如从事财务中介等方面人员，在近年来增长迅猛，该行业就业形势良好，人才需求量激增。相比较而言，银行业对就业岗位的需求也在不断增加，从业人员数量不断上升。就保险业和证券业而言，人才需求和岗位增设需求相对较小，从业人员数量相对稳定（见表 3 - 2）。

表 3 - 2　　　　　　2011 年兵团金融服务业就业人员分布　　　　单位：人

行业	2002 年	2003 年	2010 年	2011 年	2012 年
银行业	—	—	1043	1111	1661
证券业	—	—	10	18	8
保险业	1290	1863	3615	4077	4028
合计	1659	5600	5397	6408	6612

注：数据来源于《兵团国民经济和社会发展统计公报》。

3.1.2 兵团金融服务业结构

3.1.2.1 行业结构

1. 兵团银行业发展状况

兵团辖区内的银行金融服务机构得到不断健全，农牧团场银行金融网点全覆盖工作基本完成。2012 年，兵团辖区内网点总数为 351 家，新增营业网点 28 家，新增网点在师部和城市 5 家，团场 23 家。2012 年末兵团系统贷款余额由 2006 年的 422.2 亿元增长到 1440 亿元，年均增长 20%。兵团中长期贷款与短期贷款比例为 5.1:4.9，贷款结构进一步合理化。总体来讲，兵团银行业的发展取得了突出的成绩，信贷投放不断加大，极大地支持了兵团经济发展。兵团银行网点布局多方位、金融机构多样化、服务延伸向基层的态势开始显现。银行业的发展呈现以下特点：

（1）银行业规模持续提升。2012 年，银行单位达到 18 家，银行服务网点达到 315 个，平均每万人 1.21 个网点。兵团银行业资产规模增长较快，资产结构中贷款比例有所下降，不良资产率保持下降趋势，拨备覆盖率增加到 139%，风险控制以及分担能力实现质的提升。银行经营效益达近年来的新高，2012 年，兵团全年银行收益率增长达 51.3%，与 2009 年收益率相比提高 24.5%，而资产利润率提高空间小，仅仅有 0.2%。

（2）各项存款增长迅猛，银行交易活跃。如图 3-1 所示，2002 年兵团人民币存款余额只有 192.98 亿元，到了 2012 年底，存款余额达到 812.20 亿元，比 2011 年增加 65.64 亿元，是 1980 年的人民币存款数量的 14.27 倍。从存款结构来看，企业存款仍然是存款的主要来源，且远大于储蓄存款，2012 年达到 583.92 亿元。银行存贷结构描述的是银行各项存款、贷款余额之间的关系，通常选取存贷比这一指标来表示。存贷比是反映商业银行经营收益与风险对比的重要评价指标，是某地区经济发展的风向标，体现出金融在区域经济发展中的贡献度。为防止银行过度扩张，央行规定商业银行最高的存贷比例不能超过 75%。商业银行的存贷比在很大程度上决定了银行的盈利性与银行资本的流动性。存贷比越高，对经济的贡献率越大，资本风险也越大，存贷比越低，对经济的贡献率越小，资本风险也越小。

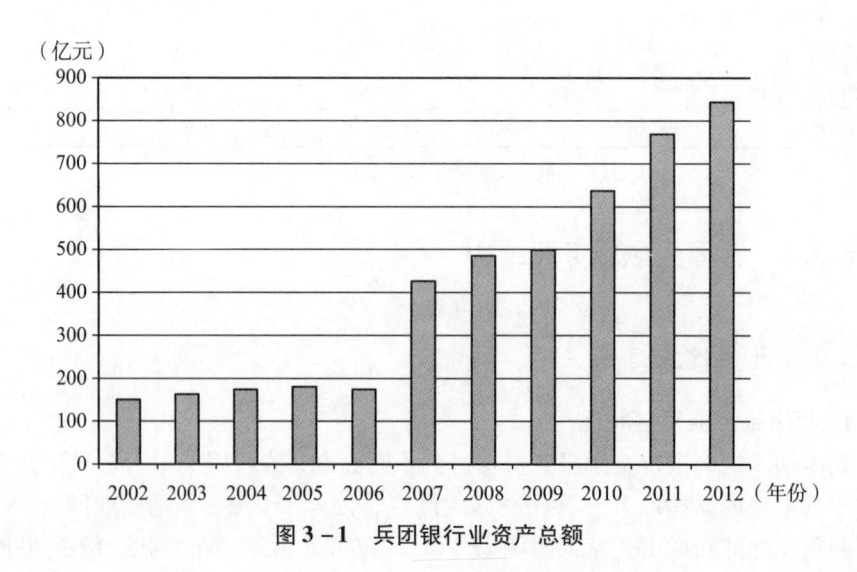

图 3-1 兵团银行业资产总额

从表3-3可以看出，在2002~2010年间，兵团与全国平均水平相比，存贷比明显较低，与全国平均水平之间的差距逐年扩大，到2010年差距达37.8%，达到历史最低；与其他省份相比，兵团存贷比在此期间始终远远落后于其他省份。存贷比按从高到低的顺序，第一梯度为浙江省和福建省，存贷比可达80%以上；第二梯度为山东、浙江，其存贷比可达70%以上；表3-3中显示的其他省份均为存贷比的第三梯度，存贷比处于70%以下。然而，2009年之后，兵团地区银行存贷比迅速飙升，存贷比高达117.3%；相对于全国平均水平而言，无论存贷比增幅还是存贷比大小，都处于第一梯度中的较高水平。表3-3中显示，其他省份的存贷比以及存贷比在全国的平均值在2011年后均保持相对稳定的发展趋势。兵团存贷比在2010~2011年间的巨大反差，反映了2010年后兵团应对金融危机所采取的应对策略，大力提升贷款额度，避免资金流入其他区域，通过增加资本，拉动兵团经济发展，提高金融对经济的贡献度。通过金融资源的合理配置，对兵团商业银行利益进行再分配，充分发挥商业银行的竞争作用，提高资本运作效率，促进资本逐步向高效率的行业转移，支撑产业结构的优化。

表3-3　　　　　　　2002~2012年兵团与各省份存贷比比较　　　　　　单位：%

区域	2002年	2003年	2007年	2008年	2011年	2012年
兵团	47.7	42.3	39.1	27.3	117.3	144.1
全国	76.4	67.2	67.2	65.1	69.6	69.4
河北	59.6	59.1	58.5	53.4	58.7	60.7
辽宁	66.6	67	68.6	64.7	69.5	69.9
山东	79.1	80.8	81.1	74.5	77.9	78.1
浙江	81.1	83	86	83.6	87	86.2
江苏	71.3	72.5	74.2	71.1	72.3	71.4
广东	59.7	58.4	60.9	60.3	63.9	63.2
福建	70	73	80.3	81.2	84.1	84.9

资料来源：根据《中国金融统计年鉴》和《兵团国民经济和社会发展统计公报》计算所得。

（3）就银行存款与贷款发展情况而言，存款与贷款呈现出人均占有水平低、发展速度慢的特点。人均存贷款方面，2012年兵团实现人均存款3.1万元，比全国人均存款少4.4万元；兵团人均贷款余额与全国平均相比少5248元。就发展速度而言，兵团2002~2012年人均存款增加额比全国平均少5168元；人均储蓄增加额比全国平均少1941元；人均贷款增加额比全国平均少1086.14元。

2. 兵团证券业发展状况

截至2012年末，兵团现有A股上市公司13家，上市公司资产总额达428.6

亿元,其中,企业净资产159.2亿元,总股本达42.9亿元,总市值达705亿元。"十一五"以来,兵团上市公司资产年均增长率分别为11.13%和20.91%。2012年度上市公司实施非公开发行募集资金28.5亿元,发行公司债31.8亿元,合计上市公司再融资60.3亿元。兵团上市公司分布在兵团七个师及兵团直属单位的5个重点行业,涉及化工、建材、能源、食品、农用装备制造等行业。在兵团第一批54家拟上市重点企业培育名单公布后,兵团还在积极培育和挖掘兵团可供培育的拟上市企业。总体而言,证券业发展有如下特点:

(1) 资本市场发展趋势良好。兵团证券业发展情况较好,资本市场逐渐走强,证券交易相对活跃。截至2012年12月,兵团上市公司总数达到14家,与2011年的总数持平。兵团上市公司总资产多达4494.73亿元,与2011年相比,资产总额增加11.18亿元。表明兵团上市公司资本并购重组节奏不断加快,投资环境及市场环境较为稳定。2012年,兵团各类企业在债券市场上,通过交易商协会,注册发行各类债务等融资总额达104亿元,同时,中小企业集合票据、短期融资券等融资产品的发行,在一定程度上促进了中小企业的债券融资能力。具体来看,2012年,兵团发行的各类债券中,短期融资券、金融债、国债等三类债券发行量均高于2011年同期水平,债券融资能力逐渐加深。

兵团股票筹资能力与上司公司规模和全国的股票筹资额和上市公司相比还是有很大的差距,如图3-2所示。由图可知,兵团上市公司总数占全国的比率较低,但总体趋于稳定;而股票筹资额占全国的比率波幅较大,2012年,股票筹资额达到高峰1.2%,除此之外,近几年都处于低位,约0.18%。

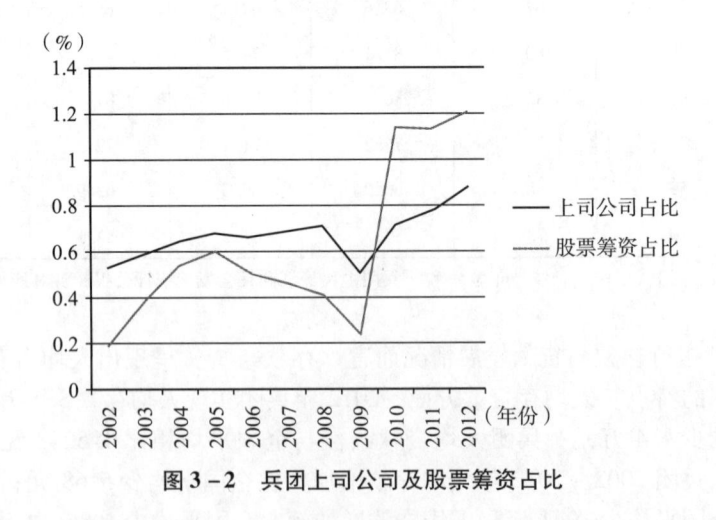

图3-2 兵团上司公司及股票筹资占比

(2) 证券业经营仍处于粗放式状态。证券业的融资作用对兵团的中小企业发展起到重要的作用,然而,支持力度还有待进一步加强。目前,尽管兵团有西部牧业等14家上市企业,但并未形成上市公司群落和规模优势。券商佣金率已经连续几年出现单边下滑,证券业中也出现了严重的资本替代现象、证券监管与业务创新之间的矛盾加剧,从而反映了证券业务管理模式中的诸多问题,同时也反映了证券业务经营模式的粗放状态。当前兵团证券业在服务和产品体系中显现的问题包括服务产品所涉及范围过于庞大而脱离市场,偏离客户需求,导致服务产品缺乏特色。随着证券监管的不断完善与创新,监管机制愈加具有权威性和高效性。此外,证券业的监管理念也应随着对市场认识的不断深化而适时更新与完善,从而明确监管思路。

3. 兵团保险业发展状况

(1) 保险规模不断扩大。近年来,农业保险为保障兵团农牧团场进行正常的农业生产以及抵御农业经营风险等提供至关重要的保险服务,为农牧团场职工灾后再生产以及财产安全等方面贡献较大。截至2012年,兵团累计承保团场农业种植面积22417.76万亩,保费收入突破48.97亿元;承保畜禽数量1351.93万头(只),保费收入达3.36亿元;理赔资金累计支付32.5亿元,理赔率达62.11%。2010年,兵团承保的农业保险有49个险种的,与2006年相比增加10个。农业保险涉及面基本涵盖了兵团主要的种植作物或饲养畜种,在兵团的农业生产方面,提供了8.4亿元的农业保险,保费收入与2006年比,增加了6亿元,其中,承保农作物面积达1203.72万亩,占兵团播种总面积的72.4%;承保各类牲畜33.5万头(只),占兵团年末牲畜存栏数的5.7%。

从图3-3可以看出,1997~2011年兵团的保费收入总体保持大幅增长,而且增长率都是保持在两位数以上的增长,在2008年达到最大,增长率约为60%。由此可以得出,人们的保险意识也在不断增强。

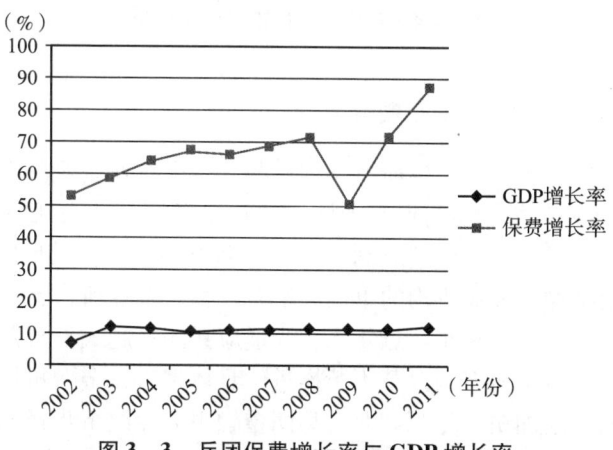

图3-3 兵团保费增长率与GDP增长率

(2) 险种结构发生显著变化。兵团保费收入中,人寿保险保费逐渐增加,但财产保险业务仍然是保费的主要来源。如图 3-4 所示,2012 年,兵团财产保险保费收入占保费收入的比重达 58.27%,同时产寿险各自内部结构不同,人寿保险业务占其业务的 89.12%,在人寿保险业务中,投资性险种增加,如投资连结保险、万能寿险、分红寿险等。人寿保险比重在 2002~2008 年间逐年降低,2009 年人寿保险比重骤然上升,开始逐年升高。总体来看,人寿保险收入有超越财产保险收入的趋势目前,两者基本持平,这说明随着兵团居民收入的不断提高,投保意识逐步增强。在财产保险业务中,农业保险与机动车辆保险业务占绝大部分。在兵团财产保险保费收入中,企业财产保险保费收入首次超过农业保险保费收入,成为财产保险的第一大险种;占财产保险保费收入的 55.33%。

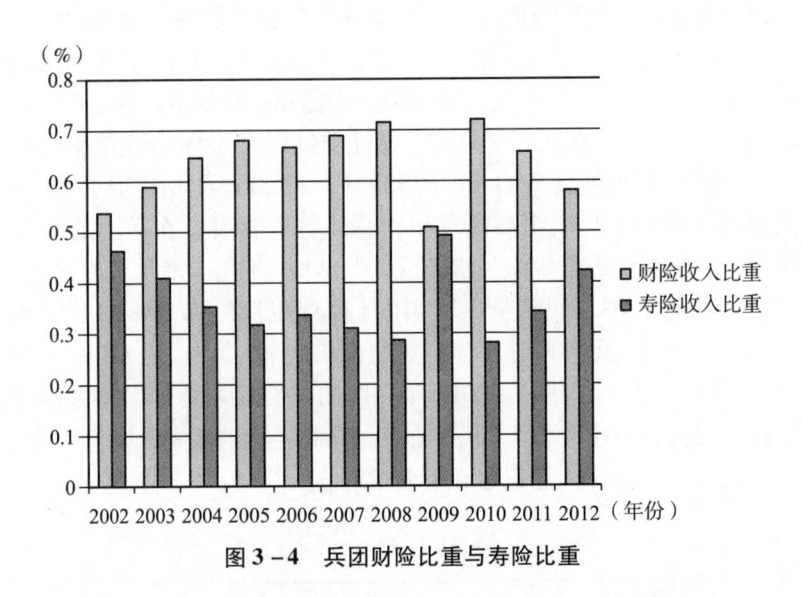

图 3-4 兵团财险比重与寿险比重

3.1.2.2 金融机构所有制结构

兵团金融服务业企业法人的所有制结构与兵团全行业企业法人所有制结构相仿。截至 2012 年底,兵团全行业企业法人单位中私营企业占比达到 48.5%。国有和集体参与或投资所组成的公有制企业数比例为 27.1%,其他内资企业占比为 15.9%。从兵团金融服务业机构的单位数来看,私营企业所占比重较小,在金融业企业结构中的生产空间狭小。近年来,为适应兵团跨越式发展及项目建设的资金需要,兵团金融机构所有制改革不断推进,具体来讲,金融机构的股份制改革与企业战略规划不断加快。尽管如此,兵团金融服务业改革步伐相对于经济的发展而言较为缓慢,金融服务业中股份制企业比例仍然处于弱比重状态,不足 47%,其中,私营企业与国有或投资组成的公有制企业所占比例分别为 18.9% 和

26.5%。金融服务业与其他产业相比，已经形成了国有、股份等所有制共同竞争的所有制格局。

目前，驻疆 16 家金融机构对兵团贷款余额 565.25 亿元，占全疆比重为 20.73%，比上年增加 22.88 亿元，同比增长 4.22%，发展势头良好。保险业方面，兵团控股的中华联合财产保险公司，在全国的经营机构网点分布上有近 700 家。2012 年，完成保费收入 191.25 亿元，与 2011 年同期相比，增长 4.55%。保费收入构成中，财产保险保费收入达 158.51 亿元，是保费收入的最大来源，其中，农业保险的保费收入 22.41 亿元，增长较快，与 2011 年相比同比增长 93.69%。保险赔款支出方面，2012 年索赔金额达 133.92 亿元，同期相比综合成本率有明显下降。在融资担保公司方面，兵团共设立融资性担保公司 19 家，小额贷款公司 17 家，2012 年新设立融资担保性公司 4 家，新设立小额贷款公司 11 家，逐步覆盖兵团各师。2007 年，兵团国有资产经营公司在新疆首家发行短期融资产品，揭开了兵团创新金融产品、实现多渠道融资的序幕，实现融资 10 亿元。截至 2012 年，兵团债券、股票、信托直接合计融资 171.3 亿元，其中信托融资 7 亿元，债券融资 104 亿元，股票市场融资 60.3 亿元。债券融资中发行短期融资券 68 亿元、企业债 26 亿元、私募债 10 亿元。兵团的直接融资快速提高，2012 年直接融资占年度新增贷款额的 63.7%，在私募债、城投债、结构化融资、委托债券等新产品利用上都有很大程度的进展。同时在利用直接融资手段、扩大融资规模以及降低融资成本等方面，兵团的发展水平都在进一步的提高。

3.1.2.3 金融服务业就业结构

目前，兵团金融服务业从业人数共 6292 人，占兵团全行业就业人员的 2.64%。就兵团金融服务业就业者受教育成分而言，拥有大专及以上学历的金融服务业从业者人数（包括高职、本科以及研究生学历及以上）达到 5317 人，占兵团金融服务业从业人员总数的 84.5%。此外，具有中高级技术职称或其他技术等级证书的金融服务业从业人员数达 3113 人，占该行业从业人员总数的 49.53%，高于兵团经济系统其他行业的平均水平 34%。兵团金融服务业从业人员中，具备高学历、高职称的从业人员在其行业中主要从事管理、会计等方面的工作，处于其行业的核心位置，对各金融机构和金融行业的发展具有重要的战略意义。

3.1.3 兵团金融服务业效益分析

3.1.3.1 营业收入构成

兵团金融服务业各行业中，银行业的主营收入最高，2011 年收入额为 75.64

亿元，占总收入比重为96.43%，在兵团金融服务业各机构营业收入中的优势地位明显；其次为保险业营业收入，主营收入为2.70亿元，占总收入的3.44%。由此看得出，兵团金融业务和金融资产主要集中在银行存贷款方面，金融市场结构仍然不平衡。由于金融业务和金融资源在行业内过度集中，金融服务业发展的市场化以及金融服务业务水平的提升受到极大挑战，如表3-4所示。

表3-4　　　第二产业、第三产业以及金融业营业收入与从业人员

行业	营业收入（亿元）	从业人员（万人）
第二产业	262.26	20.98
第三产业	229.61	36.56
金融业	78.46	0.66

资料来源：《兵团国民经济和社会发展统计公报》。

3.1.3.2　金融业各行业效益

银行、保险业综合效益在人均营业收入和劳动生产率上，排在国民经济的前列。从金融服务业的行业效益来看，从业人员人均主营收入达5.14万元，比国民经济全行业人均主营收入高出2.31万元。兵团金融服务业行业收益中，银行业从业人员人均主营收入最高，就2011年而言，银行从业人员人均主营收入达到6.28万元，依次为保险业和证券业。从这个角度反映出银行业在金融服务业发展中起到的决定性作用，在金融服务业中的不可撼动的霸主地位。就兵团金融服务业劳动生产率而言，各行业的劳动生产率差异较大，同样银行业劳动生产率最高，达到77.53%。与银行业劳动生产率相比，保险业和证券业的劳动生产率相差较大，仅为14.79%和8.78%。具体如表3-5所示。

表3-5　　　　银行业、保险业、证券业相对劳动生产率

行业	相对劳动生产率（%）	排名
银行业	77.53	1
保险业	4.79	2
证券业	8.78	3

注：相对劳动生产率=某一行业营业收入占全行业营业收入的比重与该行业从业人员数占全行业的人员数比重之比。

3.1.3.3　金融相关率

金融的核心作用就在于对金融资源的有效配置，而金融服务业发展的程度在

很大程度上由该地区持有的金融资源的多少来决定。金融深化指标可用于反映金融资产相对于国民生产总值的延伸。金融界对此采用的国际化测算方法通常选用戈德史密斯（1969）提出的金融相关率（Financial Interrelations Ratio，FIR）来衡量区域金融服务业发展水平。金融相关率作为一项规模指标，通常用某一时点上现存金融资产总额与国民财富（实物财产总额与对外净资产之和）之比。鉴于数据的可获得性和计算的可操作性，通常用金融资产总量与GDP之比来测算区域金融相关率的大小。麦金农（1973）以发展中国家为研究对象进一步完善了金融发展理论，首次使用货币存量与国民生产总值的比重作为衡量金融发展的指标。与戈德史密斯的提出的金融发展评价指标相比，都是从总量上评价金融发展水平的，但是由于各地金融资产统计与M2统计的缺失，给数据分析与测评带来了阻碍。为解决这一两难选择，我国金融发展评价指标体系中普遍选用存款和贷款的总和作为金融资产总额的替代指标。因此，本书采用的金融相关率的计算公式为：金融相关率 =（金融机构存款余额 + 金融机构贷款余额）/GDP，得出国民生产总值每增加一元，金融资产的增加比重或贡献比重，从而反映金融服务业的发展水平。

目前，兵团主要的金融资产集中在各个银行机构之中，其主要的金融工具就是吸纳存款和发放贷款，保险业以及上市公司股票及公司债券发行在金融资产中所占比重微乎其微，所以在选取金融资产指标时通常用金融机构存款和贷款总额作为金融资产的替代指标，综合评价区域金融服务业的发展水平。根据上述描述，金融相关率的计算公式可表示为：FIR =（S + L）/GDP，式中：FIR 表示金融相关比率；S 代表存款额；L 代表贷款额；GDP 为地区国内生产总值。

图3-5中显示，2001~2011年的11年间，兵团金融服务业发展的总体趋势。数据显示，2001~2011年兵团金融机构存款与贷款余额不断增长。截至2011年，兵团金融机构存贷款余额总和达1982.5亿元，与2001年相比，存贷款余额的总和增加了18倍。从金融相关率的变化趋势来看，随着兵团GDP在2001~2011年间保持继续增长，金融相关率保持平稳上升的趋势，局部出现小幅迂回的螺旋态势。尽管如此，金融相关率在此期间，始终稳定在1.60上下徘徊，处于较低级的金融发展阶段。金融相关率由2001年的1.06上升到2002年的1.74，此后由于货币规模的持续收缩，金融相关率开始略微下滑，随后开始回升，到2011年金融相关率上升到2.05。就不同金融相关率变化趋势可以看出，兵团金融服务业仍处在较滞后的阶段，金融资源累计还较为薄弱，金融结构不合理。

图 3 – 5　兵团金融相关率（FIR）

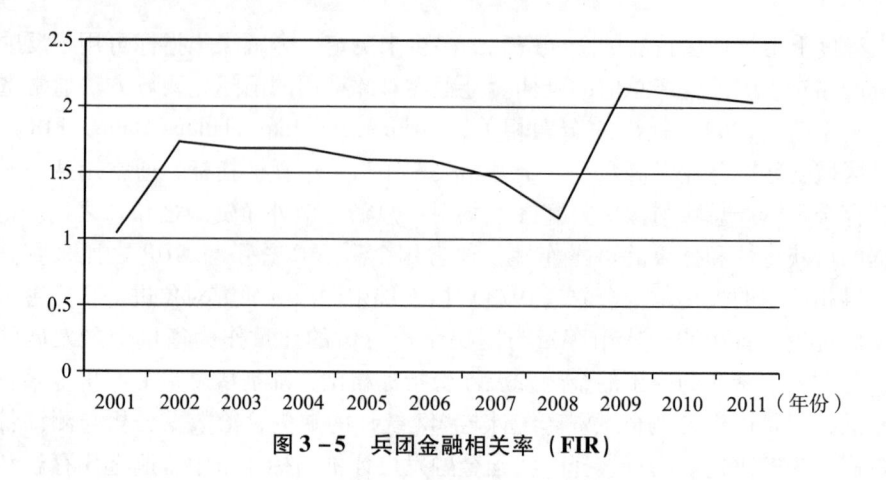

由表 3 – 6 中数据可知，将兵团与全国较发达省份金融相关率进行横向比较，比较结果显示，浙江省的金融相关率是发达省份中最大的，反映了浙江省金融深化的程度；按照金融相关率大小顺序进行排名：广东省、辽宁省、江苏省、福建省、山东省、兵团。兵团金融相关率最小，与其他省份相比，金融对经济拉动贡献度较弱，体现了兵团金融服务业对经济发展促进作用的力度较小，金融贡献度有待提高。

表 3 – 6　　　　2001~2011 年兵团与发达省份金融相关率比较

年份 省份	2001	2002	2003	2004	2005	2006	2007	2008	2009	2010	2011
兵团	1.06	1.74	1.68	1.69	1.60	1.59	1.49	1.17	1.15	2.10	2.05
河北	1.58	1.72	1.97	1.82	1.74	1.73	1.66	1.68	2.08	2.09	1.84
辽宁	2.39	2.61	2.85	2.83	2.64	2.55	2.4	2.23	2.63	2.61	2.59
山东	1.75	1.84	1.97	1.81	1.69	1.64	1.56	1.51	1.85	1.88	1.74
浙江	2.91	2.89	2.87	2.82	2.85	2.91	2.87	3.03	3.69	3.72	3.10
江苏	1.94	1.96	2.14	2.11	2.14	2.13	2.12	2.15	2.47	2.47	2.22
广东	2.95	2.97	3.14	2.88	2.7	2.59	2.49	2.52	2.92	2.94	2.77
福建	1.72	1.78	1.81	1.80	1.88	2.02	1.96	1.98	2.21	2.42	2.01

注：数据根据《中国金融年鉴》《中国统计年鉴》《兵团国民经济和社会发展统计公报》计算得出。

3.2 兵团金融服务业发展实证分析

3.2.1 兵团金融服务业发展综合评价

在经济飞速发展的今天,世界各国或地区金融服务业发展的水平,对经济发展起到了主导作用。金融服务业作为国民经济的服务部门,是经济发展方式转变的推动力,为产业结构升级软着陆。而金融发展理论的提出为金融服务业发展评价奠定了理论基础。金融发展模型的不断演进,证实随着经济发展阶段的提高,金融的功能性就越强。1969年,戈尔德史密斯(Goldsmith)在借鉴前人研究成果的基础上,把金融相关率(FIR)、外部融资率、货币比率、资本形成率等用来衡量金融服务业的发展水平。金融相关率指标(FIR)的提出对于金融发展评价研究具有开创性作用,同时提出金融结构的变化是推动金融发展的主要原因。随着金融服务业方面相关研究不断完善,金融抑制理论与金融深化理论的提出,使得金融发展理论逐渐走向成熟。而金融深化的根本在于金融机制的不断改革以及放松金融管制。20世纪末期,宽松的金融环境却给许多国家带来了不理想的结果。随后,金融约束论诞生,要求政府干预金融政策的制定与实施,并为市场参与者创造外部机会,以此促进金融深化。在金融服务业的实证研究中,金融发展水平指标的选取往往局限于 FIR、M2/GDP 等,但随着经济系统逐渐完善,这些指标已然无法完全衡量金融服务业的发展水平。因此,在借鉴前人研究的基础上,根据兵团自身的经济社会发展情况,从金融发展和经济基础两个方面选择人均 GDP、金融服务业从业人员数量、金融机构资产总额、FDI、人均保险额等8个指标,构建兵团金融服务业发展水平的评价指标体系。在此基础上,本章通过主成分分析法对 2002~2011 年间兵团金融服务业发展水平进行综合评价。

3.2.1.1 综合评价指标体系构建的基本原则

在金融服务业发展水平指标体系的构建上,一是应满足各指标选取的系统性,即各经济要素种涉及金融服务业活动的要素及各要素之间的内在联系,满足所选指标之间的关联性与独立性;二是指标的科学性,即所构建的指标能够通过科学的研究方法体现事物或者经济体发展的科学规律;三是指标的选取应突出衡量主体的重要性,即所选指标重点突出金融服务业的发展和金融活力等指标;四是指标选取要有可比性,即指标的选取既要从金融服务业与经济发展的实际出发,又要体现出金融服务业在发展中所体现出来的差异,使指标具有可比性;五是指标的选取要注意相关数据的可获得性。

3.2.1.2 金融服务业发展综合评价指标的构建

金融服务业发展指标体系的确立是本章的核心。在借鉴前人研究成果的基础上，结合兵团金融服务业发展的区域特色，考虑到数据的可获得性，在上述原则的支撑下，建立了目标层、系统层、指标层所构成的兵团金融服务业发展的指标体系①（如表3-7所示）。

表 3-7　　　　　　兵团金融服务业发展综合评价指标体系

目标层	系统层	指标层	指标属性
金融服务业发展	金融活力指标	金融服务业从业人员数量 X_1	正向指标
		人均 GDP X_3（万元）	正向指标
		人均保险额 X_2（万元）	正向指标
	金融产业指标	金融机构资产总额 X_4（万元）	正向指标
		上市公司总值 X_5（万元）	正向指标
		人均存款总额 X_6（万元）	正向指标
		人均贷款总额 X_7（万元）	正向指标
		FDI X_8（万元）	正向指标

戈尔德史密斯在对金融发展问题的研究中证实金融业的发展不仅仅是金融总量的增长，而且包括金融业内部结构的优化。指标体系中，金融产业指标反映的行业内部结构情况，包括人均保险额、上市公司总市值、金融机构资产总额、人均存款总额及人均贷款总额等6项指标。金融机构资产总额（X_4）代表金融业发展规模状况，是金融业发展的重要衡量指标之一。上市公司总值（X_5）是金融业发展结构性指标之一，反映了金融市场的融资能力；人均存款总额（X_6）及人均贷款总额（X_7）是银行业发展的重要指标，反映了银行业发展的程度。人均保险额（X_2）反映的是保险业发展程度及保险业发展深入程度。对于金融活性指标的选取，首先是金融业从业人员数量（X_1），人力资本的数量体现了金融发展的人力规模，反映了金融业发展潜力及金融业发展的活力；其次是人均GDP（X_3），它反映的是金融服务业发展的外部环境。上述各指标数据均来自于《新疆生产建设兵团统计年鉴》。

---

① 金融服务业综合全面的发展与良好的金融生态环境是分不开的，包括经济发展环境、法治环境、制度环境等。

3.2.1.3 因子分析法

随着多元统计方法在经济学研究中的广发应用,使得综合评价方法越来越趋于科学化、现代化。通过构建指标体系,进行评价的方法有很多种,如因子分析、层次分析等。根据多数学者的研究,在对金融服务业发展水平进行多指标综合评价时,通常选取因子分析法作为评价方法。因子分析法是通过降低指标的维数,将多指标、多层次的变量转化为较少的因子的数量统计方法。通过分析提取出的少量因子与指标之间的内在互动关系,得出各因子得分,并通过因子得分的大小,进行评价。

对研究问题用尽可能少的不可测的公共因子的线性函数与特殊因子之和来描述原有观测的变量。设有 N 个变量,即 $X = (X_1, X_2, \cdots, X_n)T$ 为随机向量,目标公因子向量为 $F = (F_1, F_2, F_3, \cdots, F_p)T$,其中,n > p,则该模型就可以表示为:

$$X_i = \mu_i + \alpha_{i1}F_1 + \alpha_{i2}F_2 + \cdots + \alpha_{ip}F_p$$

上述公式中,X 为指标变量,F 是从所有的指标变量中提取出来的公共因子,矩阵 $A = \alpha_{ij}$ 为所提取因子的载荷矩阵。α_{ij} 为相应的因子载荷,指代的是变量 X_i 和公因子 F_j 之间的相关系数。μ_i 为随机干扰因子,代表了除了公因子之外的其他影响因素,在实际分析时通常可忽略不计。

然后,通过回归估计求出因子得分模型,模型中以各公因子为变量计算出因子得分,以因子得分的高低进行评价。

$$F_i = b_{i1}X_1 + b_{i2}X_2 + \cdots + b_{in}X_n \quad (i = 1, 2, 3, \cdots, n)$$

3.2.1.4 综合水平计算结果

本章通过主成分的分析方法进行因子分析。首先为避免各指标量纲或单位的影响,须对原数据进行标准化的处理,将原始数据进行无量纲化,然后通过统计软件 SPASS19 对此数据组进行最终的处理。样本数据选自于 2002~2012 年《新疆生产建设兵团统计年鉴》,样本空间为 10。首先,检验变量之间的相关性。若变量的关系相互独立,那么,变量之间就不存在公共因子。文中根据 Bartlett 球形检验结果判断变量间的独立性。结果显示 Bartlett 检验近似卡方值为 93.547、概率值为 0,即单位矩阵与相关系数矩阵差异显著,符合因子分析条件。其次,变量的偏相关性检验。偏相关性越强,则因子提取效果就越好。一般情况下,KMO 统计量在 0.7 以上时效果较好。而运用 SPASS 软件,通过对标准化后的数据的处理可以得出本模型中,KMO 值为 0.709(见表 3-8),因此适用因子分析。

在确定该模型的可行性之后,通过相关系数矩阵,计算出因子特征值方差贡献率和累计贡献率。从表 3-9 中可知,通过主成分法的提取方法,一共抽取出两个主成分。而成分一和成分二的发差贡献率占到所有因子方差的85.085%，表明这两个公因子能充分说明兵团金融服务业的发展状况。

表3-8　　　　　　　　　　KMO 和 Bartlett 的检验

取样足够度的 Kaiser - Meyer - Olkin 度量		0.709
Bartlett 的球形度检验	近似卡方	93.547
	df	28
	Sig.	0.000

表3-9　　　　　　　　　　　　解释的总方差

成分	初始特征值			提取平方和载入			旋转平方和载入		
	合计	方差（%）	累积（%）	合计	方差（%）	累积（%）	合计	方差（%）	累积（%）
1	5.648	70.606	70.606	5.648	70.606	70.606	5.273	65.913	65.913
2	1.158	14.479	85.085	1.158	14.479	85.085	1.534	19.172	85.085
说明				提取方法：主成分分析					

然后，通过 Kaiser 标准化正交法，经3次迭代后，得出旋转后的因子载荷矩阵。对因子载荷矩阵进行方差旋转，得出成分矩阵。根据公因子上指标载荷值的大小，对因子重新命名说明其代表的指标。根据表3-10中旋转成分的分布，在成分1中：载荷值较大的变量有金融机构资产总额（X_4），人均存款额（X_6），人均贷款额（X_7），人均 GDP（X_3），上市公司总值（X_5），以及 FDI（X_8），因此将成分一命名为金融产业指标；在成分二中，载荷值较大的变量是人均保险资产（X_2），以及金融服务业从业人数（X_1），而把成分二命名为金融活力指标。

表3-10　　　　　　　　　　　旋转成分矩阵[a]

项目	成分	
	1	2
Zscore（人均保险资产）	-0.286	-0.757
Zscore（FI）	0.825	0.141
Zscore（金融资产）	0.972	0.1
Zscore（金融业从业人口）	0.041	0.866
Zscore（人均存款额）	0.975	0.191

续表

项目	成分	
	1	2
Zscore（人均贷款额）	0.888	0.154
Zscore（人均 GDP）	0.974	0.18
Zscore（上市公司总值）	0.936	0.297
说明	提取方法：主成分 旋转法：具有 Kaiser 标准化的正交旋转法 a. 旋转在 3 次迭代后收敛	

由成分得分系数矩阵可知，通过对上述提取的主成分与对应的方差贡献率加权，即可得到兵团金融发展因子模型 F：F = 0.77467 × 金融产业因子 + 0.22533 × 金融活力因子，并最终可以计算出 2002～2011 年的金融发展指数（表 3 – 11）。

表 3 – 11　兵团金融发展因子指数、金融产业因子指数及金融活力指数

年份	兵团金融发展因子	金融产业因子	金融活力因子
2002	-1.120	-0.635	-0.485
2003	-0.678	-0.793	0.149
2004	-0.545	-0.971	0.425
2005	-0.480	-0.428	-0.052
2006	-0.385	-0.306	-0.079
2007	-0.062	0.037	-0.100
2008	0.213	0.182	0.031
2009	0.615	0.588	0.027
2010	1.049	0.983	0.065
2011	1.393	1.343	0.051

由图 3 – 6 可知，从整体来看，兵团金融服务业发展因子在 2002～2011 年间保持持续增长，指数值从 2002 年的 – 1.120 增加到 2011 年的 1.393，十年间增长 124.39%。其中 2003～2006 年间，兵团金融服务业发展速度缓慢，而进入"十一五"以来，兵团金融服务业发展出现了高效率的五连增现象。而在金融服务业发展因子中所占比重较大的金融产业因子从 2005 年之后与兵团金融服务业发展因子同步交替上升且两者差额较小，几乎呈重叠状态。在"十五"期间，金融产业因子出现较大波动，呈现先降后升的趋势，2002～2004 年间金融产业因子

出现了连续三年的下降，2004 年金融产业因子发展触底反弹，转入持续增长的上升期，2005~2006 年即"十五"向"十一五"过渡时期金融产业因子虽然增速缓慢，但仍在正向发展之中，这一时期金融活力因子对兵团金融服务业发展起到了主要的拉动作用，即在金融服务业发展初期，保险业和金融机构从业人力资本对金融服务业的发展起到了至关重要的作用。金融活力因子指数在 2004 年出现大的滑坡之后，成为金融服务业发展的滞后因素。由图 4-1 中金融活力因子指数走势可以看出，自 2005 年起，金融活力因子指数在时间轴附近微弱波动，整体趋势平稳。

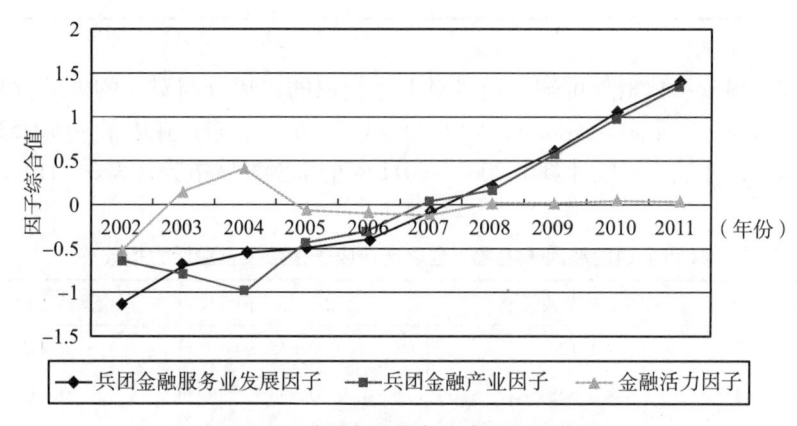

图 3-6 兵团金融服务业发展因子指数

在兵团金融服务业发展之初，由于兵团金融业缺乏对产业结构调整的重视和研究，2002 年的金融产业因子仅为 -0.635，兵团金融业结构调整步伐缓慢，从而直接制约了兵团金融业的发展。2004 年兵团金融产业指数触底，达到了历史的最低值 -0.971。这一时期金融活力因子是兵团金融服务业发展的关键。结合图 3-1，金融活力因子一方面对冲金融结构问题带来的负面影响；另一方面继续拉动金融服务业发展。其动力主要来自于人力资本投入的增加以及保险业在兵团的广泛深入。保险行业既是营利性行业，也为企业生产与社会生活提供保险服务，体现了保险行业多重特性。基于上述特性，兵团金融服务业前期的发展动力离不开金融服务业人力资本的投入及保险业。

2008 年以后兵团金融服务业进入到一个高速发展的时期，金融发展指数从 0.213 增长到 2011 年的 1.394，增加了近 6 倍。这一时期，得益于"十一五"规划中产业结构调整方针政策的贯彻落实，金融产业结构的调整直接决定了金融服务业得以长期高效发展，是金融服务业发展的内在动力，是兵团金融服务业进入全面、持续、快速发展状态的基石。而在此期间，金融活力因子作为兵团金融增长的原动力，严重制约了兵团金融服务业的发展。究其原因，随着金融服务业内部结构的调整和不断升级，与金融结构密切相关的金融服务业人力资本投入及保险业的发展却没有伴随着金融服务业内部结构的调整而调整，缺乏与时俱进的自我改革和自我适应，使得金融业人力资本结构与规模及保险业发展成为制约金融服务业发展的因素。由于金融活力因子在 F 函数中所占的权重并不大，因此金融服务业内部结构改革对兵团金融发展的正相关作用大于相对滞后的金融活力因子给兵团金融带来的负相关作用，最终的结果仍然是兵团金融服务业呈现出平稳快速的增长趋势。

通过上述综合水平计算结果分析，可以发现，首先，兵团金融服务业正处在一个良好的发展局面，尤其在"十一五"期间，在国家大力开展全国对口援建新疆生产建设兵团政策扶持下，兵团金融业迅猛发展，"十一五"期间兵团各项金融规划顺利完成，实现了金融的高效发展。其次，兵团金融服务业人力资本投入及保险业的大力发展对金融服务业前期发展拉动效果显著。前期金融服务业的人力资本投入使得金融业规模逐步扩大，保险业的深入发展是兵团金融服务业得以保持发展的重要保障；再其次，金融业结构的调整及优化为金融业的发展提供强劲动力，即实现金融的结构性增长。尤其在 2004 年以后，兵团金融改革效果全面体现，金融服务业发展与金融改革步伐保持一致，并为金融业的快速发展注入了强心剂。

3.2.2　兵团金融服务业发展与经济发展协调度测度

在现代市场经济环境下，金融对经济发展的拉动能力逐步增强，成为经济增长中新的经济增长点。金融服务业降低了经济活动中的交易成本，提高了经济效率，使得经济活动的风险程度降到了最低，极大地刺激了市场经济的活力，从而对经济的发展具有较大的贡献度。就全球经济发展的历程来看：金融发展是现代经济发展的重要推动因素之一，因此，金融发展规划往往放在国家经济发展战略中的重要位置，以实现经济的高效发展。对我国现阶段而言，产业结构调整是目前经济改革中的主线，为实现经济的持续发展，金融发展一方面满足产业结构的升级的需要；另一方面通过带动就业、投资等提高经济活力。20 世纪 90 年代，我国的金融体制改革逐步走向正规，融资渠道伴随经济的发展，形式呈多元化，如商业银行、资本市场、各种直接融资手段的建立与推广开始出现多样化发展之势；这一时期金融市场发展迅猛，为经济的发展提供了有力的资金保证，金融在经济发展中功能得以实现，对经济发展产生了深远影响。中共十八大期间，政府提出将继续推进全面、协调、可持续发展战略，因此，金融发展与经济发展的协调度成为下阶段研究的重点。鉴于此，金融服务业与整个经济系统的协调发展，是我国重点解决的问题。因此，金融服务业与经济之间的协调性研究室对兵团金融服务业以及经济的发展具有一定的学术价值。

金融服务业与经济系统之间必然存在着一定的均衡关系。从世界各国经济发展的规律来看，经济的快速发展必然伴随着金融服务业的发展，而金融服务业在国民经济中的地位也体现了当地经济的发展情况。同理，在经济发展处于停滞甚至于衰退时期，金融发展相应的处于萎靡不振的状态。金融机构机制在改善市场交易效率以及助力经济扭转衰退等方面，带来了巨大贡献价值，以此推动经济发展；若金融机制本身出现结构性和功能性的不合理，则金融就会对经济发展产生一定的阻碍和破坏作用。

国内对金融服务业和经济之间关系的研究分两大层次。第一层是从宏观区域的角度研究中国金融发展与经济增长的关系。第二层是以某省市作为研究对象，研究区域金融发展与经济增长的关系。对于研究我国各地区金融发展与经济发展的关系，在国内学术界众说纷纭，研究结论相差较大。首先有观点认为，区域金融发展能够促进区域经济发展。周立[①]、谈儒勇[②]等通过建立区域经济增长指标与金融发展指标的线性回归模型，得出了区域金融发展与经济增长之间呈高度正相关关系的结论。与之相反的是，区域金融发展与区域经济增长呈负相关关系。王景武[③]等通过误差修正模型和格兰杰检验的实证分析，发现西部地区金融发展与经济增长之间的关系存在相互制约的因素。除此之外还有观点称，区域金融发展对经济发展作用不明显。华晓龙、王立平、康晓娟等研究表明中国各地区经济发展与金融发展相关性较弱，区域金融发展对经济发展综合贡献率小。以某省市为研究对象的区域性金融发展与经济发展关系的研究得出的实证结果与全国各地区金融发展与经济发展关系结论一致。对于以新疆生产建设兵团为研究对象的金融发展与经济发展关系的研究，目前还没有涉猎。

3.2.2.1 指标构建

在金融服务业与经济发展的相关理之上，考虑到指标构建的科学性、完备性以及可行性等原则，构建金融服务业和经济发展的指标体系。根据指标体系的构建原则及对相关研究成果的借鉴，选择具有代表性的指标构建兵团金融服务业与经济协调发展评价的指标体系，该指标体系由1个目标层、2个系统层、6个准则层以及19个指标构成，如表3-12所示。

---

① 周立，王子明. 中国各地区金融发展与经济增长实证分析：1978-2000 [J]. 金融研究，2002 (10).

② 谈儒勇. 中国金融发展和经济增长关系的实证研 [J]. 经济研究，1999 (10).

③ 金融发展与经济增长：基于中国区域金融发展的实证分析 [J]. 财贸经济，2005 (10).

表 3-12　　　　　　　兵团金融发展与经济发展评价指标体系

目标层	子系统层	准则层	指标层	单位
金融与经济协调发展指标体系	金融发展	金融产业	人均保险额	万元
			FDI	亿元
			人均存款总额	万元
			上市公司总值	亿元
			金融机构资产总额	亿元
		金融活力	人均贷款总额	万元
			金融服务业从业人数	万人
			人均 GDP	万元
			GDP	亿元
			储蓄总额	亿元
	经济发展	经济总量	年出口总额	亿元
			固定资产投资	亿元
		经济结构	二产业占 GDP 的比重	%
			三产业占 GDP 的比重	%
			第三产业人口比重	%
		经济发展速度	GDP 增长率	%
			出口总额增长率	%
			社会劳动生产率	%
		经济效益	人均 GDP	万元
			对外贸易额	亿元

从金融活力指标和金融产业指标这两方面来衡量金融发展。金融活力指标选用金融服务业从业人数，人均 GDP 表示，金融产业指标选用人均保险额，金融机构资产总额，上市公司总值，人均存款总额，人均贷款总额和 FDI 来表示。从经济结构、经济总量、经济发展速度以及经济效益等四个方面衡量兵团经济发展水平。经济总量指标包括年 GDP、年出口总额、储蓄总额以及固定资产投资。经济结构指标包括第二产业占 GDP 的比重以及第三产业占 GDP 的比重；经济发展速度指标包括年出口额增长率以及 GDP 增长率；经济效益指标包括社会劳动生产率、人均 GDP、对外贸易额。

首先，对原始数值做标准化，去量纲化。然后，通过 SPASS 进行因子分析，分别对金融服务业发展和经济发展的各项指标提取主成分，并确定公因子，利用方差贡献率作，回归计算综合得分。3.2.1.3 小节中已对因子分析法做过方法介绍，在此不作赘述。通过回归结果，最终得到金融发展综合得分 X 和经济发展综合得分 Y。

3.2.2.2 协调度模型介绍

对于协调度测算的计量模型有很多,由于金融发展与经济发展协调度在外延上的具体界定与验证尚不清晰,因此,本文选取隶属度的概念对描述金融服务业与经济之间的协调性,并计算兵团金融服务业发展与经济发展的协调度。

(1) 协调适应度计算。协调适应度包括经济对金融服务业发展协调适应度 $u_{(y/x)}$ 以及金融服务业对经济发展的协调适应度 $u_{(x/y)}$。其中,$u_{(x/y)}$ 是指以经济发展为外生变量,金融服务业发展的实际值和对经济与金融服务业的回归值之间协调拟合的程度,同理,$u_{(y/x)}$ 是指以金融服务业发展为外生变量,经济发展的实际值与对经济发展回归值之间协调拟合的程度。$u(x/y)$ 的计算公式为:

$$U_{(X/Y)} = \exp\{-(x-x')^2/S^2\}$$

上述公式中,X 表示金融发展水平的实际值;X′表示金融发展水平的协调值,协调值可通过回归方程得出;S^2 表示金融发展在每个时间点上的实际值所构成的数列的方差。当 X 与 X′的差趋于 0 时,$U_{(X/Y)}$ 趋于 1,而 $U_{(X/Y)}$ 的值越大,说明金融对经济发展的适应度就越高;相反,当 X 与 X′越大,$U_{(X/Y)}$ 则成反向变动。而 $U_{(X/Y)}$ 的值越小,金融服务业对经济发展的适应度越低。同理,经济对金融服务业发展的适应度与上述计算公式类似。

(2) 协调度的计算。金融发展和经济发展之间的静态协调度 $C_{(x,y)}$ 的计算公式为:

$$C_{(X,Y)} = \frac{\min\{u_{(x/y)}, u_{(y/x)}\}}{\max\{u_{(x/y)}, u_{(y/x)}\}}$$

当 $u_{(x/y)}$ 与 $u_{(y/x)}$ 之比越小,则 $C_{(x,y)}$ 的值就越大。而 $C_{(x,y)}$ 值越大,金融服务业与经济发展之间协调值越大,协调度越高;相比,当 $u_{(x/y)}$ 与 $u_{(y/x)}$ 之比越大,$C_{(x/y)}$ 的值就越小,金融服务业与经济发展的协调水平就越低。

动态协调状态在本文中指的是各个静态协调度在时间累积上的平均效率,反映的是金融服务业和经济在发展过程中,静态协调发展在时间上累计的结果。因此,在测算金融服务业与经济发展动态协调度时,考虑到金融服务业与经济的协调状态具有连续性和后发性,金融服务业与经济发展之间的动态协调度公式可表示为:

$$C_t(t) = \frac{1}{T}\sum_{i=0}^{T-1} C_s(t-i), \quad 0 < C_t(t) \leq t$$

其中,$C_t(t)$ 表示金融与经济的发展在时刻 t 的动态协调度,$C_s(t-i)$ 表示金融与经济在 (t-i) 时刻的静态协调度。

本章所需数据截取自 2002~2011 年《新疆生产建设兵团统计年鉴》。在此基础上,对元数据做标准化处理,去量纲化,然后计算因子得分。从金融服务业发展指标中提取两个公因子，累计方差贡献率为 85.08%；而在经济发展指标中提取两个公因子，累计方差贡献率为 87.90%。通过计算各因子得分，得出金融发展综合得分 X 和经济发展综合得分 Y，结果如表 3-13 所示。

表 3-13　　　　2002~2011 年兵团金融发展与经济发展综合得分

年份	2002	2003	2004	2005	2006	2007	2008	2009	2010	2011
X	-1.1204	-0.6777	-0.5454	-0.4804	-0.3849	-0.0625	0.2134	0.6154	1.0489	1.3937
Y	-0.6240	-0.6008	-0.6855	-0.5152	-0.3933	0.0158	0.4295	-0.0381	0.8500	1.5616

由表 3-13 可知，兵团的经济发展水平及金融发展水平在 2002~2011 年之间逐步提高。通过 SPASS19.0 对金融服务业与经济发展之间的关系进行回归，以经济发展综合得分记为 Y，对金融发展综合得分记为 X。回归结果如图 3-7 所示。回归结果显示，得出三次回归模型效果最好，于是可得到 X 与 Y 之间的回归方程如下：

$$Y = 0.709X + 0.199X^2 - 0.143X^3$$

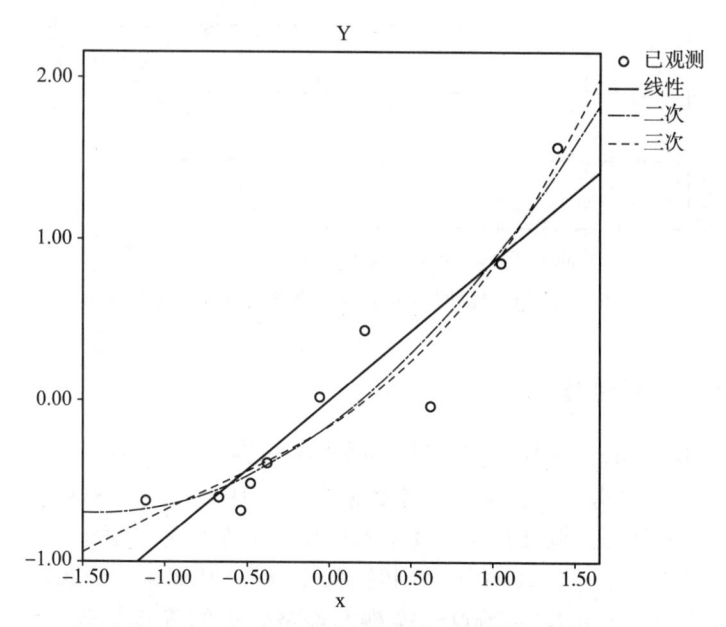

图 3-7　金融发展与经济发展综合得分回归图

对回归模型计算出的经济发展协调值和金融发展协调值，然而，将这两个协调值分别带入到金融服务业发展对经济发展的适应度模型与经济发展对金融服务业发展的适应度，计算两者之间的协调值，计算结果如表 3-14 所示。

表 3-14   2002～2011 年兵团金融发展与经济发展协调度测度

年份	2002	2003	2004	2005	2006	2007	2008	2009	2010	2011
$u_{(x/y)}$	0.8682	0.9848	0.8007	0.9612	0.9913	0.9907	0.9593	0.3187	0.452	0.9578
$u_{(y/x)}$	0.3675	0.4883	0.3693	0.4041	0.4559	4937	0.5363	0.8178	0.995	0.4516
静态协调度	0.4233	0.4958	0.4612	0.4204	0.4599	0.4983	0.559	0.3897	0.4543	0.4715
动态协调度	0.4233	0.4596	0.4601	0.4502	0.4521	0.4598	0.474	0.4635	0.4624	0.4633

根据兵团 2002～2011 年金融发展与经济发展静态协调度和动态协调度，绘制静态协调度和动态协调度折线图，如图 3-8 所示。

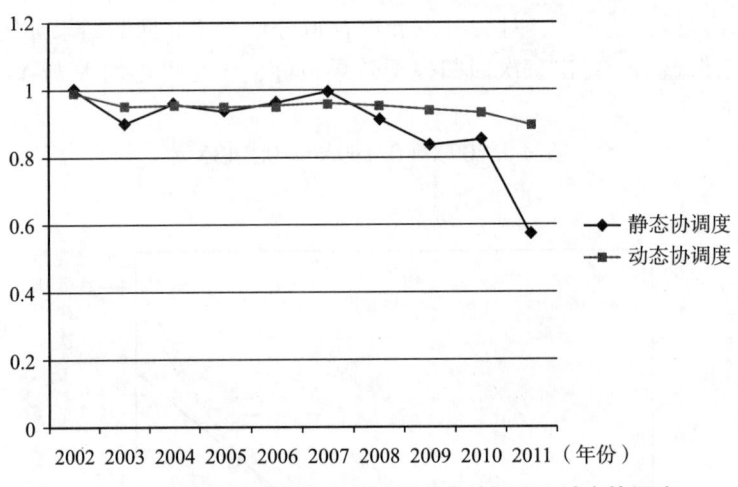

图 3-8   兵团金融发展与经济发展静态协调度和动态协调度

3.2.2.3 研究结论

由图 3-8 可知，兵团经济发展与金融发展的静态协调性在 2002～2011 年的 10 年间在一个较低水平上波动，总体趋势平稳。其中，2002～2006 年，金融发展与经济发展的静态协调度在小幅波动的基础上保持不变；2006～2008 年，静态协调值保持增长之势，到 2008 年达到峰值。2008～2009 年，金融发展与经济发展协调度变化剧烈，并且在 2009 年金融与经济发展的静态协调度跌至最低点。动态协调度则从 2002 年到 2011 年间变化相对平稳。然而，无论是动态协调度还是静态协调度，其协调水平总是处于低位发展状态，就发展趋势来看，兵团金融发展与经济发展处于准备上升阶段。

根据协调值的大小，将协调度的层次划分为四部分。如果 $C_t(t) < 0.4$，则金

融与经济协调发展度处于极不协调状态；如果 $0.4 \leq C_t(t) < 0.5$，则两者处于不协调状态；如果 $0.5 \leq C_t(t) < 0.6$，则两者处于基本协调状态；如果 $C_t(t) \geq 0.6$，那么两者为协调状态。由此可知，兵团金融与经济在过去十年间协调发展水平除 2008 年处于基本协调外，其他年份都处于协调线以下，但非常接近基本协调状态。总体而言，兵团金融与经济的协调发展水平较低，尚处于准备上升阶段。

通过上述对 2002~2011 年间兵团金融发展与经济发展的协调性的实证研究，发现伴随着经济的快速发展，兵团金融业发展水平也在逐步提高，但经济与金融两大系统发展的协调度却处于不协调状态。2002 年作为"十五"规划的第一年，亦是西部大开发的起步阶段最为重要的一年，从 2002 年到 2008 年，兵团经济得到了快速的发展，同时金融业在此期间也处于快速发展的上升阶段，对于金融与经济这两大系统，其协调发展度伴随着各系统的发展而在协调线之下呈小幅上升的趋势，直至 2008 年兵团金融与经济发展协调度达到基本协调水平。随即在全球经济危机狂潮席卷之下，兵团金融与经济发展协调度急剧下降，导致已经处于基本协调状态的兵团经济与金融系统再次回落到不协调状态。2009 年之后尽管金融与经济发展协调度在增大，到 2011 年为止，两大系统间的协调度仍处于基本协调水平之下。

因此，针对当前金融与经济协调发展程度，抓住西部大开发战略，新疆工作会议以及兵团"十二五"规划的重要契机，一方面，以调整产业结构为重心加快兵团经济发展；另一方面，以金融中介功能以及金融效率为重点，加强金融服务业体制机制改革，优化金融服务业外部环境，促进金融服务业更快发展。对金融服务业的行业管制要适可而止，转移融资重心，注重民间金融力量。在兵团范围内，鼓励私营金融机构，进一步规范民营金融机构在资本市场的活动，丰富资本市场的所有制结构。金融中介要充分发挥功能，支持中小型企业融资等，同时，加强行业管制，营造良好的金融发展秩序。提高兵团金融服务业机构的运作效率，加速兵团金融服务业的发展。

3.3 兵团金融服务业发展存在的问题与制约因素

3.3.1 兵团金融服务业发展存在的问题

3.3.1.1 资本市场发展落后，融资能力不足

目前，兵团证券、信托、财务公司、基金公司等金融机构刚刚起步，小额贷

款公司6家，融资担保公司16家，发展规模相对较小；这将会导致在市场经济的利益驱动下，从兵团流出的资金将大量向其他资金短缺的地区输入，进一步加剧兵团经济发展中资金匮乏的问题。一方面，兵团现有的金融信贷投入量仍然无法满足兵团当前经济发展的实际需要，就不能为兵团企业发展提供融资上的服务；另一方面，兵团经济建设中，尤其是大型工业的发展以及重点项目建设等可能得不到较好的信贷资金支持，而且银行业将承担着大量的信贷，从而导致兵团金融服务业与经济发展不相协调的局面。同时，兵团作为一个特殊的组织，要想建立一套具有兵团特点的金融体系，不得不将新疆现有的金融体系与兵团金融体系之间融合发展问题，是兵团金融服务业当前面临的最难以解决的问题。因此，一旦兵团金融服务业陷入两难境地，进入经济发展落后与金融服务业发展滞后之间相互制约的恶性循环。

兵团上市公司在自身的发展上也存在一些问题，如兵团上市公司主业不突出、融资能力有限、经营不规范等问题，对上市公司的在银行或资本市场上的融资带来极大的负面影响；此外，对兵团其他各行业没有起到带头引领作用，制约兵团的产业结构调整和优势特色资源的转换。截至2012年，兵团上市公司的再融资在融资规模以及融资次数等方面均低于新疆自治区水平，其中，兵团与新疆在融资规模上的差距较大。目前，兵团14家上市公司融资规模相比较小，总体实力较弱。兵团控股的13家A股上市公司资产及经营规模都不及自治区的一半，存在较大差距，并且兵团上市公司的经营主业不突出，上市公司所属行业跨度较大。兵团的上市公司企业链条不够长，同时，有的企业在主营业务上已经出现高度的同质化，反映出现阶段兵团上市企业在产业化生产上的力度尚有欠缺，企业科技力量较弱，市场竞争力有待提高。总体来说，兵团上市公司涉足的都是传统行业，盈利能力弱、竞争力不强、收益率低。截至2011年，新疆维吾尔自治区的23家上市公司中有16家已经在资本市场中完成再融资34次，每家上市公司平均再融资2.125次，实现再融资金额379.3亿元，完成再融资的上市公司数占全疆上市公司总数的69.6%，平均每家上市公司再融资额度达17.2亿元。新疆自治区共有上市公司23家，其中，IPO总额81.8亿元，上市公司平均IPO达到4.0亿元。而兵团共有13家A股上市公司，其中，有11家已经完成再融资16次，再融资金额达87.5亿元，平均每家上市公司再融资1.45次，完成再融资的上市公司数占兵团上市公司总数的75%，平均每家再融资额额度达6.3亿元。

兵团上市公司经营运作不够规范。主要表现在以下六个方面：第一，兵团上市公司与各控股股东以及团场之间在管理体制上存在一定的冲突。兵团上市公司一方面对农业生产、资本经营以及收益分配等缺乏有效管的理能力，加之兵团特色农业经营体制缺乏有效的控制；第二，兵团上市公司内部控制系统尚不健全，对设在其他地区的销售网络或子公司，兵团上市公司仍然主要通过传统的审计及财务检查管理其他地区的销售网络或子公司，有效的内控制度和监督制度尚未形成，在资本运作和企业经营上也存在风险；第三，上市公司股东还没完全形成以出资人身份参与管理企业上市的意识和方式，混淆对上市公司与其他国有企业在管理上的误区，容易出现对上市公司资产非法占用的问题，对有的上市公司而言，对权属资产的人力以及资产等缺乏控制力；第四，上市公司控股股东与企业经营之间的联系还不够规范，禁止企业关联交易以及非经营性资产的非法占有等；第五，兵团上市公司的法人治理结构还不规范，从而导致企业的集体领导以及决策机制绝对形式化，项目决策仍未实现完全的制度化，股东董事会对企业重大决策的影响力较弱，使得企业的重大决策决定较随意；第六，企业高级管理人员的知识结构与决策能力还有待提升，兵团上市公司的高管人员多来自于兵团各团场或原有的国有企业管理层，工商管理出身的人员在上市高级管理层人员中的占比非常小，是兵团上市公司在长期内无法摆脱传统行业的重要制约因素。

从兵团上市公司发展的实际情况看，兵团企业中，上市后备资源不足。由于目前兵团经济规模小、经济结构落后等，兵团产业发展的基础总体偏弱，产业类别相对单一，特色优势产业在市场竞争力，经济贡献度等方面尚未显现，跨师之间的产业整合尚未有大的突破，投资收益率预期持续走低，是导致兵团企业上市后备资源到目前还处于不足状况的原有。另外，由于兵团经济发展的基础差，外资企业在兵团投资办企业的数量有限，从而使得兵团具备上市能力的企业就更加欠缺，造成兵团的经济发展与市场经济之间的接轨矛盾较多，民间资本在企业融资方面表现不活跃，对市场预期冷淡。加之，由于兵团财政收入能力不足，本级财政收入有限，受财政资金不足的限制，在扶持上市后备企业上的发展受到制约。

3.3.1.2 保险主体少，保障能力有限

兵团保险市场在农业领域内的参保范围较大，农业保险的业务品种以及保险覆盖在地区差异性上缺乏创新。同时，兵团其他种类的保险如商业类财产保险的参与相对较少，保险产品以及业务服务缺乏创新。兵团保险业服务主体，从总体上看，兵团保险金融的主体规模范围小、数量少、分布布局不合理。截止到2010年，为兵团服务的保险金融机构已达52家，同期，自治区保险金融机构数量为151家，保险机构单位数仅为自治区的34.3%。因此，兵团保险机构单位数量少，无法满足兵团当前经济发展的需要。

兵团农业保险业务的保障能力弱，农民支付保险金的能力较弱。兵团农业保险本着保本索赔的经营理念运作以及低保额、低保费的入保原则，遇到自然灾害损失等时，可通过向保险公司提出保险理赔，从而获得维持以及再生产的能力。目前，兵团开办的保险险种保额较低，针对要承担保险的各类作物的物化成本，

将承保成本控制在各类作物的实际成本的 80% 之内。若发生全损性灾害，受灾的入保农户无疑会失去再生产的能力，全额的经济性补偿也难以完全满足。然而，若提高保额的投保量，一方面投保农户上交的保险费会持续增加，导致大量投保农户决定放弃投保，加剧投保农户的流失；另一方面，保险公司会因保单的风险过大而转移承保业务。目前，兵团农业保险的费率一般为 0.2%~2%，对农业生产的高风险性来说，兵团的费率浮动范围还在高位状态。例如，兵团农业保险中，养殖业保险的费率水平为 5% 左右、种植业保险的费率水平在 8% 左右，总体而言，兵团农业保险的费率水平与一般财产保险相比，相差 10 倍。此外，又因为农业保险的风险性较高，商业保险公司因农业保险业务的回报率低、风险交恶等原因，一般情况下会放弃农业保险服务。因此，兵团农业保险业务在缺乏财政支持和再保险的情况下，通常只有通过商业财产保险利润补充的方式，补贴农业保险，抵抗农业生产中遇到大的灾害，在一定程度上弥补农业保险的赔付能力欠佳的缺陷。相对于低收入的一般农户而言，农业保险费率的设置通常偏高。

从近两年的情况看，企业财产险、家庭财产险和农业险所占份额的明显下降反映了保险产品缺少创新的实际情况。这三种保险产品均属传统险种，由于各家保险公司忽略了对这些传统险种的开发，使得险种单一、产品结构雷同，毫无特色和侧重，缺乏竞争力和对保户的吸引力，无法满足投保人全方位、多层次的保险需求。尤其对于农业险，由于其收费低、风险大、赔付率高，使各商业保险公司对此减少了兴趣，新疆的农业保险险种就由最多时的 60 多个险种，下降到目前的不足 30 个，而兵团有大概 35 个农业保险业务的险种流通在农业保险市场。由于兵团保险公司提供的农业保险业务险种中比较单一，还有保险责任与保险费率之间的"一刀切"，投保一方没有其他险种的选择。目前兵团农业保险中开办的险种业务仍以种植业为主，而养殖业的保险险种业务还较薄弱，而棉花保险在种植业保险险种业务中占较大比重。目前，兵团财产保险的业务种类更新落后于兵团经济发展中对保险服务的需求，保险产品在市场供给上小于保险业务需求。另外，各保险公司的保险产品和服务水平相对落后，工作重心还放在保险赔付等服务方面，忽略了与保险赔付相关的防灾减灾工作以及风险控制的咨询服务方面的服务。这一现象难以满足兵团投保客户，尤其是农户，日益提高的保险业务服务需求，同样可以导致现有客户流失等。

3.3.1.3 金融业人才储备不足

作为知识密集型的产业，金融服务业的发展离不开一大批专门的服务人才，然而，受教育、体制以及金融培训等方面的限制，以及金融服务业的人才培养与兵团社会经济的发展之间互相相脱节，此外，兵团金融与经济发展的环境问题，导致兵团金融管理机构的部门设置与人员配备等都存在不合理性，同时，兵团金融服务业从业人员在理论知识体系以及金融政策的解读上研究深度不够，对金融产品创新与业务服务业的拓展有很大的限制。金融服务业从业者在金融服务意识与知识储备上的欠缺同样滞后兵团金融服务业的发展。在现代金融业中，从业人员在金融服务业中的密集度决定着金融服务业的市场活力，行业承载信息资源的能力决定着金融机构的盈利能力。以纽约曼哈顿金融中心为例，大量集聚的金融服务业专业人才是长期以来巩固其国际金融中心地位的重要基础条件。此外，金融机构从业人员的业务素质对产品创新、增加金融产品供给有重要的支撑作用。

目前，尽管从知识水平和专业素质上来看，兵团金融服务业从业者要明显高于其他行业，但专业人才的培养仍不能适应经济发展的需要。相当多的金融机构从业人员知识结构单一，与科技产业融通、创新能力较弱，从而，限制了对科技创新在金融业务服务或金融创新中的具体应用。在新的经济发展形势与发展环境下，无法满足兵团金融业务发展的具体要求。因此，金融人才培养与发展战略的实施对兵团当前金融服务业的发展而言，势在必行。多渠道加大金融服务业人才战略的开发与建设，对金融从业人员举办多种形式的业务培训，鼓励兵团金融服务业各行业从业者更新服务观念以及知识结构，完善人才储备结构，更好地促进兵团金融服务业合理化发展。同时兵团金融服务业在从业者业务培养上不应停留在业务技术和服务实操的层面上，而是逐步将业务重心转移到复合型金融人才的培养上，形成以中高级金融从业者为主体的从业人员布局。此外，金融行业的人事管理制度也应相应地改善，业务考核以及工资构成也应与时俱进，与劳动力市场上的发展同步。然而，目前兵团金融服务业业务创新的中高级复合型人才供需缺口是相当大的，极大地制约了兵团金融服务业业务创新等。

3.3.1.4 兵团金融中介体系落后

金融市场是金融机构活动的平台。一般情况下，完善的市场体系与交易结算等中介功能是一个国家金融服务业发展的重要体现。金融市场是建立在市场经济一般规律的基础上，快速发展的产业。兵团就金融资源的占有情况而言，处于非常不利的局面，而且现有金融资源也处于萎缩的状况。与国内其他发达地区金融服务业相比，在财税收入乙级其他金融服务等金融环境方面，兵团的金融中介体系明显偏弱，各项政策对金融中介体系的支持力度还相对较小，从而引起金融服务主体流失的问题。由金融发展理论可知，通过市场的作用配置金融资源是保障金融市场效率的前提，而金融服务产品的不断创新则是体现金融市场活力的标志。兵团把金融市场由潜力发展为具体的生产力，真正做到以金融机制立足市场，增强金融机构在金融市场活动中的活力，提高业务创新能力，充分利用相关政策优惠，以金融市场以及制度等环境的改善为起点，吸引金融资源。

目前，受兵团金融服务业中信用体系不健全的影响，一些中小企业直接从银行贷款或上市融资是非常困难的。这时如果能够建立以保险担保联动机制为基础的信用担保机构就可以解决中小企业的融资难题。然而，例如信用担保机构、小额贷款企业、抵押贷款公司等这些金融中介机构在兵团还处于发展的起步阶段，并没有真正发挥促进金融支持力度增加的作用。此外，兵团金融服务公共设施也较落后，金融服务业机构仅仅存在着单一的总分关系，并没有形成真正的金融服务公共设施。省际支付结算平台、省际票据交换中心、省际信用卡管理中心、省际企业和个人征信系统等，并未在兵团金融服务业平台中真正建立，并没有真正形成合力。因此，对兵团金融服务业发展而言，这必将成为未来制约金融服务业发展的潜在因素。

3.3.2 兵团金融服务业发展的制约因素

3.3.2.1 兵团经济发展潜力不足

兵团因其特殊的建制、地理、人口等方面因素的制约，经济发展相对缓慢，尤其在后改革开放时代，随着区域经济的快速发展，兵团经济发展水平与全国其他地区相比差距逐步拉大，产业结构呈现出的单一化、粗放化、过度依赖资源消耗等现象依旧存在并相当严重。然而，金融作为现代经济发展的核心，在经济发展中的作用愈加显著。金融服务业的发展在一定程度上成为产业结构优化与转型目标实现的有效途径。就目前兵团金融服务业发展的现状而言，其总体水平落后于全国其他地区。

虽然兵团当前处在历史发展的最好机遇期，但是兵团自身经济发展中还存在诸多问题。单从产业结构角度看，2012年兵团的三产比重是32∶40∶28，与全国平均水平10.1∶45.3∶44.6相比，可以看出兵团当前农业经济依然占据一定位置，工业发展不够，第三产业处于严重发展不足的局面。产业结构与兵团总体思路"突出做大做强二产、做深做优一产、培育搞活三产"的目标还有很大差距。经济发展实力对金融资本积聚有内在的吸引力。因此，经济发展动力不足也是制约金融服务业发展的一个重要因素。

兵团有关主管部门在产业发展重点的选择中一直以来重制造业轻服务业，在措施上缺少对金融服务业发展的支撑是主要原因之一。体制上的原因主要有：国有及国有控股企业的比重偏高、非国有经济发展滞后以及服务业中的垄断行业（如金融业、通信业等）进入门槛高，抑制了兵团民营中小企业的发展。兵团金融业发展起步晚，金融环境质量天然低下，金融机构不完善，金融中介机构主要是银行，资金运行和金融服务主要依赖于银行，而保险业和证券业承担的服务功能较少。尽管就全国范围而言，无论是兵团经济发展还是金融发展都处于全国落后行列，但近年来兵团经济与金融发展迅猛，GDP 从 2000 年的 176.4 亿元增加到 2011 年的 968.8 亿元，增加了 449.19%，金融资产总额从 135.7 亿元增加到 842.4 亿元，增幅达 520.69%。经济与金融总量增速均超过全国平均水平。当前，随着兵团金融与经济的快速发展，两者之间发展协调程度不仅对各自的发展起到决定作用，同时对于各自发展环境的优化也将作用显著。

3.3.2.2 金融环境有待改善

兵团多年探索与市场接轨的现代经营发展发式，但是政府职能转变的改革和企业现代经营制度的建立成果都不显著，当前依然存在大管理统包办的观念，影响经济发展动力和对金融资源的集聚力。

当前兵团要树立大金融意识，不能把金融仅仅理解为银行信贷，或者金融工具的利用，要全面认识现代大金融的概念，例如培育且构建多层次金融市场、防范金融市场威胁，规避金融动荡带来的风险，建立金融风险监管与信用体系等大金融理念。金融从兵团发展到现在，金融市场不断发展完善，金融工具已经多样化比如说期货、股票、债券、汇率、各种对冲基金的利用等，不仅为企业提供了各种各样的融资渠道，而且也给企业带来了各种各样的经营风险。所以，兵团作为一个全面开放的区域，在市场化经济潮流中生存和发展，一定要有现代金融意识，才能够利用好各种机遇、规避风险、获得经济快速的发展。

兵团的国有资产深化改革正在进行，但是由于兵团特殊体制机制，造成当前兵团的国资公司、投资公司、团场经营等国有性质企业的政企、政资分离尚处于改革探索阶段。企业的放权放活、自主经营、自负盈亏的现代公司经营理念没有形成，原来的"等要靠"的思想依然存在。同时，兵团培育的龙头企业，由于经营理念和经营方法等因素，在行业中也没有发挥应有的带头作用。兵团工业经济近两年虽然发展迅速，但是个体规模偏小，且没有形成产业集群和产业链，竞争力和盈利能力不足。因此，兵团企业的投融资一般都具有行政色彩，企业自身缺乏对金融资源的吸引力，不利于金融资源流向兵团企业，加大了金融风险。

伴随着我国的经济结构调整，兵团经济也处于转型的关键期，兵团的金融业作为我国金融行业的一部分，同样也面临诸多挑战。这些挑战有金融多元化、债券发行和利率市场化等一系列金融业的创新改革，为了使得金融服务实体经济，更好地满足实体经济的要求，必须控制过度放大杠杆率，严守风险底线，强化对金融衍生品开发利用的监督和管理。对于"影子银行"体系的潜在风险，在未来鼓励金融业务多元化的同时，要保持高度警惕和有效监管，防范游离于金融监管之外，一些交叉性金融产品滋生跨市场的风险传递。因此，金融业的发展是机遇与挑战并存的关键时期，兵团要发展金融业，既要借助国家给予的政策，又要高度关注金融业发展面临的风险与挑战。

3.3.2.3 兵团金融服务业的结构单一

由于受资源、设施建设、产业基础等因素的影响,各功能区金融服务业效益水平存在明显差异。从理论上讲,兵团受自然资源禀赋、产业结构、转移成本差异、人力资源素质、社会安全等综合因素的影响,金融服务业的发展必然的存在一定的机制。但是,金融服务业的发展,需要开放式的发展,需要行业结构的不断升级,离不开其他产业的支撑、市场的成熟发育以及政策支持等多方面的约束,尤其对金融服务业与其他产业的交互效应与关联作用,提高金融服务业的发展效率与发展层次,为经济系统各部门服务。目前,在贷款对象上,国有企业以及大中型企业是金融贷款的主要对象,在长期以来,这一结构并未改善,从而阻碍金融资源的合理配置,是金融结构改革的主要障碍。从现实情况来看,目前兵团金融服务业总体水平不均衡,金融服务业中的各个行业以及金融服务业与其他经济部门之间,尚未体现金融服务业在经济发展中增长极的作用。鉴于此,政府应加大调控力度,合理金融服务业各功能区的整体布局,完善金融服务业政策措施及其管理办法。其次,银行业在兵团金融服务业的主营收入中处于最高地位,市场地位明显。此外,存贷款业务仍然是金融业务与金融资产配置的主要手段,金融服务业的业务结构尚不平衡。因此,金融资产结构单一与金融业务分布不均衡在一定程度上阻碍了金融资源的市场化进程与效率的提升。

当前,兵团金融机构中各行业的发展水平各不相同,其中,银行类金融机构结构单一,兵团自有银行金融服务机构缺失,其他类金融机构功能不健全,是当前完善金融机构体系需要重点解决的问题。现阶段,兵团金融服务体系不完善,区域布局失衡。金融体系的发展层次仍然停滞在资金存款以及信贷机构的发展层面上,而投资、保险、担保、证券等非银行性金融机构的发展相对于银行业的发展而言差距较大。虽然兵团部分师市已经成立了国民村镇银行及其他商业银行等金融机构,但是从总体上看,兵团大部分师团场金融机构中拥有唯一的正规金融服务来自于兵团农业银行,尤其在南疆片区,金融机构发展与其他地区相比的不平衡性更加严重。同时,兵团集中性地将金融机构网点设定在石河子等兵团城市,相反,处于偏远地区的团场而言,金融机构网点成为金融服务的盲区,加剧了兵团金融机构网点设置的不平衡性。在地域分上布,师团场分布较为分散,相对于地域面积而言,网点分布密度不足,造成金融服务能力与兵团经济发展需求之间的巨大冲突。

3.3.2.4 对金融业重视程度不够,金融业比重偏低

兵团对金融业重视程度不够,金融业比重偏低。一直以来,兵团将重点放在农业产业化和新型工业化发展方面,而对发展潜力较大的兵团服务业的重视程度

不够。对兵团金融服务业的发展而言，目前，尚未有正式的相关金融管理机构对兵团金融服务业发展方面的理论与实践进行研究，仅有挂靠在兵团体改委下的金融办负责协调处理相关问题，且没有机构编制，金融办缺少经常性的办事人员，同时要承担经济体制综合改革和上市公司工作，人员交叉，工作跨度大，造成工作不深入、不具体、不细致，这在一定程度上难以为兵团金融业的发展决策提供相应的理论研究和实践成果，直接影响了金融业的发展。

目前，在发达国家或地区，金融业已经成为其服务业的重要支柱，金融业增加值占 GDP 比重一般都超过 5%，但在兵团，自 2000 年以来，其金融业的增长速度一直较为缓慢。其增加值占兵团 GDP 比重仍然较低，金融业的落后，除了经济紧缩原因外，很重要的原因在于其服务业发展迟缓，而这与兵团的重视程度直接相关，当然，保险业和资本市场发展滞后也是制约兵团金融业发展的主要因素。

3.3.2.5 金融机构业务亟须创新

目前，兵团金融服务品种单一、金融创新能力不足。兵团商业银行在市场定位上相似度较高、金融产品缺乏创新性、金融中介工具少、业务结构与产品结构单一，产品创新通常针对相似客户群体的而设置，如国有企业、大中型企业等中高阶层，然而对如中小企业、团办企业、团场农业职工居民等急需资金服务的客户而言，业务创新性小与需求之间协调程度较低；金融产品的异质性较差，一旦有新的金融产品开发，相似的竞争单位便会进入这一新的产品市场，导致创新资源浪费和效率丢失的问题。此外，兵团银行业服务水平相对滞后，偏远地区的师团场在银行网点分布上，呈现"三少"的现象，即银行网点少、从业人员少以及办公窗口少。

国内金融机构的金融中介工具以及金融产品单一，产品技术开发意识还比较落后。金融产品开发方面，对国外营销较成功的金融产品依赖性强，对这类产品的引进力度远超过了金融产品的创新投入，导致自我创新成果缺乏技术性与经营性，使得产品创新缺乏创新性，同时，金融创新带来的货币收益利润和市场地位能力大大削弱。金融创新的目的是为了提高市场份额以及货币资本的占有量。而目前，兵团金融服务业机构内部存在一定的低层次竞争、不公平竞争行为，在兵团范围内抢占市场份额，造成了大量的金融效率的流失，金融创新成果在市场中的寿命往往比较短。在市场发育不完备的条件下，金融机构预期收益将大大下降，金融秩序会在产品创新下被打破。然而发达国家金融产品的历程来看，市场竞争活力是金融创新的主要动力，金融产品创新需要宽松的金融市场管制。

因此，金融产品创新离不开政府对金融服务业创新环境的保障，目前，兵团对金融服务业的管制比较严格，金融市场竞争力的培育还不完善。金融产品创新环境与金融体系在行业垄断程度上较高。例如，国有商业银行在经营网点数量、从业人员素质与数量以及资产负债情况等方面要优于其他非国有商业银行。而国有商业银行的行业垄断力度又不利于金融产品的创新。在金融服务业的业务范围、资本市场融资以及行业门槛等方面管制力度过大。对呆账、坏账的核销采取直接的行政干预，极大地挤压了金融市场的创新空间。目前，兵团金融服务业的发展模式均以分业为主，进一步加剧了对金融机构内部业务交流的制约，严重阻碍了创新成果的实际应用。此外，许多金融服务业的业务领域还存在法规不完善的局面，如缺乏对证券、资产投资等方面的法律支持，对创新成果的推广应用缺乏明确达到法律上的产权界定。

3.4　加快兵团金融服务业发展的对策建议

兵团金融发展应以科学发展观为指导，以服务兵团工商企业、农牧团场发展为重点，以金融机构体系构建为动力，发挥传统业务优势，强化产品创新、客户吸纳、重点行业支持等业务，大力支持兵团基础设施建设、新型团场建设、城镇化建设，加快推动农业产业化、新型工业化、金融体系化进程，通过对兵团优势产业的积极介入和强势推动，加快改革和创新服务，提高金融保险机构的独立运作能力和市场竞争能力，推动兵团经济社会和兵团金融体系整体又好又快发展。

3.4.1　建立健全金融机制、加快金融市场改革

金融管理机构应继续深入推进金融结构改革，尝试多样化的结构改革创新方案。除此之外，还应注意加强金融制度监管力度，维持良好的金融制度环境。

首先，要突破体制障碍。一是突破因单纯重视金融业对国有及国有控股企业在社会经济生活中的支持作用，而忽视了其对服务业的发展，因为发展服务业和城镇化建设要求都需要金融业大力支持民营经济和中小企业融资。二是突破兵团行政职能的体制障碍。要由"管理型职能"向"服务型职能"的转变。三是加强组织领导，成立专门领导机构，推进金融业扎实发展。其次，要转变发展观念。一是由以往的"重农、工业轻服务业"转向高度重视金融业的发展，提高金融业在经济发展以及结构调整中的地位，增加各经济部门的融资渠道，银行要加大向资本回报率高、风险相对较低的建设项目以及符合贷款条件的企业及发放贷款，同时鼓励企业进入资本市场融资，加快以鼓励消费为导向的信用体系建设，使消费信贷比重实现进一步提高；二是由以重大项目为龙头，实现金融机构与大、中小企业融资实现两者之间的协调发展，用好国家财政政策和货币政策"两

只手",着眼于兵团市场化进程与市场发展的需要,重点培育和发展市场潜力大的行业。三是转变兵团金融服务业缺乏诚信的局面,以诚信为根基的长远发展。四是要加大兵团金融服务业机构设置,强化金融机构的服务功能。鼓励其他股份制商业银行进驻兵团,开设营业网点对兵团进行投资,完善兵团保险机构,尤其是要重点抓住团场保险市场,推动各项保险业务在师团场的开展,扩大市场份额。

健全银行、期货等金融机构在兵团金融市场中的主体框架,提高兵团各金融机构的风险补偿能力。金融机构应逐步实现以业务合作为中心,吸收非正规金融业务带来的金融产品创新、明确政策性金融机构和商业性金融机构的服务主体与服务边界,使得金融机构发展更趋层次化与功能化。此外,近年来,我国欠发达地区尤其是农村金融市场准入门槛不断降低,新型金融组织不断涌现。兵团应充分吸收借鉴全国性的金融组织创新成果,并有针对性地完善兵团金融机构体系以及金融市场退出机制。明确兵团各金融机构在金融市场中的定位与功能,实现金融业务分化与功能化。加强引进各类商业银行在兵团城镇化建设以及工业化发展中提供金融支持。加快设立兵团本土商业银行及其金融体系的建立,为兵团各产业发展提供便利,作为兵团新的经济增长点,对我国金融政策调控以及新疆地区的跨境贸易和人民币投资结算试点等环节都将产生重大影响。兵团金融机构应继续增加对农业的信贷投入,创新农业信贷担保机制。各级师团可将中央以及兵团统一划拨的政府转移支付资金以及专项扶贫资金,统筹规划师团两级农业信贷担保基金,为职工贷款提供担保服务。进一步发展小额信贷业务,按照村镇银行、信贷公司等新型金融机构的实际功能与作用,给予这些机构相对应的法律地位与重视,同时加强后续监管,培育新型金融机构发展,以满足兵团在小额贷款以及短期贷款的基本需求。

3.4.2 完善兵团保险业发展机制

要加强保险宣传,创新保险品种。一是要充分立足于兵团特色农业的发展特点,积极发展农业保险、提高保险深度。作为弱质产业,农业发展受到自然灾害制约的潜在威胁,同时农业市场回报率低、农产品生产周期长以及产品的需求弹性弱,发展兵团特色农业必将同时面临市场波动带来的利益风险。鉴于此,要鼓励农业龙头企业、中介组织等帮助农户参加农业保险,鼓励开办特色农业保险以及其他形式的农业保险业务,建立适合开辟农业保险市场的销售网络和服务内容,丰富各团场保险市场,进一步扩大团场保险服务范围,加大保险深度,保障团场农业的稳定生产、规避农产品市场风险。二是要创新保险品种,丰富保险业务内容,满足各层次的保险需求。此外,兵团保险业的发展,不仅需要在规模上不断扩大，更需要在保险产品和业务服务方面的创新，继续加大保险产品和业务服务的创新，产品创新不仅要锁定目标客户的需要，更应该瞄准潜在客户的需求，有针对性地开发新产品，提供新型保险服务，改善业务开展方式，加快发展适合兵团经济与社会发展的保险业务。三是要优化保险业结构，结构决定保险业的发展速度和质态，要进一步优化保险结构，逐步淘汰不符合当前兵团经济发展与市场需求相适应的保险产品。当前要加快开发新型保险服务，加快推进保险产品在各产业中的深入。四是要加大保险知识宣传，提高企事业单位和广大居民保险意识，提高保险密度。

支持现有保险公司不断加快发展，鼓励新兴保险公司进驻兵团，提高业务水平。要配合保险业诚信守法经营，创新保险营销品种，扩大保险业的广度和深度，拓宽保险行业覆盖面，力争"十二五"期间总保费收入平均每年保持较高的递增速度。整合兵团保险资源，激发保险市场活力，支持兵团保险业行业协会等规范保险市场秩序标准，按照相关规定制止违规"地下保单"以及其他形式的商业贿赂等不法行为，保障兵团保险业的良性发展，提高兵团保险业服务水平以及保险产品的实用性。

3.4.3　大力发展多层次资本市场，鼓励企业直接融资

在目前兵团金融大发展的环境下，政府应在一定程度上给予更多的宽松的金融政策。加快金融产品和金融服务创新，充分发挥金融在经济社会发展中的服务功能。利用和发展资本市场，提高企业在资本市场上直接融资的比重，提升兵团资本市场的综合竞争能力。增强证券机构以及证券管理部门之间的相互联系，逐步建立证券交易信息沟通平台，实现交易信息资源共享，辅助兵团各种所有制企业的股份制改造，为兵团各行业发展培育上市后备资源，利用我国资本市场的各项优惠政策，合理利用资本市场各项优惠措施，从而降低企业的上市成本。鼓励已经上市的公司充分发挥先进机制、人才储备、上市管理以及资本风险规避能力等方面的优势，优化上市企业组织结构，规范资本运作经营，增强企业在资本市场上的竞争力以及风险规避能力，实现上市企业的再融资。

目前，兵团金融服务业结构依然是以银行业为主导，金融资源配置格局相对单一，然而，就发达省份经济的发展历程而言，资本市场的快速发展已经显示出了其对经济发展的贡献能力。现代金融业的发展中已将资本市场扩展到金融服务业的各个环节。因此，兵团要实现金融服务业的快速发展，就必须要有相对成熟与完备的资本市场。虽然兵团的资本市场发展与其他地区相比仍然滞后，因此，兵团金融服务业的长期、持续发展，需要继续鼓励资本市场的良性发展，协助企业综合利用社会闲散资金以及其他资金来源，作为企业经营、运作以及其他所投

资用途的资金。首先，兵团证券管理部门应继续加快证券市场的发展，以股权分置改革为突破，重构并维护证券市场的秩序，对证券公司开展综合整治力度，规范企业的资本运作行为，提高上市公司的整体质量，借助于中小板市场推动兵团优秀企业的上市融资，充分利用证券市场，提高其在兵团经济以及社会生活中的作用；其次，要积极开发信托市场，不断扩大信托行业在兵团经济发展中的辐射能力，明确信托业的行业定位与功能边界，鼓励兵团信托机构特色化发展；最后，要积极培育兵团特色的债券市场，包括发行企业债券和政府债券等形式，同时也可适当地增加债券品种，从而推出利率浮动化以及信托期限灵活为特点，同时选择权各异的、新的交易品种，满足投资者的多元化需求。在现有经济条件下，兵团应着力于优化社会融资结构，进一步扩大社会融资能力，完善资本市场的产融结合的新机制，加快招商引资力度，吸引外资进驻兵团，实现兵团金融市场多样化，鼓励兵团企业上市，增强企业的自我融资能力。

3.4.4　加快推进金融专业人才战略

发展经济学家认为，人力资本投入是经济增长的要素之一。由于人力资本对金融增长失去推动作用，因此对于人力资本的投入应该做出相应的调整，如控制就业人口数量，保证从业质量，优化就业层次，结合金融结构改革，及时适应结构性人力资本需求，建好一支高素质金融保险队伍。金融、保险业的发展最重要的是需要懂经营的人才，金融服务业机构一定要充分认识金融人才资源对金融服务业发展的重要性，重视人才的引进、培养以及分配工作，建立一支高素质的金融从业人员队伍。对于偏远地区金融服务业从业人员而言，加大驻岗津贴、提高福利待遇，明确各类奖补制度，让人才真正地留下来，缓解人才流失的窘境。对金融服务业从业者而言，更应积极服务兵团经济的发展，把兵团的投融资作为工作的主要内容，增强服务意识，改进和完善服务方式，从而更好地为兵团经济与兵团金融服务业发展的服务。

作为知识密集型产业，金融服务业的发展需要专门的服务人才，但受到教育、体制、培训制度以及经济发展条件结合不紧密的条件约束，同时在一些经济环境、社会环境等问题的影响下，兵团金融服务业在有些部门中的人员配备尚未到位，金融业从业人员在金融政策解读以及理论研究上还有不足之处，从而限制了一些业务的拓展和深入，影响了其发展。因此，金融服务业各机构从业者应首先从需要出发，一方面对该领域的理论研究要逐步深入，对所处行业或负责部门的最新动态能有详细了解；另一方面能准确解读政策动态，做出合理判断，从而为实现客户利益最大化以及规避风险等奠定基础。

3.4.5 改善兵团金融生态环境、加快兵团金融的转型创新

金融生态环境涵盖法律、社会信用体系、中介服务体系、会计与审计准则、企业股权改革以及银行与企业之间的利益关系等内容。加强金融生态环境建设，对构建兵团和谐社会、提高兵团经济竞争实力、做大做强金融产业具有十分重要的作用。近年来，在兵团各级和金融界的共同努力下，金融生态环境已发生了很大的转变，法制环境日益改善，诚信建设不断加强，投资环境逐步优化，一个功能较为完善、市场主体较为发达的金融体系正逐步形成。推进金融生态环境建设，改善金融生态环境，不仅是金融业自身生存发展的需要，同时也是改善兵团社会信用体系以及监督制度的需要，能大力促进兵团经济与金融之间的协调发展，从而实现兵团经济社会的和谐发展。

当前，在我国开展体制改革的当口，金融服务业的转型与创新，尤其是金融服务业的体制机制改革势在必行。首先，要加快推进金融体制改革，体制改革的重点应放在金融对经济资源配置效率的提高上，关键要体现其功能性，使金融机构以市场规律为准则，服务各经济部门的发展。在传统的金融体制机制下，政府职能与市场的边界不清晰是妨碍金融市场活力的最大障碍，在政府的干预下，市场机制就会出现扭曲。市场机制扭曲之后，市场风险随之将会加大。由于不按市场规律进行资源配置，违背市场的运作规律破坏了市场规则，其后果一定会阻碍经济的发展、降低经济效率。若通过行政手段治理经济风险或经济失效等问题，反而会使得市场机制更加地扭曲，从而导致政府职能和市场的边界更加不模糊。因此，兵团也要加快推进体制机制改革，给金融业发展提供良性的、自由竞争的市场环境，保障金融机构按市场化的运作机制进入和退出。兵团的行政职能要准确的地位在辅助金融监管机构的风险控制上，完善规章制度，在资本融通中减少行政干预，为金融的创新开辟一个宽松而自由的市场环境。

第4章

基于社会稳定的兵团城镇化发展研究

4.1 兵团城镇化发展状况

4.1.1 兵团城镇化的基础

4.1.1.1 自然条件

兵团面积虽然只有新疆的4%左右，但其广泛分布在我国新疆的边界地区和两大沙漠周边，地域开阔，光热充足；兵团珍稀动植物种类繁多、高质量矿产储量丰富，良好的土地条件、光热、生物和矿产条件给兵团的城镇化建设带来了有力的保障。通古特沙漠中的沙漠植物生长旺盛，致使兵团97%的冬季牧场坐落在沙漠地区，而广大的牧区也为兵团的城镇化建设提供了产业基石。除此之外，兵团800平方公里的山前冲积平原养育了人口超过100多万的第六师、第七师、第八师、第十二师和建工师的53个国营农场，并开垦出来了大片肥沃的绿洲。而在塔里木盆地内还拥有世界第二大沙漠——面积达到33.76万平方公里的塔克拉玛干沙漠，沙漠底下储量可观的石油、天然气等发展现代经济所倚赖的主要能源对于兵团来说无疑是一笔巨大的财富。兵团第一、二、三和十四师的部分团场坐落在塔克拉玛干沙漠附近，对以上能源矿产的利用具有非常巨大的优势。东疆的冰川则是附近团场的特色水源，涵养着巴里坤盆地内旺盛的草场和牧场。除此之外，东疆的哈密盆地和吐鲁番盆地也汇聚了兵团第十三师的多个农场。在兵团的多个农牧团场中，有10个牧场分别点缀在了新疆的阿尔泰山、天山、昆仑山的山地之中；还有54个团场是位于天山的山谷盆地之中；另外的90个团场则分散在天山南北的洪积、冲积平原之上；南北疆的风蚀地貌上也拥有兵团的 20 个团场。

4.1.1.2 资源概况

新疆绝大部分区域年均日照时长都在 2600 小时以上，达到西北干旱区面积五成以上的地区日照时长超过 3000 小时。相对干燥的气候和较长的日照加大了植物多糖的累积，这种独特的气候条件也成就了兵团"瓜果之乡"的盛誉。农业生态系统的空间分割性减少了病虫害和农业使用，再加之兵团的工业污染程度较低，为兵团绿色无公害食品产业的形成与发展提供了优越的条件。除此之外，兵团拥有土地 734.31 万公顷，其中耕地面积 106.46 万公顷，果园 369 万公顷，林地 38.8 万公顷，草原 241.6 万公顷，淡水面积 39.1 万公顷，还有宜农荒地 147.93 万公顷，近期可开垦的荒地有 61.09 万公顷。兵团动植物资源丰富，棉花、甜菜、油料作物、番茄及番茄酱不论是产量还是质量都在全国前列，兵团还拥有经济和药用价值的野生植物千余种、稀有植物有上百余种。兵团农牧团场及其周边地区矿产资源较为丰富，拥有的种类包括能源、金属、化工、建材及其他非金属矿产在内共计 80 多种。兵团的煤炭、金矿、盐矿、油气资源方面储量也非常大。最后，兵团还具有丰富而独特的旅游资源，兵团的历史遗存、军垦文化、农业观光、水域风光、沙漠探险、胡杨生态等旅游资源为城镇化建设带来了颇丰的资金贡献，成为了兵团城镇化建设的支撑产业之一。

4.1.1.3 政策支持

1. 国家政策

国家对兵团城镇化的建设给予了大力支持。第一，在 2010 年于北京举办的中央新疆工作座谈会上，中央特别指出了国家对新疆的支持政策对兵团也同样适用。第二，国家对口援疆战略中有 10 个省市同样也支援兵团的 12 个相关的师：其中，兵团的 12 个师分别是北京、广东、江苏、辽宁、浙江、河南、河北、山西、湖北、黑龙江等省市的支援对象（见表 4-1）。内地省份对口援疆的主要任务和目的是保障新疆落后地区人民的基本生活水平，改善新疆部分地区艰苦的生活环境。而此举对兵团而言，也具有同样的意义，也别是各个省市支援的包括保障房住房的建设在内的重大项目是兵团推进城镇化的重要力量。当然，加快对本地实体产业的悉心培育、加大对兵团人才和干部的能力培训，对兵团的城镇化建设而言也是至关重要的。第三，中央政府于提出的扩大内需的方针政策为兵团城镇化发展提供了便利。扩大内需政策的提出加快了兵团基建项目的审批与建设、促进了节能家电的消费、加大了企业减税的力度等，2010 年中央为兵团下发四批投资，共 45.912 亿元，并安排地方配套资金 68.37 亿元，并实施了十大民生工程的建设。这无疑为城镇化建设提供了新的机遇。这十大民生工程不仅涉及保障性安居工程，还涉及环保与生态等方面的内容。第四，在产业政策方面，国家对新疆产业政策的倾斜显而易见，而包括棉花产业目标价格政策先行试点、光伏产业的高价上网补贴等政策对兵团也具备相同的效力，因此，兵团的城镇化建设得到了国家诸多方面的支持。

表4-1　　　　　　　　　各省区市对口支援兵团状况

省市	对口支援地区	援疆工作内容
北京	十四师	五大示范项目；兵团第十四师红枣加工基地建设项目
广东	三师	图木舒克市总体规划及公共服务、基础设施、产业发展、城镇化建设等各专项规划的编制
江苏	四师、七师	保障和改善民生
辽宁	八师、九师	保障性住房，干部，专业技术人才培养，促进就业
浙江	一师	突出改善民生，干部人才支援、项目支援；产业培育和资源开发利用
河南	十三师	做好六个方面的工作，加强工作的对接，实现优势互补，实现豫新两地的共同发展
河北	二师	保障和改善民生
山西	六师	企业援疆
湖北	五师	经济社会发展的瓶颈与难点问题
黑龙江	十师	围绕农业产业化、矿产资源开发、地质勘探等领域，加强技术、资本和人才的交流

资料来源：《中央全国对口支援新疆工作会议报告》。

2. 兵团政策

根据《新疆生产建设兵团招商引资若干优惠政策》的规定，兵团为支持自身城镇化的建设实施了税收优惠政策和土地优惠政策。优惠政策的第3章第5条、第6条规定，在税收方面，兵团会予以生产性企业5年内免征企业所得税、车船使用税和房产税的优厚待遇，5年后，来兵团投资的生产性企业也能享受到企业所得税的税率减为15%，且生产性企业的建设期内免征土地使用税的优惠政策。对于地处南疆地区的第三师和第十四师以及58个边境团场进行投资的企业免收8年企业所得税。对于非生产性企业也能享受免收3年企业所得税，接下来的3年税收减半的优惠政策。对于投资兵团基础设施、生态环境和高新技术项目的企业，兵团的优惠政策力度则更大，具体而言，除了免收8年的企业所得税、车船使用税外、对于房产税和土地使用税等相关税费8年内一律免征。

而根据政策的第4章第13条、第14条规定，在土地方面，对来兵团开发荒山、荒地、荒滩、荒坡等改善兵团生态环境的企业，不但可以免收其土地出让金,还赋予其拥有所植草木的所有权和经营权的权利相关土地的使用权 50～70 年不变。对于使用兵团小城镇规划区外的贫瘠土地的投资者和贫困团场进行投资的企业,一律只征收普通标准下 60% 的土地出让金,而且对于其他有利于兵团发展的经济行为,兵团还可以根据具体情况进行补贴。对于在兵团经营 10 年以上且投入超过百万元的建设项目,兵团在对其农业综合开发和基础设施建设用途的土地免缴 20% 的费用,其余的免缴 10% 的费用。另外,对获取土地采用一次性缴纳土地出让金的企业,兵团可酌情免缴全额的 5%～10%;其中,一次性缴纳能力不足的,可经过协商后分期缴付。对于从事水利工程、能源开采及勘探、交通物流建设、市政建设、环保和生态建设、小城镇建设等基础设施项目的建设用地,科教文卫等公益项目用地的投资者,兵团均可按行政划拨的方式交付土地。

4.1.2 兵团城镇化发展历程

4.1.2.1 "亦城亦乡"的缓慢发展期(1954～1981 年)

兵团城镇化缓慢发展期间主要的经济活动是垦荒开地,建造国营农场、牧场。在这期间,兵团形成了比较集中的农牧团场群,这些团场远离地方市县,集中连片而又相对独立,成为了后来小城镇的雏形,典型的兵团城市石河子、五家渠、奎屯、北屯等正是以这些农牧团场群为依托而逐渐兴起的。另外,许多团场所在地也初步形成了亦城亦乡、工商业兴旺的集市小镇,边境团场的城镇建设开始起步。但这一时期,大部分兵团小城镇只作为团场的政治中心和物资流转中心,经济功能并不显著。而由于计划经济和以农业为主导的产业结构的制约,兵团城镇起点低,物质基础薄弱,人口集聚区更多表现为农村的生活方式,基础设施投资较小,除少数城镇在政策引导下实现了少数企业的集中整合和集中布局外,整体而言,此时的兵团城镇产业聚集作用很不显著。而这期间,兵团还受到十年"文革"的影响以及后来国家对兵团的拆解,这两次重大的变故都严重地妨碍了兵团经济的发展,直接导致兵团由自给型经济变味了半自给型经济。

4.1.2.2 "以产兴城"的加速发展期(1982～1991 年)

随着兵团体制的恢复和国家改革开放战略的实施,兵团开始出现了一批全民所有制独立核算的企业,而改革的深入也为个体、私营经济的发展拓宽了空间。宏观层面上,兵团产业结构也出现了较大的调整,从之前的以第一产业为主体逐渐过渡到了以第一产业为基础,第二产业为主导,第三产业为纽带,一、二、三产业协调发展的经济形态,形成了以农业为主体,工、商、贸共同推进的经济格局。进而,兵团经济也从自给、封闭和农本型转向了商品、外向和综合型。期间，石河子、阿拉尔、五家渠、奎屯、北屯在城市公共服务和基础设施建设上有了较大的改进，六师的五家渠、一师的阿拉尔和二师的图木舒克也被列为了国家县级市，石河子市北泉镇成为了兵团第一个建制镇，也是当时唯一的建制镇。经济体制的转换也带来了镇区私人投资的增加，团部集聚区的经济功能逐渐显现，兵团城镇对人口的集聚能力逐渐增强，镇区规模开始增加，集聚产业的作用也开始发挥，兵团小城镇成为了农副产品集散地和初、深加工工业基地以及联系城市经济的桥梁和纽带。

4.1.2.3 "注重内涵"的深化发展期（2001～2012年）

这一时期，兵团逐渐形成了4市、2区、1建制市、38个重点小城镇的城镇体系。同时，兵团对城市区基础设施、小城镇基础设施、边境团场连部道路等基础设施建设项目进行了大量的投资，对四城两区和38个团场小城镇各类住宅、公共建筑、生产性建筑进行了大规模的建设，另外，还着重提升城镇供水、供电、供暖和供气能力，大大提升了兵团城镇的自来水普及率、用电普及率、供暖普及率和天然气普及率。除此之外，还大力推进城市环境的改善，增加城镇的绿化面积，所有兵团城市中石河子的绿化覆盖率达到了40%，其他城市绿化覆盖率也都在32%以上。这一时期的兵团的城镇建设成使得兵团城镇的数量和质量都有了前所未有的提升，为实现兵团"二次创业"战略目标奠定了坚实的基础。

4.1.2.4 "一师一市"的全面推进期（2013～2016年）

为了进一步加快兵团城镇化的步伐，带动兵团经济的发展，维护边疆稳定，2013年，兵团城镇化推进会正式提出了"一师一市"的规划，决定在除建工师外的13个师各设立一个市，分别是：一师阿拉尔市、二师铁门关市、三师图木舒克市、四师可克达拉市、五师双河市、六师五家渠市、七师胡杨河市、八师石河子市、九师小白杨市、十师北屯市、十二师北庭市、十三师红星市、十四师昆玉市，一同构建了兵团师一级城市体系架构。同时，作为"师市合一"的向下延伸，"团镇合一"也在不断推进。为了实现"一师一市"的目标，秉承着成熟一个上报一个的原则，五师双河市于2014年2月26日成功挂牌，2014年9月9日，兵团第二师铁门关市决定第二师拟设立17个县级管理权限"团镇合一"建制镇①。2015年3月18日国务院民政部已获批建可克达拉市。2016年1月20日五团沙河镇成为第一师第二个建制镇。2016年2月26日，兵团第十四师昆玉市

---

① 这17个建制镇分别是21团开来镇、22团幸福滩镇、23团亚西根镇、223团哈木呼提镇、24团夏尔特热镇、25团湖光镇、27团天河镇、28团博古其镇、30团双丰镇、31团英库勒镇、32团乌鲁克镇、33团库尔木依镇、34团铁干里克镇、35团喀拉米吉镇、36团米兰镇、37团南屯镇、38团苏塘镇、23团（并入了22团）、28团（并入了29团）、32团（并入了33团）、35团（并入了34团）分别为已合并的团场，为了加强兵团在南疆的力量，以上四个团场将重新恢复建镇，建成南疆新的维稳成边堡垒。

正式挂牌建市，行政区划包括224团、47团、皮山农场和一牧场，中心城区位于224团团部玉山镇。

4.1.3 兵团城镇化发展水平

4.1.3.1 兵团城镇规模体系

兵团的城镇体系与地方不同，地方城镇体系是市、区（县）、镇（社区）的梯级结构，而兵团城镇体系格局是兵团城市、垦区中心城镇、一般团场城镇、中心连队的金字塔形结构（如图4-1所示）。

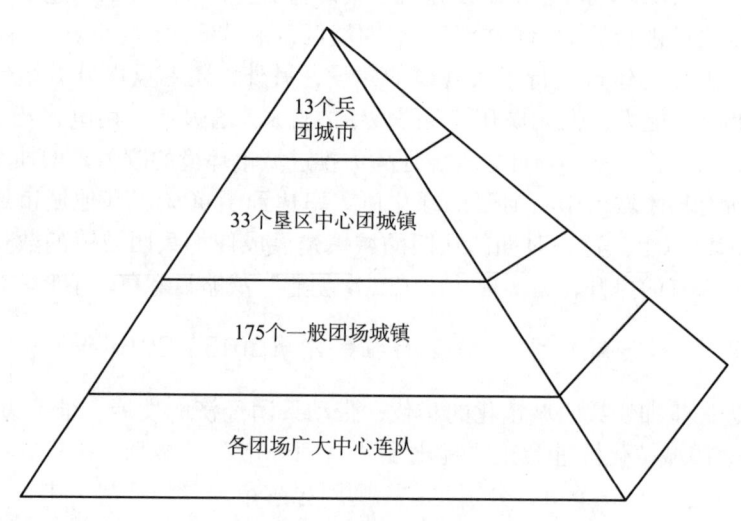

金字塔结构（自上而下）：
- 13个兵团城市
- 33个垦区中心团城镇
- 175个一般团场城镇
- 各团场广大中心连队

图4-1 兵团城镇体系

根据兵团的近期规划，在一师一市的基础上有条件的师还会建设一师多市。到2016年3月，兵团共有建成和在建城市9个分别是石河子、五家渠、图木舒克、阿拉尔、铁门关、双河、北屯、可克达拉和昆玉市，近期拟建城市6个（小白杨市、胡杨河市、五星市、红星市、玉龙市、乌什水市），远期拟建城市10个（金银川市、北亭市、芳新市、下野地市、塔里木市、米兰市、南屯市、前海市、莫索湾市、天格尔市）。如果按照城镇人口规模，可将已建成并且有可靠数据统计的城市划分为个不同的等级。其中，三级市县2个、四级市县2个、五级市县4个，见表4-2。

兵团现有城市过少，而且城市人口规模较小。兵团城市规模较小，整体尚处于起步阶段，加上近年来才获批建设的城市，兵团总共才有8座城市，其中，三级城市2座,四级城市2座,五级城市4座,真正的城市人口总数只有100万人左右。对于团场的规模而言,5万人以上的团场只有1个,4万~5万人的团场只有2个,3万~4万人的团场只有3个,且其中有一半是以农业发展为主的团场(见表4-3)。另外,就兵团建镇而言,一团一镇的设想进度缓慢,目前兵团设镇的分别有一师123团设立的金银川镇、三师41团的草湖镇、六师102团的梧桐镇、103团的蔡家湖镇、八师石河子总场的北泉镇、152团和南山新区的石河子镇。

表4-2　　　　　　　　　　兵团城市规模等级

城镇等级	等级规模(万人)	城镇个数 个数	%	人口数 万人	%	城镇名称
一级	100以上	0	0	0	0	无
二级	50~100	0	0	0	0	无
三级	20~50	2	25	59.22	52.17	石河子市、阿拉尔市
四级	10~20	2	25	28.41	25.03	图木舒克市、五家渠市
五级	5~10	4	50	25.88	22.80	北屯市、铁门关市、双河市、可克达拉市

资料来源:《新疆生产建设兵团统计年鉴》。

表4-3　　　　　　　　　　团场规模体系

等级规模(万人)	团场个数 个数	%	人口数 万人	%	团场名称
5以上	1	0.69	5.827	3.25	芳草湖农场
4~5	2	1.38	9.170	5.12	石河子总场、51团
3~4	3	2.05	10.658	5.95	新湖农场、121团、143团
2~3	16	10.88	37.307	20.83	1团、13团、29团、44团、45团、53团、64团、66团、83团、奇台农场、123团、133团、142团、148团、104团、皮山农场
1~2	53	35.81	73.422	40.99	2团、3团、5团、7团、8团、10团、12团、16团、21团、22团、24团、27团、33团、34团、49团、50团、伽师总场、61团、62团、67团、71团、72团、81团、86团、89团、102团、103团、105团、共青团农场、红旗农场、军户农场、124团、125团、126团、127团、128团、129团、130团、131团、134团、136团、144团、147团、149团、150团、头屯河农场、五一农场、三坪农场、222团、火箭农场、红山农场、黄田农场、柳树泉农场

续表

等级规模 （万人）	团场个数		人口数		团场名称
	个数	%	万人	%	
1以下	69	46.31	41.572	23.21	4团、6团、11团、14团、25团、30团、31团、36团、223团、37团、38团、41团、42团、46团、48团、东风农场、托云牧场、红旗农场、叶城牧场、63团、68团、69团、70团、73团、74团、75团、76团、77团、78团、79团、84团、87团、88团、90团、91团、101团、106团、六运湖农场、北塔山牧场、土墩子农场、137团、141团、152团、161团、163团、164团、165团、166团、167团、168团、170团、团结农场、181团、182团、183团、184团、185团、186团、187团、188团、221团、西山农牧场、红星一场、红星二场、红星四场、卓毛湖农场、47团、224团、一牧场

资料来源：《新疆生产建设兵团统计年鉴》。

4.1.3.2 兵团城镇空间布局

兵团团场主要以带状形式和点状形式分布在边境地区和南北疆交界的天山脚下。其中，第一师的16个团场、第三师的16团场和第十四师的4个团场分布在南疆边境地区，第四师18个团场、第五师9个团场和第十师8个团场分布在北疆边境地区，第六师16个团场、第七师10个团场、第八师14个团场和第十二师6个团场则分布南北疆交界靠北疆侧，第二师12个团场则分布在南北疆交界靠南疆侧。近期规划中的兵团城镇体系的分布也基本保持了这种形状，这种分布既能发挥筑城戍边维护边疆安全的作用，又有利于兵团发展经济、聚集人口维护新疆社会稳定。

4.1.3.3 兵团城镇化的综合水平

1. 指标体系的构建

（1）兵团综合城镇化率的计算。构建兵团综合城镇化率分为4步：第1步，选择指标。令兵团综合城镇化率的系统层指标集为 $U = \{u_1, u_2, u_3, \cdots, u_j\}$，指标层指标集为 $U = \{u_{j1}, u_{j2}, u_{j3}, \cdots, u_{ji}\}$，其中，j为系统层指标，i为指标层指标。第2步，设置指标权重。本文采用CRITC法确定权重，设权重集为W，$W = \{w_1, w_2, \cdots, w_k\}$。第3步，指标无量纲化。在构造评价指标后，对评价指标逐个量化，本章采用指数型功效函数法对各指标值进行量化，得到矩阵UR，$UR = [r_{11}, r_{12}, \cdots, r_{ji}]'$。第4步，计算兵团综合城镇化率URB。

$$URB = \sum_{i=1}^{m} U_R \times w_k$$

式中，UR 为无量纲化后指标值，w_k 为权重。

（2）选择分项指数和指标。城镇化是一个综合人口、经济与社会三大系统的综合演化的过程，仅用单一指标难以全面地衡量其发展水平，因此通过人口城镇化、经济城镇化、社会城镇化三个方面结合兵团的实际情况，选取指标见表 4-4。

表 4-4　　　　　　　　兵团城镇化综合评价指标体系

目标层	系统层	指标层	指标单位	指标属性
兵团城镇化综合发展水平	人口城镇化水平（X_1）	非农人口比重（X_{11}）	%	+
		第二、第三产业从业人员比重（X_{12}）	%	+
	经济城镇化水平（X_2）	人均社会固定资产投资额（X_{21}）	万元	+
		第二、第三产业占 GDP 的比重（X_{22}）	%	+
		人均进出口总额（X_{23}）	万美元	+
		人均社会消费品总额（X_{24}）	万元	+
		兵团在岗职工平均工资（X_{25}）	元	+
		团场农牧工人均收入（X_{26}）	元	+
		兵团工业总产值占 GDP 的比重（X_{27}）	%	+
	社会城镇化水平（X_3）	公路货物周转量（X_{31}）	万吨/千米	+
		消费性支出占收入比重（X_{32}）	%	+
		城镇人口参保率（X_{33}）	%	+
		城镇每百人拥有汽车数（X_{34}）	辆/百人	+
		每千人拥有卫生技术人员数（X_{35}）	人/千人	+
		城镇登记失业率（X_{36}）	%	-

2. 权重的确定及无量纲化

（1）权重的确定。为了避免传统的客观赋权法由于过于侧重单一评判标准带来的指标权重与现实认知差异悬殊，Diakoulaki 提出了一种基于对比强度和冲突性两种思维的客观赋权法——CRITIC 确权法。所谓对比强度，是指同一个指标在不同的评价方案中取值差距的大小，其统计形式以标准差的形式来表现，也就是说采用某一指标的标准差的大小来衡量在同一指标内不同实施方案的差异。而冲突性则是以指标间的相关性强弱作为评价基础的，若指标间的相关性越大，则表示二者的冲突性越小。第 j 个指标与其他指标的冲突性量化指标为 $\sum_{i=1}^{n}(1-r_{ij})$，其中 r_{ij}

为评价指标 t 和 j 之间的相关系数。

各个指标的客观权重就是以对比强度和冲突性来综合衡量的。设 C_j 表示第 j 个评价指标所包含的信息量，则 C_j 可以表示为：

$$C_j = \delta_j \sum_{i=1}^{n} (1 - r_{ij})$$

C_j 越大，第 j 个评价指标所包含的信息量越大，该指标的相对重要性也就越大，所以第 j 个指标的客观权重：

$$\theta_j = C_j \Big/ \sum_{j=1}^{m} C_j \quad (j = 1, 2, \cdots, m)$$

（2）无量纲化。无量纲化的方法多种多样，而彭非、袁卫等在《对综合评价方法中指数功效函数的一种改进探讨》中提到改进的指数型功效函数法具有其他方法难以比拟的优点，因此采用指数型功效函数法对指标进行无量纲化。

其正向指标和逆向指标有统一表达式：

$$d = A e^{(x - x^s)/(x^h - x^s)/B}$$

其中，d 为单项评价指标的评价值（即功效分值）；x 为单项指标的实际值；x^s 为不容许值；x^h 为满意值；A、B 为正的待定参数，实际操作中取 A = 60，B = -ln0.6。

3. 兵团综合城镇化率测度

（1）数据的来源及处理。本研究个指标数据来源于 2001 年至 2014 年《新疆生产建设兵团统计年鉴》，其中各指标满意值采用北上广深四个城市对应指标的最高值（对应指标评分的 100 分），容忍值为东部地区各省的平均值（对应各指标评分的 60 分），对于个别指标没有统一统计口径的采用相似指标的统计数据进行了替代。

（2）赋权结果。利用 CRITIC 法赋权首先要求出各指标间相关系数，利用 SPSS 软件对十五个指标的相关性进行测算，得到表 4-5。

表 4-5　　　　　　　　　城镇化指标相关系数矩阵

指标	X_{11}	X_{12}	X_{21}	X_{22}	X_{23}	X_{24}	X_{25}	X_{26}	X_{27}	X_{31}	X_{32}	X_{33}	X_{34}	X_{35}	X_{36}
X_{11}	1.00	0.18	-0.24	0.53	0.34	0.38	0.16	0.25	0.26	-0.07	-0.07	0.04	0.05	-0.11	0.32
X_{12}	0.18	1.00	0.36	-0.03	-0.11	0.13	-0.21	-0.29	-0.04	-0.09	-0.15	0.32	0.17	0.07	-0.20
X_{21}	-0.24	0.36	1.00	-0.38	-0.46	-0.32	-0.32	-0.38	-0.16	0.52	-0.04	0.60	0.68	0.60	0.23
X_{22}	0.53	-0.03	-0.38	1.00	0.24	0.48	0.25	0.55	0.47	0.30	-0.05	0.12	0.15	0.21	0.21
X_{23}	0.34	-0.11	-0.46	0.24	1.00	0.49	0.62	0.01	0.00	0.04	-0.07	-0.23	-0.25	-0.04	-0.15

续表

指标	X_{11}	X_{12}	X_{21}	X_{22}	X_{23}	X_{24}	X_{25}	X_{26}	X_{27}	X_{31}	X_{32}	X_{33}	X_{34}	X_{35}	X_{36}
X_{24}	0.38	0.13	-0.32	0.48	0.49	1.00	0.28	0.28	0.48	0.12	0.16	0.31	0.04	0.10	0.16
X_{25}	0.16	-0.21	-0.32	0.25	0.62	0.28	1.00	0.12	-0.21	0.16	0.11	-0.16	-0.17	0.17	-0.32
X_{26}	0.25	-0.29	-0.38	0.55	0.01	0.28	0.12	1.00	0.76	0.24	-0.06	0.30	0.15	0.19	0.05
X_{27}	0.26	-0.04	-0.16	0.47	0.00	0.48	-0.21	0.76	1.00	0.24	-0.05	0.51	0.26	0.17	0.25
X_{31}	-0.07	-0.09	0.52	0.30	0.04	0.12	0.16	0.24	0.24	1.00	-0.09	0.72	0.86	0.95	0.38
X_{32}	-0.07	-0.15	-0.04	-0.05	-0.07	0.16	0.11	-0.06	-0.05	-0.09	1.00	0.00	-0.17	-0.19	-0.03
X_{33}	0.04	0.32	0.60	0.12	-0.23	0.31	-0.16	0.30	0.51	0.72	0.00	1.00	0.87	0.78	0.33
X_{34}	0.05	0.17	0.68	0.15	-0.25	0.04	-0.17	0.15	0.26	0.86	-0.17	0.87	1.00	0.88	0.49
X_{35}	-0.11	0.07	0.60	0.21	-0.04	0.10	0.17	0.19	0.17	0.95	-0.19	0.78	0.88	1.00	0.21
X_{36}	0.32	-0.20	0.23	0.21	-0.15	0.16	-0.32	0.05	0.25	0.38	-0.03	0.33	0.49	0.21	1.00

然后根据公式用1减去所有相关系数，再将含有同一指标的对应值进行求和得到表4-6。

表4-6　　　　　　　　指标对比强度与冲突性的综合衡量

指标	X_{11}	X_{12}	X_{21}	X_{22}	X_{23}	X_{24}	X_{25}	X_{26}	X_{27}	X_{31}	X_{32}	X_{33}	X_{34}	X_{35}	X_{36}
1-rt1	0.00	0.82	1.24	0.47	0.66	0.62	0.84	0.75	0.74	1.07	1.07	0.96	0.95	1.11	0.68
1-rt2	0.82	0.00	0.64	1.03	1.11	0.87	1.21	1.29	1.04	1.09	1.15	0.68	0.83	0.93	1.20
1-rt3	1.24	0.64	0.00	1.38	1.46	1.32	1.32	1.38	1.16	0.48	1.04	0.40	0.32	0.40	0.77
1-rt4	0.47	1.03	1.38	0.00	0.76	0.52	0.75	0.45	0.53	0.70	1.05	0.88	0.85	0.79	0.79
1-rt5	0.66	1.11	1.46	0.76	0.00	0.51	0.38	0.99	1.00	0.96	1.07	1.23	1.25	1.04	1.15
1-rt6	0.62	0.87	1.32	0.52	0.51	0.00	0.72	0.72	0.52	0.88	0.84	0.69	0.96	0.90	0.84
1-rt7	0.84	1.21	1.32	0.75	0.38	0.72	0.00	0.88	1.21	0.84	0.89	1.16	1.17	0.83	1.32
1-rt8	0.75	1.29	1.38	0.45	0.99	0.72	0.88	0.00	0.24	0.76	1.06	0.70	0.85	0.81	0.95
1-rt9	0.74	1.04	1.16	0.53	1.00	0.52	1.21	0.24	0.00	0.76	1.05	0.49	0.74	0.83	0.75
1-rt10	1.07	1.09	0.48	0.70	0.96	0.88	0.84	0.76	0.76	0.00	1.09	0.28	0.14	0.05	0.62
1-rt11	1.07	1.15	1.04	1.05	1.07	0.84	0.89	1.06	1.05	1.09	0.00	1.00	1.17	1.19	1.03
1-rt12	0.96	0.68	0.40	0.88	1.23	0.69	1.16	0.70	0.49	0.28	1.00	0.00	0.13	0.22	0.67
1-rt13	0.95	0.83	0.32	0.85	1.25	0.96	1.17	0.85	0.74	0.14	1.17	0.13	0.00	0.12	0.51
1-rt14	1.11	0.93	0.40	0.79	1.04	0.90	0.83	0.81	0.83	0.05	1.19	0.22	0.12	0.00	0.79
1-rt15	0.68	1.20	0.77	0.79	1.15	0.84	1.32	0.95	0.75	0.62	1.03	0.67	0.51	0.79	0.00
求和	11.98	13.07	12.09	10.46	12.91	10.29	12.68	11.08	10.32	8.64	13.65	8.54	9.05	8.89	11.38

最后将所得值与所有值之和作比较，求得各指标的权重，其结果见表4-7。

表4-7　　　　　　　　　　综合城镇化率各指标权重

指标	代码	权重	指标	代码	权重	指标	代码	权重
非农人口比重	X_{11}	0.073	人均社会消费品零售额	X_{24}	0.062	消费性支出占收入之比	X_{32}	0.083
第二、第三产业从业人员比重	X_{12}	0.079	兵团在岗职工平均工资	X_{25}	0.077	参保率	X_{33}	0.052
人均社会固定资产投资	X_{21}	0.073	人均收入	X_{26}	0.067	百人拥有汽车数	X_{34}	0.055
第二、第三产业占GDP比重	X_{22}	0.063	工业占比	X_{27}	0.063	千人拥有卫生技术人员	X_{35}	0.054
人均进出口总额	X_{23}	0.078	货物周转量	X_{31}	0.052	城镇登记失业率	X_{36}	0.069

（3）无量纲化结果。根据公式，对兵团及各师数据采用功效函数法进行无量纲化，表4-8给出了兵团数据功效函数无量纲化后的结果。

表4-8　　　　　　　　　　功效函数法各指标无量纲值

年份	2001	2002	2003	2004	2005	2006	2007	2008	2009	2010	2011	2012	2013
X_{11}	50.15	50.05	49.31	48.71	51.07	52.20	52.18	52.61	52.10	53.72	54.43	56.27	60.13
X_{12}	33.56	33.33	30.91	30.98	32.07	31.82	31.90	33.61	33.81	34.52	36.05	40.10	45.48
X_{21}	43.87	44.31	44.80	44.89	45.07	45.33	46.03	46.79	48.91	51.56	56.46	64.77	76.41
X_{22}	18.42	16.18	11.51	13.05	13.36	14.49	15.22	16.82	18.06	15.74	18.06	19.11	22.73
X_{23}	51.38	51.46	51.51	51.31	51.69	51.71	51.94	52.25	51.80	51.43	52.02	52.17	52.29
X_{24}	54.64	54.75	54.76	54.85	54.99	55.17	55.32	55.55	55.80	55.92	56.16	56.56	57.21
X_{25}	29.52	30.34	32.29	32.49	33.03	34.24	35.43	36.26	38.42	41.35	43.63	47.50	51.60
X_{26}	35.82	36.19	37.68	37.82	38.42	38.70	40.58	40.70	42.10	43.37	43.16	48.04	51.56
X_{27}	35.29	34.74	32.41	32.32	33.43	34.60	36.65	38.77	40.76	40.08	42.28	43.49	44.73
X_{31}	46.75	46.78	46.99	47.09	47.18	47.40	47.77	48.13	48.75	49.44	50.59	53.01	56.25
X_{32}	52.92	52.91	52.89	52.88	52.86	52.85	52.83	52.82	59.89	61.55	63.16	64.73	66.25
X_{33}	38.27	43.62	46.80	48.57	48.61	47.77	48.11	48.88	50.85	50.84	51.09	51.32	51.32
X_{34}	41.28	41.39	41.55	41.34	43.33	43.47	43.90	46.03	46.89	48.22	49.13	51.69	53.65
X_{35}	66.08	63.57	64.55	64.22	64.54	64.21	63.92	63.65	64.20	64.07	64.79	65.59	66.47
X_{36}	45.32	45.41	46.13	45.95	46.10	45.47	45.59	46.35	47.15	47.23	48.27	49.07	50.43

4. 综合城镇化率测度

根据所求权重和无量纲化结果，利用公式求得 2001~2013 年兵团及各师综合城镇化率（见表 4-9），从表中可以看出，2001~2013 年兵团整体城镇化率从 42.74% 增加到了 53.97%，各师城镇化率也都在 13 年间从一个梯段跨越到了另一个梯度，整体城镇化水平呈现稳定上升态势。但从各师角度来看，综合城镇化水平仍然存在较大差异。建工师和第十二师综合城镇化率都超过了 60%，而第三师、第九师和第十四师综合城镇化率还分别只有 47.33%、47.61% 和 42.98%。

表 4-9　　　　　　　　兵团及各团场 2001~2013 年综合城镇化率

年份	2001	2002	2003	2004	2005	2006	2007	2008	2009	2010	2011	2012	2013
兵团	42.74	42.82	42.71	42.84	43.47	43.73	44.26	45.03	46.43	47.18	48.58	50.95	53.97
一师	42.37	42.47	42.24	42.50	42.88	42.74	43.63	44.04	46.29	47.16	49.08	50.93	53.30
二师	42.93	42.58	42.31	42.82	43.22	43.60	43.87	44.24	46.46	47.14	48.25	50.54	53.78
三师	39.40	39.12	38.59	38.86	39.28	39.56	39.78	40.08	40.90	41.33	42.12	43.52	47.33
四师	42.98	42.95	42.99	42.77	43.15	43.64	43.46	43.88	44.80	45.21	46.15	48.40	50.45
五师	42.04	42.28	42.08	42.16	42.42	42.47	43.11	43.43	44.82	45.71	46.83	49.49	51.74
六师	40.19	40.26	40.48	40.52	41.44	41.93	42.60	43.54	44.41	46.51	48.52	51.64	55.74
七师	43.64	42.99	42.09	42.24	43.13	43.38	44.17	44.40	45.16	46.51	46.51	48.96	50.95
八师	44.82	44.90	44.90	44.86	45.67	46.19	46.71	48.47	49.16	50.08	51.95	54.27	57.07
九师	42.30	42.45	42.20	42.06	42.29	42.45	42.88	43.09	44.09	44.05	45.22	46.34	47.61
十师	44.12	45.01	44.67	44.48	44.62	44.99	46.06	45.59	46.88	47.97	49.22	51.33	53.81
建工师	52.59	52.82	51.64	57.16	57.74	57.68	57.86	57.78	59.06	58.06	59.72	61.07	61.91
十二师	42.91	43.31	43.61	43.46	44.21	44.24	45.42	46.69	47.83	48.41	52.76	58.33	61.96
十三师	40.19	40.30	40.64	41.45	42.43	42.43	43.41	44.06	44.90	46.23	47.38	50.90	56.51
十四师	38.34	38.07	39.98	39.87	39.91	40.13	40.35	40.83	40.10	40.33	40.71	41.91	42.98

4.1.4　兵团城镇化的发展路径

4.1.4.1　师市合一，团镇合一的城镇化路径

师市合一是指师机关与市政府实行一个机构、两块牌子，合署办公，共用一个党委和纪委，依照国家和新疆维吾尔自治区的法律法规，分别在师域和市域内行使各师和对应的市政府赋予的权利和义务。团镇合一又称场镇合一，是指兵团

团场与师市所辖的建制镇进行统一管理，与师市合一类似，团场与城镇实行一套党委和纪委，团、镇机关两块牌子、一套人员，因此，团镇合一是师市合一的向下延伸及基础支撑。与此类似，团镇合一的下级延伸还有连社合一，连队职工有单位人和社会人双重属性，社区由几个连队组成，各中心连队分别由对应的距团场城镇较远的中小连队组合而成，而聚团场城镇较近的连队则被并入到中心团场统一管理。连队职工虽然生活由社区管理和服务，但生产组织还是由连队来统筹管理。

兵团发展城市是实现新疆长治久安的大战略，兵团9个城市实施了师市合一模式，之后建立的兵团城市中也都会采用师市合一的模式。而兵团的176个团场中已有37个团场纳入市域的范围，从1999年只有一个北泉镇作为团镇合一的试点，到如今梧桐镇、蔡家湖镇、金银川镇和石河子镇纷纷设立建制镇可以看出兵团建制镇的设立也在加快脚步。另外，兵团师市合一的模式也在发展逐步推陈出新。9座兵团城市中有4个师与市同处一地办公（分别是石河子、五家渠、北屯、阿拉尔）；有4个师依托条件较好的团场新建的市（分别是二师铁门关市依托29团、四师可克达拉市依托66团、五师双河市依托89团、十四师昆玉市依托222团）；另外，图木舒克市则与三师师部相距328公里，师、市办公未在一地。三种管理模式，三种管理模式也正逐渐向师市合署办公的形式的推进。主要体现在如下三个方面：首先是2012年阿拉尔市师市党委机关从阿克苏迁回阿拉尔市，从两地分开办公转为了一地合署办公，有效地增加了办事效率。其次在师市的努力争取下，各师师域与市域的管辖范围正逐步统一。例如一师的4、5、6团在阿拉尔市的市域外，但其都在以建镇的方式逐步纳入阿拉尔市的管辖范围。五师双河市所辖的9个团场中有4个处于管辖区外，但也均规划建镇并入双河市管辖范围。最后，各师市也正在规范人大、政协人员及机构也在逐步整改完善，其对城镇发展的积极作用已逐步显现。

4.1.4.2 兵地分离，逐步融合的城镇化路径

由于兵团是行政单列的特殊组织，具有一定的独立权限，能够较大程度地自行管理内部事务，因此，在早起的城镇化进程中，兵团与地方的城镇化相对比较独立。而实际上，兵团与地方在地域上是难舍难分的，处于一种你中有我、我中有你的状况，在兵地交融地区发展城镇化实际上需要城镇在经济、政治、文化等方面相互融合与共同发展，而相对独立的城镇发展道路在一定程度上造成了兵团与地方城镇发展的相互掣肘，但从理论上来看，兵团与地方的城镇化并不存在本质的冲突，所以，在近期的城镇化进程中，兵团与地方的城镇化正在逐步融合。

"天北新区"即为兵团与自治区地方城镇联合建立的典型，它建在原兵团城

市奎屯但由现兵团第七师进行自主经营及管理。"天北新区"的城区建设和司法、行政和社区服务悉从第七师领导。除了天北新区，还有很多兵团与新疆地方相邻的地区，也采取了兵地共建型城镇化发展模式，比如哈密大营房城区、乌鲁木齐西郊地区、四师伊丽新区等地区。严格意义上来讲，以上地区并不能算作城镇，只能称为兵地共建的经济开发区。其他具备代表性的区域还有阿勒泰市北屯、淖毛湖农场、72团、143团等，不难预测，未来还会有一批兵地共建型的城镇产生。

4.1.4.3 行政为主，市场为辅的城镇化路径

兵团发展城镇化的主要目标是维护社会的稳定，这一目标的存在要求兵团的城镇化基本上要走自上而下行政主导的城镇化道路。所谓行政主导的城镇化路径是指兵团的城镇化建设主要通过政府的引导和政策的支持聚集资源实现发展或在原有城镇基础上，以政府为主导协调土地、人口、产业、基础设施等的建设。这种自上而下、政府主导的城镇化发展模式能够在较短的时间促成城镇的雏形或完成城镇空间结构中的重要组成部分。除了行政主导来发展城镇化之外，兵团还很注重市场在发展城镇化中的作用。在城镇建设中，兵团对产业的发展和人口的流动并未进行过多的管制，城镇化的建设还是有很大的空间留给资本去追逐利润、供给去追逐需求。兵团在尽量遵循市场规律的同时以行政为主导快速推进城镇化的进程，促进了兵团经济发展方式的转变和产业结构的转型。在以行政为主、市场为辅的总体方针下，兵团正在形成以师市为龙头、团场小城镇为依托、城团（乡）一体发展的新型城镇化体系，石河子还实现了城市居民的社区化管理。

4.1.4.4 南向推进，筑城戍边的城镇化路径

随着历史的发展和时代的变化，兵团人已深刻地了解了屯垦已无法再很好地戍边，只有建城才能实现更好地戍边。从屯垦到建城意味着兵团以农业为主的生产方式逐渐过渡到了以非农产业为主的生产方式，兵团城镇化的发展势在必行。特别是2010年中央新疆工作座谈会召开以来，兵团13个农业师摘掉了"农"字，14个师已建立了9个市，特别是南疆已有4个师建市，标志着兵团已经由屯垦戍边进入了屯城戍边的历史新纪元。维护边疆稳定是兵团存在的根本，发展城镇化很大程度上也是为了能够更好地实现戍边维稳的目标。

为了实现这一目标，兵团城镇化的路径也逐渐表现出了向南推进的方式。首先，师市完全一体化。兵团将地处南疆的第一师阿拉尔市和第二师铁门关市基本

完成了师域市域一体化布局，并把市辖区外所有团场全部纳入市的管辖范围①。十四师在新建昆玉市时把相关团场也全部纳入了昆玉市行政区划范围，三师将逐步把图木舒克市域范围以外的团场按照41团草湖镇模式进入图木舒克市管辖。其次，对南疆战略一线的团场进行改扩建。主要通过对包括第一批扩建的3个团场，和第二批扩建的13个团场进行"补、连、扩、嵌"等方式进一步扩大兵团在南疆的实力。② 再次，恢复部分农场为团场建制和在战略要地新建团场。其中，在第一师恢复第9团和第15团的建制，第二师恢复28团的建制，后期还要根据需要逐步恢复相关团场建制，另外，兵团还要在南疆17个兵团空白县新建团场，现已启动在战略要地的和田地区十四师管辖处新建225团、阿克苏地区的一师管辖处新建17团工作。最后，以兵地共建的形式借壳建市设镇。对于现有条件下达不到建市设镇条件的团场，采取将地方乡镇划入兵团团场的方式，设立建制镇，实现兵团建市设镇带动地方乡镇发展的目标，典型的例子是原来没有团部的二师37团将重新选址建设新团部，设立建制镇。

4.2　兵团城镇化发展的社会稳定效果评价

4.2.1　兵团城镇化发展的社会稳定效果的评价标准

对于社会稳定的定量衡量是一个难以解决的现实问题，特别是本研究所特指的由三股势力的威胁带来的新疆社会的不安定程度。不仅从理论上无法找到合意的指标体系进行评价，在实践中也不可能搜集到与这些不稳定现象密切相关的信息。因此，研究现有的兵团城镇化路径对社会稳定的影响效果无法直接度量以达到目的。但现在兵团所走城镇化路径所带来的对社会稳定的影响却可以间接衡量。将难题进行分解是解决问题一种有效方法，借鉴这种思路，考虑到城镇化道路的选择对兵团而言更多的是从提升其维护社会稳定的能力产生影响的，因此，结合产生社会稳定问题的根源以及城镇化的功能，本书确立以下四个标准来评判现有城镇化道路对兵团维护社会稳定的效果：第一，是否有利于促进经济的发

---

① 一师4团、5团、6团分别设立阿拉尔市永宁镇、沙河镇、双城镇，二师分别设立铁门关市21团（开来镇）、22团（幸福滩镇）、24团（夏尔特热镇）、25团（湖光镇）、27团（天河镇）、223团（哈木呼提镇）、31团（英库勒镇）、33团（乌鲁克镇或库尔木依镇）、34团（铁干里克镇）、36团（米兰镇）、37团（南屯镇，新选址建设团部）、38团（苏塘镇）。

② 第一批扩建的三个团场为第一师4团（永宁镇）扩建30万亩耕地（先期扩建4.97万亩）、第二师38团（苏塘镇）扩建6万亩耕地、37团新增耕地10万亩（先期1.8万亩）。第二批扩建的13个团场为5团、7团、11团、14团、16团、31团、34团、36团、45团、48团、224团、47团、皮山农场。

展；第二，是否有利于促进人口的聚集；第三，是否有利于促进文化的交流；第四，是否有利于形成更好的社会防御体系。

4.2.1.1 是否有利于兵团经济的发展

兵团的城镇化是一个多目标的统一进程，而这些目标之间却又是互不矛盾，相互促进的关系。兵团城镇化最重要的目标是提升兵团维稳戍边的能力，而经济的发展对兵团维稳能力有显著的促进作用。其一在于，经济的发展能够拔除引起社会不稳定的一个根源——极端贫困。其二在于，经济的发展能够为兵团维稳带来更多的经费支持，使得兵团维护社会稳定能够在尽量不依靠国家经济支持的情况下实现可持续的长期维系。因此，衡量兵团城镇化的社会稳定效果首先要考虑兵团的城镇化是否有力地促进了经济的发展。

4.2.1.2 是否有利于人口的合理分布

城镇化对于人口的作用主要在于推动人口的自由流动。在城镇发展的地区人口不断汇聚，在落后偏僻的地区人口不断转移。一个城镇就是一个吸引人口聚集的"中心磁场"，所有城镇的共同发展就形成了改变人口分布格局的综合作用力。在中心地区，聚集人口能够增进社会稳定，主要是因为人口在中心地区的聚集有利于普通居民隔离危险源、有利于普通群众远离极端思想强化正确的价值观以及节省维稳成本增强维稳力量。而在偏远地区人口的转移则有利于普通群众免受无端的迫害、有利于为打击恐怖分子减少障碍以及有利于排查恐怖主义训练的基地。因此，城镇化是否促进了人口的合理分布也是检验兵团城镇化社会稳定效果的一个重要评判标准。

4.2.1.3 是否有利于各族文化的交流

新疆反恐维稳的局势是长期的过程，其中一个很重要的原因在于影响社会稳定的三股势力中，民族分裂势力和宗教极端势力的形成和壮大是文化长期冲突甚至对立的结果。文化的冲突导致了整个族群之间行为的不和谐，造成了汉族与部分少数民族之间的不理解与不包容。而城镇化则正是一种打破这种文化冲突的力量。城镇化能够引领一种现代文化，将少数民族的文化和汉族文化逐渐融合。城镇化带来的是市场经济，而市场经济意味着在合乎法律和情形下，每个人都有追求自身利益最大化的动机和机会。只要能够使自身和家庭的境况变得更好，一些可有可无的文化冲突就会被慢慢被搁置甚至容忍和谅解。当越来越大、越来越广的经济利益与文化冲突产生了矛盾时，更多的人会选择容忍和接受，最终实现一种更为广泛的包容，当然，在慢慢的包容中，人们也逐渐学会了相互理解，从而和谐共处。在现实的兵团城镇化进程中，城镇化的发展是否有利于促进汉族与少数民族之间的交流与融合,减少文化之间的冲突,是衡量兵团城镇化是否能够促进社会稳定的重要指标。

4.2.1.4 是否有利于防御体系的完善

首先,城镇化对于完善兵团发达地区的硬件设施和软件设施的建设具有推动,这种推动作用能够有利于对城镇地区进行主动防御和追击打击暴恐分子具有较大的影响。其次,团场职工平时为民战时为兵的特殊体制使得兵团具备较强的维稳力量,但这种力量要充分发挥出效果需要至少满足以下三个条件:第一,维稳力量的分布是非常合理的;第二,战时为兵的机制是迅速有效的;第三,维稳力量的个人素质和集体行为能力是没有退化的。兵团走城镇化的道路对于维稳力量的分布、战时为兵的机制以及维稳力量的个人素质和集体素质的强化都是具有一定影响的。因此,兵团城镇化对于兵团防御体系的改变能够产生较强的作用,而防御体系的变动直接关系到兵团维稳的能力,因此,兵团城镇化的路径是否有利于防御体系的完善也是评价城镇化道路是否有利于社会稳定的一大标准。

4.2.2 兵团城镇化的经济发展效应评价

4.2.2.1 模型的建立

1. 城镇化与经济增长的关系

蔺雪芹(2013)认为城镇化确实可以使经济增长的相关要素得到很好的集聚(尤其是对物质资本、人力资本的集聚),从而对经济发展产生良好的传导效果推动经济发展。王婷(2013)则通过构建以人口及空间城镇化为解释变量,以消费、投资为控制变量的经济增长解释模型,采用1996~2011年中国省域面板数据进行估计,得出人口及空间城镇化主要通过投资传导促进经济增长。郑鑫(2014)使用产业数据和城乡就业数据,对中国城镇经济总量和乡村经济总量进行了粗略的估算。计算结果表明,改革开放初期城镇经济对经济增长的贡献率不及乡村经济,城镇经济比重曾出现连续下降;从1991年开始,城镇经济对经济增长的贡献率大幅度提高,相应地,城镇经济逐渐成为国民经济的主体。喻开志(2014)首先通过构建城镇化发展的综合评价体系,然后构建计量模型分析了城镇化与经济增长的长期关系。结果表明:某一地区的人口、产业、卫生、消费、教育和公共基础设施城镇化水平越高,经济增长的效果越显著。张彧泽(2014)采用状态空间模型分析得出了我国城镇化对经济增长传导效应变化规律。

2. 城镇化与产业结构的关系

马远(2010)以1970~2007年新疆数据作为样本,采用协整分析、脉冲响应以及方差分解对城镇化、产业结构变动以及农业现代化之间的关系进行了实证分析,结果表明以上三者之间的关系是长期稳定。多淑杰(2013)结合我国城镇化发展的实际,探讨了其对产业结构优化的理论机制,并以283个城市的资料为分析基础,从城镇化的质量和速度两个层面探讨了城镇化对产业结构优化升级的影响。他认为,人口城镇化速度快于其他层面的城镇化就不利于产业结构的优化,但城镇化质量的改善对产业结构的优化则具有促进效果。蓝庆新和陈超凡(2012)通过空间自相关检验和空间局域LISA地图,分析了新型城镇化和产业结构升级在我国各省的分布格局和空间上的相互依赖性,并分别通过构建OLS、GLS、2SLS、DIF-GMM、SYS-GMM模型分析了农村地区城镇化我国产业结构优化的作用,并得出以下结论:我国的城镇化与产业结构优化之间存在明显的空间相关性,城镇化能够明显改善我国产业的发展程度。

张宗益(2015)通过构建新型城镇化综合指标体系,然后利用产业结构高级化率来衡量产业结构升级,并引入控制变量市场化程度、金融发展、滞后阶产业高级化率、科学文化事业财政支出建立动态面板模型,测度了各个地区的城镇化进程对产业结构转型的作用,研究显示,城镇化对我国东中西部地区的产业结构升级都具有积极的作用。

3. 城镇化与贫困的关系

宋元梁(2005)通过VAR模型证实了农村地区的城镇化与农村居民的收入变化间具有动态相关性。孙爽(2012)认为城市化作为能够兼顾效率与公平的综合性政策和促进农民加快分化的重要推动力,不仅有利于培育合理的社会阶层结构和收入分配结构,而且有利于瓦解中国贫富差距的最大症结——城乡差距。李萌(2012)采用面板数据模型,得出了我国贫困程度的降低与城镇化水平的提升具有显著的关系,不仅如此,李萌还据此得出了农村收入不均程度与城镇化水平呈倒U型关系。刘厚莲(2012)以1995年到2010年全国28个省区市面板数据为基础分析城镇化、居民消费需求和城乡收入差距间的关系,得出城镇化水平的提升对消费水平具有正向作用,但表现出边际递减规律。朱一鸣(2014)从宏微观双重视角阐述了城镇化对居民收入的作用。

4.2.2.2 兵团城镇化经济发展效应的实证分析

上述研究表明城镇化与经济增长、产业结构和人均收入之间存在较大的关系,因此,为验证城镇化的经济发展效应,本研究以经济总量、产业结构和人均收入分别为被解释变量,以城镇化率为核心变量,以市场化程度、经济开放度、消费水平、工业化程度作为控制变量。利用兵团各师2001~2013年的面板数据,分别构建混合模型、固定效应模型和随机效应模型。

1. 混合模型

从兵团整体层面考虑城镇化对兵团经济的增长、产业结构的优化和人均收入的提升所发挥的作用,即不区分各师做混合回归。在计算兵团各师综合城镇化率的基础上,搜集各被解释变量指标及控制变量指标,利用 stata 软件对兵团城镇化的经济效应进行回归,得到方程:

$$\text{lngdp}_{i,t} = \beta_0 + \sum \beta_1 \text{lnurb}_{i,t} + \sum \beta_2 \text{lnmarket}_{i,t} + \sum \beta_3 \text{lnopen}_{i,t}$$
$$+ \sum \beta_4 \text{lnconsum}_{i,t} + \beta_5 \text{lnagri}_{i,t} + \varepsilon_{i,t} \quad (4.1)$$

$$\text{lnstru}_{i,t} = \varphi_0 + \varphi_1 \text{lnurb}_{i,t} + \sum \varphi_2 \text{lnmarket}_{i,t} + \sum \varphi_3 \text{lnopen}_{i,t}$$
$$+ \sum \varphi_4 \text{lnconsum}_{i,t} + \sum \varphi_5 L.\text{lnstru}_{i,t} + \sum \varphi_6 \text{lnindu}_{i,t} + \varepsilon_{i,t}$$
$$(4.2)$$

$$\text{lnincome}_{i,t} = \delta_0 + \sum \delta_1 \text{lnurb}_{i,t} + \sum \delta_2 \text{lnmarket}_{i,t} + \sum \delta_3 \text{lnopen}_{i,t}$$
$$+ \sum \delta_4 \text{lnconsum}_{i,t} + \sum \delta_5 \text{lnagri}_{i,t} + \sum \delta_6 \text{lnindu}_{i,t} + \varepsilon_{i,t}$$
$$(4.3)$$

使用混合最小二乘估计法进行回归,结果见表 4-10。

表 4-10 兵团城镇化经济效应的混合模型

VARIABLES	lngdp		lnstru		lnincome	
lnurb	1.301 * (0.679)	3.545 *** (0.620)	0.220 ** (0.0905)	0.188 * (0.0952)	3.616 *** (0.288)	4.158 *** (0.383)
lnmarket	0.215 *** (0.0363)	0.317 *** (0.0323)		0.0100 (0.00903)	0.0928 *** (0.0179)	0.0935 *** (0.0177)
lnopen	0.0462 *** (0.0171)	0.0569 *** (0.0142)	0.00661 *** (0.00218)	0.00677 *** (0.00218)	0.0452 *** (0.00909)	0.0418 *** (0.00914)
lnconsum	0.860 *** (0.0568)	0.214 ** (0.0884)				
lnagri		0.665 *** (0.0772)			0.102 *** (0.0266)	0.109 *** (0.0265)
L.lnstru			0.819 *** (0.0414)	0.827 *** (0.0419)		
lnindu			0.0296 * (0.0162)	0.0278 * (0.0162)		-0.117 ** (0.0554)
Constant	7.020 *** (2.541)	-8.230 *** (2.749)	-0.158 (0.342)	-0.0507 (0.355)	-5.720 *** (1.010)	-7.541 *** (1.318)
Observations	165	165	153	153	165	165
R-squared	0.860	0.905	0.880	0.881	0.767	0.773

括号中为标准误差: *** $p<0.01$, ** $p<0.05$, * $p<0.1$。

2. 固定效应模型

固定效应回归是一种控制面板数据中随个体变化但不随时间变化的一类变量方法。为了更详细地分析兵团城镇化的经济效应大小,对上述方程进行面板数据的固定效应模型检验,在固定效应模型形式下选择方程与变量最显著的表达式如下:

$$\text{lngdp}_{i,t} = \beta_0 + \sum \beta_1 \text{lnurb}_{i,t} + \sum \beta_2 \text{lnmarket}_{i,t} + \sum \beta_3 \text{lnopen}_{i,t}$$
$$+ \sum \beta_4 \text{lnconsum}_{i,t} + \beta_5 \text{lnagri}_{i,t} + \varepsilon_{i,t} \quad (4.4)$$

$$\text{lnstru}_{i,t} = \varphi_0 + \varphi_1 \text{lnurb}_{i,t} + \sum \varphi_2 \text{lnopen}_{i,t} + \sum \varphi_3 \text{lnconsum}_{i,t}$$
$$+ \sum \varphi_4 L.\text{lnstru}_{i,t} + \sum \varphi_5 L.\text{lnstru}_{i,t} + \sum \varphi_6 \text{lnkl}_{i,t} + \varepsilon_{i,t} \quad (4.5)$$

$$\text{lnincome}_{i,t} = \delta_0 + \sum \delta_1 \text{lnurb}_{i,t} + \sum \delta_2 \text{lnmarket}_{i,t} + \sum \delta_3 \text{lnopen}_{i,t}$$
$$+ \sum \delta_4 \text{lnconsum}_{i,t} + \sum \delta_5 \text{lnagri}_{i,t} + \sum \delta_6 \text{lnindu}_{i,t} + \varepsilon_{i,t} \quad (4.6)$$

利用 Stata 软件,对面板数据采用固定效应模型进行估计,结果见表 4-11。

表 4-11　　　　兵团城镇化经济效应的固定效应模型

VARIABLES	lngdp		lnstru		lnincome	
lnurb	1.879 * (0.965)	2.610 *** (0.899)	0.243 * (0.126)	0.0109 (0.184)	0.877 * (0.453)	0.577 (0.463)
lnmarket	0.150 *** (0.0298)	0.223 *** (0.0333)			0.0832 *** (0.0168)	0.0803 *** (0.0166)
lnopen	0.122 *** (0.0257)	0.109 *** (0.0251)	0.0135 *** (0.00431)	0.00949 * (0.00487)	0.0351 *** (0.0127)	0.0330 *** (0.0125)
lnconsum	0.584 *** (0.143)	0.394 *** (0.144)		0.0454 * (0.0264)	0.430 *** (0.0729)	0.438 *** (0.0718)
lnindu	0.397 *** (0.122)					0.143 ** (0.0601)
lnagri		0.574 *** (0.123)			0.358 *** (0.0622)	0.324 *** (0.0629)
L.lnstru			0.603 *** (0.0722)	0.608 *** (0.0718)		
lnkl			0.0242 (0.0300)	0.0344 (0.0304)		
Constant	4.483 (3.397)	-3.744 (3.489)	0.784 * (0.411)	1.562 ** (0.609)	0.730 (1.759)	1.839 (1.793)

续表

VARIABLES	lngdp		lnstru		lnincome	
Observations	165	165	153	153	165	165
R-squared	0.875	0.883	0.657	0.664	0.904	0.907
Number of division	13	13	13	13	13	13

括号中为标准误差：*** $p<0.01$，** $p<0.05$，* $p<0.1$。

3. 随机效应模型

随机效应模型是频率派和贝叶斯模型的结合，是拟合具有一定相关结构的观测的典型工具，为了考察兵团城镇化的经济发展效应是否符合随机效应模型，确定以下形式进行随机效应模型估计：

$$\text{lngdp}_{i,t} = \beta_0 + \sum \beta_1 \text{lnurb}_{i,t} + \sum \beta_2 \text{lnmarket}_{i,t} + \sum \beta_3 \text{lnopen}_{i,t} + \sum \beta_4 \text{lnconsum}_{i,t} + \beta_5 \text{lnagri}_{i,t} + \varepsilon_{i,t} \quad (4.7)$$

$$\text{lnstru}_{i,t} = \varphi_0 + \varphi_1 \text{lnurb}_{i,t} + \sum \varphi_2 \text{lnmarket}_{i,t} + \sum \varphi_3 \text{lnopen}_{i,t} + \sum \varphi_4 \text{lnconsum}_{i,t} + \sum \varphi_5 L. \text{lnstru}_{i,t} + \sum \varphi_6 \text{lnindu}_{i,t} + \varepsilon_{i,t} \quad (4.8)$$

$$\text{lnincome}_{i,t} = \delta_0 + \sum \delta_1 \text{lnurb}_{i,t} + \sum \delta_2 \text{lnmarket}_{i,t} + \sum \delta_3 \text{lnopen}_{i,t} + \sum \delta_4 \text{lnconsum}_{i,t} + \sum \delta_5 \text{lnagri}_{i,t} + \sum \delta_6 \text{lnindu}_{i,t} + \varepsilon_{i,t} \quad (4.9)$$

估计结果见表4-12。

表4-12　　　　兵团城镇化经济效应的随机效应模型

VARIABLES	lngdp		lnstru		lnincome	
lnurb	2.982*** (0.734)	2.420*** (0.791)	0.225** (0.0898)	0.932*** (0.177)	3.626*** (0.302)	3.626*** (0.302)
lnmarket	0.246*** (0.0314)	0.240*** (0.0312)	0.0107 (0.0101)	-0.0309*** (0.00638)	0.0910*** (0.0171)	0.0910*** (0.0171)
lnopen	0.0920*** (0.0182)	0.0947*** (0.0184)	0.00825*** (0.00251)	0.00435 (0.00464)	0.0548*** (0.00958)	0.0548*** (0.00958)
lnconsum	0.350*** (0.111)	0.361*** (0.112)		0.00196 (0.0224)		
lnagri	0.606*** (0.0994)	0.571*** (0.102)			0.128*** (0.0300)	0.128*** (0.0300)

续表

VARIABLES	lngdp		lnstru		lnincome	
lnindu	0.191* (0.106)					
L.lnstru			0.826*** (0.0410)			
lnkl			0.0389* (0.0208)	0.0530 (0.0343)		
Constant	-5.525* (3.157)	-3.521 (3.308)	-0.0425 (0.334)	0.595 (0.654)	-6.031*** (1.049)	-6.031*** (1.049)
Observations	165	165	153	165	165	165
Number of division	13	13	13	13	13	13

4. 豪斯曼检验

由于混合模型、固定效应模型和随机效应模型之间结果有所差异，采用豪斯曼检验选择最佳模型。被解释变量分别为 lngdp、lnstru、lnincome 的三个方程的豪斯曼检验结果分别见表4-13、表4-14和表4-15。

表4-13　　　　　　　经济增长模型的豪斯曼检验

模型	(b) FE	(B) RE	(b-B) Difference	sqrt(diag(V_b-V_B)) S.E.
lnurb	2.007708	2.420237	-0.4125288	0.4886176
lnmarket	0.217408	0.2402049	-0.0227968	0.0112715
lnopen	0.1049832	0.0946886	0.0102946	0.017076
lnconsum	0.4115747	0.3612107	0.0503641	0.0907126
lnagri	0.5055023	0.5706995	-0.0651972	0.0748295
lnindu	0.2882119	0.1906071	0.0976048	0.0577531
_cons	-1.51602	-3.520839	2.004819	1.411366

注：b = consistent under Ho and Ha；B = inconsistent under Ha，efficient under Ho；
Ho：difference in coefficients not systematic；下同。
chi2(7) = 9.55
Prob > chi2 = 0.2156(V_b-V_B is not positive definite)

表4-14　　　　　　　　　　产业结构模型的豪斯曼检验

模型	(b) FE	(B) RE	(b-B) Difference	sqrt (diag (V_b-V_B)) S. E.
L. lnstru	0.5993231	0.8262714	-0.2269483	0.0655168
lnurb	0.2848243	0.2254935	0.0593308	0.1197272
lnopen	0.0144675	0.0082549	0.0062126	0.0041326
lnkl	0.0233052	0.0388783	-0.0155731	0.0243254
lnmarket	-0.0151137	0.010691	-0.0258047	0.0215506
_cons	0.6365386	-0.0424519	0.6789906	0.3668748

chi2(6) = 21.96
Prob > chi2 = 0.0012 (V_b - V_B is not positive definite)

表4-15　　　　　　　　　　人均收入模型的豪斯曼检验

模型	(b) FE	(B) RE	(b-B) Difference	sqrt (diag (V_b-V_B)) S. E.
lnurb	2.8471	3.626102	-0.7790012	0.3174782
lnagri	0.4665887	0.1278949	0.3386938	0.0796271
lnopen	0.0597105	0.0548374	0.0048732	0.0142019
lnmarket	0.1175876	0.0910317	0.0265559	0.014599
_cons	-7.128891	-6.031125	-1.097765	1.264707

chi2(5) = 66.43
Prob > chi2 = 0.0000 (V_b - V_B is not positive definite)

豪斯曼检验结果显示，对于被解释变量为经济总量、产业结构和收入水平的三个方程，其最佳模型形式分别为：固定效应模型、随机效应模型和随机效应模型。

4.2.2.3　兵团城镇化经济发展效应的评价

面板数据模型结果显示，兵团城镇化对于兵团经济的增长、产业结构的升级和收入水平的提升都具有显著的效果。其中，城镇化率每提升1%，兵团GDP就增长2.6%，城镇化率每提升1个百分点，产业结构的优化和收入水平的增加就会分别达到0.932%和3.626%，因此，兵团城镇化对于兵团经济的发展具有非常显著的作用。

4.2.3 兵团城镇化的人口聚集效应检验

4.2.3.1 兵团城镇化人口聚集效应的格兰杰检验

1. 单位根检验

首先对兵团各师的城镇化水平和人口密度进行单位根检验，常用的面板数据的单位根检验的方法主要有 LLC（Levin-Lin-Chu，2002）检验、Breitung 检验（2002）、Hadri 检验、IPS（Im-Pesaran-Shin）检验（1997，2002）、崔仁（In Choi）检验（2001）（又称 Fisher-ADF 检验）和 PP-Fisher 检验，其中 Hadri 检验为不存在单位根，而其他五种形式原假设均为存在单位根，因此，选取 LLC、Breitung、IPS、Fisher-ADF 和 PP-Fisher 五种方法对兵团城镇化水平和人口密度进行严格的单位根检验，结果见表 4-16。

表 4-16   单位根检验结果

variety	Method	Levin, Lin & Chu t*	Breitung t-stat	Im, Pesaran and Shin W-stat	ADF-Fisher Chi-square	PP-Fisher Chi-square	conclusion
urb	Statistic	10.1785	11.0433	12.4789	0.96928	0.93383	不平稳
	Prob.	1	1	1	1	1	
Δurb	Statistic	-7.14793	2.76011	-1.82268	54.587	62.1734	平稳
	Prob.	0	0.9971	0.0342	0.0019	0.0002	
pop_des	Statistic	-2.73233	-1.16083	-0.29843	31.3437	29.6661	不平稳
	Prob.	0.0031	0.1229	0.3827	0.302	0.3794	
Δpop_des	Statistic	-6.00174	0.53935	-2.89567	59.6576	73.8559	平稳
	Prob.	0	0.7052	0.0019	0.0005	0	

表 4-16 结果表明，五种检验方法中有四种支持城镇化水平和人口密度均为 1 阶单整，满足进行协整检验的条件。

2. 协整检验

以上变量为同阶单整，可以进行协整检验。本章研究双变量协整关系，所以采用建立在 Engle and Granger 二步法检验基础上 Pedroni 检验（Pedroni，1999），Pedroni 构造的 7 个检验面板数据协整关系的统计量，前 4 个是用联合组内维度（within-dimension）来描述，即 Panel v、Panel rho、Panel PP 和 Panel ADF 统计量，另外 3 个用组间维度（between-dimension）描述，即 Grouprho、Group PP 和

Group ADF 统计量。表 4-17 和表 4-18 给出了以上 7 个统计量。

表 4-17　　　　　　　　联合组内维度协整检验结果

组内维度	Statistic	Prob.	Weighted Statistic	Prob.
Panel v-Statistic	2.333481	0.0098	1.392773	0.0818
Panel rho-Statistic	0.060411	0.5241	0.461405	0.6777
Panel PP-Statistic	-2.994728	0.0014	-2.398602	0.0082
Panel ADF-Statistic	-3.730025	0.0001	-4.958081	0.0000

表 4-18　　　　　　　　组间维度协整检验结果

组间维度	Statistic	Prob.
Group rho-Statistic	1.645357	0.9501
Group PP-Statistic	-2.314029	0.0103
Group ADF-Statistic	-3.775502	0.0001

彼德罗尼（Pedroni）指出，每一个标准化的统计量都趋于正态分布，但在小样本情况下，Panel ADF 和 Group ADF 统计量的检验效果更好，在检验结果不一致时，要以这两个统计量为标准。因此，以上结果表明，兵团城镇化水平和人口密度之间存在较强的协整关系。

3. 格兰杰检验

（1）面板格兰杰因果关系检验。由于兵团城镇化水平和人口密度满足协整关系，因此，可以对它们进行格兰杰因果关系检验，首先利用 Eviews 8 软件对兵团各师的城镇化水平和人口密度进行面板数据的格兰杰因果关系检验，结果见表 4-19。

表 4-19　　　　　　　　面板数据格兰杰检验结果

Null Hypothesis：	Obs	F-Statistic	Prob.
URB does not Granger Cause POP_DES	154	7.86844	0.0006
POP_DES does not Granger Cause URB		3.23421	0.0422

注：滞后阶数为 2。

表 4-19 结果表明，在 95% 的置信水平上，兵团城镇化水平和人口密度在整体上具有双向因果关系，也就是现有城镇化路径对兵团的人口聚集作用在整体上

较为显著。

（2）各师时间序列格兰杰因果关系检验。为了进一步考察各师的人口聚集效应，对各师的时间序列数据分别进行格兰杰因果关系检验，结果见表4-20。

表4-20　　　　　　　　各师格兰杰检验结果

Null Hypothesis	F-Statistic	Prob.	conclusion
第一师人口密度不是城镇化的格兰杰原因	3.19223	0.1137	接受
第一师城镇化不是人口密度的格兰杰原因	6.89527	0.0279	拒绝
第二师人口密度不是城镇化的格兰杰原因	0.05548	0.9465	接受
第二师城镇化不是人口密度的格兰杰原因	1.85034	0.2366	接受
第三师人口密度不是城镇化的格兰杰原因	0.15429	0.8603	接受
第三师城镇化不是人口密度的格兰杰原因	1.6332	0.2715	接受
第四师人口密度不是城镇化的格兰杰原因	0.41078	0.6805	接受
第四师城镇化不是人口密度的格兰杰原因	0.60312	0.5772	接受
第五师人口密度不是城镇化的格兰杰原因	3.39666	0.1032	接受
第五师城镇化不是人口密度的格兰杰原因	7.91564	0.0208	拒绝
第六师人口密度不是城镇化的格兰杰原因	1.83345	0.2391	接受
第六师城镇化不是人口密度的格兰杰原因	14.8493	0.0047	拒绝
第七师人口密度不是城镇化的格兰杰原因	5.63803	0.0419	拒绝
第七师城镇化不是人口密度的格兰杰原因	4.36525	0.0676	接受
第八师人口密度不是城镇化的格兰杰原因	0.71415	0.527	接受
第八师城镇化不是人口密度的格兰杰原因	0.73782	0.517	接受
第九师人口密度不是城镇化的格兰杰原因	1.64544	0.2693	接受
第九师城镇化不是人口密度的格兰杰原因	7.3098	0.0246	拒绝
第十师人口密度不是城镇化的格兰杰原因	0.16894	0.8484	接受
第十师城镇化不是人口密度的格兰杰原因	1.31225	0.3367	接受
第十二师人口密度不是城镇化的格兰杰原因	2.47365	0.1646	接受
第十二师城镇化不是人口密度的格兰杰原因	30.5822	0.0007	拒绝
第十三师人口密度不是城镇化的格兰杰原因	9.29169	0.0145	拒绝
第十三师城镇化不是人口密度的格兰杰原因	5.74055	0.0404	拒绝
第十四师人口密度不是城镇化的格兰杰原因	4.52018	0.0635	接受
第十四师城镇化不是人口密度的格兰杰原因	0.64854	0.5559	接受

表 4-20 结果表明,兵团 13 个师(建工师不在其列)中,有 7 个师接受城镇化不是人口密度的格兰杰原因的原假设,即城镇化在这 7 个师的人口聚集效应不够显著,有 6 个师拒绝原假设,即城镇化的人口聚集效应在这 6 个师较为显著。

4.2.3.2 兵团城镇化人口聚集效应的评价

根据面板格兰杰因果关系检验的结果,从整体来看,兵团城镇化对于人口的聚集具有比较显著的效果,不仅如此,人口的聚集还能进一步促进兵团的城镇化进程,产生一个正向的反馈作用。而从分解来看,各师格兰杰因果关系的检验结果表明,城镇化的人口聚集效应在各师效果具有一定的差异。其中,第一师、第五师、第六师、第九师、第十二师和第十三师城镇化对人口聚集具有较为显著的作用,第七师和第十三师人口的聚集对于推动城镇化具有显著效果,其他师暂无证据表明城镇化与人口密度之间具有显著的因果关系。因此,虽然总体来看,兵团城镇化对于人口的聚集具有一定的作用,但具体而言 13 个师中只有 6 个师的人口聚集效应比较显著,只有 2 个师的人口聚集对城镇化产生了较强的正反馈作用。

4.2.4 兵团城镇化的文化整合效应分析

城镇化的文化的整合效应体现在随着城镇化的不断推进,不同文化群体的居民在语言交流上、饮食习惯上、婚姻观念上和生活方式上出现的相互影响,相互融合。第六次全国人口普查的结果表明,兵团总人口超过了 260 万,其中少数民族人口将近 38 万,大约占比为 14.5%,兵团 175 个农牧团场中少数民族人口达到三成以上的有 37 个,其中,58 个边境团场中有 11 个为少数民族团场。因此,从人口的民族结构来看,兵团城镇化对文化的整合存在较大的空间。

4.2.4.1 兵团城镇化对汉族语言的推广

随着兵团城镇化的推进,各族人民的生产生活联系越来越密切,对于相互了解的需求越来越旺盛,加之兵团行政力量的推动,汉语在少数民族中越来越普及。2014 年母语为非汉语的少数民族中小学生为 4.57 万人,接受汉语教学的占 93.26% 达到了 4.26 万人;母语为非汉语的 3~6 岁少数民族幼儿 1.5 万人,其中接受汉语教育的有 1.32 万人,占 88.01%。由于城镇化的发展,越来越多的发展机会摆在了许多少数民族面前,而对于少数民族而言,大部分的发展机会都需要掌握基本的汉语听说能力。可以说,城镇化的推进,市场经济的发展为少数民族学习汉语提供了强劲的动力,因此,城镇化的发展对于汉语在少数民族中的普及具有较强的推动作用,可以说,从语言学习的角度来看,兵团城镇化的发展对于促进少数民族与汉族文化的交流具有显著的作用。

4.2.4.2 兵团城镇化对异族通婚的促进

兵团城镇化对少数民族的婚育观念产生了较大的影响,源自不同地域的不同风俗习惯与文化地不断交流与融合,形成了多元的兵团文化。屯垦戍边数十载使得婚姻观念与习俗迥异的人群被感染力超群的兵团文化所规整,兵团职工和各族人民慢慢养成了先进的婚姻观和生育观。首先,兵团持续高密度的宣传教育逐渐改变了各族居民原有的落后的婚育意识,慢慢形成了优生、优育的婚育观念。其次,由于传统的兵团少数民族家长制比较严重,但随着兵团城镇化的发展,物质生活、文化水平及社会交往活动的变化使婚姻中传统的包办、交易性的婚姻转变为男女青年勇敢站出来争取自主的婚姻,部分团场已出现文明婚礼,这就对异族通婚产生了内在的需求。兵团汉族和少数民族婚育情况见表4-21。

表4-21　　　　2000~2013年兵团汉族和少数民族婚育情况

年份	计划生育率(%) 汉族	计划生育率(%) 少数民族	节育率(%) 汉族	节育率(%) 少数民族	独生子女领证率(%) 汉族	独生子女领证率(%) 少数民族
2000	99.89	100	90.66	85.13	34.75	12.24
2001	99.81	99.75	91.42	86.32	32.46	2.86
2002	99.88	99.97	91.3	85.87	32.84	15.48
2003	99.83	99.94	91.55	85.94	28.89	3.56
2004	99.98	100.00	73.78	63.19	33.22	13.17
2005	99.84	99.82	91.08	85.05	38.04	4.93
2006	99.98	99.81	92.27	88.60	39.14	17.57
2007	99.97	99.97	93.11	88.31	42.35	23.68
2008	99.92	99.92	92.80	89.29	44.39	27.09
2009	99.74	99.72	92.53	88.77	41.22	27.55
2010	99.88	99.66	93.16	89.25	42.72	30.86
2011	99.92	99.98	92.38	89.04	41.51	30.88
2012	99.99	99.93	92.98	89.68	42.11	34.64
2013	99.96	99.98	92.07	89.81	43.12	36.98

但从不同民族间相互通婚的情况来看,少数民族(特别是维吾尔族)与汉族之间的通婚,仍然是屈指可数,不仅在兵团,在新疆乃至全国都是如此。全国

56个民族中,维吾尔族是与外族通婚率最低的,在有配偶人口中只有1.05%的维吾尔族是族际通婚,而维吾尔族与汉族的通婚率则仅有0.6%。由此观之,兵团城镇化虽然促进了各族婚姻观念和生育观念的开放性和先进性,但更多只停留在同种文化内部的优化,对于不同民族之间的婚育观念的进一步开放,现有的城镇化道路在这个阶段则显得无能为力。

4.2.4.3 兵团城镇化对饮食文化的融合

民族文化中最容易交流和融合的莫过于饮食文化。食物是一种满足人类基本生理需求的必需品,享用美食也是人们追求身心愉悦最简单可行的途径,因此,对美食的追求不分种族,对美食文化的继承与发扬也不依赖于种族。可以说,饮食文化是跨越了偏见、歧视以及仇恨的各民族共通的文化,优秀的饮食文化也很容易被其他相异文化的人群所接受、所融合。随着兵团城镇化的发展,少数民族饮食的独特魅力被广为传播,城镇居民的生活方式、饮食习惯和收入水平也为民族餐饮的发展提供了良好的条件,因此,在兵团城镇化迅速发展的时期少数民族餐饮也迎来了蓬勃的发展。在兵团城市石河子、五家渠、阿拉尔、图木舒克以及各大团场,经营少数民族餐饮的店面鳞次栉比,主营馕、烤包子、拉条子、羊肉串等传统民族美食的餐馆和摊位也遍地开花,具有规模和品牌的清真餐厅如阿尔曼、香巴拉、大盘鸡、苏氏牛肉面连锁等知名品牌也竞相坐落。对民族饮食需求的不断扩大也促进了民族饮食原料定点生产和大宗采购的迅速发展。"十二五"期间虽暂无数据统计,但在"十一五"期间,全疆就有259家民族特需商品定点生产企业,其中清真食品生产企业119家,兵团就有12家。因此,城镇化的发展推动了服务业的发展,民族饮食餐厅也逐渐在兵团遍地开花,可以说,从饮食文化的交流这个角度来看,兵团城镇化对于促进民族文化的交融具有较大的作用。少数民族因为宗教信仰无法将汉族的饮食文化纳入自身的文化体系,但汉族饮食文化逐渐对少数民族饮食文化的吸纳从未间断,这不仅是对少数民族的认同感不断提升,通过少数民族餐饮还能形成一种较为和谐稳定的经济关系:少数民族为汉族提供美食,提升汉族人的生活质量;汉族人助少数民族提高收入,提升少数民族人的生活水品。这种关系的不断扩大,理想状态下就能形成汉族与少数民族部分人群的和谐共处。但限于城镇规模的限制,少数民族餐饮规模的限制,这种经济关系仍然只能保持在相对于数量庞大的少数民族群体中比例较小的人群中,对少数民族文化的进一步认同,以及少数民族对汉族文化的认可,还需要更大程度的文化交流,程度更深的城镇化水平。

4.2.4.4 兵团城镇化对生活方式的影响

兵团城镇化对少数民族的精神文化及生活方式都产生了积极的影响。首先,以前少数民族聚集团场精神文化比较封闭，随着城镇化的发展，少数民族传统文化与现代文明相互交织，民族认同程度的提高，兵团少数民族社会开放性得到了较大的提升，传统的家庭教育和宗教教育逐渐转变为了学校教育，南疆三地州的各个团场还先施行了12年义务教育，有效地提升了少数民族子女的受教育水平。其次，城镇化发展过程中不断出现并使用的现代通信、交通以及繁荣的市场都在影响着少数民族百姓思想观念的转变。现在兵团少数民族人民通过大众传媒看电视、读报刊、听广播了解国家政策、丰富业余生活、学习科技知识掌握经济信息等，使得少数民族居民不再信息闭塞，普通民众不再容易遭到蒙蔽。再其次，城镇化使得少数民族的消费方式悄然改变。在城镇化发展的利益驱动和诱导下，兵团民族地区农业人口以各种方式向城镇地区集中，形成人员流动性增强的明显趋向。近年来，少数民族人民的生活水平不断提高，有个别家庭拥有用于做生意、跑运输的汽车。因此，从对少数民族生活方式的影响来看，兵团城镇化对于加强汉族与少数民族间的文化交流具有一定的促进作用。

4.2.5　兵团城镇化的社会防御效果评价

兵团维护社会稳定的作用主要体现在驻守边疆维护边疆的安全、调解内事维持内部的和谐以及在地方市县周边保护地方市县安全。对于调节内事维护兵团团场内部的和谐而言，兵团一直做得很好，且团场内部的问题并非现在的主要矛盾和研究的重点，因此，下文从兵团城镇化路径对边疆地区的防卫影响和对地方市县保护的作用进行分析。

4.2.5.1　兵团城镇化路径对边疆地区的防卫作用

一般而言，具备维护边疆职责的只有部分驻扎在边境地区的团场，这里的职工种田即戍边，放牧即巡逻，这种传统的维护边境安全的方式被延续了几十年，因而也逐渐在这种维护社会稳定的基础上形成了相应的管理方式和制度体系，要想转变为在边境地区以大面积发展城镇的方式履行维稳戍边是非常困难的。首先不具备相应的生态条件，边境地区的团场往往处在自然环境脆弱，生态承载力低下的地区，大部分地区无法支撑城镇的发展。其次，人口稀少，边境地区相对于其他地区本身就不是安全地带，追求普通生活的人一般都不愿在边境地区安家，另一方面边境地区资源不足也很难养活大量的人口，所以导致边疆地区人口稀少。再次，边境地区的产业基础薄弱，缺乏资源优势、需求优势、运输优势和技术优势的兵团边境团场很少能够吸引到工业在此布局，因此，边境团场的非农产业基础非常薄弱。最后，由于边境地区地形复杂，地域辽阔，且与经济中心地带相去甚远，因此，基础设施非常落后。这些问题对于边境地区发展城镇化都造成了巨大的阻碍,然而,即便是兵团排除了万难解决了以上问题,城镇式的管理也无法覆盖漫长的边境线,对于兵团巩固边防的职能只会大打折扣。因此,筑城戍边的意义绝非以城镇化的方式驻守边境,而是将边境地区从狭隘的线的概念理解为带的概念,在边境带上选择合适的区位,在合适的团场发展城镇化,支持边境一线团场的屯垦戍边。另外,在合适的非边境带地区的团场发展非农经济,加强城镇建设,激活市场,壮大兵团经济的整体实力,从而补贴边境团场,改善边境团场职工的生活条件和工作条件,提升兵团职工维稳戍边的能力。目前,兵团建城戍边的思路刚刚形成,边疆地区的实际城镇化水平提升也较慢,边境的稳定形势也暂无大碍,因此,现有路径下的兵团城镇化对于边疆地区社会防卫能力的提升不能形成系统准确的评价。

4.2.5.2 兵团城镇化路径对地方市县的防卫作用

对于地方市县的防护,从历年来各地遭受暴力恐怖分子的袭击来看,兵团保护地方市县安全的作用并未很好地发挥,现有的城镇化路径并未有效地促进兵团加强对地方市县的保护。细数 20 世纪 90 年代以来新疆爆发的破坏社会稳定的事件,新疆各地所经历的暴力恐怖事件并未随着城镇化进程的加快而有所缓解。据不完全统计,1990 年以来,新疆各地州经历的规模较大的暴力恐怖事件超过了 25 起,主要受害地区集中在喀什、和田、阿克苏、乌鲁木齐、克孜勒苏柯尔克孜等地区,有时甚至蔓延至伊犁地区和吐鲁番地区(见图 4 - 2 ~ 图 4 - 7)。因此,可以看到,兵团现有的城镇化路径并未能够形成对地方市县的有效防护。

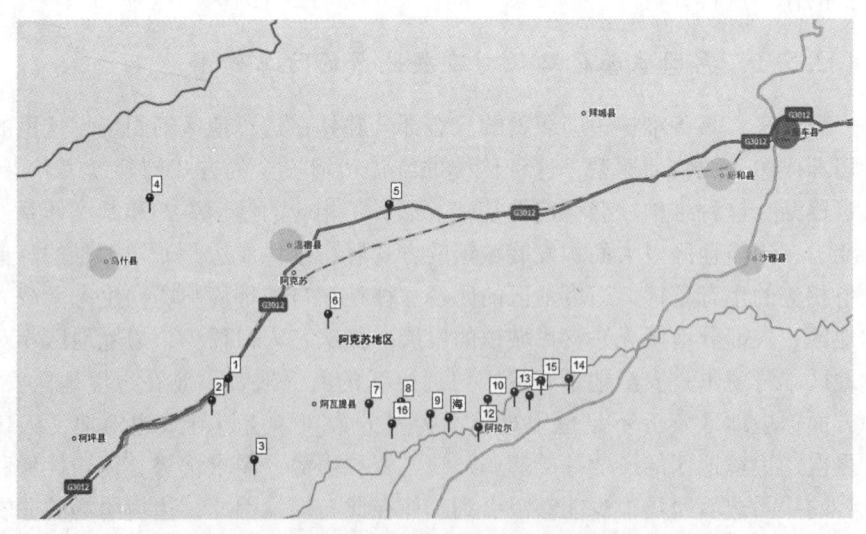

图 4 - 2 阿克苏地区团场分布与暴恐受害市县分布

资料来源:根据百度地图结合《新疆生产建设兵团统计年鉴》和网络资料整理标记,下同。

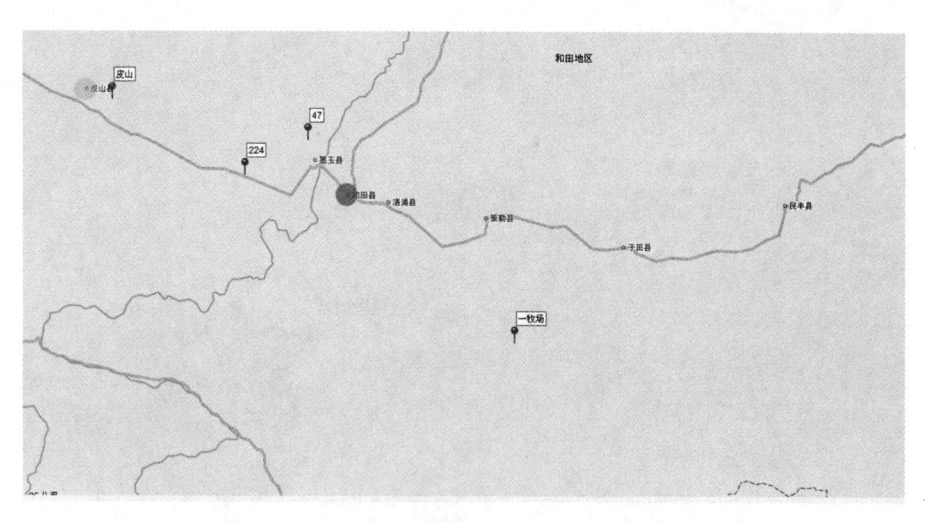

图4-3 和田地区团场分布与暴恐受害市县分布

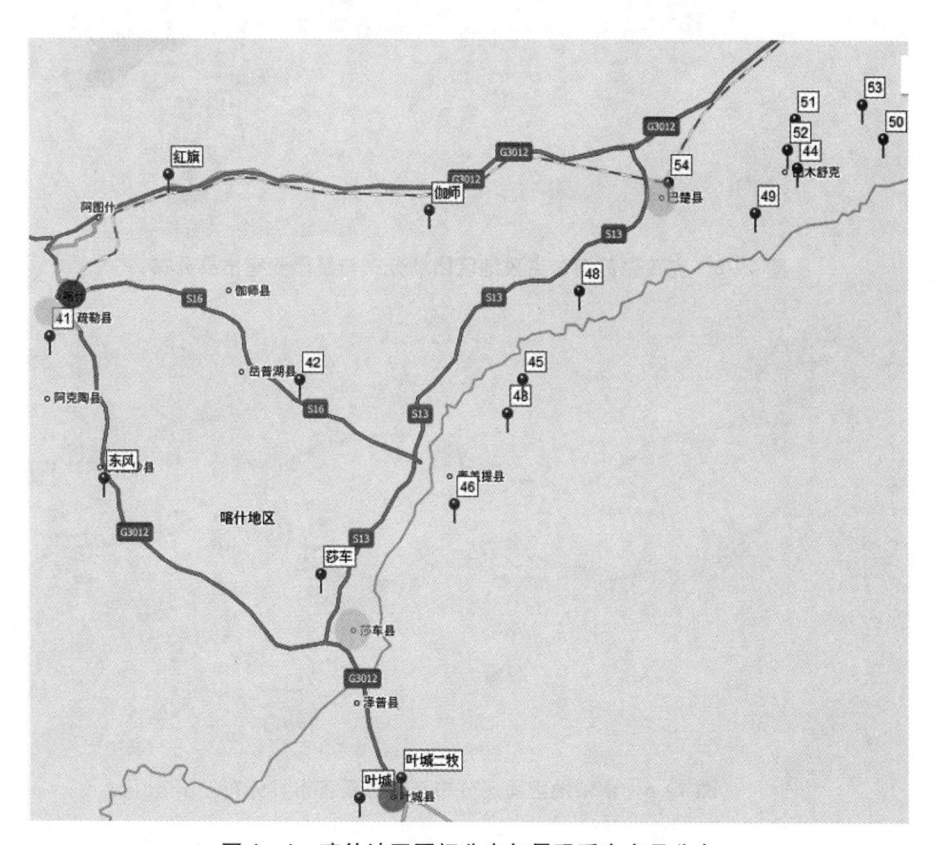

图4-4 喀什地区团场分布与暴恐受害市县分布

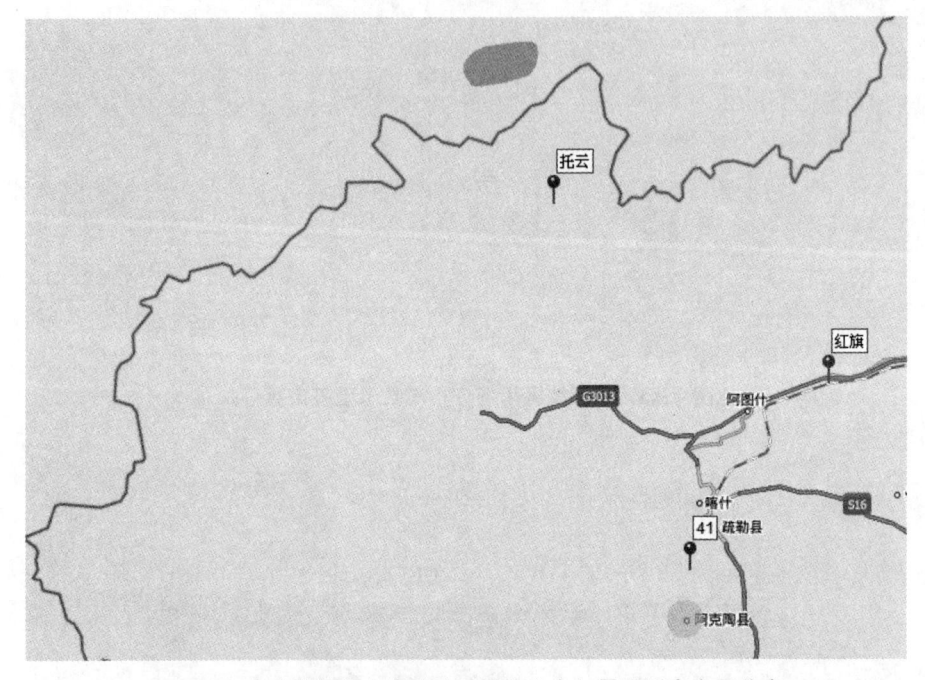

图4-5 克孜勒苏柯尔克孜地区团场分布与暴恐受害市县分布

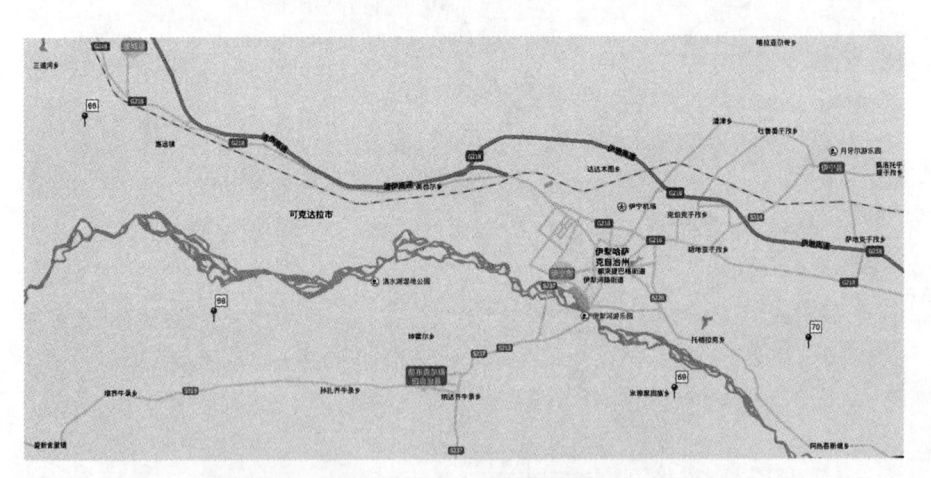

图4-6 伊犁地区团场分布与暴恐受害市县分布

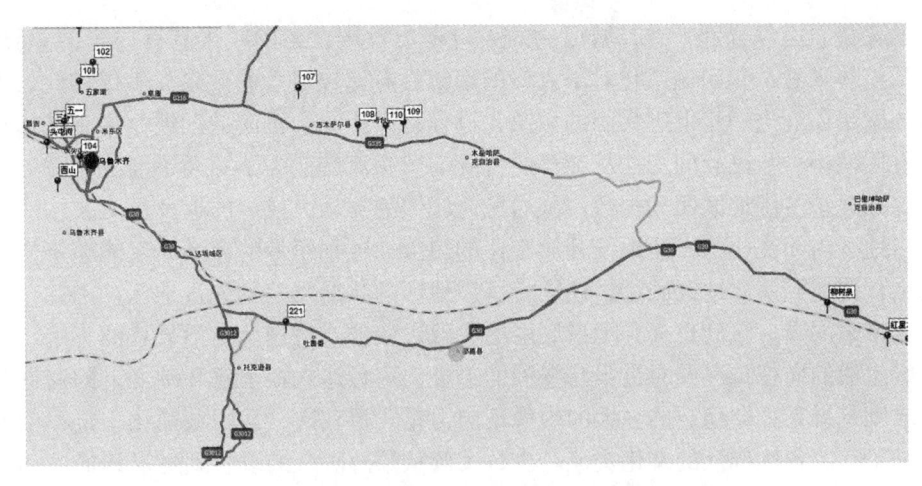

图 4-7 乌鲁木齐与吐鲁番地区团场分布与暴恐受害市县分布

从团场分布和暴恐事件发生的情况来看,除了乌鲁木齐由于政治、经济地位显著,即使周边团场分布较密集仍然容易被袭击外,其他地区被袭击的县市距周边团场都有一定的距离,特别是和田地区、克州地区和伊犁地区,团场分布较少也较散乱,鄯善县附近几乎没有团场,而阿克苏地区和喀什地区团场虽然分布较多,但临近交通要道的不多。且南疆较多的团场都集中在兵团城市阿拉尔、图木舒克附近,这些兵团城市本身就具备自我防卫的能力。所以,兵团团场的分布对保护地方安全存在较大的问题。现有城镇化道路是以现有团场的发展为基础的,团场分布不合理的对于以团场发展为前提的兵团城镇化而言,其维护社会稳定的效果自然不会太显著。

4.2.6 兵团城镇化的社会稳定效果综合评价

4.2.6.1 兵团城镇化对社会稳定的积极作用

1. 提升了社会的内部的稳定性

首先,带动了兵团及周边地区的经济发展。兵团城镇化对于兵团经济的增长、产业结构的升级和收入水平的提升都具有显著的效果。其中,城镇化率每提升1%,兵团GDP就增长2.6%,城镇化率每提升1个百分点,产业结构的优化和收入水平的增加就会分别达到0.932%和3.626%。经济的增长、结构的优化和收入的提升为少数民族的基本生计提供了保障,没有极贫便少有极恶,少数民族的基本生存需求得到保障就不会形成大量的恐怖主义的后继力量,在长期的反恐维稳中,破坏社会稳定的力量就会逐渐薄弱。其次,加快了人口向兵团中心地区的聚集。虽然分别来看，城镇化的人口聚集效应在各师效果具有一定的差异，但从整体来看，兵团城镇化对于人口的聚集具有比较显著的效果，不仅如此，人口的聚集还能进一步促进兵团的城镇化进程，产生一个正向的反馈作用。城镇化的发展使得少数民族间交往从纯粹的传统情感交流转变为了穿插了经济利益的交流，加速了贫困地区团场少数民族居民向城镇的流动，成员的返乡行为又构成了落后地区封闭文化与发达地区开放文化的纽带，这种纽带的存系不仅能够将先进的文化传播到落后地区团场，还能将落后地区的状况反映到先进地区。因此，城镇化带来的人口流动也提升了最底层的少数民族群众对现代生活方式的了解，对美好生活的向往，以及对进步与发展的追求，这种建立在了解基础之上的向往与追求则是维系社会稳定的强大的内源正向力量。再其次，兵团城镇化一定程度上促进了兵团各族群众的文化交流。少数民族从婚育观念的改善到对汉语的主动学习再到生活方式和消费方式的逐渐现代化，少数民族对城镇化带来的现代文化开始逐渐接纳；而汉族对少数民族饮食的推崇与喜爱、对少数民族音乐、舞蹈与习俗的欣赏和遵从也加快了汉族对少数民族的包容与理解，因此，城镇化的发展对加强少数民族文化与汉族文化向现代城市文化的发展与融合发挥了较大的作用。

2. 间接提升了兵团维护社会稳定的能力

一方面，兵团的城镇化带来了兵团经济的增长的同时，也使兵团拥有自己的城镇，从而获取税收提供了平台。兵团财政能力的提升为兵团维系更多的人口、发展更高级的产业提供了资金支持，也为兵团扩充和升级相应的维稳器材和设备提供了更自主的经费来源，还能为表彰维稳功绩较大的兵团职工提供更为丰厚的奖励，激发职工维稳的积极性。另一方面，城镇化影响了兵团人口分布的格局，也可以说，兵团城镇化影响了维稳力量的分布格局。人口向中心地带的集中也能集中兵团在中心地带的防卫力量，提升对中心地区的防卫能力。城镇在边境带的分布也能加强兵团对边境地区贫困团场的资金支持和物质支持，为边境地区提供医疗卫生服务保障，更健全的基础设施也能为边境地区的军民提供更丰富多彩的业余生活服务，从而更好地戍守边疆。

4.2.6.2 兵团城镇化在维稳中出现的不足

事实表明，兵团的城镇化并未带来周边市县的安全与稳定，一方面，是三股势力的逐渐强大、无孔不入，另一方面，兵团的城镇化并未能够提升兵团对紧急事件的反应速度和提高兵团获取情报的能力以及兵团城镇未能及时布局在进入地方市县的交通要道，形成对进出人口和车辆的严格管理。由于团场职工平时有自己的主业，地方市县通常也有自己的秩序，所以兵团并不能深入驻扎到每个市县中，只能分布在市县周边。传统的以农业为主的生产方式对于紧急事态下组织维稳力量具有一定的滞后性，但兵团的城镇化并未带来工业的快速发展，兵团的城镇化在很多情形下只象征了人口居住的地方从农田周边到了城镇之中，而大部分人的主业仍未脱离农业生产。另外，以往连队的职工，是连队的"人"，无论是生产组织、社会活动，还是接受培训、民兵动员，都统一接受所在连队的领导。现在职工进入团场小城镇后，有的脱离了生产一线，不承包连队的土地，自己上缴个人养老，成为城镇居民，连队无法进行组织动员；有的虽然没有脱离生产一线，但是由于居住分散，连队的动员组织能力就会力不从心。这样会在一定程度上降低团场的维稳戍边能力。团场小城镇还居住大量的外来人员，他们的身份只是居民，团场管理困难。团场由于诸多行政事权没有落实，即使是对于市的职能延伸团场的小城镇来说，对居民服务的功能远远大于管理和组织动员的功能，从这个意义上来说，团场小城镇对居民的组织动员能力是弱于团场的。

另外，兵团城镇的发展未能合理的在通向地方的交通要道布局，部分布局在交通要道的城镇也未能较好地实现对人口和车辆的严格管理。对进出人员的管理依靠当地的警察和协警，而地方警察的人数有限，数量较少的警察执行公务时反而易遭受恐怖分子的袭击，警力不足造成的部分地方警察没有分布的地方，暴恐分子又能够有机可乘袭击地方市县的无辜平民。因此，兵团城镇未能及时在通往地方市县的重要通道上分布是导致地方市县频繁遭受袭击的重要原因。

4.2.6.3 兵团城镇化在发挥社会稳定功能中存在的缺陷

1. 加剧团场发展不平衡，对兵团内部稳定性形成挑战

为了实现维稳戍边，兵团很多团场布局在边远地区，这些地区，土地贫瘠，水源匮乏，部分地区或高寒，或高热，自然条件十分艰苦，获取资源的途径十分有限。而部分团场地处城市周边，交通便利，资源丰富，发展农业和工业的基础都比较扎实。所以，兵团团场之间存在较大的经济发展差异，具体而言，天山北坡的团场相对发达，城镇化水平也优于天山南坡；腹地团场的经济发展水平总体上也快于边境地区的团场。而现有的城镇化道路不仅更趋向于将资源更加集中在部分发展较快的团场，还会加快落后地区团场的资源向发展较好的团场转移，加剧团场之间的经济发展差异，有可能为兵团内部的稳定性形成挑战。

2. 推动实际城镇化缓慢，难以有效提升兵团防护能力

兵团的城镇化以增强兵团维稳戍边的能力为主要目标，走的是行政为主的城镇化推进方式。行政的力量对人口的非自愿转移具有一定的作用，对基础设施的建设也具有较强的作用，但行政的力量无法有效的推进产业的布局，特别是能够大量产生有效就业的产业的落成。致使兵团城镇化进程中出现生活与生产不一致的现象，即生活在团镇生产在团场的情形，另外，还会导致一些空城鬼城的形成，造成资源的浪费。最终，难以推动兵团实际的城镇化进程。实际的城镇化进程缓慢既不能有效提升兵团的经济和税收能力，又无法显著改善兵团维稳戍边的能力,继而难以提升兵团的社会防御能力。

3. 造成城镇布局不合理,缺乏城镇维稳战略支撑点

现有城镇化路径上,各团场规模建设区内部的布局不合理。大部分兵团小城镇功能划分不清晰,所布局引进的产业层次较低。在一团一镇的建设中缺少规划,用地集约性差,给排水、园艺环卫、道路交通、供暖供气等设施建设不齐全不配套,小城镇建设无序,城镇布局具有一定的随机性和离散性。兵团城市布局分散,各镇主要在各团场的中心地带,而兵团是 175 个团场,其中 58 个团场是摆在了 2019 公里的边境线上,另外还有 88 个团是环两个沙漠,因而,兵团城镇布局整体比较分散。虽然团场小城镇数量较多(非建制镇),但都致力于发展自己的一套基础设施服务体系,建造模式相似,除规模大小不同外,结构基本雷同,缺乏各自的特色。真正属于交通要道的团场很少,所以战略的支撑点还不足。

4.3 基于社会稳定的兵团城镇化建设的思路

4.3.1 基于社会稳定的兵团城镇化建设的原则

4.3.1.1 城镇化与社会稳定相适应的原则

兵团的首要职能就是维护新疆的社会稳定,因此发展兵团的城镇化必须要以提升兵团维护社会稳定的能力相结合。新疆地处少数民族聚居区,伊斯兰文化盛行,使得在新疆呈现出民族问题与宗教问题相交织的特点。新疆土地开阔、地理条件复杂、人口分布相对分散等这些在很大程度上造成了新疆经济社会的相对封闭。另外,民族关系、文化差异也决定了兵团的城镇化必须要以增强兵团维护稳定的能力作为目标和原则。因此,兵团城镇化建设要考虑对民族地区经济的促进、与少数民族文化交流的加强等,进而增进新疆社会稳定。

4.3.1.2 城镇化与经济发展相适应的原则

城镇化与经济发展相辅相成,城镇化推进的速度同样决定于经济发展水平和增速。要推进城镇化的建设首先就要协调好当地的经济发展水平,以使得城镇化进程中,市场有足够的岗位吸引就业、有足够的产业支持供给、有足够的人口形成消费、有足够的要素自由流通、有足够的基础设施保障城镇居民的生活。如若盲目推进城镇化而经济发展水平未达到相应程度,则只会催生大面积失业、造成由于供给不足产生的通货紧缩,从而拖累经济的发展。而倘若城镇化的速度滞后于经济发展的速度，则又会因为缺乏进一步扩大经济发展所需要的劳动、资本和其他资源从而造成经济停滞。所以，城镇化的发展必须要遵循基本规律，与经济的发展相适应。

4.3.1.3 城镇化与生态安全相适应的原则

兵团驻扎的地区大多处在边疆地带和沙漠边缘和荒山脚下，生态承载力不足、环境脆弱，因此兵团发展城镇化要城镇化的环境效应和社会效应。兵团城市的建设一定要在保护环境和美化环境的基础上。因为，城镇化建设的最终目标是为城镇居民提供更优的社会服务和生活环境，最大限度地满足人类自身不断增长的生存与发展需求为体现以人为本的战略思想。另外，在超出城镇所处自然环境的土地承载力、水资源承载力、空气污染承载力等的基础上建设的城镇化也必然不是可持续的城镇化。

4.3.1.4 因地制宜的原则

兵团分布较广，不同区域的自然环境、资源状况、经济基础以及风俗文化都各不相同，各师的城镇化水平也差异较大，因此不能用一成不变的标准的框定兵团城镇化的发展，兵团各师的功能与优势也要求兵团的城镇化必须要因地制宜。例如，边境团场与中心团场的职能略有侧重，沙漠周边团场与其他地区的团场发展城镇化的优势劣势各异，少数民族聚集的团场与汉族为主的团场风俗文化也迥然不同，在发展城镇化的条件差异较大的情况下盲目的以统一的模式进行城镇的规划是断然不可取的。

4.3.2 基于社会稳定的兵团城镇化建设的目标

4.3.2.1 打造兵团城市增长极

城镇化是伴随经济和社会发展而产生的，是工业化和现代化发展的必然结果。一个地方的城镇化水平代表了其经济发展水平，因此，城镇化也是集聚资源和聚集人口的必要基础。兵团要持续有效地发挥维稳戍边的作用那么发展城市经济、升级产业、降低贫困、聚集人口是至关重要的，这就要求兵团以城市作为增长极，带动周边地区增长。只有兵团发展了壮大了，才能为新疆的安全与稳定奠定坚实的基础。兵团要走基于社会稳定的城镇化的道路就意味着传统的屯垦式的维稳戍边要逐步转变为驻城式的维稳戍边，因此兵团必须要快速改变现有的经济发展方式，从第一产业为主的产业结构快速提升到以第二、第三产业为主的产业结构上来，实现产业结构的优化。兵团要以现有城镇为基础，依托政策优势，着力打造石河子、五家渠、阿拉尔、图木舒克、北屯和铁门关等城市作为兵团经济的增长极，大力推进新兴兵团城市双河、可克达拉、昆玉市等城市的发展，形成区域小型增长极。

4.3.2.2 形成人口聚集城镇网

以天山为界的南北疆虽然是地理概念，但南北疆却代表了不同的民族人口比例、人口密度、经济发展水平和社会稳定程度。依托天山两侧的5个师58个团场，兵团未来可以致力于打造一个连接南北疆的人口交流城镇网络体系。在这种城镇网络体系下，南北疆沿天山附近的人口将被聚集在兵团城镇体系中。一方面，生产与生活被集聚在了更为狭小的区域，生产的规模经济和集群经济能够有效地提升生产率、增加就业、提升经济的发展水平；生活范围的相对集约也便利了政府部门以较低的成本提供相对充足的基础设施和公共服务，提升居民的生活质量。而另一方面，秉承不同文化，拥有不同价值观念的群体通过与他人建立了更为深厚的社会联系而变得更加依赖他人，从而对于不同文化和价值观必须进行更大程度的包容，不同的宗教信仰和价值取向在这种城市体系中能够充分地碰撞和融合，人们的相互理解相互信任将会大大提升。因此，形成南北疆交界处兵团城镇网络体系，不但对于该区域的经济发展能够起到较强的作用，还能够有效地促进文化的协同和民族价值观的融合，加强新疆的社会稳定。

4.3.2.3 塑造文化交流示范区

城镇是一个大熔炉，能够将具有不同语言、不同风俗、不同信仰、不同追求的人聚集在同一片土地。为了达成各自的目标，人们只有学会不断的包容和理解才不至于使自身的追求因为相异的文化而终止。有了包容和理解，不同风俗和文化才得以共存，才能够使得各族优良的文化被相互吸纳和融合，才能慢慢淘汰那些极端的超出大多人底线的思想和文化风俗，文化的整合才能够在长期的和平共处中得到实现。兵团在大力发展城镇化的同时也应该致力于营造一个包容友善、和谐共处的多民族共同发展的社会环境。在总体的规划和建设上就要兼顾少数民族的发展，兼顾少数民族文化与汉族文化的融合，兼顾少数民族生活方式与汉族生活方式的有效对接，让发扬优秀文化、摒弃不良风俗有充分的空间和时间得到实施。除了在整体上提升兵团城市的包容性之外，对少数民族比重较大的小城镇和团场还需要重点关注。一是要关注民族关系较为冷淡，民汉居住较为隔离，生活方式比较独立的团场的发展；二就是要关注民族关系较为和谐，民汉交流较为频繁，生产生活中相互尊重、关系融洽的团场。以文化交流较为密切、民族关系相处融洽的地区作为榜样，在全兵团进行示范和推广，最终形成良好的文化交流氛围，从而将兵团打造成新疆少数民族与汉族文化交流的示范区。

4.3.2.4 构建筑城戍边防护链

兵团的建立、存续、废除到恢复建立，围绕的都是兵团戍边维稳的功能是否有发挥的余地以及发挥的效果如何，因此，建设基于社会稳定的兵团城镇化需要强化兵团维稳戍边的能力。新疆独特的民族、宗教、人口、地理、资源状况使得新疆历来都是我国的一个敏感地区，宗教极端势力、民族分裂势力、国际恐怖势力对新疆觊觎已久。苏联解体后，地处新疆周边的中亚国家逐渐形成权力真空，历史上各民族间的矛盾开始突显。宗教极端势力、恐怖主义势力、民族分裂势力这三股势力迅速蔓延，通过新疆边境渗透到我国境内。这三股势力在新疆的活动一般都选择在经济落后、交通阻塞、文化不发展的偏远地区，通过灌输消极情绪，蛊惑民众。若不及时遏制，就会形成气候，破坏民族团结，影响边疆安定团结的大好局面。边疆安全是压倒一切的长期任务，因此，通过打造城市防护链加强对人口的管理，不仅可以在一定程度上切断恐怖势力和分裂势力的内外勾结，还能加强对边疆地区的管理，维护边疆内部稳定，保护居民的安全。如果说发展经济是从内在开始对兵团维稳戍边的能力进行提升，那么构建筑城戍边防护链就是从外在表现上对兵团维稳能力的强化。

4.3.3 基于社会稳定的兵团城镇化建设的重点

4.3.3.1 加快兵团产业结构优化

兵团若要增强社会的稳定性，发展经济、建设兵团城市增长极是一种重要的方式。而要想形成兵团城市增长极，切实带动城市及周边地区的发展，兵团就必须优化产业结构，转变经济发展方式。在区域经济增长中，结构因素是重要的增长源泉，而产业结构又是经济结构的重要组成部分。兵团城镇化过程中经济发展效应有限，经济增长后劲不足等问题很大程度上是由于兵团产业结构不合理造成的。具体而言，兵团经济发展的问题主要还在于兵团第一产业的比重偏大、一产内部种植业比重过高，林业、渔业、畜牧业发展相对滞后，抵御市场风险和自然风险的能力差；而兵团二产产业素质低，工业依然处于工业化发展的初级阶段，工业内部行业的劳动密集型产业依然处于主导地位，资本、技术密集型产业虽有发展但是增长速度较慢；第三产业在总产值中所占规模较小，水平低，从内部结构看，兵团第三产业依然处于以劳动密集型的传统的服务业（商贸零售、餐饮等）占主导的阶段，而属于资本、技术密集型的现代新兴服务业（软件和计算机服务业、信息传输、金融业、新兴服务业、文化娱乐等）还处于兴起阶段。因此，要想在城镇化进程中实现经济的快速发展，就必须加快兵团产业结构的优化，实现农业的现代化和产业化、工业的集约化和科技化以及服务业的信息化和网络化。

4.3.3.2 增加兵团城镇有效就业

以增强社会稳定的城镇化归根到底还是城镇化，城镇化首先就意味着人口从第一产业脱离出来而从事二三产业，因而，推进兵团城镇化的发展必须要改善中心地区的就业条件，增加城镇的非农有效就业。自古以来都是为"市"而"城"，而镇又是城的下级延伸，自然也该是为"市"而"镇"了。但如若没有大量、稳定、有效的就业就没有人口的大规模聚集，同时也没有真正意义上的城镇。另外，就业的创造对推进产业结构优化，促进经济增长也具有非常重要的作用，非农就业的增加也是挤出兵团第一产业剩余劳动力和促进工业和服务业发展的一大力量，而软件和计算机服务业、信息传输、金融业、新兴服务业、文化娱乐等行业的就业增加还能加速兵团产业结构的转型优化。对于兵团而言，城镇化的人口聚集效应有待增强的症结也在于兵团新增就业增长有待提升，部分团场新增就业岗位较少，无法有效地聚集劳动力。因此，兵团城镇化的重点还是应该牢牢把握非农就业岗位的增加。

4.3.3.3 增强兵团城镇包容程度

兵团的城镇化道路必须是包容性的城镇化道路，只有城市的发展足够包容，多民族、多文化的城镇共同体才能和谐稳定地长久发展。罗马俱乐部总裁奥雷利奥·佩西指出，任何发展和进步，如果不同时导致道德、社会、政治以及人的行为的进步，就毫无价值可言。2007 年亚洲开发银行正式提出了以实现机会平等，解决能力贫困为核心的"包容性增长（inclusive growth）"的理念，以提醒成员国注意经济快速发展中的失衡问题，倡导将经济增长建立在更自由、更开放、更公平的基础之上。从中国国内形势角度分析，"包容性增长"和中国近年来提出的"全面小康""和谐社会"和"科学发展"等思想，从根本上说是一脉相通的，同时它也和"转变经济增长方式"的要求相吻合。兵团地处新疆多民族聚居区，地缘特色浓厚、经济功能显著、文化交融强烈，这就决定了兵团的城镇化必须肩负公共服务均等和相异文化的融合两大任务，更需要经济增长具有包容性，因此，建设包容性的城镇是兵团特殊使命和环境下的必然选择。

4.3.3.4 完善兵团城镇空间布局

兵团城镇的分布对管控地方市县的人口流动具有较大的作用，分布在进入地方市县的交通要道的兵团城镇可以有效地把关进入地方市县的人员，形成对地方市县的保护。但由于历史和地理的因素以及经济发展的累积效应，兵团各师和团场分布散乱，基于师市合一、团镇合一思路的兵团城镇化必然导致兵团城镇分布的战略支撑点不足。成熟一个上报一个的原则有利于促进兵团城镇的经济发展，但在新疆特殊的、以增强兵团维护社会稳定的能力的城镇化中，城镇的无序形成和布局会使得城镇的社会稳定功能不能得到最大程度的发挥。一方面，落后的地区正是维护社会稳定薄弱的地区，而有条件城镇化的地区则是相对发达的地区，因此，单纯按照市场化进程进行城镇化，对于城镇的建设成熟一批申报一批的话，对社会稳定的直接作用并不会那么显著；另一方面，未能布局在战略要地的城镇对于维护地方安全，保障地方市县的和谐稳定作用并不明显。因此，在肩负特殊使命的兵团城镇化过程中，城镇的形成和布局需要结合社会稳定的功能有序地进行，还需要在行政力量的引导下，形成合理的、有利于社会稳定的城镇空间布局。

4.4 基于社会稳定的兵团城镇化路径的设计

4.4.1 以经济发展增强社会稳定的兵团城镇化发展路径

经济的发展对于社会内部稳定性的作用前文已详细论述，因此，在合理控制区际收入差距的基础上，大力发展经济，促进城镇化的发展，就能增强社会内在稳定性。具体而言，可以通过产业结构优化、农业现代化和推动贸易发展加快加深兵团城镇化水平。

4.4.1.1 以产业结构优化促进兵团城镇化

1. 合理迎接产业转移，优化产业园区建设

兵团作为西部地区欠发达的经济体，在全国产业结构转型中，主要充当承接东中部产业转移的角色。而产业的发展是城镇发展的根本动力，承接了合适的产业就能快速推动城镇化的进程，承接了不合适的产业则难以有力推进兵团的城镇化，甚至还可能制约兵团城镇的可持续发展。所以，承接产业转移对兵团城镇化而言非常重要。产业园区是产业与地域经济发生联系的现实载体，也是产业落户和发展的"温床"，因此，合理的承接产业转移一方面需要引进合适的企业，另一方面也要优化产业园区的建设，将产业园区打造成企业愿意来和喜欢来的乐土。师市合一的体制为产业园区的建设提供了便利，师也是市、团也是镇，这就使得师、团的地域内它们有根据自身条件设立政策的能力，有自己的财政收入以及相关权利去保障政策的实施。一师阿拉尔、三师图木舒克、六师五家渠、八师石河子是设立较早的师市，工业园区的建设也有一定的基础，特别是八师石河子市国家级经济技术开发区成为招商引资的典范，多家国内知名企业落户其内，第七师与奎屯共建的天北新区也具有一定的特色。此外，第二师铁门关、四师可克达拉、五师双河、第十师北屯、十四师昆玉也是近年来相继设立的师市合一的兵团城市，都具备了建立和发展工业园区，形成工业产业集群化发展格局的条件。但现有工业园区的建设仍然存在一定的弊端，最突出的就是引入产业的高投入和高污染，高投入高产出型的传统产业虽然能够有效满足城镇居民的日常需求，但无法带动产业素质的提升，不能为城镇经济的发展提供充足的后劲；而高污染的企业则更是严重影响了生态环境，降低了居民的生活质量。因此，兵团需要合理承接产业转移，优化产业园区建设。通过对兵团城市的产业园区投资，形成价值链长关联性大的产业集群，努力实现产城融合。

2. 培育新型主导产业，改善兵团投资结构

兵团具有一定竞争力的主导产业是第八师的制造业和水、电、热的供应行业，以及以第十三师的纺织业、食品加工业等劳动密集型产业和有色金属矿产采选、医药制造等资源型、资本和技术密集型产业。继续以能源矿产为主导产业不仅与其他产业的关联性较弱，难以发挥扩散作用，而且更重要的是这些主导产业无法将兵团经济导向集约型的发展道路，甚至会增加环境负担，破坏生态系统。因此，加速兵团新型主导产业的培育，改变兵团现有主导产业难以"主导"的现状是实现兵团产业结构优化、加快兵团经济发展以及保障兵团城镇化建设的重要途径。只有发挥兵团主导产业的带动作用，扬弃低水平、低效率的发展模式，支持基础产业和支柱产业的建设，改善竞争力较弱的师团的投资结构，提升生产效率才能进一步推动兵团产业结构转型，提高工业化发展水平，从而实现城镇化的建设与工业化的协同发展。

3. 推进新型工业化，增强城镇协调持续发展实力

新型工业化能够集聚产业、人口以及商品，从而强化城镇的辐射作用和扩散作用。城镇化为工业化的发展提供了良好的契机与平台，因此，在城镇化进程中，兵团需要改变原有工业化模式，以科技含量高、经济效益好、资源消耗低、环境污染少、人力资源优势得到充分发挥为目标发展兵团的新型工业化；以对口援疆政策、扩大内需政策和差异化政策为契机扩大兵团城镇招商引资，加快棉纺、食品加工、电力热力、现代农业装备制造及装饰建材等行业的发展。加强工业园区基础设施建设，坚持产业集群化、资源市场化、环境生态化、服务品牌化。增强项目承载能力，优化产业布局。增强企业自主创新能力，积极运用新技术、新工艺，改造提升传统产业，提高产品附加值和产业竞争力。高度重视知识产权和产品保护，大力推进品牌战略。聚合生产要素，扩大产业规模，培育产业集群，增强抗风险能力和经济实力。

4.4.1.2 以农业现代化推进兵团城镇化

1. 延伸农业产业链，提升农产品附加值

农产品加工是比农业规模大、效益高、容纳劳动力多、贡献多的产业，也是发展中国家工业化中期应当优先发展的领域。从实践看，一个国家或地区农业经济的发展、服务业的发达、农民的持续增收都离不开农产品加工业的支撑。据测算，目前兵团经济发展水平处于工业化中期阶段，主要农产品生产能力全国领先，以棉花、番茄及葡萄等特色产品为主的加工业具有一定基础，人均农产品占有量远远超过自治区和全国平均水平，无论从资源禀赋和产品产量来看，都具备优先发展农产品加工业的条件。依托兵团绿色农产品资源，开发高营养、低脂肪、无公害、环保型的系列方便休闲食品、绿色有机食品和保健食品，是资源最富集、优势最明显、开发潜力最大的领域，可以成为兵团农业现代化和农场经济的"发展极"，带动农业经济的全面发展。

2. 整合农业资源，推进农业产业化

农业产业化的本质是改造传统农业，把农业与其他相关产业融合起来联动发展，在工业化进程中实现产业资源的重新配置，并向有利于农业现代化的方向整合农业发展要素，能够解决农业现代化资金从何而来，农业剩余劳动力向何处去的问题，而这也是兵团发展城镇化必须要解决的问题。兵团突出的优势主要体现在现代化大农业和独特的资源、地缘优势，可以依托这两大优势重点发展现代化农场、牧场、养殖厂，引导团场职工根据区域资源和自然地理条件优势，走独特的产业化融合发展之路。农业产业化的推行一方面能够提升农业的产出效益，增加职工收入，另一方面还能提升农业投资回报，挤出农业剩余人口，达到农业资源的优化配置。农业的发展、金融资本的有效流入以及剩余劳动力的合理流出，都能为兵团城镇的发展提供牢固的基础。

推进兵团农业产业化进程首先要强化基地建设，坚实农业发展的物质基础。在结构调整的同时保持棉花、番茄等兵团农业主导产业增质不减产，保障基础农产品原料供应；改善基地设施，落实兵团农业产业化基地建设专项补贴；推广以精准农业六项技术和十大主体技术为核心的现代化农业技术，促进兵团农业基地集约化、标准化发展。其次，创新农业合作利益联结机制。团场作为兵团经济利益主体与职工和农户之间存在利益分割，"龙头企业+基地（团场）+农户"的模式造成了基地与农户间的利益竞争。所以，为了顺利地推进兵团农业产业化，需要团场、企业、农户三方共建合作组织，较小利益摩擦。最后，培育和扶持兵团农业龙头企业发展。当前，兵团农业产业化经营的效益不高，龙头企业竞争力薄弱、产品加工转换能力不强。因此，兵团产业化的推进要从提高企业准入门槛、整合市场资源、促进企业市场行为着手。

3. 发挥农业优势，打造农业品牌

对于城镇化而言，农业品牌的打造能够更大程度地挖掘产品的价值，提升城镇产业链中的价值含量，进一步打通产品的销售渠道，提升城镇经济的市场化水平，因此，发挥兵团农业优势，打造农业品牌对于提升兵团城镇经济的市场化水平，增加产业链的价值含量具有重要意义。兵团农业发展的优势在于其特殊的体制，土地为团场所有，职工和农户对土地进程承包。土地种植的作物由兵团统一规划、统一灌溉、统一收割再统一销售，售后所得收入再按农产品的收购价格支付给农户。这种统一管理的模式尽管存在一定的弊端（例如：兵团收购农产品的价格比其他渠道低，农户有抵触心理；收购后，先销售、再结算的方式降低了农户收入的保障；统一的种植规划使得能够捕捉正确市场信息的农户失去主动权等），但其优点也是显而易见的，统一的种植和管理对于农业现代化水平的提升提供了良好的条件，大规模的种植产生的规模效应也能给兵团农业生产带来额外收益，统一的销售则降低了农户的交易成本和市场风险。另外，这种统一的模式还能有效地把控农产品的质量，为兵团打造优质农产品品牌提供良好的基础。品牌的塑造不仅能够便利产品的销售，还能显著地提升产品的附加值。

4.4.1.3 以推进贸易发展兵团城镇化

从理论上来看，国际贸易的发展不但能够满足贸易双反主体对产品的需求，还能促进先进技术和管理经验的引进，提升本土资源的使用效率，实现出口行业的扩张，行业的扩张不仅要求农村剩余劳动不断涌入城市，还能够促进国内资本积累。因此，国际贸易能够加大对城市经济资本和劳动的供给从而推动城镇化发展。另外，城镇化导致的人力资本和资金的累积以及基础设施的完善为贸易部门的进一步发展提供了便利。因此，国际贸易能够提升居民收入水平改善居民收入分配，进而影响城镇化进程所需的资本以及劳动，从而间接影响城镇化；而城镇化也通过影响国内供需平衡关系，影响一国贸易类型，促进国际贸易。

兵团有5个边境师，58个边境团场，分布于新疆哈密、昌吉、阿勒泰、塔城、博乐、伊犁、阿克苏、克孜勒苏、喀什、和田等各地州市的各边境市县内，分别与蒙古、哈萨克斯坦、吉尔吉斯斯坦等国家接壤。兵团拥有边境口岸的主要有第四师、第六师、第九师、第十师等师，所对应的口岸分别是霍尔果斯口岸、木扎尔特口岸、都拉塔口岸、阿拉山口口岸、乌拉斯台口岸、巴克图口岸，大力发展外向型经济，发展特色农产品流通与加工业、商贸物流业，积极推进边境团场的城镇化进程。兵团能够充分利用对外开发的口岸优势，利用对内对外贸易的有利条件，发展商贸服务业、相关加工业以及外向型经济，将边境口岸的地缘区位转变为对外开放的优势区位，从而带动边境地区人口的空间聚集及城镇化发展。靠近边境口岸地区的团场的城镇化发展模式表现为随着口岸的形成，口岸经济迅速发展,形成了依托口岸、边贸支撑的外向型口岸经济特色,使口岸经济成为边境团场的经济主体,带动该地区城镇化的推进。

4.4.2 以人口聚集提升社会稳定的兵团城镇化发展路径

前文已经详细论述了人口的合理分布对于维护社会稳定的重要的作用,人口从偏远地方转移而在城镇聚集对促进兵团的城镇化也是至关重要的,但人口在城镇的聚集需要城镇具备相应的就业岗位和基础设施来容纳从落后地区转移的人口,因此需要兵团以加快服务业发展和完善公共服务促进兵团的城镇化建设。

4.4.2.1 以加快服务业发展推动兵团城镇

城镇化与就业之间并非简单的相关关系或者线性关系,而是随着服务业的发展表现出阶段性变化。当服务业占 GDP 比重低于 0.26 时,城镇化每提升一个百分点带动就业 0.1902 个百分点,服务业占比在 0.26~0.44 之间时,城镇化的就业效应为 0.4931,服务业占比在 0.44~0.7 之间时,城镇化的就业效应为 0.6269,而当服务业的发展程度超过 0.7 时,城镇化的就业效应达到 1.0640。因此,大力推进服务业的发展、协调城镇化速度与服务业的发展程度,才能促进兵团城镇的有效就业。

但兵团服务业总量仍偏小、比重偏低。2014 年,兵团第三产业产值为544.86 亿元,2000 年对应产值为 56.25 亿元,年均增长率为 16.2%。而 2000~2014 年兵团第二产业从 48.54 亿元增加到了 776.86 亿元,年均增速达到将近20%,因此,兵团服务业增长速度显著慢于工业和建筑业的增长速度。从第三产业占国内生产总值的比重来看,2000 年兵团第三产业占 GDP 比重为 31.9%,而2014 年兵团第三产业占 GDP 比重不升反降,只有 31.3%,与全面建成小康社会的目标 50% 的比重相差 18.7 个百分点。从第三产业组成结构来分析,兵团传统服务业发展比重过大,现代服务业的发展则相对滞后。信息传输、计算机服务和软件业、金融业等现代服务业的发展层次偏低,与交通运输仓储和邮政业、批发和零售业、住宿和餐饮业为主体的传统产业的发展不协调。2014 年,兵团服务业中交通运输、仓储和邮政业、批发和零售业、住宿和餐饮业分别占服务业总产出的 16%、27.7%、7%,三者合计占比高达 51.3%。从市场开拓能力来考察兵团服务业,则可以看出虽然兵团在不断在完善服务业的薄弱领域,服务功能大幅提升,但兵团服务业企业大体呈现出散、弱、小的特点。服务业企业整体规模仍偏小,经营单位偏少,尤其是现代服务业领域缺乏规模大、带动力强的大型企业集团。从资源配置角度分析,一些地区资源整合程度较低,服务业内存在企业小而全、小而散的现象,从而出现同质化严重的低水平竞争。另外,兵团服务业发展中还面临着资金投入不足、人才严重匮乏的状况。

因此，为了推进兵团城镇化，有效地促进人口向城镇聚集，必须大力发展兵团服务业。首先，全面发展以计算机应用服务、信息和网络技术服务、金融服务、研发服务、科技中介、现代物流等为代表的现代服务业的关键领域和重点行业。一方面，可以借助规划、政策、资金、土地供给、税收等着手断，鼓励促进其发展，着力研究解决制约关键领域和重点行业发展的薄弱环节。另一方面，对现有条件允许的师市可利用兵团工业园区、开发区等形成的产业集聚资源，以现代服务业为抓手，培育现代服务业产业链，提升服务价值，多层次、全方位满足企业、政府、消费者服务需求；而对于兵团边远落后区域及农牧团场要利用其外贸、特色农产品、特色旅游、民俗民风等优势发展现代服务业的提升。其次，全力打造三个现代服务平台。对先进制造业项目相关的现代物流业、信息传输业、技术培训机构等现代服务业进行合理规划与开发，通过政策引导和市场推动，着力解决企业、高校和科技服务的融合，效仿神内集团，依托石河子大学、塔里木大学等强势学科，完善产学研模式，形成"开发—调试—生产—商品—市场"完整循环的价值链，实现现代制造业和现代服务业的"双轮"驱动。最后，把经营性和准经营性的服务项目全部向民间资本开放，并且将部分有条件开发的公益性服务项目推向民间，从土地支持、税收优惠、财政补贴、权益保证等方面出台有关政策，制定相关的民间资本投资机制，将兵团从建设者、管理者转变为规划者、决策者和监管者。

4.4.2.2 以完善公共服务深化兵团城镇化

城镇化不是简单的人口比例增加和城镇面积的扩张，而是实现就业方式、产业结构、人居环境、社会保障等由"场"到"城"的重要转变，利用城镇化集聚人口、吸引人才的效应，发挥城镇在经济社会中的承载功能和增长极功能，而完善城镇公共服务设施则是吸引人口、留住人口的重要途径。结合职工对城镇发展配套的需求，一方面，通过对城镇基础设施的硬件建设和卫生、教育等软件建设，增强小城镇的产业带动和生活服务能力，形成层次分明、系统完整的产业和城镇公共服务体系；另一方面，通过不断优化城镇空间结构和布局，形成各具特色、优势互补、区域协调发展的新格局，提高城镇发展对人口、产业的承载力和辐射力。

要完善兵团公共服务首先要处理好行政与市场关系，通过完善"师市合一""场镇合一""连社合一"管理体制，强化兵团市、镇、社区公共管理主体地位和服务职能，发挥市场配置资源的决定性作用，建立与城市、产业发展水平相适应的城镇管理体制。建立健全全覆盖、均等化、可持续的基本公共服务体系和社会保障制度，提升城镇市政公共事业管理专业化、规范化、市场化水平，满足城镇居民日益增长的物质和精神需求。

其次，要不断完善城镇水、电、气、路等基础设施建设和各项公共服务，营造拴心留人的工作和生活环境，提高集聚人口的能力，通过对口援建团场城镇建设，借助"外力"带动城镇人口集聚，最终使人口和产业集聚成为城镇发展的基础。团场则需要重点抓好"六个一"工程，即建成一条商业街、一个综合商场、一个农贸市场、一座星级酒店、一个仓储物流园、一个星级农家乐。部分团场还需要招商引资，引入汽车4S店、冷链物流园、影视城、星级酒店和光伏电站，另外，经济清洁的天然气全覆盖的供暖设施也不可或缺。

最后，要提升城镇综合服务水平和设施承载能力，从建设城镇向经营管理城镇转变，丰富城镇内涵，提升城镇品位，让职工群众享受现代城镇文明。引进先进技术，积极发展批发零售、社会服务行业，因上述产业需求空间大是居民生活的必备产业；教育、文化、娱乐产业丰富了居民的生活，应该不断完善发展；交通运输仓储等居民生活的必要基础设施行业，为居民的出行提供了方便，应大力发展；金融保险、信息等现代设施，是经济快速发展的基础产业，其能带来先进的技术水平，优化工作环境、提高工作效率，应该重点发展。

4.4.3 以文化融合促进社会稳定的兵团城镇化发展路径

文化的融合对于社会稳定的作用更是毋庸赘言，只是针对城镇化发展中面临的不同情境，需要选择不同的城镇化发展路径。对于少数民族聚集区的城镇化应该采取行政主导的方式，而对于以汉族为主的多民族混居区则更适宜采取市场主导的方式。

4.4.3.1 以政府主导建设民族聚居区城镇化

少数民族地区的城镇化进程是当前城镇化研究的重要领域，由于其在民族风俗习惯、宗教信仰、语言文字等方面存在的差异，而风俗习惯和宗教信仰又是少数民族传统文化的重要组成部分或表现形式，决定了少数民族区域城镇化的敏感性和特殊性。伴随着城镇化进程，各民族间的交流不断增加，为不同民族间的相互认同、相互合作提供了可能。尽管这可能是一个长期、复杂的过程，且不可能一帆风顺，但是民族团结和融合共进的主旋律不会改变。从这一角度来说，兵团城镇化是推进新疆民族关系的重要动力，通过城镇化使不同民族之间的通婚现象日益增多，在长期的共同生活中，城市少数民族接受、吸收汉族和其他少数民族风俗习惯的某些方面，本民族风俗习惯中某些方面的民族性特点减弱，同时，一些富有特色的、优良的少数民族风俗习惯，被社会所承认、吸纳，变成一种地方色彩的区域习俗和文化为各民族公众认可。因而少数民族区域的城镇化发展具有十分重要的战略意义，推动少数民族地区的城镇化进程，既是促进经济发展的有效方式，更是实现民族间相互融合的最佳选择。

对于民族聚居区域的城镇化发展，应该坚持基于民族融合的行政主导型民族区域城镇化发展路径。所谓基于民族融合的行政主导型民族区域城镇化发展路径是指在城镇化进程中，考虑到民族地区的特殊性，充分强调以城镇化带动经济增长，以城镇化促进民族融合，以行政力量推动为主，以市场机制拉动为辅的城镇化发展模式。兵团少数民族聚居团场，地处偏远，经济基础薄弱，广大少数民族群众的文化水平较低，进城意愿不强，一些以游牧为生的民族甚至就没有形成定居的意识，如果单纯依靠市场机制，由于这些地区受历史背景、文化背景的影响，再加上资本的趋利性，其城镇化发展与内地的差距只会越拉越大。少数民族同胞与汉族同胞收入差距的拉大，不利于民族团结；同时，少数民族地区城镇化进程的滞后，也会阻碍少数民族学习和接受先进文化，不利于实现民族融合，影响社会稳定。

因此，对于少数民族聚居的落后区域，要加大政府在城镇化进程中的作用，在发挥市场机制作用的同时，加强兵团的行政干预。一方面，要兵团制定相应的发展规划，大力支持当地的基础设施建设，通过政府投资尤其是大项目投资的形式，带动当地的产业发展，吸纳有能力的少数民族群众进城务工，另一方面，要提供优惠的发展政策。比如借鉴开发区对企业采取减税政策，吸引更多的企业开发少数民族地区的特色资源，同时鼓励汉族向少数民族地区转移，为其提供一定的财政补贴和优惠条件等。对于文化教育问题，政府要大力推行双语教学，增强不同民族之间的沟通交流。总之，对于民族聚居区域的团场的城镇化发展，尤其是南疆三地州和伊犁地区、吐鲁番的部分市县，要抓住当前对口支援的大好机遇，充分发挥兵团在城镇化进程中的作用，坚持基于民族融合的行政主导型民族区域城镇化发展路径，以民族团结、民族融合为核心，以经济发展为突破口，以城镇化为平台，实现民族聚居区域的跨越式发展。

4.4.3.2 以市场主导发展民族混居区城镇化

市场主导的城镇化是以价格为信号，要素的自由流动为主要特征的城镇化发展路径。在市场机制的作用下，人力、物力、财力都会被聚集在相对狭小的范围内，人们的生产和生活也自然会集中在相对狭小的地域范围内。此时，无论是民族还是宗教，人们的经济关系都会更为紧密地结合在一起。有了更为一致的经济目标，不同种族的交流就会增多，为了达成一致的利益诉求，不同文化的碰撞、交织、接纳与融合就会随着经济关系的不断增进而不断扩大和深入。文化的差异就会在市场的作用下，在经济目标的主导下而得到一定程度的融合和协同。

这种通过机制的作用来促进文化协同的方式，首先要建立在市场较为发达，市场的主体具有较强的经济人特性的基础上。而民族聚居区往往市场发展程度不够，经济主体带有的宗教思想和特性，经济人的特性往往不能被显著地表达。而以汉族为主、各民族混居的地区，经济发展程度相对较高，市场机制相对较为健全，市场主体的经济人特性往往较高。因此，在民族混居区要以市场机制为主导发展城镇化才能使得新疆各民族不同的文化形成更强的磨合与更高的协同。

具体而言，在以市场为主导的兵团城镇化建设中，兵团类政府组织应该以市场主体的身份，参与城镇化的发展，打造各民族共同交流的经济平台，扫除市场交易中的歧视、欺瞒、诈骗，打击利用语言、文字等文化差异刻意侵犯经济主体的经济利益等市场经济发展中的"反市场"行为。

4.4.4　以优化城镇布局增强兵团防护能力的城镇化发展路径

前述三种路径主旨在于提升社会内在的稳定性，而以合理化城镇布局的发展路径则主要在于提升兵团维护社会稳定的能力，是一种外在维稳力量的强化。兵团的城镇是在团场的基础上发展起来的，也就是城镇的布局很大程度决定于团场的布局。按照现有的兵团团场的布局，可将兵团团场划分为在地方市县域范围或临近市域范围的团场、处在交通要道也离地方市县较近的团场、处在交通要道却远离地方市县的团场、远离交通要道且离地方市县有一定距离的团场、离交通要道有一定距离且离地方市县有一定距离的团场、离交通要道有一定距离却远离地方市县的团场、远离主干道且远离地方市县的团场。

对于处在地方市市县域范围或临近市域范围的团场（见表4-22）对地方市县的防护作用是最好的，既能共享地方基础设施，又处在防护之地的周边，能够快速灵敏地实现对地方市县的保护。

表4-22　　　　　　　　　在地方市县域范围或临近市域范围的团场

团场	团部驻地	团场交通位置
104团	乌鲁木齐市	乌鲁木齐市域范围内
西山农牧场	乌鲁木齐	乌鲁木齐市域范围内
五一农场	乌鲁木齐市	乌昌连接处
三坪农场	乌鲁木齐市	乌鲁木齐市域范围内
头屯河农场	乌鲁木齐市	乌鲁木齐市域范围内
养禽场	乌鲁木齐市	乌鲁木齐市域范围内
红星三场	哈密市	接近哈密市域范围内
火箭农场	哈密市	哈密市郊外

续表

团场	团部驻地	团场交通位置
161 团	裕民县	裕民县县域范围
163 团	塔城市	塔城市域范围
152 团	石河子市	石河子市域范围
137 团	克拉玛依市	克拉玛依市市域范围内

资料来源：根据百度地图和高德地图整理。

处在交通要道离地方市县较近的团场（见表4-23）对地方市县的防护作用也比较大，但交通要道为高速公路的团场由于高速公路的特性，这部分团场对于地方的防护作用小于处于国道和省道的团场。

表4-23　　　　　处在交通要道也离地方市县较近的团场

团场	团部驻地	交通位置	备注
224 团	皮山皮亚勒玛乡	临近 G315	墨玉县与皮山县的交通要道
红山农场	巴里坤县红山	邻近 S303	
黄田农场	哈密市黄田镇	邻近连霍高速	距哈密十五公里
奇台农场	奇台县四十里腰站镇	邻近大奇高速	靠近奇台县
108 团	奇台县湖沿镇	临近大奇高速	
109 团	奇台县骆驼井	临近 S303	
110 团	奇台县三十里大墩镇	临近 S303	
168 团	额敏县	邻近 S210	
169 团	额敏县	邻近 S210	
142 团	沙湾县新安镇	邻近 S224	距沙湾县25公里
143 团	沙湾县花园镇	邻近 S115	距沙湾县20公里
144 团	沙湾县钟家庄镇	邻近 S115	距沙湾县25公里
145 团	石河子市北泉镇	邻近 S204	
147 团	玛纳斯县十户滩镇	邻近 S201 和 S204	
148 团	玛纳斯县西营镇	邻近 S301 和 S204	
164 团	塔城市	邻近 S211	
151 团	沙湾县紫泥泉镇	临近 S101 和 S223	
85 团	博乐市布恩混图	临近 G312	

续表

团场	团部驻地	交通位置	备注
86 团	博乐市	临近 S305 和 S205	
87 团	温泉县	临近 S304	
88 团	温泉县博格达尔镇	临近 S304	
89 团	博乐市塔斯尔海镇	临近 S305	
90 团	博乐市	临近 S305	
91 团	精河县托托乡	临近 G30	
101 团	五家渠市	临近 S102	
81 团	博乐市	临近 S208 和 S315	
82 团	精河县黑树窝子	临近 S305 保护精河县	
83 团	精河县沙山子镇	临近连霍高速	靠近精河县
79 团	尼勒克县则库镇	临近 S315	
77 团	昭苏县阔克托别镇	临近 S237	靠近昭苏县
65 团	霍城县三宫乡南梁三宫	临近 G218	
66 团	霍城县界梁子镇	临近清伊高速	
62 团	霍城县老霍城镇	靠近 S213 和连霍高速	
叶城牧场	叶城县萨依也尔	临近 G315 距 G219 10 公里	
51 团	图木舒克市	临近 S218	
52 团	图木舒克市齐干却勒镇	临近 S218	
48 团	巴楚县	临近 S234	
22 团	和静县	临近 S206	
23 团	和静县	临近 S206	
24 团	和硕县	临近吐和高速	
27 团	焉耆县四十里城子镇	临近和库高速	
28 团	库尔勒市上户镇	临近 S223	
29 团	库尔勒市吾瓦镇	临近吐和高速	
30 团	库尔勒市双丰镇	临近吐和高速	
31 团	尉犁县英库勒镇	临近 G218	靠近尉犁县
33 团	尉犁县	临近 G218	
34 团	尉犁县铁干里克镇	临近 G218	
36 团	若羌县米兰镇	临近 G315	靠近若羌县

续表

团场	团部驻地	交通位置	备注
223团	和静县	临近S305和X073	
41团	驻疏勒县	临近S214	北通疏勒县，南至阿克陶县
43团	麦盖提县	临近S234	
45团	麦盖提县	临近S234	
1团	阿克苏市金银川镇	临近G314国道	
2团	阿克苏市新井子镇	临近吐和高速和G314国道	
3团	阿瓦提县哈拉库勒镇	临近S309省道	
5团	温宿县沙河镇	临近吐和高速	
6团	温宿县荒地镇	临近S207	
8团	阿拉尔市塔门镇	临近S207	
9团	阿拉尔市	临近S207	
12团	阿拉尔市南口镇	临近S308	
102团	五家渠市梧桐镇	临近S301	靠近五家渠，遥望阜康

资料来源：根据百度地图和高德地图整理。

处在交通要道却远离地方市县的团场（见表4-24）对地方市县的保护能力较差，这部分团场除了部分具有守卫边境的功能外，其他团场对维护地方的社会稳定贡献不足。

表4-24　　　　　　　处在交通要道却远离地方市县的团场

团场	团部驻地	交通位置	备注
191团	福海县清河农场	邻近S310	远离市县
183团	福海县双渠镇	邻近G216	远离地方市县
170团	额敏县	邻近S318	远离地方市县
122团	沙湾县东野镇	邻近S312	远离地方市县
132团	沙湾县红光镇	邻近S312	远离地方市县
133团	沙湾县桃花镇	邻近S312	远离地方市县
134团	沙湾县下野地镇	邻近S312	远离地方市县
136团	克拉玛依市小拐镇	邻近S201	远离地方市县
141团	沙湾县北野镇	邻近S224	远离地方市县

续表

团场	团部驻地	交通位置	备注
162 团	塔城市叶尔盖提镇	邻近 S222	远离地方市县
149 团	玛纳斯县东阜城镇	邻近 S204	远离地方市县
128 团	乌苏市前山镇	临近 S207	远离地方市县
129 团	克拉玛依市五五新镇	邻近 G217	远离地方市县
130 团	克拉玛依市共青城镇	邻近 G217	远离地方市县
124 团	乌苏市高泉镇	邻近 G312	远离地方市县
125 团	乌苏市柳沟镇	邻近 S207	远离地方市县
190 团	福海县	邻近 S318	远离地方市县
123 团	乌苏市车排子镇	临近 S314	远离地方市县
芳草湖农场	呼图壁县芳草湖镇	临近 S301	远离地方市县
新湖农场	玛纳斯县新湖镇	临近 S301	远离地方市县
拜什墩农场	伊宁县	临近 G218	远离地方市县
75 团	昭苏县和吐浩尔镇	临近 S237	远离地方市县
74 团	昭苏坡马镇	临近 S237	远离地方市县
69 团	察布查县哈海镇	临近 S220	远离地方市县
70 团	伊宁县谊群镇	临近 S220 和 G218	远离地方市县
71 团	新源县阿合齐镇	临近 S316	远离地方市县
72 团	新源县肖尔布拉克镇	临近 S316	远离地方市县
73 团	巩留县阔尔吉勒尕镇	临近 S316	远离地方市县
63 团	霍城县塔克尔穆克尔镇	S213 附近	但距离地方较远
64 团	霍城县可克达拉镇	连霍高速附近	远离地方市县
32 团	尉犁县乌鲁克镇	临近 G218	谁都没有保护
4 团	乌什县包孜镇	距 S306 省道 20 余公里	远离地方市县

资料来源：根据百度地图和高德地图整理。

而对于远离主干道却靠近地方市县的团场（见表 4-25），它们对地方市县的安全稳定而言非常重要，但由于地理条件和交通条件的不便，团场对地方市县的防卫也难免不尽如人意。

表 4-25　远离交通要道且离地方市县有一定距离的团场

团场	团部驻地	交通位置
222 团	阜康市北亭镇	远离主干道，距阜康市 15 公里
皮山农场	皮山县昆其买里	远离交通要道，距皮山县 15 公里
47 团	墨玉县喀尔赛乡	部分连队远离交通主干道，距墨玉县 5 公里
红星一场	哈密市二道湖	远离公路主干道，距哈密市 10 公里

资料来源：根据百度地图和高德地图整理。

而距离交通要道有一定距离，且距地方市县有一定距离的团场（见表 4-26）对地方市县的防护能力也比较差，特别是对于地理位置复杂的区域，紧急事件的发生，兵团维稳力量难以快速到达。

表 4-26　离交通要道和地方市县均有一定距离的团场

团场	团部驻地	交通位置
红星二场	哈密市火石泉	距 S328 十公里，距哈密市 20 公里
221 团场	吐鲁番市交河古城东	距 G312 5 公里
181 团	阿勒泰市巴里巴盖镇	距 G216 和 G217 5~15 公里
166 团	额敏县	距 S210 10 公里
131 团	奎屯市	距离 G217 5 公里，距独山子 20 公里
150 团	玛纳斯县西固城镇	距 S204 20 公里
六运湖农场	阜康市六运湖镇	距 S303 10 公里
土墩子农场	阜康市土墩子镇	距 G216 5 公里
红旗农场	吉木萨尔县四厂湖镇	距 G335 25 公里
共青团农场	昌吉市苃苃槽镇	距 S301 5 公里
103 团	五家渠市蔡家湖镇	距 S301 25 公里
105 团	昌吉市枣园镇	距 S204 10 公里
106 团	呼图壁县马桥镇	距 S301 10 公里
111 团	呼图壁县头道湾镇	距 S301 15 公里
叶城二牧场	叶城县	距 G219 25 公里
莎车农场	莎车县阿其克	距三莎高速 10 公里
红旗农场	阿图什市七盘水磨	距 G314 10 公里
东风农场	英吉沙县	距 G3021 5 公里

续表

团场	团部驻地	交通位置
61团	驻霍城县阿力麻里镇	距连霍高速10公里
68团	察布查尔县佛尕善镇	距S313 5公里
76团	昭苏县吐尔根布拉克镇	距S237 15公里
78团	特克斯县阿热勒镇	距S220 5公里，保护特克斯
84团	博乐市	距S304 10公里
7团	阿拉尔市玛滩镇	距S207 10余公里
10团	阿拉尔市科克库勒镇	距S215 10余公里，距S210 20余公里
11团	阿拉尔市花桥镇	距S210 10公里
13团	阿拉尔市幸福城	距S215和S210 5~10公里
14团	阿拉尔市夏合勒克镇	距S210 10余公里
15团	阿拉尔市红桥镇	距S210 20公里
16团	阿拉尔市新开岭镇	距S207 10余公里
托海牧场	阿拉尔市	距S207 5公里
25团	博湖县	距S206 5公里
26团	和硕县	距吐和高速10公里
35团	尉犁县铁干里克镇	距G218 10公里
42团	岳普湖县莫乃勒镇	距S214 10公里
44团	图木舒克市小海子	距S218 5公里
46团	麦盖提县	距离S234 10公里
21团	和静县	距G218 10公里，距焉耆县20公里

资料来源：根据百度地图和高德地图整理。

另外，离交通要道有一定距离却远离地方市县的团场（见表4-27）对于地方的防护作用则更差，以这些团场为基础发展起来的城镇对增强兵团社会防护能力效果不大，特别是处在北疆和东疆的团场。

表4-27　　　　　离交通要道有一定距离却远离地方市县的团场

团场	团部驻地	交通位置	备注
红星四场	哈密市红延镇	距连霍高速5公里	远离地方市县
柳树泉农场	哈密市柳树泉	距连霍高速10公里	远离地方市县

续表

团场	团部驻地	交通位置	备注
189团	北屯市	距S324 10公里	远离地方市县
187团	福海县	距G216 5公里	远离地方市县
188团	福海县	距G3014 5~15公里	离地方市县
182团	福海县喀拉玛盖乡	距S324 5~15公里	远离地方市县
167团	额敏县	距S210 5~10公里	远离地方市县
165团	额敏县	距S210 15公里	远离地方市县
135团	沙湾县沙门子镇	距S201 5公里	远离地方市县
121团	沙湾县炮台镇	距S201 10公里	远离地方市县
127团	乌苏市苏兴滩镇	距S207 10公里	远离地方市县
伽师总场	伽师县阿其克镇	距G3012 15公里	远离地方市县

资料来源：根据百度地图和高德地图整理。

最后，远离主干道和远离地方市县的团场（表4-28）中除了102团外，其大部分是边境团场，对社会稳定的作用在于戍守边疆，多以牧场和农场为主，发展城镇化条件不足。

表4-28　　　　　　　　远离主干道和地方市县的团场

团场	团部驻地	交通位置
红星一牧场	巴里坤哈萨克自治县城	边境团场
红星二牧场	哈密市骆驼圈子	边境团场
一牧场	策勒县努尔乡	远离主干道和市县
淖毛湖农场	伊吾县淖毛湖乡	边境团场
青河农场	福海县	边境团场
184团	和布克赛尔县夏孜盖乡	没有主干道
185团	哈巴河县克孜勒乌英克镇	没有主干道
186团	吉木乃县吉木乃镇	没有主干道
126团	乌苏市科克兰木镇	远离主干道
北塔山牧场	奇台县库甫镇	无主干道
67团	察布查尔县裴新哈莎镇	无主干道
托云牧场	克州乌恰县托云乡	无主干道

续表

团场	团部驻地	交通位置
53 团	图木舒克市皮恰克松地镇	无主干道
49 团	图木舒克市	山脚下无主干道
50 团	图木舒克市	山脚下无主干道

资料来源：根据百度地图和高德地图整理。

从兵团现有的建制镇来看，145团北泉镇和152团石河镇临近石河子市；102团梧桐镇临近S301省道靠近五家渠，遥望阜康；103团蔡家湖镇距S301省道25公里距五家渠20余公里；123团金银川镇临近S304省道但远离地方；都靠近交通要道，但都距地方市县较远，且主要分布在北疆，对于维护地方市县的安全与稳定作用较小。而从社会稳定角度来看，真正城镇布局较好的只有41团草湖镇，其临近S214省道，处于北通疏勒县南至阿克陶县的交通要道。因此在未来的城镇化过程中，为了加强兵团对地方的保护能力，在发展城镇化条件较为成熟的情形下，应该优先考虑处在地方市县市域范围或临近市域范围的104团、161团、163团和137团以及在交通要道也离地方市县较近的1团、2团、3团、5团、6团、8团、9团、12团、22团、23团、24团、27团、28团、29团、30团、31团、33团、34团、36团、43团、45团、48团、51团、52团、62团、65团、66团、77团、79团、81团、82团、83团、85团、86团、87团、88团、89团、90团、91团、101团、108团、109团、110团、142团、143团、144团、147团、148团、151团、164团、168团、169团、223团、224团等，特别是以上团场中地处南疆四地州的团场。而对于靠近地方市县却远离交通要道的222团、皮山农场、47团、红星一场应该加快团场所在地基础设施建设，早日达到建立城镇的标准。而对于远离地方市县的非边境团场则需要大力发展经济，支援维稳戍边一线团场的发展。

4.5 基于社会稳定的城镇化路径实施的支撑体系

4.5.1 扩大公共服务供给和基础设施建设

4.5.1.1 健全兵团基本公共服务体系

完善的公共服务体系有利于兵团人口的聚集和产业的发展。兵团基本公共服务体系是由以兵团党委为主导、以提供基本而有保障的基本公共产品、基于基本人权的基本公共服务组成的完整体系。建立兵团基本公共服务体系，健全兵团公共服务体系是建设服务型兵团的重要内容，也是提升兵团人居环境吸引力的必然要求。兵团的基本公共服务体系主要涵盖了劳动就业、基础教育、公共医疗卫生、公共文化、社会保障、公共安全体系等。健全兵团基本公共服务体系需要紧密结合兵团社会经济发展现状，走社会化和公益化的道路。这就要求兵团依据服务主体的多元化、行为的社会化及形式的多样化的思路，建立和完善兵团基本公共服务体系，使其具备广泛覆盖、成本低廉和高效运作的特点。具体而言，首当其冲的是对兵团师市和团镇的教育资源和基础教育设施进行完善，让每一个进入兵团城镇人的子女都有学可上。从农业部门转向非农部门很重要的一个原因是在城镇居住时子女能够接受良好的教育，为了下一代未来的发展而进入城镇是很大一部分人迁出落后团场的原因，如若不能建立良好的教育体系，则城镇对于团场居民来说，其吸引力将大打折扣。其次是健全公共医疗卫生服务体系。公共医疗体系的完善是让居民更好地享受生命、享受生活的基础保障，让兵团居民享有安全、有效、方便、价廉的基本公共医疗卫生服务也是城镇具备吸引力的一大原因。再就是完善兵团师市和团镇的就业服务体系、公共文化服务体系、社会保障体系以及公共安全体系，以实现兵团城镇的更广泛就业，让低收入阶层居民享有基本生活保障，让普通居民享受到丰富多彩的文化生活和更加安全有序的社会环境。

4.5.1.2 多中心多元化公共服务供给

首先，利用财政资金具备引导社会资本跟随进入的特点，对团场采取补贴政策，对建制城镇地区进行税收优惠，从而引导企业、个人等多种社会资金涉足公共服务。通过合同外包、特许经营等方式分层次、分类别地建立与非盈利机构和事业单位的服务购买关系以提升公共服务市场的竞争性。其次，鼓励资本结构创新，刺激私资、民资、外资投资团场及基础连队的公共服务，提升兵团城镇的公共服务能力；积极争取以债券发行和捐赠募集的形式聚集社会闲散资本进入兵团城镇公共服务体系，从而多元化的兵团公共服务的供给体系。再其次，分解和区分公共服务环节，明晰公共服务供给者和消费者，明确公共服务供给主体的优势与劣势，从而实现以市场调节的方式对半公物品进行供给进而提升兵团对半公共物品供给的有效性。然后，恰当引入市场机制，完善竞争机制，建立有效的利益分享机制，激发市场主体的热情投资者的合法权益。最后，要加强兵团及师部党委的监督与管理职能。减小由于城镇化进程中市场机制的运行带来的对弱势群体的边缘化的可能，发挥兵团特殊体制的优势，引导兵团城镇公共服务的均等化。

4.5.1.3 建立兵团基本公共服务资源共享机制

加强兵团行政结构间的联系,做好建制市(镇)、团场之间的公共服务的衔接,保持公共服务的一致性,提升公共服务的共享度。根据城镇化的需求,结合兵团现有公共服务的承载力状况,综合考虑兵团城镇的财政政策、人口政策、投资政策和土地政策等,避免公共服务的供给不足与结构性供给过剩。首先,在软性制度上实现师市、团镇和连队公共服务共享机制的对接,使得兵团全体居民实现衣食住行、教育医疗基本得到保障的同时,在就业、收入、养老和人居环境方面得到较大的提升。其次,在完善北疆地区社会保障体系的同时,加快建立南北疆、贫困团场边境团场与民族团场之间的协调发展,实现公共资源在同一级别的跨区的有效共享。最后,加大地处对南疆地区的一师、二师、三师和十四师贫困团场的扶贫精度与力度,在团场贫困职工的基本生存权利得到保障的基础上,医疗保险、养老保险和农业保险制度,然后逐步建立起南北疆统一、全面的社会保障制度,不断提升南北疆社会保障的水平和范围,通过完善一体化的养老保险制度、医疗保险制度、就业保障制度、大病救助制度、最低生活保障制度等制度体系将各族职工庇护在养老、医疗等社会保障安全网之中。

4.5.2 完善适应兵团城镇化发展的经济制度

4.5.2.1 优化所有制结构促进非公有制经济发展

兵团城镇经济以国有大中型企业为核心,民营经济发展能力较差。而发达国家和地区的经验表明,非公有制经济比公有制经济更具有潜力和活力,因此,对于兵团城市经济的发展需要优化所有制结构推动非公有制经济的发展。首先,兵团要理顺兵团、师市、团镇三级分配关系,充分调动团镇发展二三产业的积极性,扩大团镇地区招商引资,加快农牧团场的农业产业化和现代化进程。利用国家的差别化政策和对口援疆政策增强兵团经济发展能力。结合兵团特色与优势,合理承接产业转移发展特色产业。其次,针对兵团交通物流基础差,资源产业比重大,农业产业链条短,服务产业层次低,工业产业高消耗等问题,兵团应通过推进产业集群提升产业竞争力,通过加长的产业链提升产品价值,并大力发展高新技术产业、现代服务业、现代农业和生物医药等行业。最后,通过相关措施增强团镇经济的自我发展能力。在有条件的边境团场、南疆三地州的贫困团场设立无税区,鼓励团镇居民投资创业。在生态脆弱的部分团场,结合实际情况,选择性地生态移民,既能减少居民对环境的破坏,又能将团场贫困居民转移到条件较好的地区进而提升其自我发展能力。在与自身管理能力相适应及与新疆自治区相协调的基础上,对有条件的边境团场扩大自由贸易、发展边境自由贸易区等。

4.5.2.2 合理行政干预,完善市场体系

建设基于社会稳定的兵团城镇化需要行政手段与市场机制并行。缺乏行政手段的干预,兵团城镇化道路会偏向于使得城市"强者恒强,弱者愈弱"的轨道上去;而没有市场机制的推动,兵团仅仅依靠行政力量的推动只会导致城镇活力不足,甚至出现"鬼城"。因此,只有在明细市场行为与政府行为的边界的同时,有为的政府与有效的市场共同发力,才能稳步推进基于社会稳定的兵团城镇化的建设。对于营造有效的市场,必须剪除市场上的非自然垄断,破除不必要的政企合一经济主体,加快要素在市场的自由流动,才能培育出有效的现代市场体系。而只有深化兵团经济体制改革,推进市场化,放开非自然垄断,促进公平竞争,落实市场监管才能在兵团城镇化进程中实现产业的发展和市场的繁荣。而有为的兵团需要做的主要是从宏观上合理规划城市建设和布局,整体把握兵团城镇化的速度、格局,引导人口流动、优化产业布局,有重点地发展民族地区城镇化,增强城市防御和应急能力等;在中观上,对战略性产业和其他重点产业实施产业政策,把关产业转移,积极招商引资,优化制度设计等;在微观上,一方面,兵团行政机构要加快行政审批速度、节约行政成本;另一方面,加强市场监管,坚持依法办事,维护市场秩序,打击败德行为和非法行为。

4.5.3 完善人口登记管理制度

4.5.3.1 健全人口管理法规体系

完善兵团人口管理的法律保障体系。以国家相关法律法规为基础,制定和完善适用于兵团实情的人口管理条例,以法律化和规范化为目标管理兵团人口。一方面,根据兵团城镇化的发展目标,兵团要稳定、有序地扩大户籍人口规模,提升兵团城镇的经济、社会基础。根据对兵团普通城镇人口和少数民族人口管理的需要,根据各师市不同状况可有弹性地制定兵团流动人口居住管理办法。另一方面,在实施传统的以证管人和以房管人的人口管理模式的同时也要充分发挥市场对流动人口就业的调节和导向作用,尽量摸索出一条以业管人的道路。从以证管人的角度看,对居住证中所包含的信息应仔细核查,对提供有误信息的主体追求其法律责任。从以房管人的角度来看,兵团城市需要大力推行对于出租性房屋的租赁合同登记、治安管理、安全防卫等工作,强化对来兵团城市的暂居人口进行登记和管理,最大限度地减少出租屋业主、雇用单位只收租、只用人、不管理的状况。不仅如此,还要将居住于工厂宿舍、建筑工棚、自购屋等各类住所的人员

全部纳入登记，借助互联网技术完成对流动人口的统计与信息更新。从以业管人的角度看，兵团需要创新暂住人口就业管理机制，推行劳动保障卡制度，完善暂住人口录用备案、就业登记和劳动合同管理。强化用工单位对暂住人口就业管理的责任和义务，规范劳动的合同用工行为。

4.5.3.2 创新人口管理体制

建立和完善人口综合管理架构和网络。形成和健全师市、团镇和连队社区的三级人口管理网络机制。按照"统一领导、统一决策、统一政策、统一协调"的模式进行管理。人口管理政策由兵团相关职能部门制定，由师市、团镇和连队社区基层部门逐级执行开展工作。明确师市、团镇各派出所或办事处为暂住人口管理的责任主体，合理划分兵团城镇不同等级部门以及同等级不同片区间的办事机构的职责和权限。要将管理重心、管理权限下放至基层，部门涉及的管理经费和流程收费要全程透明，在实现人口管理人员责、权、利统一的同时保障流动人口或暂住人口的权益。各师市团镇的基层办事处要有专职工作人员，保证人口管理机构的正常运转。对于人口的登记、劳动保障等与兵团人口的管理休戚相关的业务施行一站式受理。另外，兵团还要形成人口管理的多部门共同协作，人口管理部门要加强对全市人口综合管理的工作指导，建立人口管理职能部门与工商、城管、规划、国土房产、建设等职能部门的合作沟通机制。

4.5.3.3 建立新的流动人口管理模式

进一步改进对兵团流动人口居住的管理制度，增加居住证涵盖的与个人身份相关的信息，增加居住证的使用功能，大幅提升对流动人口的服务能力。明确对流动人口的管理重点，根据进入的行业、区域和季节性的不同区分兵团流动人口，实行有层次有重点的人口管理。对职业固定的流动人口，单位与社区的主要责任就是为其提供服务，方便其工作与生活，除此之外，还须二者共同实行对其有效的监管，并将其所居住的房屋纳入出租性房屋进入兵团城镇人口管理网络；对没有固定职业或居无定所的短期流动人口，兵团要将其纳入重点监管和考察对象，对其个人信息要详细登记，及时更新。根据各连队社区的实际情况，采用形式多样的人口管理模式，快速明晰流动人口动向，进而提升城镇治安管理能力。在更一般的层面上同等对待流动人口与户籍人口，做到同管理、共服务、齐考核。另外，提升综合服务理念，切实解决好流动人口子女就学问题。明确兵团各职能部门管理权限和职责范畴，有序地解决城市人口接受教育中所出现的问题。最后，建立资源共享型的兵团人口管理信息库和符合兵团实际情况的人口统计标准和信息发布准则，为进一步优化兵团人口统计和管理提供及时、准确的数据和信息。

4.5.4 加强公民社会建设，促进民族文化融合

现代文化包括先进的思想、先进的理念、先进的科技、文明的生活方式等。基于社会稳定的兵团城镇化的建设需要兵团将先进的现代文明融入城市体系之中，才能促进民族文化的交流与融合。兵团城镇的建设必须坚持以现代文化为引领，打破传统体制和观念在兵团城镇的规划、民生的改善、发展方式的转变上的束缚，强化文明主旨，彰显时代特色；在文化传播、科技应用、教育发展上打破陋习、突破禁锢，坚持科学性、先进性、发展性，体现文明主题。要实现新疆跨越式发展和长治久安，必须加强公民社会建设，促进各民族文化的融合。具体而言，需要兵团在各个部门开放民主的同时，改善公共服务，推进以社会主义核心价值观为中心的公民社会建设，增加民族凝聚力，形成兵团及自治区各族人民共同发展的文化基石。公民社会的建设既能推动政府走向合作与善治又能在城镇化发展过程中弱化民族意识，强化公民意识。强化公民意识需要依靠团镇和连社等基层组织。只有以团镇和连社为纽带才能规范地引导少数民族群众参与团镇的决策与管理。在师市，健全并引导社区群众自治组织，吸纳不同民族成员自治与管理，建立和完善居民参与机制，并把居民参与推向规范化、制度化。

4.5.5 增加兵团社会防护能力

4.5.5.1 落实轮训备勤制度

人口集聚到团场小城镇之后，团场维稳戍边的重心转向了团场小城镇，维稳戍边的方式从屯垦戍边转变为屯城戍边。以往认农业一线为基础的屯垦力量也会随之发生转变，转移到依靠团场行政和社区组织民兵力量。因为团场小城镇不仅仅管理着原来连队的职工，还管理着其他社会各类从业人员，即使是原来的连队职工由于居住分散，打乱了原有的组织形式，也难以形成统一有效的管理。在这种情况下，如何增强团场小城镇的维稳实力，增强武装动员组织能力，需要有一定的方式。轮训备勤制度许多团场都在搞，按照时间计划，由民兵武装系统统一安排，对各连队各单位的青壮年进行统一编组，分阶段集中进行武装训练，这样不仅使各连队青壮年都得到有效的训练，务夯实了兵员基础。同时，团场小城镇也常年保留着一支武装力量，能够在第一时间及时处理各种突发事件。

4.5.5.2 推行连社互动制度

连队并不因为人口向团部集中后，连队就不存在了。距离团场小城镇较近的

连队,进入团场社区;距离团场小城镇较远的中小连队合并为中心连队,被合并的中小连队成为农业作业点。连队职工群众居住到团场小城镇或中心连队后,虽然生活由社区管理和服务,但生产组织还是由连队来统筹管理,社区和连队无法相互替代,从这个意义上来说,连队的职工既是单位人也是社会人,无论是连队还是社区都不能单独做好管理服务和生产组织的功能,只有两者相互配合,才能做好职工生产生活两方面的服务工作。派驻连队人员到社区或兼任社区领导,形成良性互动,做到真正意义上的连社合一。

4.5.5.3 完善兵团城镇体系

根据兵团的历史使命,兵团发展城镇化的目的是为了更好地进行维稳戍边,因此,兵团城镇不仅要加强自身的社会稳定还要形成具备维稳能力更强的兵团城镇体系,维护整个新疆的社会稳定。这就要求兵团建立维稳功能强大的城镇布局,调整兵团城镇规模体系,把控城镇化整体进程。同时统筹协调南北疆、腹心地区与边境地区、少数民族聚集区与汉族聚集区、资源富集区与生态环境脆弱区团场的城镇化发展。首先是城镇与区域的协调,城镇体系规划的主要任务就是以区域的眼光、区域的角度、区域的层次来理解这些问题。因为,城市是区域的增长极,是区域的核心,而区域是城市的载体、支撑和扩散的腹地,两者不能分割。其次是要统筹大中小城市协调发展。为应对经济全球化,兵团要有一系列不同等级、不同数量的城镇形成金字塔形的城镇体系,为兵团社会经济的发展提供空间支撑。没有这样一个结构,就不可能有城乡一体化的协调发展。再其次是向城镇转移农村劳动力的民族结构协调和城镇不同族别居民居住空间的协调。

第5章

新常态下兵团经济发展方式转变研究

5.1 兵团经济发展方式转变的现实基础

5.1.1 兵团经济发展方式转变状况

5.1.1.1 兵团经济发展历程

兵团从1954年10月成立以来,主要经历了发展、撤销、恢复、再发展和快速发展五个阶段。

第一阶段:1954年10月至1966年6月,兵团发展阶段。从1954年到1957年12月,兵团按正规化国营农场的要求,改建老农场26个,新建农场18个,使兵团农场总数达到44个。与此同时,兵团积极发展工业,动工新建了一批大中型企业,如石河子八一糖厂、八一棉纺厂、八一造纸厂、红嘴山水电站、铁门关水电站、跃进钢铁厂、十三户拖拉机制造厂、奎屯卷烟厂等。1954年以后,兵团经济10多年的经济发展,经济实力提高显著。人力资源重1954年的17.6万人,增加到了1966年的148.6万人,增加了131万人,增加了5.7倍;农业耕地从1954年的116万亩,增加到了1966年的1213万亩,增加了1000多万亩,在1954年的基础上翻了三番;粮食总产量从1954年的7.16万吨,增加到1966年的72.03万吨,增长了9倍;工业总产值从1954年的5703万元,增加到了1966年的61248万元,增长了9.7倍。

第二阶段:1966~1981年,兵团建制撤销阶段,兵团改为新疆农垦总局管理。由于"文化大革命"的破坏,兵团总人口增加了77万人,但是耕地面积减少了53万亩。粮食单产由140公斤下降到了85公斤,总产量重72万吨下降到了52.5万吨。1966年全兵团经营利润为1.12亿元，1974年为-1.96亿元，成了全国农垦亏损严重的部门，债台高筑这直接导致了兵团的解体。1973年解放军总参谋部和国家农林部向国务院和中央军委上报了《关于生产建设兵团领导管理体制问题的调查报告》，认为军队的组织形式不利于农垦企业的发展。加之内地兵团相继撤销。1975年中央军委决定撤销新疆军区生产建设兵团的领导机构，成立新疆维吾尔自治区农垦总局，主观全疆国营农产的业务工作，这标志着新疆军区生产建设兵团彻底解体。

第三阶段：1981~1982年，恢复阶段。兵团撤销后，国际关系紧张尤其是中苏关系恶化，苏联军队经常入侵新疆边境地区，蚕食我国领土，破坏边民生产。同时宗教极端势力、民族分裂势力和国际恐怖势力对新疆觊觎已久，严重威胁着新疆的稳定和祖国的统一。新疆地区内多次发生群众闹事、民族纠纷，甚至反革命暴乱事件，如1981年1月叶城动乱，5月伽师县发生反革命暴乱，10月喀什动乱。此外1979~1982年，伊犁垦区62团"三代"人员集体上访，停工停产。1980~1981年，上海知青要求回城，罢工绝食。这使得中央决定恢复新疆生产建设兵团并且令王震来新疆考察。1981年邓小平同志带领王任重、王震等一行来新疆视察，对恢复新疆生产建设兵团的问题，听取了各方面的意见后指示："新疆生产建设兵团恢复起来有必要，组织形式和军垦农场不同，任务还是党政军合一。"同年12月，中共中央、国务院、中央军委联合做出《关于恢复新疆生产建设兵团的决定》文件决定恢复新疆生产建设兵团，这标志着新疆生产建设兵团的重新建立。

第四阶段：1982~1990年，再发展阶段。从1982年起，兵团在团场全面推行了"一主两翼"（即以职工家庭承包，兴办家庭农场为主体，以职工开发性家庭农场和发展职工庭院经济为两翼）为主要内容的改革，各师及团场在生产管理上打破班、排、连、营管理体制和等级工资制，实行独户、联户或联劳等多种联产承包责任制，初步解决了职工吃团场"大锅饭"的问题。之后，实行团场承包经营责任制，初步确立了团场统一承包经营与职工家庭分散承包经营的双层经营体制。团场改革不断推进，促进了团场生产力的提高。主要农产品产量和单产大幅提高，棉花和甜菜产量分别比1981年增长2.7倍和2.6倍，年均增长15.7%和15.5%，粮、棉、油、甜菜单产水平分别比1981年提高86.1%、91.3%、77.5%和71.1%，其中棉花和甜菜单产高于全国平均水平42.0%和45.7%。

工业以放权让利为主要特征，开启了兵团工业改革的第一步。1987年兵团在企业全面推进承包经营责任制，逐步改革和扩大企业自主权，提高企业素质和经济效益，大力发展乡镇企业，对外开展横向经济联合，积极引进技术和资金。9年间用于工业建设的投资达33.59亿元，是前27年的近4倍，带动了纺织、制糖、造纸、煤炭、电力、化工等行业发展。发电量、钢材、棉纱、呢绒、机制纸、饮料酒、改装汽车、硫化碱和水泥等主要工业产品产量成倍增长，其中钢材、棉纱、硫化碱和水泥比1981年分别增长2.6倍、2.8倍、2.1倍和4.4倍。企业摆脱"文革"以来长期亏损局面连年盈利，1988年利润净额突破1亿元，1990年突破2亿元。

1990年兵团生产总值45.69亿元，比1981年增长1.3倍，年平均增长9.6%，三次产业增加值年均分别增长9.7%、7.2%和14.4%。人均生产总值达到2134元，比1981年增长3.0倍。经过这一时期的恢复发展，为兵团实现快速发展奠定了基础。

第五阶段：1991~2016年，快速发展阶段。1990年，国家为了进一步促进兵团事业的发展，对兵团实行计划单列。1991~1999年，兵团以建立社会主义市场经济体制为目标，在经济体制转轨过程中把农业放在经济工作的首位，加强农业的基础地位，积极发展二、三产业，努力提高经济运行的质量和效益，保持兵团经济持续、稳定、健康发展。生产总值年均增长7.1%。工业以建立现代企业制度为目标进行改革，从单一企业改制转向整体搞活国有企业，积极推动国有资产重组和结构调整。但因经济增长仍以粗放型、外延扩大为主要形式，出现了产值增加、效益却急剧下滑的现象。1999年中央决定实施西部大开发战略，为兵团经济发展又注入新的活力。在西部大开发战略实施过程中，兵团按照"调高调优农业、做大做强工业、拓宽搞活服务业"的思路，大力调整优化产业结构。农业在稳定粮食生产的同时，继续实施棉花发展战略，同时加快特色果蔬园艺和畜牧业的发展。2013年，兵团及各师国资委和国资委监管企业着力保增长、抓改革、调结构、促转型、强监管、优服务、促发展，国有经济保持平稳较快增长。截至2013年底，兵团、师两级国资委监管企业实现利润39.2亿元，增长4.1%；资产总额达到2521.3亿元，增长13.8%；所有者权益643.1亿元，增长16%。

5.1.1.2 兵团经济发展方式状况

为了能够了解兵团经济发展方式的现状，可以通过考察劳动、资本等生产要素对兵团近年来经济发展的贡献率大小。

兵团以2000年价格计算的当年的GDP为176亿元，2012年的GDP为836亿元平均每年增长17%。兵团劳动力2000年为925795人，2012年为1172160人，平均每年增长2%。兵团以2000年价格计算的当年全社会固定资产投资为736077万元，2012年全社会固定资产投资为7268080万元，平均每年增长21%。由此，可以看出兵团多年来的经济快速增长主要依靠的投资的快速增长，劳动力对兵团经济增长的贡献率较低。

从全要素生产率的增长率看，2000~2012年，兵团科技进步贡献率平均值为1.44%，其中2000年、2001年、2002年、2011年、2012年均为负值，分别为

-2.15%、-5.4%、-0.42%、-2.81%、-4.93%，由此说明兵团科技进步贡献率波动较大。

综上可知，兵团这些年经济的快速增长主要是由兵团投资的增长带动的，而不是依靠科技进步和劳动者素质提高带动的。因此，兵团经济发展方式依然是较为粗放的。

5.1.1.3 兵团经济发展方式转变历程

1982年兵团恢复之后的一段时期，处于我国经济建设大力发展，改革开放的大潮流当中。从1982年到2000年不到20年的时间里，兵团经济发展取得了显著的成绩。国内生产总值翻了两番，消费水平翻了一番多，GDP年增长率保持在8%以上，基本解决了兵团的贫困问题。21世纪以来，兵团在中央工作会议精神指导下，提出了切合自身的转变经济发展方式战略目标。从1982年至今兵团的经济发展方式转变历程可以分为三个阶段：

（1）1982~1990年：走出一条经济发展新路子。1980年12月对于我国转变经济增长方式探索中具有重要历史地位的中央工作会议在京召开。经济工作系统中存在的"左"的指导思想在这个会议中得到了彻底的清理。会议指出要将我国的落后生产力发展到具有世界领先的生产力水平必须要从我国中国特色的基本国情出发，要将理论与实践进行很好的结合，不能急于求成，而应该稳步推进。我们抛弃靠多上基建，多铺摊子，增加资源消耗的发展思想，而是要进行恰当的技术改造在现代企业基础之上，依靠科技创新提高质量进行生产和扩大社会再生产。兵团积极响应中央号召，贯彻落实会议工作安排，学习其他地区农村改革经验，通过"六五""七五"两个五年计划的建设，各项事业全面振兴，为达到兵团小康水平奠定了基础。兵团生产总值从1982年的130730万元增到1990年的456919万元，其中"六五"时期平均增长速度为11.4%（增速均按可比价计算），"七五"时期平均下降为5.0%。人均GDP由1982年的593元增至1990年的2134元，增长了2.6倍，其中"六五"时期年均增速为11.4%，"七五"时期增长速度为8.9%。[①]

（2）1990~2000年：粗放型向集约型转变。1995年党的十四届五中全会召开，在会议中在明确转变经济增长方式的同时，确立了两个根本转变的战略目标。一是经济体制转变即实现计划向市场转变；二是经济增长方式从粗放型向集约型转变。在上述思想引导下，兵团开始以现代化建设为重点的结构调整，加强第一产业，调整第二产业，发展第三产业。特别是"十五"期间兵团指出要实现信息化、工业化两者有机结合。党的十六大以来，党和政府明确提出"工业反哺

---

① 陈雪薇. 我国探索推动经济发展方式转变的历程及启示 [J]. 毛泽东邓小平理论研究，2009.

农业，城市支持乡村""多予、少取、搞活"的重大方针。兵团在 2004 年之后，响应国家的"三农"新政的号召，深入调研结合兵团实际，加大了对棉花等特色优势产业的扶持力度和投入程度，进一步调整工农关系、城乡关系。国家强调提高发挥机械、石油化工、建筑业和汽车制造等产业对于国民经济的支柱作用，支持新型产业的发展等作为我国第二产业的调整方向。兵团利用自身资源优势大力发展石油化工、煤化工业推动地区经济快速发展。第三产业方面，虽有发展但是依然十分落后。总之，这一阶段兵团第一产业的地位得到了明显的强化，第二产业表现为"重化工"特征，第三产业发展严重滞后。

(3) 2005~2016 年：转变经济发展方式。2007 年 6 月 25 日，胡锦涛同志在中央党校发表重要讲话，首次提出"转变经济发展方式"。10 月，党的十七大进一步提出"加快转变经济发展方式"的要求。用"经济发展方式"代替"经济增长方式"，更好地体现了"又好又快"的发展要求。转变经济发展方式是落实科学发展观的具体体现，更深刻地反映了破解兵团经济发展深层次矛盾的要求。转变经济发展方式要实现"三个转变"，结合兵团经济发展的实际，促进经济增长由主要依靠投资、出口拉动向依靠消费、投资、出口协调拉动转变，由主要依靠第一产业带动向依靠第一、第二、第三产业协同带动转变，由主要依靠增加物质资源消耗向主要依靠科技进步、劳动者素质提高、管理创新转变。兵团积极响应重要号召，主动转变工作重心推动经济发展方式转变。华士飞强调当前和今后一个时期，兵团调结构、转方式的主要工作就是要大力发展现代农业，加快农业产业化进程，围绕提高农业综合效益，调整农业内部结构，提高兵团农业综合生产能力和农产品的市场竞争力，推动农业向精深加工方向发展；要加快推进新型工业化进程，充分利用兵团大农业优势和新疆矿产资源优势，不断引进和培育大企业大集团，集中力量发展农牧机械、食品饮料、纺织服装、矿产开发、新型建材和氯碱化工等产业，扩大工业在兵团产业结构中的比重；要不断提高城镇化水平，增强城市、园区及师部城区、团场小城镇的发展能力，促其成为加快兵团经济转型、产业升级的示范区和集聚各类资源的区域性中心区，拓展经济社会发展平台。兵团党委六届十一次全委（扩大）会议指出，兵团将继续坚定不移地以"三化"建设为抓手，积极发挥信息化的引领带动作用，加快形成以城镇化为载体、新型工业化为支撑、农业现代化为基础、信息化贯穿其中的发展格局。兵团将以科学发展为主题，以加快转变经济发展方式为主线，按照"一个立足点""四个着力"和"五个更多"的具体要求，促进工业化、信息化、城镇化和农业现代化同步发展，为兵团转变经济发展方式指明方向。在经济建设中，兵团将把优化产业结构作为主攻方向，作为"三化"建设、"四化"联动的重要依托，做大做强二产、做深做优一产、培育搞活三产，加快构建以新型工业化为支撑、农业现代化为基础、服务业长足发展的兵团现代产业体系。

5.1.2 兵团经济发展方式转变的现实条件

5.1.2.1 兵团经济发展方式转变的经济基础

(1) 兵团经济规模持续扩大。国内生产总值（GDP）和人均国内生产总值（人均 GDP）是当前衡量一个地区经济发展水平的重要指标，因此我们采用 GDP、人均 GDP 和 GDP 增长速度三个重要指标来衡量兵团的经济增长情况。为了研究的需要，从纵向考察近十年 GDP、人均 GDP 和 GDP 增长速度的变化，来解释兵团经济发展水平的变化。本文选取了 21 世纪以来兵团的数据并对其进行统计分析。表 5-1 反映了兵团 2000~2012 年 GDP 及 GDP 增长速度的变动趋势。表中数据显示从 2000~2012 年，兵团生产总值持续稳定的增长，GDP 从 2000 的 176 亿元增长到了 2012 年的 836.132 亿元，净增长了 660.132 亿元，增幅为 3.75 倍。GDP 增长速度呈现波动增长态势，增长速度从 2000 的 3.39% 上升到了 2012 年的 19.04%，增加了 15.65%。虽然兵团总体经济实力不高，但是增长势头旺盛。

表 5-1　　　　　　　　　兵团 GDP 及增长速度

GDP	2000 年	2001 年	2002 年	2003 年	2004 年	2005 年	2006 年
绝对数（亿元）	176	182.4	207.1	248.3	270.9	308.4	345.8
增速（%）	—	3.39	13.55	19.9	9.1	13.84	12.1
GDP	2007 年	2008 年	2009 年	2010 年	2011 年	2012 年	2013 年
绝对数（亿元）	384.6	421.9	488.9	591.6	702.4	836.132	—
增速（%）	11.22	9.71	15.89	20.99	18.73	19.04	—

资料来源：《新疆生产建设兵团统计年鉴》（2001~2013），表中数据根据 2000 年不变价格计算得到。

(2) 兵团三产对 GDP 贡献趋于合理。兵团 21 世纪以来三次产业对于 GDP 的贡献份额的变动如表 5-2 所示。表 5-2 数据显示了兵团 2000~2012 年第一、第二和第三产业对 GDP 的贡献份额情况。从 2000 年到 2012 年，第一产业贡献份额由 45.96% 下降到了 16.32%，下降了 29.64 个百分点；第二产业贡献份额由 36.91% 上升到了 61.43，上升了 24.52 个百分点；第三产业贡献份额从 17.13% 上升到了 22.25%，上升了 5.12 个百分点。总体来说，第一产业贡献率呈现下降趋势，第二产业贡献份额呈现不断上升态势，第三产业贡献份额略有上升但是上升幅度不明显。

表 5-2　　　　　　　　兵团三次产业对 GDP 的贡献份额　　　　　　　　单位:%

产业	2000 年	2001 年	2002 年	2003 年	2004 年	2005 年	2006 年
第一产业	45.96	-22.77	41.87	56.32	31.08	29.14	35.67
第二产业	36.91	44.88	22.34	14.99	20.08	32.00	32.14
第三产业	17.13	77.89	35.79	28.69	48.84	38.86	32.19

产业	2007 年	2008 年	2009 年	2010 年	2011 年	2012 年	2013 年
第一产业	24.00	26.75	18.20	28.36	17.25	16.32	
第二产业	46.55	42.50	55.60	50.20	64.83	61.43	
第三产业	29.45	30.75	26.20	21.44	17.92	22.25	

资料来源:《新疆生产建设兵团统计年鉴》(2001~2013)。

(3) 兵团所有制结构趋于合理。生产力决定生产关系,生产关系对于生产力具有反作用。所有制结构式生产关系结构的集中体现。从表 5-3 数据可知,2007~2012 年,兵团的所有制结构优化取得了较大成绩,公有制经济从 2007 年的 24.3% 下降到了 2012 年的 10.2%,下降了 14.1 个百分点。股份制经济从 2007 年的 59.3% 上升到了 2012 年的 73.5%,上升了 14.2 个百分点。兵团国有经济、集体经济、股份制经济、其他经济和个体经济由 24.3∶0.1∶59.3∶8.9∶7.4 调整为 10.2∶0∶73.5∶10∶6.3,所有制结构不断趋于合理。

表 5-3　　　　　　　　兵团各种经济成分的构成　　　　　　　　单位:%

经济成分	2007 年	2008 年	2009 年	2010 年	2011 年	2012 年
公有经济	24.3	21.3	16.3	12.6	12.1	10.2
集体经济	0.1	0.1	0	0	0.1	0
股份制	59.3	66.4	72.3	74.9	75.3	73.5
其他	8.9	5.5	5.1	6.6	6.4	10.0
个体	7.4	6.7	6.3	5.9	6.1	6.3

资料来源:《新疆生产建设兵团统计年鉴》(2008~2013)。

5.1.2.2　兵团经济发展方式转变的区位基础

(1) 地理位置。兵团作为新疆不可分割的组成部分与蒙古国、吉尔吉斯斯坦、哈萨克斯坦接壤,有 2019 公里的国界线在兵团的管辖范围之内。分布在北疆的中蒙、中哈边境的兵团农场,担负着屯垦戍边的历史重任。虽然上述诸国经济较为落后,但是其发展潜力巨大,并且与我国相交甚远,关系较好。

(2) 气候特征。新疆都属于温带大陆性气候，兵团地处新疆，因此总体上也是温带大陆性气候。但是，由于新疆疆域辽阔，不同的地理位置在气候上也有显著的差异。兵团各个师的气候差异也较为显著，其中属于中温带半干旱区的有四师、五师、九师、十师，属于中温带干旱区的有六师、七师、八师、十二师和十师部分地区，属于暖温带干旱区的有一师、二师、十三师、十四师、三师。

日照丰富、干燥少雨、昼夜温差大、冬寒夏热是兵团垦区气候的主要特点。兵团平均海拔高度在 1000 米以上，日照时间在 12 小时以上，这对于瓜果、农作物的生长提供了丰富的阳光。兵团 7 月气温平均在 22℃~26℃，白天热，夜间凉，是避暑旅游的好地方。与其他地方不同的是兵团的热是干热昼热夜凉，而不是昼夜闷热。兵团夏季温度较高，高温导致冰雪融化，给作物的生长提供了充足的水分和矿物质。[1]

5.1.2.3 兵团经济发展方式转变的资源基础

兵团以固态的矿产资源开采为主，不同地区的优势矿藏各有不同。二师开采石棉矿；十师开采膨润土，该矿藏品质较好；七师 137 团开采全国独有的天然沥青；六师的开采气和煤；十三师的红山农场开采煤矿，该矿种在全国全国属于保护性开采矿种。除了上述主要矿种外，目前兵团开采还有：芒硝、蛋白土、云母、石灰石、垩石、花岗岩等。其中八师的南山煤矿、南台子煤矿等被认为是具有较好发展潜力的煤矿。

兵团具有十分丰富的旅游资源。作为我国通向亚欧地区的桥头堡，新疆和兵团地域辽阔、民风独特、古迹遍地又是丝绸之路和欧亚第二大陆桥的必经之地，不仅特色优质农产品丰富、宝石丰富，又具有浓厚哈萨克、维吾尔等民族气息。

5.1.2.4 兵团经济发展方式转变的政策基础

1. 内地省市支援新疆、兵团

2010 年 3 月 29 日，全国对口援疆会议在北京召开。会议提出要建立起人才、技术、管理、资金等全方位对口援疆的有效机制，把保障和改善民生放在首要位置，着力支持新疆特色优势产业发展。按照全国对口援疆会议决策部署，全国 19 个省市将分别对口支援新疆维吾尔自治区 12 个地（州）市的 82 个县和新疆生产建设兵团的 12 个师。其中北京市支援兵团十四师的红枣加工基地建设工程，广东省支援三师图木舒克市的民生工程建设，江苏省对口支援四师、七师，重点为保障和改善民生工程建设，浙江省支援兵团一师的阿拉尔市建设，突出改善民生，突出人才、干部支援、突出项目支援、突出产业培育和资源开发利用，河南

---

[1] 新疆生产建设兵团统计局. 新疆生产建设兵团统计年鉴 2011 [M]. 北京：中国统计出版社，2011.

支援兵团十三师为实现优势互补，推动豫新两地共同发展，河北省支援兵团二师把资金、人才、技术、智力更多投向民生工程，山西省支援兵团六师五家渠市以企业为骨干实现互利共赢，湖北省支援兵团五师切实满足当地需要，着力解决地方经济社会发展的瓶颈和难点问题，切实加强受援方的造血机能，黑龙江省支援农十师围绕农业产业化、矿产资源开发、地质勘探等领域，加强协调沟通，不断拓宽合作渠道，通过技术支援、资本输出、人才共享、合作开发，促进两地民族团结和经济共同发展等。

2. 中央对兵团的政策支持

中央新疆工作会议对新疆维吾尔自治区和新疆生产建设兵团实现跨越式发展指明了方向，兵团将迎来大改革，大开发和大发展的历史机遇期。

第一，再次明确和肯定了兵团的地位和作用，兵团是新疆跨越式发展的建设大军，稳定新疆的重要力量。并且明确了新疆是新疆的主体，兵团是新疆的重要组成部分，兵团与新疆同命运共发展。将兵团纳入国家公共政策体系中，提出中央对新疆的政策兵团同样适用和对困难地区和对口支援的受援地区的政策所在地兵团师、团场同样适用。中央给兵团的优惠政策中对兵团特别有利的是：一是土地政策，适当增加建设用地规模和占用未利用地指标，有利于兵团城镇和工业的大发展；二是税收政策，对符合条件的企业所得税事项"两免三减半"优惠，更加有利于兵团的企业积累和提高招商引资的吸引力；三是投资政策，"十二五"期间固定资产投资将翻一番，大量资金的流入可加速兵团的经济社会发展；四是产业政策，放宽市场准入，为兵团承接东部产业转移，发展非公有制经济、优化产业结构创造了条件；五是金融政策，鼓励各类金融机构在兵团布网设点，为兵团金融体系的完善提供平台。

第二，再一次明确了兵团具有社会公共属性，并且据此加大了对兵团公共财政的支持。会议提出要加大对兵团财力的补助力度，提高中央财政对兵团公共事业发展的保障水平，加强戍边的经费保障，中央财政保障团场机关的基本运行费用，对团场事业单位和连队的基本运行经费予以补助。

第三，明确了兵团大发展的道路，提出了要把城镇化、新型工业化、农业现代化作为兵团特殊体制与市场经济体制相结合的措施，为兵团经济转型提出了目标并提供了动力。

第四，中央财力的大力支持。针对兵团实际，中央通过中央预算内投资和国有资本经营预算等渠道支持兵团产业发展，提高对兵团工业性基础设施建设的投资补助标准，并取消配套资金的要求，加强戍边能力建设和资金保障。同时中央还采取特殊优惠政策，加大对兵团人才队伍建设的投入。

3. 中央扶持新疆两大经济开发区建设优惠政策

2011年国务院提出《国务院关于支持喀什霍尔果斯经济开发区建设的若干

指导意见》文件给予兵团十条优惠政策如下。

第一，2011~2015年，中央财政补助经济开发区建设，通过财政贴息的办法，对基础设施建设中条件符合者给予支持。

第二，2011~2015年，中央财政补助符合条件的经济开发区内的生产企业进行固定资产投资；地方财政对于符合条件下的投资贷款予以贴息支持。

第三，2010~2020年，属于重点鼓励产业目录范围内的新办企业，五年免征优惠，对符合条件的农副产品加工企业，给予在用电、运输等方面政策支持。

第四，对经济开发区内符合相关规定的项目，进口国内无法生产的自用设备，及配套件、备件免征关税。

第五，支持在经济开发区内设立海关特殊监管区。霍尔果斯被批准为整车进口口岸。

第六，对意愿在经济开发区内设立分支机构的金融机构给予政策支持。

第七，鼓励和引导科研机构和企业在经济开发区内实施一批重大科技项目。对经济开发区内的科技创新型中小企业给予创新基金支持。通过金融创新、制度创新，落实股权激励政策，支持实现国内成果在经济开发区内转化。

第八，用地计划指标在新疆生产建设兵团和新疆维吾尔自治区政策上给予适当倾斜。兵团和自治区可根据需求，对经济开发区用地指标进行单列，保障经开区建设。若经开区是使用荒滩戈壁土地的，实行土地有偿使用费和土地出让收入减免政策。

第九，中央财政加大疆内重大基础设施建设的支持力度。积极推进边境口岸铁路通道建设，喀什机场机场设施进一步完善。

第十，对于霍尔果斯口岸和伊宁机场口岸进行适时开放。对于开通和意愿开通伊宁机场国际航线的航空公司进行支持和鼓励。对于伊宁机场口岸和霍尔果斯口岸的签证业务也将适时研究批准。

5.2 兵团经济发展方式转变实证分析

近年来学术界对于建立经济发展方式转变测评指标体系这方面的争论也非常激烈，至今也没有统一的标准。这既是有利的一面，又有不利的一面。因为统一的标准虽然在不同地区之间可以进行比较，但是由于经济发展方式转变指标是一个综合的指标，它不同于 GDP 这一个简单的指标，在不同的地区用什么样的发展方式更加有利于该地区，需要结合不同地区的经济、生态、资源、风俗等实际情况才能做出合理选择。若是都按照一个发展模式发展方向就会产生很多严重的问题，干旱半干旱等生态脆弱区的发展模式就不能和大江大河流域的发展模式一样。另一方面,也就是指标体系不统一的缺点。由于指标体系的不统一,导致不同地区之间的经济发展方式转变程度不能比较,而且在研究经济发展方式转变的研究中会加大工作量。因此,建立一套科学合理的一套评价指标体系,对于科学地度量兵团经济发展方式转变的程度准确把握兵团经济发展方式转变的纵向路径,比较不同地区的横向差距,以及预测兵团未来经济发展有重要的理论和现实意义。因此,本章从构建指标体系构建原则思考,结合兵团的特殊情况进行设计兵团经济发展方式转变评价指标体系框架,最终在大框架的基础上将指标体系完善到具体的二级指标层面。

5.2.1 兵团经济发展方式转变测评指标体系设计

5.2.1.1 指标体系构建的原则

我国对于经济发展方式转变研究经验不足,公认的或者普遍采用的指标体系不多,同时经济发展方式转变所涉及范围之广、内容之繁杂前所未有。而且一个科学合理有效的指标体系并不是各个单项指标的简单算术平均或者组合。因此,要设计一个合理有效的指标体系必须要遵循一定的原则。

(1) 科学性与实用性相结合的原则。构建经济发展方式转变测评指标体系必须要符合科学发展观的基本要求,要以科学的理论为指导,仅仅抓住经济发展方式转变的内涵和特征要将最能反映经济发展方式转变的指标为重点,结合实际实现最终目标。构建的指标体系不仅要适合政府工作、学术研究还应该紧密联系群众。因为转变经济发展方式不仅需要政府的努力,同时也需要广大劳动群众的积极参与。因此,指标体系必须包括群众最关心,最符合人民群众根本利益的经济指标。逻辑上应严谨合理,内容上简练清楚,只有这样才能受到广大公众的关注和理解。

(2) 借鉴性与创新性相结合的原则。学术界已有的经济发展方式转变测评指标体系具有一定的参考价值,在建立兵团经济发展方式转变测评指标体系的时候,应该以现成的指标体系为基础,在界定经济发展方式转变新内涵新内容之后,经过归纳分析,剔除不合理指标和主观性较强的指标,将符合当地区情更能够反映时代特征、未来发展趋向的指标创造性地纳入指标体系当中。

(3) 一般性与特殊性相结合的原则。经济发展方式转变测评指标体系具有一般性,只要是在全国范围之内无论是国家级还是区域级的指标体系都应该认真思考分析和总结。兵团经济发展方式转变测评指标体系的建立必须立足兵团实际,要与兵团的特殊体制,兵团的特殊地理位置,兵团的特殊使命很好地结合起来,要能体现其特殊性。做到一般性和特殊性相结合,既不能只顾一般性,也不能忽视一般性。

（4）全面性与倾向性相结合的原则。兵团经济发展方式转变测评指标体系是一个包涵多系统多领域多方面和多视角的指标体系。因此，建立指标体系的时候要尽可能地做到全面，不仅要有经济系统的指标，而且社会、自然系统也应得到足够的重视。在系统内部不仅要包涵总量指标还要有结构指标，不仅要有数量指标还要有质量指标。但是，做到全面并不等价于均衡，在不同系统层和不同指标层面都应该要有所侧重，对于重要的指标要有更多的倾向。

（5）可测性与可比性相结合的原则。兵团经济发展方式转变测评指标体系中的指标都应该能够量化，并且相关数据要能够收集到和容易进行计算。对于指标资料不全，年份不足要求的指标应该剔除。为了能够进行纵向和横向的对比，相应的指标应该统一标准，统一口径，应尽可能地采用相对指标，这样有利于数据稳定性的保持。

（6）静态性与动态性相结合的原则。指标体系中的指标不能频繁发生变动，但是也不能一直保持不变，因为经济发展方式转变过程是静态保持和动态变动的统一。经济发展方式转变又是一个分阶段推进的长期过程，在相同的阶段应该用静态的指标体系，在不同的阶段又应该用动态的指标体系，对于指标体系进行动态调整，不断修正和完善。

5.2.1.2 指标体系框架的设计

转变经济发展方式是一个多维度、多层次、既对立又统一的复合系统。它不仅包括经济系统，还包括社会和自然系统，而且这三个系统不是完全割裂而是协调统一。三系统是一个大的框架，在经济、社会和自然系统内部还有层次指标作为影响因素层之下还有具体的指标层。所以要衡量三大系统的协调度是建立在每一个系统内部先协调，然后三个系统之间再达到协调。指标体系通过时间的变化和空间的转移，不仅可以体现不同阶段的经济发展方式转变水平，而且还可以进行空间上的比较。能够为兵团经济发展方式转变的阶段测度和横向比较提供有力的工具和技术支持。兵团指标体系框架的设计具体如图5-1所示。

5.2.1.3 指标体系的建立

遵循上文所述的6条原则的基础上，结合本文对于经济发展方式转变，构建了包括经济、社会和自然三大系统的评价指标体系。通过该三大系统指标体系，可以计算得到各系统的转变程度和系统之间的协调程度，进而测评兵团经济发展方式转变程度。

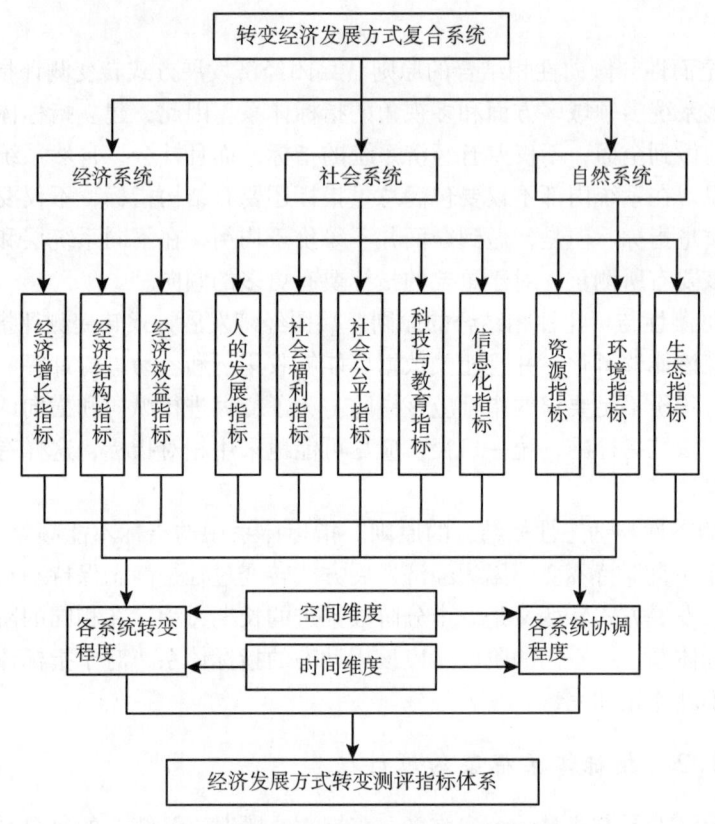

图 5-1 兵团经济发展方式测评指标体系框架

（1）经济系统评价指标体系。经济系统的指标体系由三个因素层、11 个一级指标和 17 个二级指标构成。影响因素包括经济增长、经济结构和经济效益，其中经济增长影响因素由增长潜力、增长速度和增长稳定性三个一级指标构成；经济结构影响因素由产业结构、对外贸易结构、投资结构、城乡结构和区域结构五个一级指标构成；经济效益影响因素由物质消耗经济效益、劳动消耗经济效益和资本消耗经济效益三个一级指标构成，具体二级指标如表 5-4 所示。

经济增长速度从 GDP 总量增长率和以人均计算的 GDP 增长率两个方面考察；经济增长潜力从以全要素生产率为代表的科技进步贡献率考察潜力来源，以经济密度考察经济增长潜力空间，这是因为党的十七大报告指出要转变经济增长的要素结构，从依靠物资资源投入为主转变为依靠科技进步和劳动者素质提高为主。而最能够体现科技进步和劳动者素质提高对于经济增长的贡献率的指标就是全要素生产率；经济增长的稳定性通过经济波动系数和通货膨胀率来反映，因为经济增长具有周期性，在处于不同的周期阶段增长的波动幅度不同，其波动幅度越大说明经济增长的稳定性越低，但是经济增长仅仅体现在量的增长，要考虑经济增长的实际情况,必须要综合购买力水平考察,所以必须要包括通货膨胀率。产业结构主要通过产业高级化程度考察,因为产业结构的演进是沿着以第一产业为主导到第二产业为主导,再到第三产业为主导的方向发展的;[①] 贸易结构从外贸依存度和外资依存度两个方面考察;投资消费结构从投资率和消费率两个方面考察;城乡结构从城市化水平和城乡差距两个方面考察;区域结构以区域不平衡指标考察;物质、劳动和资本消耗经济效益,分别以能源产出率、劳动生产率和资本产出率三个指标考察。

表 5-4　　经济发展方式转变经济系统指标体系

准则层	因素层	一级指标	二级指标	指标属性 正	指标属性 负
经济系统 B1	经济发展 C1	增长速度 D1	GDP 增长率（E1）	√	
			人均 GDP 增长率（E2）	√	
		增长潜力 D2	科技进步贡献率（E3）	√	
			经济密度（E4）	√	
		增长稳定性 D3	通货膨胀率（E5）		√
			经济波动系数（E6）		√
	经济结构 C2	产业结构 D4	高级化程度（E7）	√	
		贸易结构 D5	外贸依存度（E8）		√
			外资依存度（E9）		√
		投资消费结构 D6	投资率（E10）		√
			消费率（E11）	√	
		城乡结构 D7	城市化水平（E12）	√	
			城乡差距（E13）		√
		区域结构 D8	地区不平衡指数（E14）		√
	经济效益 C3	物质消耗经济效益 D9	能源产出率（E15）	√	
		劳动消耗经济效益 D10	劳动生产率（E16）	√	
		资本消耗经济效益 D11	资本产出率（E17）	√	

（2）社会系统评价指标体系。社会系统评价指标体系由 3 个因素层、13 个一级指标和 20 个二级指标。影响因素包括人口发展、社会福利和科技教育,其中人口发展影响因素由生存条件、生活条件、素质修养和自由发展四个一级指标构成;社会福利影响因素由就业、医疗、住房和保障四个一级指标构成;科技教育由教育投入、教育产出、科技创新资源、科技创新投入和科技创新产出五个一级指标构成,具体二级指标如表 5-5 所示。

[①] 苏东水. 产业经济学 [M]. 北京:高等教育出版社,2011:163.

表 5-5　　　　　　　　经济发展方式转变社会系统指标体系

准则层	因素层	一级指标	二级指标	指标属性 正	指标属性 负
社会系统 B2	人口发展 C4	生存条件 D12	自然增长率（S1）	√	
			平均预期寿命（S2）	√	
		生活条件 D13	人均消费性支出（S3）	√	
			居民净储蓄率（S4）	√	
			恩格尔系数（S5）		√
		素质修养 D14	每万人在校大学生数（S6）	√	
			计划生育政策符合率（S7）	√	
		自由发展 D15	休闲与文化（S8）	√	
	社会福利 C5	就业 D16	失业率（S9）		√
			工资增长弹性（S10）	√	
		医疗 D17	医生负担强度（S11）		√
		住房 D18	人均住房面积（S12）	√	
		保障 D19	保险福利水平（S13）	√	
			社会救济程度（S14）	√	
	科技教育 C6	教育投入 D20	普通中学教师负担学生数（S15）		√
		教育产出 D21	小学入学率（S16）	√	
			小学升学率（S17）	√	
		技术创新资源 D22	科技人员比重（S18）	√	
		技术创新投入 D23	R&D 投入强度（S19）	√	
		技术创新产出 D24	每百 R&D 人员年科技成果数（S20）	√	

　　生存条件从自然增长率和平均预期寿命两个方面考察，自然增长率反映的是一个地区人口每年的出生率与死亡率之差，自然增长率越高说明人口增长越快，平均预期寿命反映的是人们生活质量提高导致寿命增加，预期寿命越高说明人们的生活质量越高。生活条件从人均消费性支出、居民净储蓄率和恩格尔系数三个方面考察。人均消费性支出是指人均总支出中用于消费的部分，其越高说明生活条件越好；居民净储蓄率用于反映居民收入的剩余情况，只有收入存在剩余的情况下才有可能进行储蓄，因此净储蓄率越高说明居民收入剩余越多，进而反映居民生活条件也越好。恩格尔系数反映的是居民在总消费中用于食品消费所占的比例，其越高说明居民的生活条件越差。素质修养从每万人在校大学生数和计划生育政策符合率两个方面考察，每万人在校大学生人数反映的是人口结构中受高等教育人口的比例，一般情况下所受教育越高其素质修养也越高，计划生育政策符合率放映的是居民遵守国家相关政策的情况，素质修养越高其对国家政策的拥护度就会越高。自由发展通过休闲与文化来考察，出境旅游情况是休闲与文化情况

的综合表现。就业通过失业率和工资增长弹性两个方面考察。失业率反映的是未能够实现就业的人口比率,而工资增长弹性放映的是已经完成就业的人员其工资的变动灵敏程度。医疗水平通过医生负担强度考察,该指标反映的是医生的工作压力和当地的医疗水平,它越高说明医疗水平越低。住房通过人均住房面积考察,由于居民居住的舒适程度与该居民的住房面积存在正相关的关系,因此人均住房面积能够反映住房条件的改善。社会保障通过社会福利水平和社会救济水平两个方面考察,社会福利水平是针对广大居民而言的,而社会救济水平是针对社会弱势群体而言。教育投入通过普通中学教师负担学生数考察,教育投入越多其教师负担学生数会越低,教师的压力也就越低。教育产出通过小学入学率和小学毕业升学率考察,该指标直接反映了教育培养机制的漏出情况。技术创新通过科技人员比重、科研经费投入强度和科技人员的科技成果三个方面考察,科技人员比重放映科研团队的规模,经费投入放映的是科技投入,科技成果放映的是科技产出。

(3) 自然系统评价指标体系。自然系统评价指标体系包括 3 个因素层、6 个一级指标和 13 个二级指标。影响因素包括资源、环境和生态,其中资源影响由资源条件、资源消耗和资源利用三个一级指标构成;环境影响因素由环境污染和环境治理两个一级指标构成;生态影响因素生态建设构成,具体二级指标如表 5-6 所示。

表 5-6　　　　　　　　经济发展方式转变自然系统指标体系

准则层	因素层	一级指标	二级指标	指标属性 正	指标属性 负
自然系统 B3	资源 C7	资源条件 D25	人均水资源占有量 (N1)	√	
			人均耕地占有量 (N2)	√	
		资源消耗 D26	能源消耗强度 (N3)		√
		资源利用 D27	资源利用效率 (N4)	√	
	环境 C8	环境污染 D28	废水排放增长率 (N5)		√
			废气排放增长率 (N6)		√
			固废排放增长率 (N7)		√
		环境治理 D29	环保投入强度 (N8)	√	
			生活垃圾处理率 (N9)	√	
			工业固废降低率 (N10)	√	
	生态 C9	生态建设 D30	森林覆盖率 (N11)	√	
			建成区绿化覆盖率 (N12)	√	
			自然保护区覆盖率 (N13)	√	

资源条件通过人均水资源占有量和人均耕地面积占有量两个方面考察,所有的生产、生活活动都离不开资源,而且新疆处于干旱半干旱区,其生产生活受

到水资源的约束是较为严重的，兵团主要以农业种植为主，这与耕地资源有着直接的关系。资源消耗通过能源消耗强度考察，能源消耗强度直接反映了能源消耗与经济增长之间的关系，体现了经济增长的方式。资源利用通过资源利用效率考察，资源利用效率是反映资源在利用过程中的循环和再利用情况。环境污染通过"三废"排放增长率考察，由于工业在生产过程中会排放出废气、废水和固体废物，通过对于三废排放的增长率可知工业对环境的污染程度。环境治理通过环保投入强度、生活垃圾处理率和工业固废降低率三个方面考察，环保投入强度反映了环保治理的力度大小，生活垃圾处理率放映了城市环境的治理效果，工业固废降低率反映了工业环境治理的效果。生态建设通过森林覆盖率、建成区绿化覆盖率和自然保护区覆盖率三个方面考察，森林覆盖率反映的是区域森林植被的发育状况，建成区绿化覆盖率反映的是城市绿化状况，自然保护区覆盖率反映的是主体功能区的划分情况。

5.2.1.4 部分指标说明

经济、社会和自然系统中部分指标的定义、计算如下所示：

（1）科技进步贡献率。对于科技进步贡献率的计算目前普遍采用的是索洛余值法，即在经济增长中将除了劳动与资本以外的部分归于科技进步的结果。[1] 本章也采用该方法。其计算公式如下：

$$\frac{r}{y} \times 100\% = 1 - \alpha \frac{k}{y} \times 100\% - \beta \frac{l}{y} \times 100\% \tag{5.1}$$

其中，r 表示科技进步的年平均增长速度，k 表示资本投入的年平均增长速度，l 为劳动力年平均增长速度。$\alpha = 0.65$、$\beta = 0.35$ 分别为资本和劳动力的产出弹性系数。[2]

（2）经济波动系数[3]。经济增长率波动幅度偏离经济长期增长趋势的程度称为经济波动系数，其绝对值越大，则经济增长率偏离长期趋势的程度就越大，反之则相反。西北大学任保平教授在《以质量看待增长——对新中国经济增长质量的反思》中以经济增长率的变动幅度的绝对值描述。刘志刚采用滚动标准差方法动态刻画变量在样本区间内的波动状况。滚动标准差要比静态标准差更具有波动性描述功能。[4] 白雪飞在其博士论文中将经济波动系数描述成为经济增长率滚动标准差与经济增长率的滚动均值的比值。本章在参考上述方法的基础上采用如下

---

[1] 其实，对于经济增长贡献的因素有很多，除了资本和劳动贡献的部分外并不全是科技进步贡献的份额，还有环境、体制等方面，但是索洛余值法计算简单且有效，因此普遍采用该方法计算科技进步的贡献程度。

[2] 王永静. 基于全要素生产率的兵团经济增长方式分析 [J]. 乡镇经济，2008（7）：93-96.

[3] 经济波动系数的定义参考任保平教授在《以质量看待增长——对新中国经济增长质量的反思》一文中的定义。

[4] 刘志刚，我国经济周期和产出波动实证研究 [D]. 吉林大学，硕士学位论文，2005.

公式进行计算：

$$经济波动系数(\omega_\tau) = \frac{经济增长率的滚动标准差(\sigma_\tau)}{经济增长率的滚动均值(\mu_\tau)} \quad (5.2)$$

其中，$\sigma_t = \sqrt{\frac{1}{m}\sum_{i=t-m+1}^{t}(x_i - \bar{x})^2}$，$\bar{x} = \frac{1}{m}\sum_{i=t-m+1}^{t}x_i$，取 $m = 4$

（3）高级化程度。反映三次产业结构中第三产业的比重的指标即为产业结构高级化程度。由于产业结构不断从以第一产业为主向第二产业为主最后到以第三产业为主演变，因此，第三产业所占比重就是产业结构高级化的反映。本章采用的计算公式如下：

$$高级化程度 = \frac{第三产业增加值}{GDP} \quad (5.3)$$

（4）城市化水平。衡量城市发展的重要指标之一为城市化水平。本章对于城市化水平的计算公式如下：

$$城市化水平 = \frac{非农人口数}{总人口数} \quad (5.4)$$

（5）地区不平衡指数。衡量区域之间发展的不平衡程度的指标为地区不平衡指数。由于区域之间由于自然禀赋的差异和人文历史文化的差异，其发展有快有慢，会呈现出相当的差异。本章对于地区不平衡指数的计算公式如下：

$$地区不平衡指数 = \frac{各师人均 GDP 的标准差}{各师人均 GDP 的均值} \quad (5.5)$$

（6）劳动生产率。从占用劳动力资源角度反映产出效率的指标，用平均每个从业人员实现的增加值表示。本章采用的计算公式为：

$$劳动生产率 = \frac{GDP}{从业人员总数} \quad (5.6)$$

（7）资本产出率。从占用资本角度反映产出效率的指标为资本产出率。它反映资本的密集和利用程度。本章采用的计算公式如下：

$$资本产出率 = \frac{GDP}{资本形成总额} \quad (5.7)$$

（8）工资增长弹性。经济增长率变化带来的工资增长率变动的敏感程度指标为工资增长弹性，它能够反映工资增长与经济增长之间的关系。本章的计算公式如下：

$$工资增长弹性 = \frac{职工平均工资增长率}{人均 GDP 增长率} \quad (5.8)$$

（9）休闲与文化。休闲与文化程度反映了人的自由发展水平，而且它是一个比较笼统的概念，本章用每万人口中出境旅游人数作为衡量休闲与文化的指标。

（10）城乡收入差距。二元经济一直是我国经济的重要特征，二元经济重要

反映了城乡之间的差距,城乡人均收入差距最能够体现城乡的二元经济特征。本章用城乡收入差距衡量二元经济结构,计算公式如下:

$$城乡收入差距 = \frac{城市人均收入}{乡村人均净收入} \quad (5.9)$$

(11) 医生负担强度。衡量地区医疗水平的高低不仅要看医院的硬件设施,更重要的是医务人员的素质等软实力。一般而言每位医生所负担的人数越少就表明该地区的医疗条件越好。本章用医生负担强度指标衡量地区医疗水平高低,计算公式如下:

$$医生负担强度 = \frac{地方人口总数}{医生数} \quad (5.10)$$

(12) 教育投入强度。衡量地方教育投入强度的指标包括两个方面,一是教育财政投入,二是教育人力投入。由于缺乏兵团教育财政经费投入数据,本章选择教育人力投入指标衡量教育投入强度大小,其具体计算公式为:

$$教师负担学生数 = \frac{普通中学在校生人数}{普通中学教师人数} \quad (5.11)$$

(13) 科技人员比重。科技人员是地区科技创新的重要力量,科技人员所占科研机构总人数的比重反映了科研机构中的人员结构,一般情况下科技人员比重越高,则科研机构科技创新资源越丰富。本章利用科技人员比重作为科技创新的衡量指标,计算公式如下:

$$科技人员比重 = \frac{科技人员数}{科研从业人数} \quad (5.12)$$

(14) R&D 投入强度。一个地区的年度科研经费投入与当年 GDP 的比值是衡量其地区创新投入的指标。本章对于 R&D 投入强度的计算公式如下:

$$R\&D \text{ 投入强度} = \frac{科研经费投入}{GDP} \quad (5.13)$$

(15) 每百 R&D 人员年科技成果数。对于科研成果数一般用三项专利数指标衡量,但是考虑到兵团实际获取的相关数据,本章采用的是当年专利授权数衡量,具体计算公式如下所示:

$$每百 R\&D 人员年科技成果数 = \frac{当年专利授权数}{科技人员数} \times 100 \quad (5.14)$$

(16) 经济—社会—自然复合系统协调度。经济发展方式转变过程实际上为经济、社会和自然三个系统不断协调的发展过程,其不仅要求三大系统内部因素之间达到协调和谐,同时也要求三大系统之间实现协调和谐。对于定性研究多个系统之间协调度的成果十分丰富,但是定量研究多个系统之间协调度的成果却不是很多,其中较为典型的如下所列:

赵琨和隋映辉首先通过线性加权法测度创新—转型系统的发展水平见公式

(5.15); 然后, 计算系统的协调系数见公式 (5.16), 其中 C(i, j) 是系统 i 对系统 j 的协调系数由公式 (5.16) 计算得到, 其中 k 由公式 (5.18) 计算得到, S 为方差, X_i' 是系统 i 与系统 j 实际值 X_j 相协调的水平, 最后, 由公式 (5.19) 得出互动系统的协调发展度。[1][2]

$$D = \sum D_i \omega_i \qquad (5.15)$$

$$C(i, j) = \frac{\min\{C(i/j), C(j/i)\}}{\max\{C(i/j), C(j/i)\}} \qquad (5.16)$$

$$C(i/j) = \exp[-k(X_i - X_i')^2] \qquad (5.17)$$

$$k = -2/S^2 \qquad (5.18)$$

$$F = \sqrt{CD} \qquad (5.19)$$

郭蕾、张华等提出测评环境与经济协调发展的方法, 步骤如下, 首先, 分别计算经济和环境系统的综合发展指数 f(x) 和 g(y); 然后, 按公式 (5.20) 计算经济—环境系统的协调系数, 其中 k = 2, 协调系数反映的是两者数值上的协调关系, 但是不能反映两个系统之间的协调程度, 接着, 按公式 (5.21), 求出环境—经济的综合发展指数, 由于文章作者将发展经济与保护环境视为同样重要, 所以取 α = β = 0.5; 最后, 按公式 (5.22) 求出环境—经济系统协调度指数为。[3]

$$C = \left\{ \frac{f(x) \cdot g(y)}{\left[\frac{f(x) + g(y)}{2}\right]^2} \right\}^k \qquad (5.20)$$

$$T = \alpha f(x) + \beta g(y) \qquad (5.21)$$

$$D = \sqrt{C \cdot T} \qquad (5.22)$$

刘志亭, 孙福平提出了能源—经济—环境 (3E) 协调度的概念, 并建立了 3E 协调度评价模型。具体步骤为分别求出能源、经济和环境各子系统的协调度 E_e、E_c 和 E_v, 然后 3E 协调度计算公式见 (5.23)。[4]

$$D = \{E_e \cdot E_c \cdot E_v\}^{\frac{1}{3}} \qquad (5.23)$$

白雪飞在上述方法基础之上, 提出经济—社会—自然—科技系统协调度测度模型与方法。其主要步骤为: 首先是各子系统有序度的计算。将经济、社会、自然和科技系统为 S_i(i = 1, 2, 3, 4), 设各系统中的评价指标集为 $e_i = (e_{i1}, e_{i2}, \cdots, e_{in})$, 其中 n 为指标个数, 则子系统 S_i 各评价指标的有序度计算公式如 (5.24)

---

[1] 赵琨, 隋映辉. 基于创新系统的产业生态转型研究 [J]. 科学学研究, 2008 (2): 191–198.

[2] 引用原文公式时发现有些地方的角标不清, 因此根据我的理解进行相应修改, 由于作者水平有限, 如果纠正处有不妥请赐教。

[3] 郭镭, 张华, 曲秀华等. 可持续发展模式下环境—经济协调发展程度定量评价 [J]. 云南环境科学, 2003 (3): 15–18.

[4] 刘志亭, 孙福平. 基于3E协调度的我国区域协调发展评价 [J]. 青岛科技大学学报, 2005 (6): 554–558.

所示。然后，计算各子系统的有序度。子系统 S_i 的有序度计算公式见公式 (5.25)，其中 ω_i 为指标 e_{ik} 的权重系数，$\sum_{i=1}^{n} \omega_i = 1$；最后，计算经济—社会—自然复合系统的协调度。设初始时刻各子系统的有序度为 $u_i^0(e_i)$，在时刻 t 各系统的有序度为 $u_i^t(e_i)$，定义复合系统协调度公式 (5.26)，其中 λ 见公式 (5.27)，$D \in [-1, 1]$ 其值越大，复合系统协调发展程度越高，反之则越低。①

$$u(e_{ik}) = \begin{cases} \dfrac{e_{ik} - mine_{ik}}{maxe_{ik} - mine_{ik}}, & \text{当 } e_{ik} \text{ 为正向指标} \\ \dfrac{maxe_{ik} - e_{ik}}{maxe_{ik} - mine_{ik}}, & \text{当 } e_{ik} \text{ 为负向指标} \end{cases} \quad (5.24)$$

$$u_i(e_i) = \frac{1}{n} \sum_{i=1}^{n} \omega_i u(e_{ik}) \quad (5.25)$$

$$D = \lambda \left| \prod_{i=1}^{4} [u_i^t(e_i) - u_i^0(e_i)] \right|^{\frac{1}{4}} \quad (5.26)$$

$$\lambda = \begin{cases} 1, & \text{当 } u_i^t(e_i) - u_i^0(e_i) > 0, \forall i, \\ -1, & \text{当 } u_i^t(e_i) - u_i^0(e_i) < 0, \exists \text{至少有一个 } i. \end{cases} \quad (5.27)$$

本章在上述研究成果的基础上，提出了经济—社会—自然系统协调度模型和方法。其重要思路如下：

第一步：计算各子系统评价指标的有序度。将经济、社会和自然系统记为 B_i (i = 1, 2, 3)，设各系统中的评价指标集为 $e_i = (e_{i1}, e_{i2}, \cdots, e_{in})$，其中 n 为指标个数。系统有序度的计算根据指标的属性不同分为两种情况如下式。

$$u_i(e_{ij}) = \frac{e_{ij} - mine_{ij}}{maxe_{ij} - mine_{ij}}, \quad \text{当 } e_{ij} \text{ 为正向指标时} \quad (5.28)$$

$$u_i(e_{ij}) = \frac{maxe_{ij} - e_{ij}}{maxe_{ij} - mine_{ij}}, \quad \text{当 } e_{ij} \text{ 为负向指标时} \quad (5.29)$$

其中 $u_i(e_{ij})$ 为单项指标的有序度，i 为系统代号，j 为指标代号，e_{ij}、$maxe_{ij}$ 和 $mine_{ij}$ 分别为指标实际值、最大值和最小值。

第二步：计算各子系统的有序度。子系统 B_i 的有序度计算公式见公式 (5.30)，其中 ω_i 为指标 e_{ij} 的权重系数，$\sum_{i=1}^{n} \omega_i = 1$。

$$u_i(e_i) = \frac{1}{n} \sum_{i=1}^{n} \omega_i u(e_{ij}) \quad (5.30)$$

最后，计算经济—社会—自然复合系统的协调度。设初始时刻各子系统的有序度为 $u_i^0(e_i)$，在时刻 t 各系统的有序度为 $u_i^t(e_i)$，定义复合系统协调度公式

---

① 白雪飞，我国经济发展方式转变阶段测试研究 [D]. 博士学位论文，辽宁大学，2011.

(5.31)，其中 λ 见公式（5.32）。D∈[-1, 1]，其值越大，复合系统协调发展程度越高，反之则越低。

$$D = \lambda \left| \prod_{i=1}^{3} [u_i^t(e_i) - u_i^0(e_i)] \right|^{1/3} \quad (5.31)$$

$$\lambda = \begin{cases} 1, & 当 u_i^t(e_i) - u_i^0(e_i) > 0, \forall i, \\ -1, & 当 u_i^t(e_i) - u_i^0(e_i) < 0, \exists 至少有一个 i. \end{cases} \quad (5.32)$$

5.2.1.5 指标体系权重的确定

1. 指标体系权重方法确定

经济发展方式转变包括经济、社会和自然三个系统。许多个影响因素组成了每个子系统，每个影响因素又有多个一级指标构成，一级指标又包含多个二级指标。本文综合考虑权重对于指标体系的影响，采用主观与客观相结合的方法进行赋权，具体方法下文一一叙述。

（1）二级指标权重的确定。

测评指标体系包括50个二级指标，大量的指标会导致信息重叠状况的发生。因此，为了尽可能减少指标体系中不同指标包含重复的信息，本章在对二级指标赋权时，采用主成分分析方法。这种方法将存在相关性的指标，用新的无关的综合指标代替，且每个综合指标又都是原来相关指标的一个线性组合，同时还能降维，简化评价工序。

主成分分析法确定权重的步骤如下所示：

第一步：将原始数据标准化处理，其计算公式为公式（5.33），式中 $\overline{X_j}$、S_j 分别为第 j 个指标的均值和标准差。其标准化后的矩阵变为 $x = (x_{ij})_{m \times n}$。

第二步：相关系数矩阵的计算。指标 i 与 j 之间的相关系数计算公式为公式（5.34），则相关系数矩阵 $R = (r_{ij})_{m \times n}$。

第三步：相关系数举证的特征值和特征向量的计算。令 $|\lambda I - R| = 0$，求出 R 的全部特征值 $\lambda_1, \lambda_2, \cdots, \lambda_n$，以及每一特征值所对应的单位正交特征向量 $a_j = (a_{1j}, a_{2j}, \cdots, a_{nj})^T$。

第四步：主成分因子累积贡献率的计算和提取，一般当累积贡献率达到85%以上时提取 k 个主成分。设主成分 F_i 的贡献率计算公式为公式（5.35），前 k 个主成分的累积贡献率的计算公式为公式（5.36）。

第五步：前 k 个主成分的表达式的计算如公式（5.37）所示。其中，a_{ij} 是 x_j 的权重，满足 $\sum a_{ij}^2 = 1 (1 \leq j \leq k)$，$a_{ij}$ 用第 i 个指标对应与第 j 个主成分的初始因子载荷与第 j 个主成分对应的特征值的平方根之比。

第六步：按照公式（5.38）计算综合评价值。其中，$c_1, c_2, \cdots, c_n$ 为我们所求的各个指标的权重向量。

$$x_{ij} = \frac{X_{ij} - \overline{X_j}}{S_j} \quad (i=1, 2, \cdots, m; j=1, 2, \cdots, n) \qquad (5.33)$$

$$r_{ij} = \frac{1}{m-1} \sum_{k=1}^{m} x_{ki} x_{kj} \qquad (5.34)$$

$$b_i = \frac{\lambda_j}{\sum_{j=1}^{n} K_j} \qquad (5.35)$$

$$B_k = \sum_{j=1}^{k} b_j \qquad (5.36)$$

$$\begin{cases} F_1 = a_{11}x_1 + a_{21}x_2 + \cdots + a_{n1}x_n \\ F_2 = a_{12}x_1 + a_{22}x_2 + \cdots + a_{n2}x_n \\ \cdots \cdots \\ F_k = a_{1k}x_1 + a_{2k}x_2 + \cdots + a_{nk}x_n \end{cases} \qquad (5.37)$$

$$\begin{aligned} & b_1 F_1 + b_2 F_2 + \cdots + b_k F_k \\ & = b_1 (a_{11}x_1 + a_{21}x_2 + \cdots + a_{n1}x_n) + \cdots + b_k (a_{1k}x_1 + a_{2k}x_2 + \cdots + a_{nk}x_n) \\ & = c_1 x_1 + \cdots + c_n x_n \end{aligned} \qquad (5.38)$$

(2) 一级指标权重的确定。

兵团经济发展方式转变测评二级指标采用主成分分析方法确定指标的权重,这种方法仅仅从数据本身的特性确定权重,而不能考虑到指标的重要意义。因此,在一级指标确定的时候采用主观赋权的方法,通过专家对于不同指标的主观判断进行赋权,本章采用的是层次分析法,具体思路如下:

第一步:判断矩阵的构造。用 d_1, d_2, $\cdots$, d_n 表示与上层因素相关联的 n 个因素,用 a_{ij} 表示 x_i 与 x_j 关于上层因素比较后的值,再将所得的值排列成 n 阶矩阵,就得到了两两比较的判断矩阵如公式(5.39)所示。

$$A = \begin{bmatrix} a_{11} & a_{12} & \cdots & a_{1n} \\ a_{21} & a_{22} & \cdots & a_{2n} \\ \cdots & \cdots & \cdots & \cdots \\ a_{n1} & a_{n2} & \cdots & a_{nn} \end{bmatrix} \qquad (5.39)$$

本章使用 1~9 标度法来确定 a_{ij} 的值。具体含义及数值如表 5-7 所示。

表 5-7   九标度法的含义

含义	d_i 与 d_j 同样重要	d_i 比 d_j 稍微重要	d_i 比 d_j 重要	d_i 比 d_j 强烈重要	d_i 比 d_j 极度重要
a_{ij} 取值	1 2	3 4	5 6	7 8	9 —

第二步:将矩阵 A 的个元素取常熟对数得到对数矩阵 B。

第三步：求矩阵 B 的最优传递矩阵 C。C = $(c_{ij})_{n \times n}$，其中 c_{ij} 由公式（5.40）计算得到。

$$c_{ij} = \frac{1}{n} \sum_{k=1}^{n} (b_{ik} - b_{jk}) \quad (5.40)$$

第四步：求最优传递矩阵的指数矩阵 A^*。$A^* = (a_{ij}^*)_{n \times n}$，其中 $a_{ij}^* = 10^{c_{ij}}$。

最后：方根法求矩阵 A^* 的特征向量，并归一化得到权重向量。

（3）因素层权重的确定。

均方差决策法是一种典型的客观赋权方法。其思想是，多指标评价中，若某项指标在所有会标对象上观测值的离散程度较小，则应该赋予该指标较小的权重，反之则相反。本章中，因素层权重的大小与该因素下 2000～2011 年各评价指标离散程度的大小有很大关系。若时间序列数据在该指标下的相对离散程度较大，那么该指标的权重就应该较大，反之亦然。均方差决策法的具体操作如下所示：

第一步：将各指标利用功效函数进行无量纲化处理。具体计算根据指标的属性不同分为两种情况如下式。

$$e_{ij}' = \frac{e_{ij} - \mathrm{mine}_{ij}}{\mathrm{maxe}_{ij} - \mathrm{mine}_{ij}}, \quad 当 e_{ij} 为正向指标时 \quad (5.41)$$

$$e_{in}' = \frac{\mathrm{maxe}_{ij} - e_{ij}}{\mathrm{maxe}_{ij} - \mathrm{mine}_{ij}}, \quad 当 e_{ij} 为负向指标时 \quad (5.42)$$

第二步：按公式（5.43）计算各指标 C_j 的均值 $E(C_j)$。其中 z_{ij} 为二级指标和一级指标计算得到的各年因素值。

$$E(C_j) = \frac{1}{n} \sum_{i=1}^{n} z_{ij} \quad (5.43)$$

第三步：按公式（5.44）计算 C_j 的均方差 $D(C_j)$。

$$D(C_j) = \sqrt{\frac{1}{n-1} \sum_{i=1}^{n} (z_{ij} - E(C_j))} \quad (5.44)$$

最后：计算 C_j 的权重 W_j。

$$W_j = \frac{D(C_j)}{\sum_{j=1}^{m} D(C_j)} \quad (5.45)$$

（4）子系统权重的确定。

经济发展方式转变测评包括对经济、社会和自然三个系统发展水平的测度，同时又包括对这三个系统协调程度的测度，由于这三个系统的对于经济发展方式转变都很重要，因此，本章在系统层面的权重确定方法是等权法，即三个系统是相同权重的，为 1/3。

2. 兵团经济发展方式转变测评指标体系权重确定

对于二级指标权重的确定采用的是主成分分析法，对于一级指标权重的确定采用的是层次分析法，并且参考白雪飞博士论点对于一级指标权重的确定，对于因素层权重的确定是均方差法，系统层则采用等权法确定权重。得到每个层次的权重如表5-8所示。①

表5-8 各层次指标权重

准则层	因素层	一级指标	权重	二级指标	权重
经济系统 B1 (0.25)	经济发展 C1 (0.404727)	增长速度 D1	0.45	GDP增长率（E1）	0.497927
				人均GDP增长率（E2）	0.502073
		增长潜力 D2	0.35	科技进步贡献率（E3）	0.305866
				经济密度（E4）	0.694134
		增长稳定性 D3	0.2	通货膨胀率（E5）	0.6484244
				经济波动系数（E6）	0.3515756
	经济结构 C2 (0.137643)	产业结构 D4	0.48	高级化程度（E7）	1
		贸易结构 D5	0.13	外贸依存度（E8）	0.5598834
				外资依存度（E9）	0.4401166
		投资消费结构 D6	0.14	投资率（E10）	0.7250831
				消费率（E11）	0.2749169
		城乡结构 D7	0.18	城市化水平（E12）	0.5244257
				城乡差距（E13）	0.4755743
		区域结构 D8	0.07	地区不平衡指数（E14）	1
	经济效益 C3 (0.457631)	物质消耗经济效益 D9	0.67	能源产出率（E15）	1
		劳动消耗经济效益 D10	0.22	劳动生产率（E16）	1
		资本消耗经济效益 D11	0.11	资本产出率（E17）	1
社会系统 B2 (0.25)	人口发展 C4 (0.333761)	生存条件 D12	0.26	自然增长率（S1）	0.2789007
				平均预期寿命（S2）	0.7210993
		生活条件 D13	0.3	人均消费性支出（S3）	0.7020401
				居民净储蓄率（S4）	0.1720213
				恩格尔系数（S5）	0.1259386
		素质修养 D14	0.24	每万人在校大学生数（S6）	0.6333679
				计划生育政策符合率（S7）	0.3666321
		自由发展 D15	0.2	休闲与文化（S8）	1

---

① 采用主成分分析法确定二级指标权重时出现负值，本章采用将指标平移方法变为正值然后归一计算每个权重载荷的比例。对于因素层权重的确定是借助Eviews6.0统计软件进行。

续表

准则层	因素层	一级指标	权重	二级指标	权重
社会系统 B2 (0.25)	社会福利 C5 (0.109141)	就业 D16	0.37	失业率（S9）	0.3064392
				工资增长弹性（S10）	0.6935698
		医疗 D17	0.28	医生负担强度（S11）	1
		住房 D18	0.25	人均住房面积（S12）	1
		保障 D19	0.1	保险福利水平（S13）	0.775253
				社会救济程度（S14）	0.224747
	教育 C60 (0.310767)	教育投入 D20	0.5	普通中学教师负担学生数（S15）	1
		教育产出 D21	0.5	小学入学率（S16）	0.4627565
				小学升学率（S17）	0.5372435
	科技 C7 (0.246331)	技术创新资源 D22	0.46	科技人员比重（S18）	1
		技术创新投入 D23	0.29	R&D 投入强度（S19）	1
		技术创新产出 D24	0.25	每百 R&D 人员科技成果数（S20）	1
自然系统 B3 (0.25)	资源 C8 (0.358858)	资源条件 D25	0.1	人均水资源占有量（N1）	0.4272059
				人均耕地占有量（N2）	0.5727941
		资源消耗 D26	0.65	能源消耗强度（N3）	1
		资源利用 D27	0.25	资源利用效率（N4）	1
	环境 C9 (0.127478)	环境污染 D28	0.5	废水排放增长率（N5）	0.2840688
				废气排放增长率（N6）	0.3816808
				固废排放增长率（N7）	0.3342504
		环境治理 D29	0.5	环保投入强度（N8）	0.3172565
				生活垃圾处理率（N9）	0.3217294
				工业固废降低率（N10）	0.3610141
	生态 C10 (0.513664)	生态建设 D30	1	森林覆盖率（N11）	0.3617174
				建成区绿化覆盖率（N12）	0.3678288
				自然保护区覆盖率（N13）	0.2704538
协调度 (0.25)					

5.2.2　兵团经济发展方式转变测度

5.2.2.1　测度模型的选择说明

关于经济发展阶段定量的划分必须要借助有效的划分方法，因此，学者们在这方面的研究也有很大的突破，其主要的方法有 Topsis 法、Fisher 最优分割法和模糊综合评价法。

（1）Topsis 法。

Topsis 法通过对实际值逼近理想值的排序，来判定方案的优劣性。其主要步骤分为两个，首先计算理想解和负理想解，然后比较各方案与理想解之间的距离，根据距离大小排序，贴进度最小的方案则为最优方案。

白雪梅与赵松山在采用 Topsis 方法将我国经济发展阶段分为了 8 个主要时期和 5 个发展阶段，采用等权处理方法求出相对隶属度，对各地区经济发展阶段进行判断。①

（2）Fisher 最优分割法。

该方法由 Fisher 于 1958 年率先提出并被采用。其主要思想是：若想要用 N 个样本的 M 指标反映一个问题，对 M 个指标进行综合评价得到评价序列，且每个样本随表保持不变，综合序列进行阶段划分共有有 $2^{N-1}+1$ 种方法，若能找出一种使得最小化段内样本差异和最大化各段间样本差异的分割方法，那么该种分割方法就是我们所谓的"最优分割法"。②

王青、张峁构建包含物质生活、经济发展、精神生活、生活环境、人口素质与社会保障五个方面的小康生活评价指标体系，分析了我国 1981～2007 年的数据，并采用 Fisher 最优分割法将我国小康进程划分为三个发展阶段。

（3）模糊综合评价法。

模糊综合评价法是在模糊数学基础上建立的一种综合评价的方法。其基本思想是，将评价目标视作一个模糊集合，它由许多因素构成。将评价集设定为各评价结果形成的集合，将各因素的隶属度进行计算并结合权重体系计算综合评价值。③

叶莉莉、李永实采用该种方法，对 1991～2005 年福建省的经济发展阶段进行了评判，最终得出结论：其处于工业化中期阶段。④

---

①② 白雪梅，赵松山. 用 TOPSIS 法划分地区经济发展阶段的探讨［J］. 江苏统计，1997（1）.

③ 白雪飞，我国经济发展方式转变阶段测试研究［D］. 博士学位论文，辽宁大学，2011.

④ 叶莉莉，李永实. 区域经济发展阶段划分方法探讨——以福建省为例［J］. 沈阳师范大学学报（自然科学版）2008（1）.

比较上述三种较为常用的方法，可知不同方法对于使用的环境有所不同，Topsis 法适合与同时划分多个区域经济发展阶段的情况下。但是对于理想解与负理想解的确定主观性很强，计算较为复杂。Fisher 最有分割法只能处理单一对象阶段的划分，对于处理多个对象阶段划分的问题较为乏力。模糊综合评价法能够科学的处理事物内部的客观性和人类思维的主观性和模糊性，适用于经济发展方式转变这类多目标多主体且难量化的问题的研究。

5.2.2.2 模糊综合测度模型的构建

1. 模糊集的建立

（1）建立因素集。

因素集，就是各种影响评价对象因素组成的一个普通集合，这些因素既可以是模糊的也可以是确定的。经济发展方式转变测评指标体系包含一系列层次，如表 5-1、5-2、5-3 所示，因素集如下：

B = {B1，B2，B3，B4}
 B1 = {B11，B12，B13}
  B11 = {B111，B112，B113}
   B111 = {B1111，B1112}
   B112 = {B1121，B1122}
   B113 = {B1131，B1132}
  B12 = {B121，B122，B123，B124，B125}
   B121 = {B1211}
   B122 = {B1221，B1222}
   B123 = {B1231，B1232}
   B124 = {B1241，B1242}
   B125 = {B1251}
  B13 = {B131，B132，B133}
   B131 = {B1311}
   B132 = {B1321}
   B133 = {B1331}
 B2 = {B21，B22，B23}
  B21 = {B211，B212，B213，B214}
   B211 = {B2111，B2112}
   B212 = {B2121，B2122，B2123}
   B213 = {B2131，B2132}
   B214 = {B2141}

B22 = {B221, B222, B223, B224}
  B221 = {B2211, B2212}
  B222 = {B2221}
  B223 = {B2231}
  B224 = {B2241, B2242}
B23 = {B231, B232, B233, B234, B235}
  B231 = {B2311}
  B232 = {B2321, B2322}
  B233 = {B2331}
  B234 = {B2341}
  B235 = {B2351}
B3 = {B31, B32, B33}
 B31 = {B311, B312, B313}
  B311 = {B3111, B3112}
  B312 = {B3121}
  B313 = {B3131}
 B32 = {B321, B322}
  B321 = {B3211, B3212, B3213}
  B322 = {B3221, B3222, B3223}
 B33 = {B331}
  B331 = {B3311, B3312, B3313}
B4 = {B4}

（2）备择集的建立。

备择集等同于评价集，它可以定义为评价对象被评价者所作出的总的评价结果的集合。模糊综合评价以得出一个最佳的评价结果为目的。

本章中对于经济发展方式转变测评的评价集 V = {尚未转变、转变的准备、初步转变、中度转变、高度转变} = {v1, v2, v3, v4, v5}。

2. 隶属度函数构造及判断矩阵的建立

设 u_{ij} 表示 B_i 与 V_j 之间"合理隶属"的关系程度。各指标隶属函数采用升半梯形隶属度函数、降半梯形隶属度函数、三角形隶属函数形式。

（1）当指标 x 为正向指标时，其隶属度函数为：

$$u_{1i} = \begin{cases} 1 & x \leq a \\ \dfrac{b-x}{b-a} & a < x \leq b \\ 0 & x > b \end{cases}$$

$$u_{2i} = \begin{cases} 0 & x \leq a \\ \dfrac{x-a}{b-a} & a < x \leq b \\ \dfrac{c-x}{c-b} & b < x \leq c \\ 0 & x > c \end{cases}$$

$$u_{3i} = \begin{cases} 0 & x \leq b \\ \dfrac{x-b}{c-b} & b < x \leq c \\ \dfrac{d-x}{d-c} & c < x \leq d \\ 0 & x > d \end{cases}$$

$$u_{4i} = \begin{cases} 0 & x \leq c \\ \dfrac{x-c}{d-c} & c < x \leq d \\ \dfrac{e-x}{e-d} & d < x \leq e \\ 0 & x > e \end{cases}$$

$$u_{5i} = \begin{cases} 0 & x \leq d \\ \dfrac{x-d}{e-d} & d < x \leq e \\ 1 & x > e \end{cases}$$

（2）若指标 x 为负向指标，则隶属度函数为：

$$u_{1i} = \begin{cases} 0 & x \leq d \\ \dfrac{x-d}{e-d} & d < x \leq e \\ 1 & x > e \end{cases}$$

$$u_{2i} = \begin{cases} 0 & x \leq c \\ \dfrac{x-c}{d-c} & c < x \leq d \\ \dfrac{e-x}{e-d} & d < x \leq e \\ 0 & x > e \end{cases}$$

$$u_{3i} = \begin{cases} 0 & x \leq b \\ \dfrac{x-b}{c-b} & b < x \leq c \\ \dfrac{d-x}{d-c} & c < x \leq d \\ 0 & x > d \end{cases}$$

$$u_{4i} = \begin{cases} 0 & x \leq a \\ \dfrac{x-a}{b-a} & a < x \leq b \\ \dfrac{c-x}{c-b} & b < x \leq c \\ 0 & x > c \end{cases}$$

$$u_{5i} = \begin{cases} 1 & x \leq a \\ \dfrac{b-x}{b-a} & a < x \leq b \\ 0 & x > b \end{cases}$$

3. 模糊综合模型的建立

（1）根据隶属函数计算各指标的隶属度，得到单因素评价集为：

$$u_i = (u_{1i}, u_{2i}, u_{3i}, u_{4i}, u_{5i}) \quad i = 1, 2, \cdots, 50$$

（2）以单因素评价集为行组成单因素评判矩阵：

$$u = \begin{bmatrix} u_{11} & u_{21} & u_{31} & u_{41} & u_{51} \\ u_{12} & u_{22} & u_{32} & u_{42} & u_{52} \\ \cdots & \cdots & \cdots & \cdots & \cdots \\ u_{1n} & u_{2n} & u_{3n} & u_{4n} & u_{5n} \end{bmatrix}$$

该矩阵为模糊矩阵，矩阵的第 i 行反映了第 i 个因素对评价对象取备择集中各元素的影响程度；矩阵的第 j 列反映的是所有因素对评价对象取第 j 个备择元素的影响程度。

（3）模糊综合评价模型为：

$$B = \omega \cdot u = (\omega_1, \omega_2, \cdots, \omega_n) \cdot \begin{bmatrix} u_{11} & u_{21} & u_{31} & u_{41} & u_{51} \\ u_{12} & u_{22} & u_{32} & u_{42} & u_{52} \\ \cdots & \cdots & \cdots & \cdots & \cdots \\ u_{1n} & u_{2n} & u_{3n} & u_{4n} & u_{5n} \end{bmatrix} = (b_1, b_2, \cdots, b_n)$$

该模型不仅能够考虑到所有因素的影响，而且较为简单易行。

5.2.2.3 各系统发展度、协调度及总体转变度计算

将各系统的指标无量纲化处理，正向指标采用公式（5.46），负向指标采用

公式 (5.47)，(i = 1, 2, 3, …, 50; j = 1, 2, …, 12)，其中 min(x_j)、max(x_j) 分别表示第 j 项指标的最小值和最大值。

$$z_{ij} = \frac{x_{ij} - \min(x_j)}{\max(x_j) - \min(x_j)} \tag{5.46}$$

$$z_{ij} = \frac{\max(x_{ij}) - x_{ij}}{\max(x_j) - \min(x_j)} \tag{5.47}$$

指标标准化后的决策矩阵为：

$$z = \begin{bmatrix} z_{11} & z_{12} & \cdots & z_{1,12} \\ z_{21} & z_{22} & \cdots & z_{2,12} \\ \cdots & \cdots & \cdots & \cdots \\ z_{50,1} & z_{50,2} & \cdots & a_{50,12} \end{bmatrix}$$

根据上文提出的协调度计算模型，对兵团经济、社会和自然三大系统的 2000～2011 年的协调度进行测量，结果如表 5-9 第 5 列所示。[①] 最后根据子系统的权重和系统协调度的权重计算兵团经济发展方式的转变程度，其计算结果如表 5-9 最后一列所示。

表 5-9　2000～2012 年兵团经济发展方式转变各系统发展度、协调度及转变度

年份	经济系统发展度	社会系统发展度	自然系统发展度	三大系统协调度	经济发展方式转变度
2000	0.384302	0.403362	0.219129	0.5	0.376698
2001	0.306351	0.38847	0.409631	0.496315	0.400192
2002	0.460953	0.316873	0.442538	0.495648	0.429003
2003	0.394032	0.34858	0.288936	0.495807	0.381839
2004	0.558442	0.316635	0.410541	0.494752	0.445093
2005	0.542176	0.264644	0.407682	0.499182	0.428421
2006	0.476433	0.362868	0.370146	0.496201	0.426412
2007	0.47093	0.431383	0.446152	0.501865	0.462583
2008	0.381927	0.424472	0.43814	0.501037	0.436394
2009	0.392082	0.443774	0.407495	0.501108	0.436115
2010	0.756365	0.644922	0.873433	0.519768	0.698622
2011	0.651976	0.683122	0.798922	0.504066	0.659521
2012	0.674391	0.707535	0.809906	0.501108	0.673235

① 依据公式计算得到的是 2000～2011 年各年以 2000 年为基期的相对协调度，2000 年的值为 0，其他年份的值在 [-1, 1] 区间内，遂将这些值全部向右平移 0.5 个单位得到协调度的值的范围在 [0, 1] 区间。

将表 5-9 各列指标数据绘制成雷达图，如图 5-2 所示。

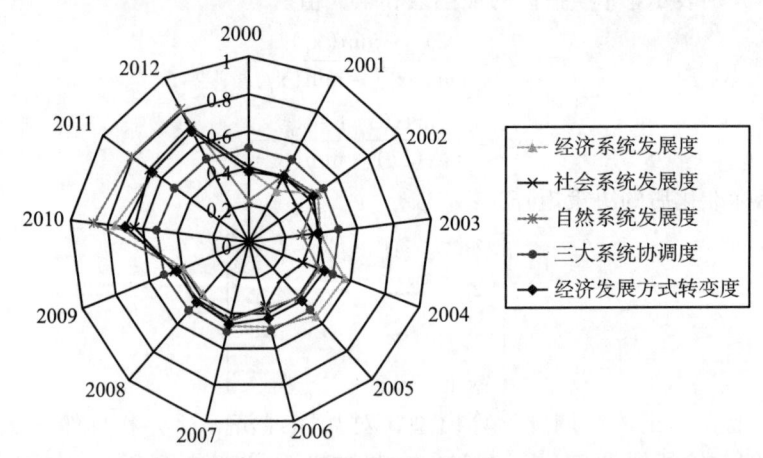

图 5-2　兵团经济发展方式转变各系统发展度、协调度及转变度曲线

从图 5-2 中可以发现兵团经济发展方式转变复合系统中，经济系统、社会系统和自然系统曲线从 2000~2011 年呈现不断离心态势，尤其是在 2008 年之后这种变动趋势更为明显，表明这三大系统发展水平不断提高。其中三大系统中发展水平提高速度最快的是自然系统，最慢的为社会系统。三大系统协调度水平一直在 0.5 左右徘徊，处于较低的协调水平。2000~2008 年，经济发展方式转变度增长缓慢，并且波动较为明显。2008 年之后转变度增长明显加快，从 2008 年的 0.450166 增长到了 2011 年的 0.706654，只花了 3 年时间，而 2000~2008 年的 9 年时间里经济发展方式转变度仅增长了 0.07。主要是因为，经济系统由于 1999 年开始实施的西部大开发战略，中央政策鼓励西部地区经济迅速发展，同时东部地区各省援疆，带来了新疆生产建设兵团经济水平的迅速提高，但是对于这种提高主要还是归功于兵团经济量的扩张，即经济增长。自然系统，兵团处于干旱半干旱地区气候环境较为恶劣，从改革开放以来兵团耕地面积大量增加，草场林地面积减少，由于过度的放牧开放导致生态系统退化，防沙固沙能力减弱，扬沙天气危害天数有所增加。随着西部大开发以来通过一系列生态工程建设和鼓励退耕还林措施，生态环境出现了改观。兵团的经济发展属于资本驱动型的经济增长，对于资源的消耗与日俱增，对环境的破坏日趋严重，但是随着科学技术的进步，能源利用效率会显著提高，同时环境保护力度的加大，会使得兵团自然系统发展整体处于上升趋势。社会系统，2000 年以来兵团人均收入、受教育程度、住房条件都有很大的改善，但是社会发展不平衡性依旧存在，地区不平衡指数从 2000 年的 0.23 上升到了 2011 年的 0.34，上升了 0.11。城乡差距出现不断拉大趋势，从 2000 年的 1.23 上升到 2011 年的 1.62，上升了 0.39。职工工资增长缺乏弹性，不能跟上物价上升水平，导致其实际工资不断减少，虽然城镇登记失业率一直维持在3.4%的高度，但是由于统计口径中没有包含隐性失业，所以实际失业率更高，这会给社会发展带来一定的威胁，所以社会系统发展较为缓慢。

5.2.3 兵团经济发展方式转变阶段判断

5.2.3.1 兵团经济发展方式转变阶段划分

1. 关于经济发展阶段划分的依据和标准

对于中国经济发展阶段的探讨也在不断深入。其中较为有名和典型的理论有，吴敬琏（1986）根据刘易斯的"二元经济结构理论"将我国经济发展过程分为从传统经济向二元经济过度和二元经济向现代经济转变的两个阶段，并且中国正处于第二个阶段。杨晓光、郑志耿（1987）将我国经济发展分为单一的国家主体运用强制的增长机制推进工业化阶段、新旧发展阶段的过度和多元化自主协调共同推进现代化的发展阶段。李善同（2001）以人均能源消耗、电力消耗和GDP之间存在相关关系为依据将我国经济发展分为工业化初级阶段和初级产品生产阶段。董志凯（2004）以国民经济发展程度将我国经济发展分为国民经济体系的初步形成、经济资源的优化配置、只是和技术创新三个阶段。陈一鸣（2007）将我国工业化发展阶段划分成优先发展重工业阶段、消费导向性工业发展阶段、全面市场化转型阶段和新型工业化阶段。[①] 上述对于经济阶段的划分的标准多种多样，有从总量上出发考虑的，也有从结构上出发考虑的，未能形成统一的标准。

2. 经济发展阶段临界值的确定依据

在确定了经济发展阶段划分的标准、依据和方法之后，为了能够判断经济发展阶段还需明确不同阶段之间的临界值大小。这正是判断不同指标量处于哪个阶段的依据。通过已有文献的归纳总结，在临界值确定方面的著名研究成果有钱纳里等人的三阶段划分、库兹涅茨的八阶段划分。其临界值见表5-10和表5-11。

---

① 部分内容参考了梁炜，任保平. 中国经济发展阶段的评价及现阶段的特征分析 [J]. 数量经济技术经济研究，2009（4）：3-18.

表 5-10　　　　　钱纳里对经济发展阶段划分人均 GDP 的临界值

阶段数	阶段名称		人均 GDP		
			1964 年/美元	1970 年/美元	1995 年/美元
1	准工业化阶段	初级产品阶段	100～200	140～280	530～1060
2	工业化实现阶段	工业化初级阶段	200～400	280～560	1060～2120
3		工业化中级阶段	400～800	560～1120	2120～4230
4		工业化高级阶段	800～1500	1120～2100	4230～7940
5	后工业化阶段	发达经济初级阶段	1500～2400	2100～3360	7940～12700
6		发达经济高级阶段	2400～3600	3360～5040	12700～19050

资料来源：H. 钱纳里，S. 鲁滨逊，M. 塞尔奎因. 工业化和经济增长的比较研究 [M]. 上海：三联书店，1989，转引自白雪飞. 我国经济发展方式转变阶段测试研究 [D]. 博士学位论文，辽宁大学，2011.

表 5-11　　　　　库兹涅兹对工业化发展阶段划分的临界值

阶段数	人均 GDP（1982 年/美元）	第一产业	第二产业	第三产业
1	264	53.6	18.5	27.9
2	421	44.6	22.4	33
3	703	37.9	24.6	37.5
4	1126	32.3	29.4	28.3
5	1835	22.5	35.2	42.3
6	2752	17.4	39.5	43.1
7	4407	11.8	52.9	35.3
8	7043	9.2	50.2	40.6

资料来源：西蒙·库兹涅茨. 各国的经济增长 [M]. 北京：商务印书馆，2005，转引自：叶莉莉，李永实. 区域经济发展阶段划分方法探讨 [J]. 沈阳师范大学学报，2008（1）：106-111.

此外，中国的学者已经在此基础上对经济发展方式转变阶段的临界值的确定进行了深入探讨。崔立涛给出了判断经济发展方式类型的统计指标标准，如表5-12所示。白雪飞给出了我国经济发展方式转变阶段临界值的确定方法，将我国经济发展方式转变划分为尚未转变、为转变的准备、初步转变、中度转变和高度转变5个阶段。针对每一个阶段经济、社会、自然和科技系统的指标都确定了临界值。如表5-13所示。

表 5-12　　　　　关于判断经济发展方式类型的统计指标的标准

经济发展方式	负指标	中间型指标	正指标
高度粗放型	$(\bar{\mu}+\sigma, \infty)$	$(-\infty, \bar{\mu}-1.5\sigma) \cup (\bar{\mu}+1.5\sigma, \infty)$	$(-\infty, \bar{\mu}-\sigma)$
粗放型	$(\bar{\mu}, \bar{\mu}+2\sigma)$	$(\bar{\mu}-2\sigma, \bar{\mu}-\sigma) \cup (\bar{\mu}+\sigma, \bar{\mu}+2\sigma)$	$(\bar{\mu}-2\sigma, \bar{\mu})$
准集约型	$(\bar{\mu}-\sigma, \bar{\mu}+\sigma)$	$(\bar{\mu}-1.5\sigma, \bar{\mu}-0.5\sigma) \cup (\bar{\mu}+0.5\sigma, \bar{\mu}+1.5\sigma)$	$(\bar{\mu}-\sigma, \bar{\mu}+\sigma)$
集约型	$(\bar{\mu}-2\sigma, \bar{\mu})$	$(\bar{\mu}-\sigma, \bar{\mu}) \cup (\bar{\mu}, \bar{\mu}+\sigma)$	$(\bar{\mu}, \bar{\mu}+2\sigma)$
高度集约型	$(-\infty, \bar{\mu}-\sigma)$	$(\bar{\mu}-0.5\sigma, \bar{\mu}) \cup (\bar{\mu}, \bar{\mu}+0.5\sigma)$	$(\bar{\mu}+\sigma, \infty)$

注：表中 $\bar{\mu}$、σ 为各指标的均值和标准差。
资料来源：崔立涛. 浙江经济发展方式转变研究 [D]. 博士学位论文, 浙江工商大学, 2008, 转引自白雪飞. 我国经济发展方式转变阶段测试研究 [D]. 博士学位论文, 辽宁大学, 2011.

表 5-13　　　　　关于我国经济发展方式转变阶段划分

系统/阶段		临界值1	临界值2	临界值3	临界值4	临界值5
经济系统 $e_i(i=1, 2, \cdots, 16)$		e_{ia}	e_{ib}	e_{ic}	e_{id}	e_{ie}
社会系统 $s_j(j=1, 2, \cdots, 17)$		s_{ja}	s_{jb}	s_{jc}	s_{jd}	s_{je}
自然系统 $n_k(k=1, 2, \cdots, 12)$		n_{ka}	n_{kb}	n_{kc}	n_{kd}	n_{ke}
科技系统 $t_l(l=1, 2, \cdots, 12)$		t_{la}	t_{lb}	t_{lc}	t_{ld}	t_{le}
协调度		q_a	q_b	q_c	q_d	q_e
综合值		f_a	f_b	f_c	f_d	f_e
经济发展方式转变阶段	第一阶段	当 $f<(f_a+f_b)/2$ 时，即 f 与 f_a 最接近时				
	第二阶段	当 $(f_a+f_b)/2<f<(f_b+f_c)/2$ 时，即 f 与 f_b 最接近				
	第三阶段	当 $(f_b+f_c)/2<f<(f_c+f_d)/2$ 时，即 f 与 f_c 最接近				
	第四阶段	当 $(f_c+f_d)/2<f<(f_d+f_e)/2$ 时，即 f 与 f_d 最接近				
	第五阶段	当 $f>(f_d+f_e)/2$ 时，即 f 与 f_e 最接近时				

注：表中临界值1<临界值2<临界值3<临界值4<临界值5。经济发展方式转变测评过程中，对于阶段临界值的确定是不可或缺又极其重要的一个环节，要使得转变阶段划分科学有效，前提条件是边界值的科学合理设定。

3. 兵团经济发展方式转变阶段的划分

本章对于经济发展方式转变从三大系统的指标变化加以判断和说明。三个系统自身的发展水平以及每个系统之间的协调程度这两个方面共同决定经济发展方式的类型和经济发展方式转变所处的阶段。经济发展方式转变过程漫长且又渐进动态变化。因此，科学划分经济发展方式转变的阶段有利于解释经济发展方式转变的规律，归纳不同阶段的经济发展特征。兵团经济发展方式转变阶段的划分和临界值的确定，以白雪飞对我国经济发展方式转变阶段的划分为参考，并结合兵团经济发展的实际情况，将兵团经济发展方式转变阶段划分为 5 个阶段：尚未转变阶段、为转变做准备阶段、初步转变阶段、中度转变阶段和高度转变阶段。对于每一个阶段三大系统的指标的临界值及其协调度和综合值的临界值确定方法见表 5 - 14。

表 5 - 14　　　　　　　兵团经济发展方式转变阶段划分

系统/阶段		临界值1	临界值2	临界值3	临界值4	临界值5
经济系统 $e_i(i=1, 2, \cdots, 16)$		e_{ia}	e_{ib}	e_{ic}	e_{id}	e_{ie}
社会系统 $s_j(j=1, 2, \cdots, 17)$		s_{ja}	s_{jb}	s_{jc}	s_{jd}	s_{je}
自然系统 $n_k(k=1, 2, \cdots, 12)$		n_{ka}	n_{kb}	n_{kc}	n_{kd}	n_{ke}
科技系统 $t_l(l=1, 2, \cdots, 12)$		t_{la}	t_{lb}	t_{lc}	t_{ld}	t_{le}
协调度 q		q_a	q_b	q_c	q_d	q_e
综合值 f		f_a	f_b	f_c	f_d	f_e
经济发展方式转变阶段	尚未转变	当 $f<(f_a+f_b)/2$ 时，即 f 与 f_a 最接近时					
	为转变准备	当 $(f_a+f_b)/2<f<(f_b+f_c)/2$ 时，即 f 与 f_b 最接近					
	初步转变	当 $(f_b+f_c)/2<f<(f_c+f_d)/2$ 时，即 f 与 f_c 最接近					
	中度转变	当 $(f_c+f_d)/2<f<(f_d+f_e)/2$ 时，即 f 与 f_d 最接近					
	高度转变	当 $f>(f_d+f_e)/2$ 时，即 f 与 f_e 最接近时					

注：由于本章确定转变阶段的时候，方法采用的是模糊综合评价法存在着一定的模糊性，因此这里确定 5 个临界值；表中临界值1 < 临界值2 < 临界值3 < 临界值4 < 临界值5。

第一步计算经济、社会和自然三个系统的每个指标及系统协调度的临界值，第二步确定隶属函数，并计算各指标的隶属度最终得到经济发展方式转变的综合

值 f。本章根据"最大隶属原则"与"加权数值评价原则"方法进行判断。文中 f_a、f_b、f_c、f_d 和 f_e 分别是五个边界值，当 $|f-f_i|$（i = a，b，c，d，e）最小时，就认为经济发展方式转变阶段就属于 i 阶段。

5.2.3.2 兵团经济发展方式转变阶段边界值的确定

1. 关于经济发展轨迹趋同的假设

（1）经济趋同的一些理论。

各地区间经济发展是否趋同一直是学术界和政策制定者广泛关注的重要经济问题之一。趋同在经济学方面的解释为各地区之间的经济差距存在不断缩小并最终实现一致的趋势。在关于各地区间经济发展趋同的讨论中，形成了两种对立的观点。新古典增长理论认为，发达国家由于经济基数庞大，在边际收益递减规律的影响下，其经济增长速度会减缓，而后发国家经济基数较小，其经济增长速度较快，最终会导致不同国家经济的人均产出增长率会收敛于长期均衡增长的路径。在均衡增长的路径下，无论有没有存在技术进步的作用，各国最终都将实现相同的发展水平。[①] 而以卢卡斯（Lucas）为代表的内生增长理论指出经济系统内部的各种因素对于经济增长都具有重要的影响作用，但是起决定性作用的只有知识总量、人力资本存量等因素。发达国家致力于对知识、人力资本等软件要素的投资使其经济增长持续保持在较高的水平。而发展中国家致力于对物质资本等硬件要素的投资，未能对知识和人力资本的投入最终陷入贫困陷阱。所以最终会使得发达国家与后发国家之间的差距固化甚至拉大，而不会出现趋同。经济发展趋同主要包括三种类型：绝对趋同、条件趋同和俱乐部趋同。对于经济发展是否会存在趋同学术界一直存在着争论，同时在争论中将研究深化。国外学者温特·汉森（Jes Winther Hansen，2005）、卡尔·约翰（Carl - Johan Dalgaard，2003）、茨奥纳斯（Tsionas，2000）、杜拉夫（Durlauf，1996）、伽罗（Galor，1996）、巴伦（Barro，1992）、鲍莫尔（Baumol，1986）等采用不同的方法，对国家（地区）之间增长趋同命题的存在性进行了检验。最终得出不同的结论，有的学者认为不同国家之间存在着绝对趋同，有的学者认为只有在发达国家内部或者发展中国家内部才存在着趋同，还有的学者认为经济发展趋同的结论不能成立。国内学者也通过利用国外的研究方法，研究我国区域之间经济增长趋同的问题。魏后凯（1997）、蔡昉（2000）、刘木平（2000）、林毅夫和刘明兴（2003）、王志刚（2004）、陈安平和李国平（2004）、彭华（2006）等都从不同角度进行了相关的研究。但是也没有得出统一的结论。魏后凯（1997）认为我国省级人均 GDP 存在着 β 趋同，但是这种趋同性在居民人均收入方面不存在。蔡昉、都阳

[①] 白雪飞. 我国经济发展方式转变阶段测试研究 [D]. 博士学位论文，辽宁大学，2011.

(2000) 认为，俱乐部趋同在东、中部内部省份之间都显著存在，进而形成了东、中、西部俱乐部。而李国平（2004）则得出结论中国各地区内部俱乐部趋同现象不存在。[①]

（2）本章的重要假设。

上述关于各地区之间经济趋同的研究，所得出的结论具有巨大差异。本章假设各地区之间经济发展存在趋同性。经济发达的地区希望经济、社会、自然各方面前面发展，这势必会减缓其经济发展速度，经济落后地区则希望在经济上减少与发达地区之间的差距甚至实现赶超。因此，本章认为我国各地区之间这种从不平衡发展到平衡发展最终将会达到一个均衡的状态，从而实现经济发展的趋同。其主要原因有下述几点：

第一国家政策环境所致。我国是社会主义国家，1992年邓小平南方谈话提出社会主义国家的本质是解放生产力，发展生产力，消灭剥削，消除两极分化，最终达到共同富裕。实现共同富裕是社会主义国家的最终目标，因此国家不允许区域之间的经济差距长期处于悬殊状态，同时改革开放以来东部地区优先发展，中西部地区发展较为缓慢，但是这也不会长期存在，1999年西部大开发战略的提出，随后振兴东北老工业基地和中部崛起等区域发展战略的制定，会使得经济后发地区拥有许多政策上的比较优势，这些优势会有利于缩小东西部之间的经济差距。

第二技术的不断扩散。各地区之间贸易、投资等交流活动的活跃，会加速技术在地区之间的扩散。落后地区可以通过模仿学习并且采用发达地区所拥有的先进技术可以减少本地区研发的成本和缩短研发周期。因此，落后的地区可以通过承接发达地区的技术水平和产业链提高自身的技术水平，减小与发达地区之间的技术差距，并且继续实现技术创新，从而是落后地区比发达地区处于更有利的条件下，最终实现经济发展的趋同。

第三要素的流动性增强。经济全球化趋势，使世界成为一个统一的整体，不同国家之间表现为"你中有我，我中有你"的关系，许多跨国公司都从全球视角来配置资源。举例说明，不同地区和产业间要素的流动速度将不断加快，落后国家的农业部门中的劳动力生产率较低，劳动力要素从农业部门流动到其他部门的时候，其整个地区的生产率就会提高，这将加速落后地区的劳动生产率的提高，从而促使经济增长的收敛。而资本要素会从发达地区流向落后地区，而劳动力会从落后地区流向发达地区，这流入流出将使得劳动边际生产率的提高，结果导致区域间的劳动生产率出现收敛趋势。[②]

[①] 白雪飞. 我国经济发展方式转变阶段测试研究［D］. 博士学位论文，辽宁大学，2011.
[②] 马瑞永. 经济增长收敛机制：理论分析与实证研究［D］. 浙江大学博士学位论文，2006.

2. 国内一些省份经济发展方式转变轨迹的相关经验分析

（1）东部地区部分省份各指标数据的变化趋势。

东部地区取广东、北京、浙江、江苏和山东五个省份。对经济、社会和自然系统中比较有代表性的指标的变化趋势进行分析。

①GDP增长率变动趋势。GDP增长率反映了一个地区的经济发展的速度。自从1978年我国实行改革开放政策以来，东部地区GDP变化幅度由大到小不断收敛的特征。在1979~1996年，东部五个省份的GDP振幅都很大，而且还会出现负增长，而在1997年之后其经济增长趋势较为明显，且振幅明显减小。通过前表数据计算可知在1979~2011年北京、浙江、广东、江苏和山东的GDP增长率的均值分别为：10.6%、12.5%、12.7%、11.5%、11.5%，标准差分别为5.5、6.2、4.8、6.2、4.9，从以上数据可以看出浙江与广东的经济增长率要高于其他省份，但是浙江经济增长率的波动性要大于广东。虽然，五个省份的经济增长率平均值有所差异但是，差距不是很大。通过图5-3纵观经济增长过程，它们之间的差距不断缩小，呈现收敛趋势。

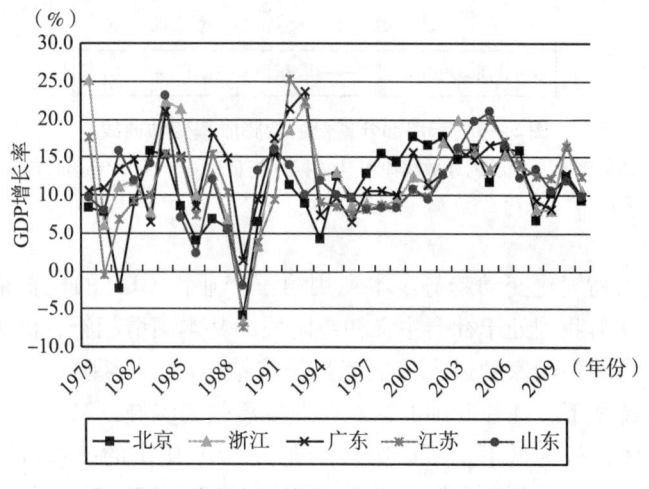

图5-3 东部部分省份GDP增长率变动趋势

资料来源：中国经济社会发展统计数据库统计数据分析板块（http://tongji.cnki.net/kns55/Dig/DigResult.）。

②通货膨胀率。本章通货膨胀率通过用1978年为消费者价格指数（CPI）定基指数，计算的年CPI变化率。东部五个省份1979~2011年通货膨胀率的变化趋势如图5-4所示。在这几年间整体上东部五省的通货膨胀率是不断降低的，在1979~1997年不仅通货膨胀率保持在比较高的位置，而且波动较大，1985年和1988年某些省份的通货膨胀率高达15%水平，这已经超过了10%的温和通货

膨胀临界值,进入了奔腾的通货膨胀阶段。西方学者认为,在这一阶段由于价格上涨率较高,公众预期价格会进一步上涨,因而会采取行动保护自己,比如通过囤积实物等方法,这会使得通货膨胀更为加剧。① 而广东等多个省份在 1990 年的时候又出现了较为严重的通货紧缩,这与政府对经济的宏观调控有很大的关系。1992 年之后整体通货膨胀率有了明显的减小,今后几年尤其是 1997 年之后通货膨胀率一直处于 5% 以下的安全区间。

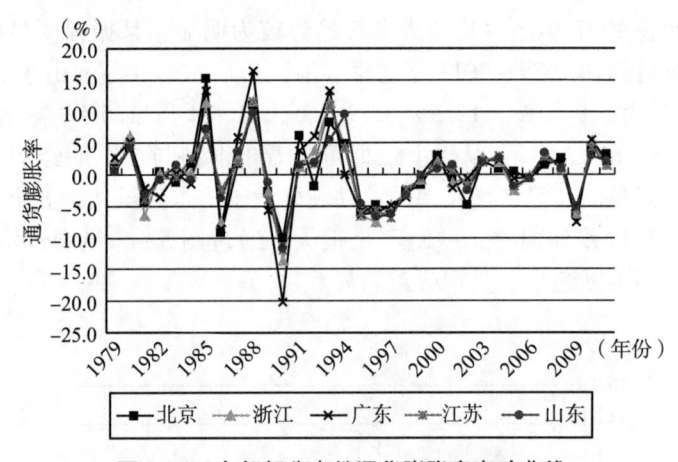

图 5-4 东部部分省份通货膨胀率变动曲线

资料来源:中国经济社会发展统计数据库统计数据分析板块(http://tongji.cnki.net/kns55/Dig/DigResult.)。

③产业结构高度化变动趋势。本章用第三产业占 GDP 的比重来衡量产业结构的高度化,这与我国处于社会主义初级阶段的基本国情相符,因为我国是一个发展中国家,发展中国家的最大特征就是经济结构的不合理和产业结构低级化。在这样的基本特征下,往往我国的第三产业发展较为缓慢,第三产业的比重相对于其他发达经济体较为低下,所以第三产业占 GDP 比重的变化可以反映我国产业结构的变化路径。东部五省第三产业占 GDP 比重 1978~2011 年变化趋势如图 5-5 所示。从图中可以清楚地发现,在这 30 多年期间,东部五省三产比重都呈现上升趋势,而且增长趋势较为平稳。北京市三产比重增长趋势明显高于其他四个省份,逐渐拉开了其与它们之间的距离。到 2011 年北京的三产比重为76.1%,而其他四个省份的三产比重平均不到 50%。由此可见,北京的产业结构高度化程度明显要优于其他几省。通过利用上表数据计算得到,1978~2011 年北京、浙江、广东、江苏和山东的第三产业占 GDP 的比重均值分别为

---

① 高鸿业.西方经济学(宏观部分)[M].北京:中国人民大学出版社,2008:615.

51.3%、31.5%、36.7%、29.3%和28.6%，除了北京之外，其他省的三产都没能成为一个地方的主导产业。除了北京之外的其余四个省之间的三产比重呈现收敛趋势。

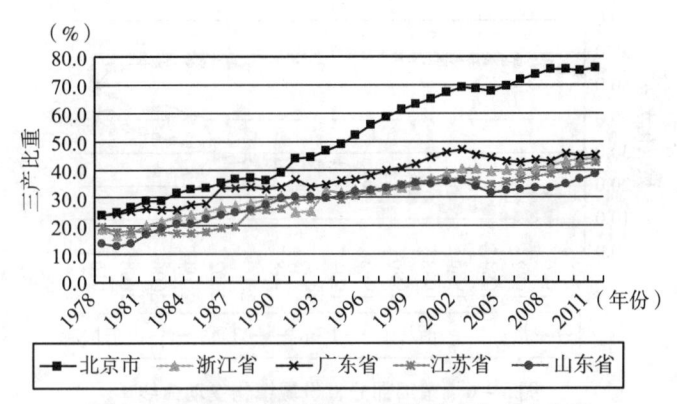

图 5-5　东部部分省份产业结构高度化变动曲线

资料来源：中国经济社会发展统计数据库统计数据分析板块（http://tongji.cnki.net/kns55/Dig/DigResult.），其中浙江省部分年份数据来源于浙江统计年鉴2005。

④城镇化指标。本章采用以非农人口占总人口的百分比作为衡量城镇化的指标，这主要是出于对中国当前二元经济较为明显的特征的考虑。由于许多农民进入了城镇生活，较为普遍的现象是我们国家的农民工，他们工作在城市，生活在城市，但是他们能不能离开土地呢？对于这个问题的思考，有许多经济学家都给出了反面的观点，其中具有代表性的有复旦大学的陆铭、陈钊教授等。

北京、浙江、广东、江苏和山东东部五个省份1981~2011年城镇化数据如表所示。东部地区五个省份的城镇化水平指标变化趋势如图5-6所示。北京的城镇化水平最高，从1978~2011年一直保持在50%以上，而且比较平稳。浙江的城镇化水平最低，不到30%，而且1978~2011年其增长率也是处在五省之末。浙江、广东、江苏和山东在这30多年发展历程中，城镇化水平都有了明显的提高，其中增长最快的是江苏省，从1978年的12.5%，增长到了2011年近50%。总体上，1978~2011年，五省的城镇化水平之间的差距在不断缩小，表现为收敛的趋势。

⑤恩格尔系数。恩格尔系数是衡量居民家庭生活水平高低的一个很重要的指标。它是指食物消费支出在家庭消费总支出中所占的比重。恩格尔系数越高反映了家庭的生活水平越低。

东部五省1981~2012年的城镇居民家庭恩格尔系数的变化趋势如图5-7所示。从图中可以发现，1981~2012年各省的恩格尔系数呈现不断下降的趋势，从近60%下降到不足20%，经历了从实现温饱到追求小康的转变。总体上，东部地区不同省份之间的恩格尔系数差距也在不断缩小呈现收敛的趋势。

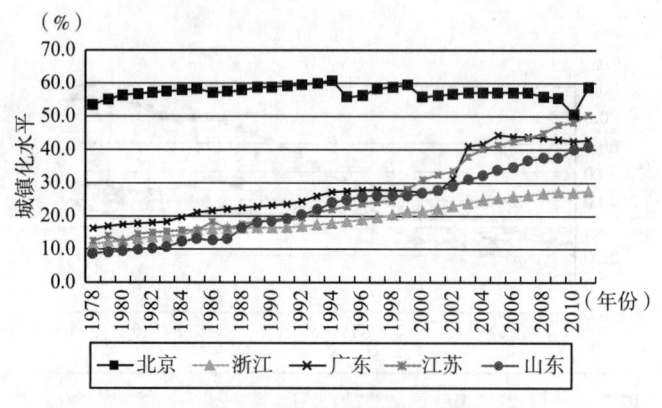

图5-6 东部部分省份城镇化变动曲线

资料来源：中国经济社会发展统计数据库统计数据分析板块（http://tongji.cnki.net/kns55/Dig/DigResult.），其中浙江省部分年份数据来源于《浙江统计年鉴（2005）》。

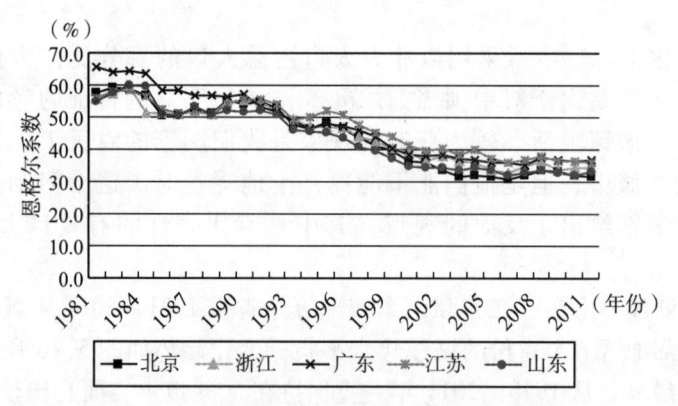

图5-7 东部部分省份恩格尔系数变动曲线

资料来源：中国经济社会发展统计数据库统计数据分析板块（http://tongji.cnki.net/kns55/Dig/DigResult.）。

⑥失业率。失业率是指劳动力中没有工作而又在寻找工作的人所占的比例，就业的波动情况可有失业率指标的波动所显示。自然失业率为经济社会处在充分就业情形下的失业率，它表示的是劳动力市场实现供求平衡的一种状态。西方学者已经发现高失业率常常和一些负面的社会现象如吸毒、离婚率以及高犯罪率联系在一起。因此，失业率是宏观经济运行中不可忽视的一个重要指标。中国对于失业率的统计，为城镇登记失业率，这虽然忽视了隐性失业，但是能够反映一定的社会就业情况。

东部五省1985~2011年城镇登记失业率的变化趋势如图5-8所示。从图中可以看出，五个省份历年的失业率都低于4.5%，而这些省份这些年的GDP增长率都一直处于7%以上，由奥肯定律得知，当实际GDP保持与潜在GDP同样快的增长率的时候，失业率不会上升。但是图中曲线所反映的结果是除了山东省之外，其余省份的失业率都呈现上升的趋势，那么可以认为这些省份尚未达到潜在GDP的增长率。可是，中国的GDP增长率已经处于很高的水平，正式由于GDP的快速增长，导致了许多资源环境等问题的加剧。所以，奥肯定律是否适合中国经济的实际，还有待进一步研究。总体上，五省之间的失业率的差距在不断缩小，呈现的是不断收敛的态势。

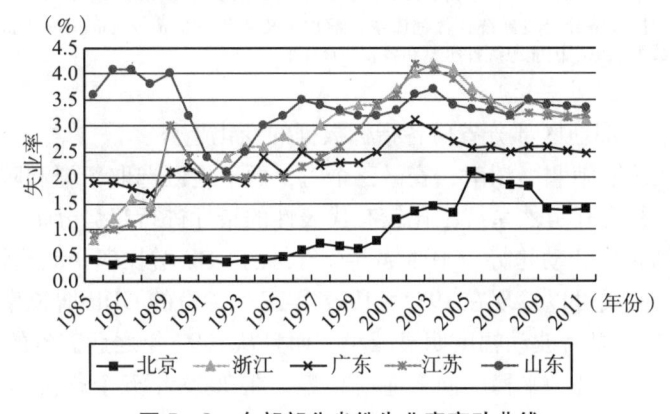

图5-8 东部部分省份失业率变动曲线

资料来源：中国经济社会发展统计数据库统计数据分析板块（http://tongji.cnki.net/kns55/Dig/DigResult.）。

⑦能源消费量。本章所指的能源消费量为单位GDP所消耗能源的总和，其计算单位统一为吨标准煤每万元。东部地区北京、浙江、广东、江苏和山东省1985~2011年能源消费量的变化趋势如图5-9所示。从图中可以发现五省中，能源消费量下降最快的是北京市，从1985年的11.3吨标准煤每万元下降到了2011年的2.4万吨标准煤每万元减少了近4/5。广东省能源消费量的变化最不明显，1985年能源消耗为5.7吨标准煤每万元，到了2011年为3.0吨标准煤每万元。能源消费量的变化反映的是经济增长方式的变化。总体上，五个省份的能源消费量都有不同程度的减少，并且五个省份之间的差距在不断缩小，表现为不断收敛的态势。

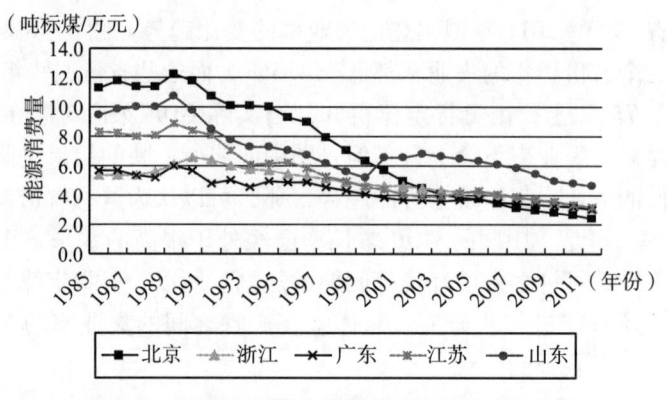

图 5-9　东部地区部分省份能源消费量变动曲线

资料来源：中国经济社会发展统计数据库统计数据分析板块（http://tongji.cnki.net/kns55/Dig/DigResult.），部分数据来源中国能源统计年鉴和各省统计年鉴。

(2) 中、西部地区部分省份各指标数据的变化趋势。

中部地区选取湖北、湖南、安徽三个省，西部地区选取新疆和陕西两个省对它们的经济、社会和自然系统中比较有代表性的指标进行趋势分析。

①GDP 增长率变动趋势。中西部五个省份的 GDP 增长率变动趋势如图 5-10 所示，从图中曲线可以发现在 1982~1997 年五个省份的 GDP 增长率的波动幅度较大，在 1997 年以后波动幅度明显减小，而且从 1997 年之后五省的 GDP 增长率除了新疆以外都表现为平稳的向上递增趋势。在 2009 年五个省份的 GDP 增长率均有下降，而下降最为明显的则是新疆，这主要是由于 2008 年全球经济危机对于国内经济的冲击所致，而新疆为什么受到的冲击最为严重呢，对于这个问题还有待进一步研究。通过上表数据计算得到，1979~2008 年，湖南、湖北、安徽、新疆和陕西 GDP 增长率的均值分别为：10.2%、10.1%、10.2%、11.0%、10.7%，标准差分别为：5.2、5.9、5.8、5.8、6.5。对比东部地区相同数据发现中西部地区 GDP 增长率略低于东部地区的 GDP 增长率，而稳定性却优于东部地区。图中曲线趋势还反映了中西部五个省份内部 GDP 增长率的差距在不断缩小。这与东部地区各省数据所反映的情况一致。

②通货膨胀率变动趋势。中、西部五个省份 1979~2011 年通货膨胀率的变化趋势如图 5-11 所示。在这几年间整体上中、西部五省的通货膨胀率是不断降低的，在 1979~1997 年之间不仅通货膨胀率保持在比较高的位置，而且波动较大，1988 年和 1994 年某些省份的通货膨胀率高达 15% 水平，这已经超过了 10% 的温和通货膨胀临界值，进入了奔腾的通货膨胀阶段。这要比东部省份晚 2~3 年，所以可以猜测东部地区经济发展和变动会对中西部地区的经济变动产生一定的影响，并且影响效果的发挥需要几年的滞后期限。西方学者认为，在这一阶段由于价格上涨率较高，公众预期价格会进一步上涨，因而会采取行动保护自己，

比如通过囤积实物等方法，这会使得通货膨胀更为加剧。① 而陕西等多个省份在1990年的时候又出现了较为严重的通货紧缩，这与政府对经济的宏观调控有很大的关系。1997年之后整体通货膨胀率有了明显的减小，今后几年尤其是2000年之后通货膨胀率一直处于5%以下的安全区间。这情况与东部五省一致，表现为收敛趋势。

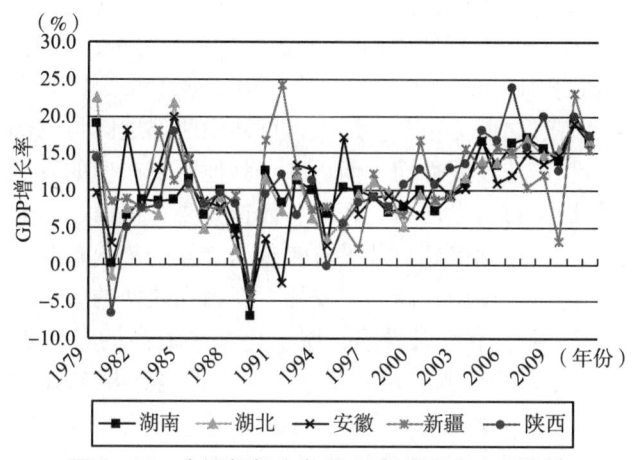

图 5-10 中西部部分省份 GDP 增长率变动曲线

资料来源：中国经济社会发展统计数据库统计数据分析板块（http://tongji.cnki.net/kns55/Dig/DigResult.）。

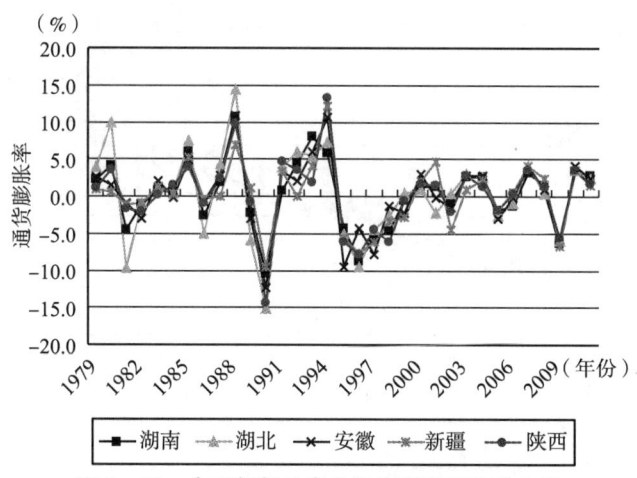

图 5-11 中西部部分省份通货膨胀率变动曲线

资料来源：中国经济社会发展统计数据库统计数据分析板块（http://tongji.cnki.net/kns55/Dig/DigResult.）。

---

① 高鸿业．西方经济学（宏观部分）[M]．北京：中国人民大学出版社，2008：615．

③产业结构高度化变化趋势。中西部五个省份 1978~2011 年第三产业占 GDP 比重的变化趋势如图 5-12 所示。图中曲线显示，期间三产比重的变化趋势总体上呈现的是倒"U"型的结构。在 1978~2004 年期间三产比重呈现稳步上升趋势，而 2004 年之后却出现了下降的趋势。但是，总体上这 30 多年的时间里中西部五个省份三产比重都增加了。其与东部地区五省最大的区别是，中西部五个省份的三产比重都较为接近，而没有出现像北京那样表现为较快偏离其余省份的情况。通过表数据计算得到的中西部五个省份三产比重，湖南、湖北、安徽、新疆和陕西的均值分别为 31.5%、30.9%、30.1%、30.5% 和 32.7%，这与东部江苏和山东相比有过之而无不及。那么，可知中西部地区与东部地区的经济发展差距并不是在第三产业发展方面，而更在于其他两个产业的发展情况上，所以不能够提倡中西部地区盲目发展第三产业，而首先要重视第一产业发展基础和提高第二产业竞争力。图中曲线趋势并没有表现为趋异趋势，趋同趋势较为明显。

④城镇化变动趋势。湖南、湖北、安徽、新疆和陕西的城镇化水平的变动趋势如图 5-13 所示。从图中可以看出，城镇化水平最高的是新疆，最低的为湖南。在 1978~2011 年城镇化水平增长最快的是湖北省，从 1978 年的不到 15%，到了 2011 年增长到了近 40%，达到翻一番的水平。对比东部与中西部省份的城镇化水平数据，可以发现东部地区的城镇化水平要高于中西部地区，尤其是东部地区的北京市，其与中部地区之间一直保持着巨大的差距。但是，从总体上可以看出，东部地区域中部地区的城镇化水平差距在不断缩小，而且中西部地区内部省份之间的差距也在不断缩小，表现为收敛的趋势。

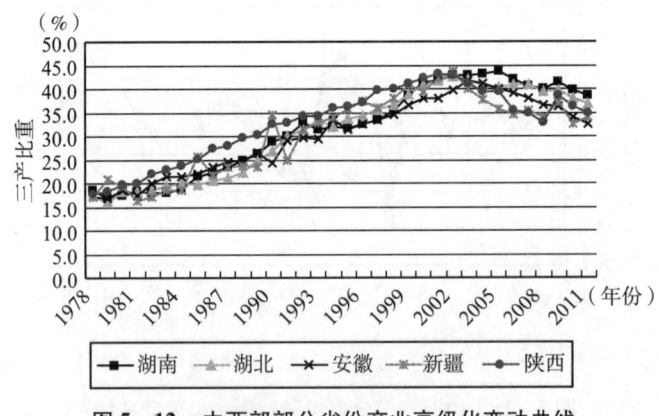

图 5-12　中西部部分省份产业高级化变动曲线

资料来源：中国经济社会发展统计数据库统计数据分析板块（http://tongji.cnki.net/kns55/Dig/DigResult.）。

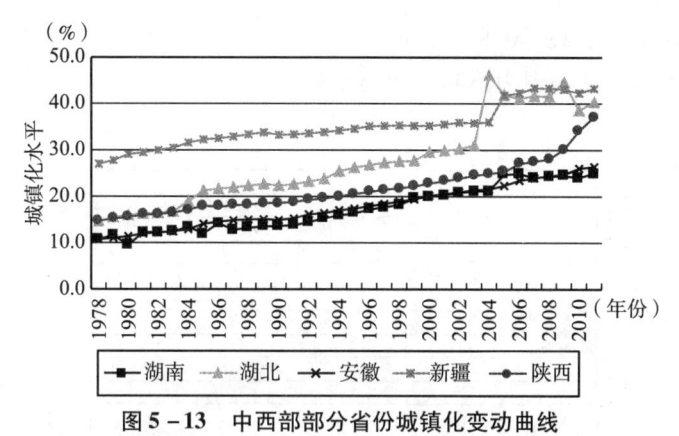

[图 5-13 中西部部分省份城镇化变动曲线]

资料来源：中国经济社会发展统计数据库统计数据分析板块（http://tongji.cnki.net/kns55/Dig/DigResult.）。

⑤恩格尔系数。图 5-14 反映的是湖南、湖北、安徽、新疆和陕西西部五个省份，30 多年的恩格尔系数的变化趋势。从图中可以看出，恩格尔系数最高的省份是安徽，但是 30 多年的变化到了 2011 年其恩格尔系数有了明显的下降，缩小其与别的省份之间的距离并实现了一定的赶超。总体上，中西部不同省份之间的恩格尔系数的差距在不断缩小呈现收敛的趋势。

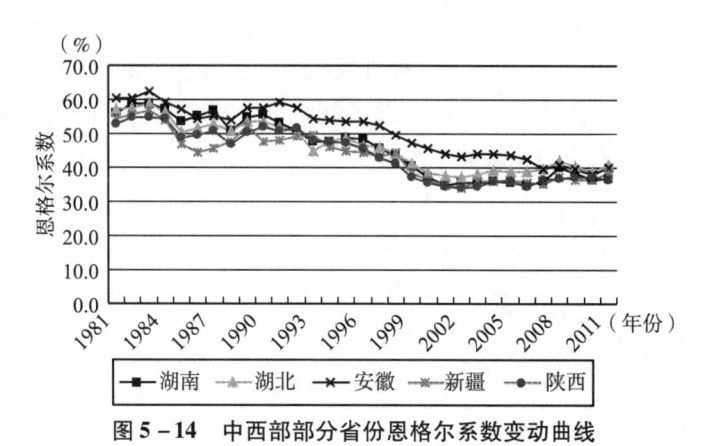

[图 5-14 中西部部分省份恩格尔系数变动曲线]

资料来源：中国经济社会发展统计数据库统计数据分析板块（http://tongji.cnki.net/kns55/Dig/DigResult.）。

⑥失业率。湖南、湖北、安徽、新疆和陕西 1985～2011 年城镇登记失业率的变化趋势如图 5-15 所示。从图中可以看出，中西部五个省份的失业率呈现较为平稳的上升过程，并且一直保持在 4.5% 之下。湖南、湖北、安徽、新疆和陕西 1985～2011 年的平均失业率分别为 3.5%、3.1%、3.2%、3.4% 和 3.2%，标

准差分别为 0.99、1.18、0.81、0.63 和 0.59。总体上，这五个省份之间的失业率差距在不断缩小，表现为不断收敛的态势。

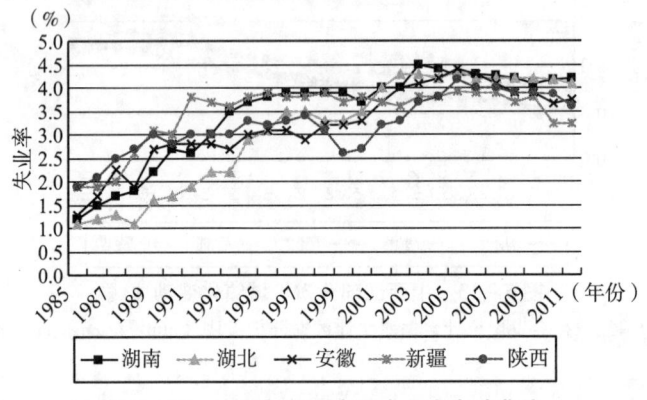

图 5-15 中西部部分省份失业率变动曲线

资料来源：中国经济社会发展统计数据库统计数据分析板块（http://tongji.cnki.net/kns55/Dig/DigResult.）。

⑦能源消费量。湖南、湖北、安徽、新疆和陕西 1985～2011 年，单位 GDP 能源消费量变化趋势如图 5-16 所示。从图中可以看出，五省中新疆的能源消费量一直最高，在 1985 年和 2011 年新疆以 16.5 和 8.5 吨标准煤每万元位居五省能源消费量之首。陕西省的能源消费量为下降速度最快，从 1985 年的 12.9 吨标准煤每万元下降到了 2011 年的 4.4 吨标准煤每万元，在此期间下降了近 2/3。总体上，五省的能源消费量都不断下降，除了新疆之外其余省份之间的能源消费量的距离在不断缩小，表现为不断收敛的态势。

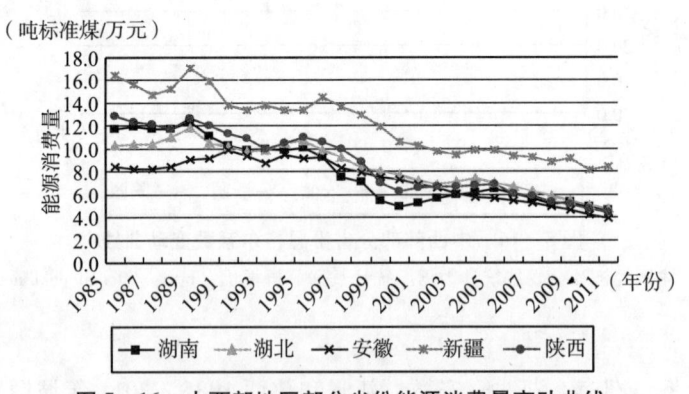

图 5-16 中西部地区部分省份能源消费量变动曲线

资料来源：中国经济社会发展统计数据库统计数据分析板块（http://tongji.cnki.net/kns55/Dig/DigResult.）。

3. 兵团经济发展方式转变阶段边界值的确定

上述假设各地区的经济发展轨迹趋同，各地区都渴望缩小自身与发达地区之间的差距。但是，只要经济在发展就不会出现一个地区的发展方式都能达到理想状态，而且每一个地区的发展轨迹都是一个不断靠近理想状态的过程。从落后地区而言其发展目标就是尽可能地靠近一些经济发达地区的状态，而经济发达地区则希望自己尽可能一直保持领先水平。兵团属于经济后发地区，其经济发展的目标就是尽可能地向东部地区靠近。基于此，对西部大开发以来兵团经济发展方式转变的程度进行测评，以每一年度经济发展具有典型作用的我国一些省份的平均值为参考标准。

上文将兵团经济发展方式转变阶段划分为 5 个阶段：尚未转变阶段、为转变做准备阶段、初步转变阶段、中度转变阶段和高度转变阶段。根据本文中的假设，结合已有的研究结论，将东部地区的北京、浙江、广东、江苏和山东，中部地区的湖南、湖北和安徽，西部地区的新疆和陕西 10 个省份 2000~2011 年的平均值作为经济发展方式初步转变阶段各指标的中间值即 c 值，左右分别选取一些合适的区间作为每个阶段的边界值，如图 5 – 17 所示。

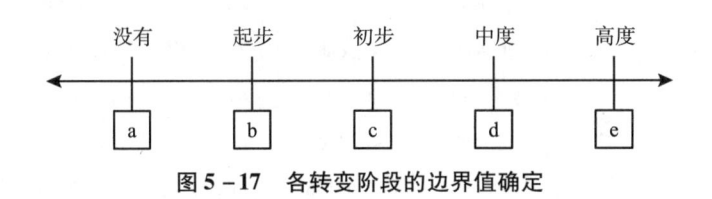

图 5 – 17 各转变阶段的边界值确定

经济、社会和自然系统各指标以及系统协调度的边界值确定情况如表 5 – 15 所示。

表 5 – 15 　　　　　　经济发展方式转变各阶段指标边界值

指标	边界值				
	a	b	c	d	e
GDP 增长率	6.062772	10.60985	15.15693	19.70401	31.52641
人均 GDP 增长率	5.568884	9.745547	13.92221	18.09887	28.9582
科技进步贡献率	1.277402	2.235453	3.193504	4.151556	6.642489
经济密度	504.1598	882.2796	1260.399	1638.519	2621.631
通货膨胀率	0.24	0.42	0.6	0.78	1.248
经济波动系数	0.08076	0.141331	0.201901	0.262472	0.419954

续表

指标	边界值				
	a	b	c	d	e
高级化程度	16.95008	29.66264	42.3752	55.08775	88.14041
外贸依存度	18.33811	32.09169	45.84527	59.59885	95.35816
外资依存度	1.310602	2.293554	3.276506	4.259458	6.815132
投资率	19.04084	33.32146	47.60209	61.88271	99.01234
消费率	20.25071	35.43875	50.62679	65.81482	105.3037
城市化水平	13.15515	23.02151	32.9	42.75423	68.40677
城乡差距	1.146036	2.005562	2.865089	3.724616	5.959385
地区不平衡指数	0.24771	0.433493	0.619276	0.805058	1.288093
能源产出率	0.403691	0.70646	1.009228	1.311997	2.099195
劳动生产率	1.63443	2.860252	4.086074	5.311897	8.499035
资本产出率	0.908446	1.58978	2.271115	2.952449	4.723919
自然增长率	2.0568	3.5994	5.142	6.6846	10.69536
平均预期寿命	29.6428	51.8749	74.107	96.3391	154.1426
人均消费性支出	3897.892	6821.311	9744.73	12668.15	20269.04
居民净储蓄率	19.74929	34.56125	49.37322	64.18518	102.6963
恩格尔系数	14.66935	25.67136	36.67337	47.67538	76.2806
每万人在校大学生数	69.98691	122.4771	174.9673	227.4575	363.9319
计划生育政策符合率	37.93025	66.37794	94.82563	123.2733	197.2373
休闲与文化	194.9778	341.2112	487.4446	633.678	1013.885
失业率	1.371133	2.399483	3.427833	4.456183	7.129893
工资增长弹性	0.376583	0.65902	0.941457	1.223894	1.958231
医生负担强度	83.50717	146.1376	208.7679	271.3983	434.2373
人均住房面积	13.8128	24.1724	34.532	44.8916	71.82656
保险福利水平	5.604225	9.807394	14.01056	18.21373	29.14197
社会救济程度	1.615649	2.827385	4.039122	5.250859	8.401374
普通中学教师负担学生数	6.691828	11.7107	16.72957	21.74844	34.7975
小学入学率	39.81603	69.67805	99.54006	129.4021	207.0433
小学升学率	39.6547	69.39573	99.13675	128.8778	206.2044
科技人员比重	31.81728	55.68024	79.5432	103.4062	165.4499

续表

指标	边界值				
	a	b	c	d	e
R&D 投入强度	0.25861	0.452567	0.646525	0.840482	1.344771
每百 R&D 人员科技成果数	1.97486	3.456005	4.93715	6.418295	10.26927
人均水资源占有量	666.3841	1166.172	1665.96	2165.748	3465.197
人均耕地占有量	0.178901	0.313076	0.447251	0.581427	0.930283
能源消耗强度	0.413021	0.722787	1.032553	1.342318	2.147709
资源利用效率	28.2	49.35	70.50	91.65	146.64
废水排放增长率	2.138948	3.743158	5.347369	6.95158	11.12253
废气排放增长率	5.725558	10.01973	14.31389	18.60806	29.7729
固废排放增长率	2.44494	4.278644	6.112349	7.946054	12.71369
环保投入强度	0.475344	0.831852	1.18836	1.544868	2.471788
生活垃圾处理率	36.24894	63.43565	90.62235	117.8091	188.4945
工业固废降低率	39.68504	69.44882	99.21	128.9764	206.3622
森林覆盖率	12.05153	21.09018	30.12883	39.16748	62.66796
建成区绿化覆盖率	14.61623	25.5784	36.54057	47.50874	76.00439
自然保护区覆盖率	2.2217	3.887975	5.55425	7.220525	11.55284
系统协调度	0	0.25	0.5	0.75	1

5.2.3.3 隶属度函数及判断矩阵计算

依据书中对于隶属度函数的构造方法，根据各个指标的属性和临界值，计算其隶属度。例如，GDP 增长率为正向指标，它的 5 个边界值分别是：6.062772、10.60985、15.15693、19.70401 和 31.52641。所以，其隶属度函数为：

$$u_{1\text{GDP增长率}} = \begin{cases} 1 & x \leqslant 6.062772 \\ \dfrac{10.60985 - x}{10.60985 - 6.062772} & 6.062772 < x \leqslant 10.60985 \\ 0 & x > 10.60985 \end{cases}$$

$$u_{2\text{GDP增长率}} = \begin{cases} 0 & x \leqslant 6.062772 \\ \dfrac{x - 6.062772}{10.60985 - 6.062772} & 6.062772 < x \leqslant 10.60985 \\ \dfrac{15.15693 - x}{15.15693 - 10.60985} & 10.60985 < x \leqslant 15.15693 \\ 0 & x > 15.15693 \end{cases}$$

$$u_{3\text{GDP增长率}} = \begin{cases} 0 & x \leqslant 10.60985 \\ \dfrac{x - 10.60985}{15.15693 - 10.60985} & 10.60985 < x \leqslant 15.15693 \\ \dfrac{19.70401 - x}{19.70401 - 15.15693} & 15.15693 < x \leqslant 19.70401 \\ 0 & x > 19.70401 \end{cases}$$

$$u_{4\text{GDP增长率}} = \begin{cases} 0 & x \leqslant 15.15693 \\ \dfrac{x - 15.15693}{19.70401 - 15.15693} & 15.15693 < x \leqslant 19.70401 \\ \dfrac{30.52641 - x}{30.52641 - 19.70401} & 19.70401 < x \leqslant 30.52641 \\ 0 & x > 30.52641 \end{cases}$$

$$u_{5\text{GDP增长率}} = \begin{cases} 0 & x \leqslant 19.70401 \\ \dfrac{x - 19.70401}{30.52641 - 19.70401} & 19.70401 < x \leqslant 30.52461 \\ 1 & x > 30.52461 \end{cases}$$

通货膨胀率为负向指标,其临界值分别为:0.24、0.42、0.60、0.78、1.248,该指标隶属函数为:

$$u_{1\text{通货膨胀率}} = \begin{cases} 0 & x \leqslant 0.78 \\ \dfrac{x - 1.248}{1.248 - 0.78} & 0.78 < x \leqslant 1.248 \\ 1 & x > 1.248 \end{cases}$$

$$u_{2\text{通货膨胀率}} = \begin{cases} 0 & x \leqslant 0.60 \\ \dfrac{x - 0.60}{0.78 - 0.60} & 0.60 < x \leqslant 0.78 \\ \dfrac{1.248 - x}{1.248 - 0.78} & 0.78 < x \leqslant 1.248 \\ 0 & x > 1.248 \end{cases}$$

$$u_{3\text{通货膨胀率}} = \begin{cases} 0 & x \leqslant 0.42 \\ \dfrac{x - 0.42}{0.60 - 0.42} & 0.42 < x \leqslant 0.60 \\ \dfrac{0.78 - x}{0.78 - 0.60} & 0.60 < x \leqslant 0.78 \\ 0 & x > 0.78 \end{cases}$$

$$u_{4\text{通货膨胀率}} = \begin{cases} 0 & x \leq 0.24 \\ \dfrac{x-0.24}{0.42-0.24} & 0.24 < x \leq 0.42 \\ \dfrac{0.60-x}{0.60-0.42} & 0.42 < x \leq 0.60 \\ 0 & x > 0.60 \end{cases}$$

$$u_{5\text{通货膨胀率}} = \begin{cases} 1 & x \leq 0.24 \\ \dfrac{0.42-x}{0.42-0.24} & 0.24 < x \leq 0.42 \\ 0 & x > 0.42 \end{cases}$$

根据以上隶属度函数计算 2000~2012 年经济发展方式转变各指标的隶属度，2000 年的计算结果见表 5-16 所示，其余年份计算结果见附录。

表 5-16　　　　　　　　2000 年各指标隶属度

变量	隶属度				
	u1i	u2i	u3i	u4i	u5i
GDP 增长率（E1）	0	0.536521	0.463479	0	0
人均 GDP 增长率（E2）	0	0.404265	0.595735	0	0
科技进步贡献率（E3）	1	0	0	0	0
经济密度（E4）	1	0	0	0	0
通货膨胀率（E5）	0	0	0	0	1
经济波动系数（E6）	1	0	0	0	0
高级化程度（E7）	1	0	0	0	0
外贸依存度（E8）	0	0	0.235207	0.764793	0
外资依存度（E9）	1	0	0	0	0
投资率（E10）	0	0	0.588477	0.411523	0
消费率（E11）	0	0	0.950641	0.049359	0
城市化水平（E12）	0	0	0	0.983995	0.016005
城乡差距（E13）	0	0	0	0.487419	0.512581
地区不平衡指数（E14）	0	0	0	0	1
能源产出率（E15）	0	0.836943	0.163057	0	0
劳动生产率（E16）	0.778868	0.221132	0	0	0
资本产出率（E17）	0	0	0.815783	0.184217	0

续表

变量	隶属度				
	u1i	u2i	u3i	u4i	u5i
自然增长率（S1）	0	0.610657	0.389343	0	0
平均预期寿命（S2）	0	0.301231	0.698769	0	0
人均消费性支出（S3）	1	0	0	0	0
居民净储蓄率（S4）	0	0	0.640373	0.359627	0
恩格尔系数（S5）	0	0	0.811547	0.188453	0
每万人在校大学生数（S6）	1	0	0	0	0
计划生育政策符合率（S7）	0	0	0	0.105	0.895
休闲与文化（S8）	1	0	0	0	0
失业率（S9）	0	0.361907	0.638093	0	0
工资增长弹性（S10）	0	0	0.140007	0.859993	0
医生负担强度（S11）	0	0.419048	0.580952	0	0
人均住房面积（S12）	0.404687	0.595313	0	0	0
保险福利水平（S13）	0	0	0	0.015195	0.984805
社会救济程度（S14）	0	0	0	0	1
普通中学教师负担学生数（S15）	0	0	0	0.520507	0.479493
小学入学率（S16）	0	0.015741	0.984259	0	0
小学升学率（S17）	0	0	0.94811	0.05189	0
科技人员比重（S18）	0	0.86125	0.13875	0	0
R&D 投入强度（S19）	1	0	0	0	0
每百 R&D 人员科技成果数（S20）	1	0	0	0	0
人均水资源占有量（N1）	0	0	0	0	1
人均耕地占有量（N2）	0	0.119705	0.880295	0	0
能源消耗强度（N3）	0	0.937804	0.062196	0	0
资源利用效率（N4）	1	0	0	0	0
废水排放增长率（N5）	0	0	0	0	1
废气排放增长率（N6）	0	0	0	0	1
固废排放增长率（N7）	0	0	0	0	1
环保投入强度（N8）	0	0	0	0	1
生活垃圾处理率（N9）	1	0	0	0	0

续表

变量	隶属度				
	u1i	u2i	u3i	u4i	u5i
工业固废降低率（N10）	0	0.406734	0.593266	0	0
森林覆盖率（N11）	1	0	0	0	0
建成区绿化覆盖率（N12）	0	0.67875	0.32125	0	0
自然保护区覆盖率（N13）	0	0	0	0.450761	0.549239
系统协调度	0	0	1	0	0

5.2.3.4 兵团经济发展方式转变阶段的模糊综合评价和分析

1. 兵团经济发展方式转变阶段判断

根据前表中的指标最终权重数值和 2000 年各指标隶属度的判断矩阵对兵团 2000 年经济发展方式转变阶段进行模糊综合评价。其计算所得到的综合评价向量为：

$$f_{2000} = (0.237584, 0.222298, 0.394940, 0.056294, 0.088884)$$

评价向量中第三个分量为 0.394040 最大，按照最大隶属度原则，2000 年兵团经济发展方式转变阶段处于初步转变阶段。由于最大隶属度原则存在不可靠性，① 因此，必须先对其有效性进行检验，② 本章为了克服最大隶属原则失效的问题采用最大隶属原则与简单加权平均法相结合进行判断。加权平均是以评价向量的 k 次幂 b^k 为权重进行加权。得到的合成值，然后根据就近原则，按其与相邻评价级之间的距离进行判断，其所属评语等级。即：

$$Y = b_j^k * t_j \tag{5.48}$$

设评价级的量化值为（2、4、6、8、10），k 取 1，则根据加权原则得到的合成值为 5.073194，所以据此可以判定 2000 年兵团经济发展方式转变处于初步转

---

① 在评语等级等距分组的情况下采用最大隶属原则无可非议，但是当评语等级为非等距离时，不能直接使用最大隶属原则判断。另外，最大隶属原则是以损失很多有利信息为代价回归到具体的"某一个点"上的。由于模糊综合评价的一个显著特点是模糊合成值是完全根据原始指标的隶属情况分等级合成的，不同评语等级之间的价值水平其实并没有综合，因此用最大隶属原则会忽略其他指标对综合评价的作用，那些只隶属于非众数组的指标对综合评价结论并没有任何影响，因为他们呢的优劣水平没有能够在"众数组"中得到体现，而仅是通过隶属度汇总到相应的"组"，这显然与多指标综合评价的"全面性"原则相悖。因此，仅仅由最大隶属度原则判断一个单位价值水平的高低类型是不够客观和准确的（引自：苏为华. 模糊综合评价方法问题研究 [D]. 厦门大学，博士学位论文，2000）。

② 关于最大隶属原则的有效性标准，分别计算最大隶属度的有效度 β 和第二有效度 γ，二者的比值 α = β/γ 作为有效度水平，如果有效度水平 α = + ∞ 则可认定最大隶属原则完全有效；若 1 < α < + ∞ 则可认为最大隶属原则非常有效；若 0.5 < α < 1 则最大隶属原则比较有效，其有效程度即为 α 值；当 0 < α < 0.5 时，最大隶属原则为低效；当 α = 0 时，最大隶属原则完全无效（引自：陈耀辉，孙春艳. 模糊综合评判法中的最大隶属原则有效度 [J]. 重庆师范学院学报，2001（3）：45 - 47）。

变阶段。同理根据以上方法计算 2001~2012 年兵团经济发展方式转变综合评价向量和转变阶段，并将其结果整理如表 5-17 所示。

表 5-17　　　　　2000~2011 年综合评价向量及转变阶段判断

年份	评价向量					合成值	阶段判断
2000	0.23758	0.22230	0.39494	0.05629	0.08888	5.07319	初步转变
2001	0.28884	0.19860	0.15256	0.28646	0.07354	5.31450	初步转变
2002	0.24543	0.22490	0.44684	0.01299	0.08083	4.98376	转变准备
2003	0.23002	0.22085	0.37197	0.10264	0.07452	5.14156	初步转变
2004	0.24322	0.18008	0.45515	0.05620	0.06977	5.08492	初步转变
2005	0.26890	0.23072	0.42346	0.01151	0.06541	4.74760	转变准备
2006	0.20965	0.26057	0.42530	0.05360	0.05089	4.95102	转变准备
2007	0.18959	0.21856	0.44752	0.05806	0.08625	5.26565	初步转变
2008	0.20213	0.24210	0.41943	0.06225	0.07409	5.12816	初步转变
2009	0.25908	0.17407	0.45290	0.09452	0.05912	5.27918	初步转变
2010	0.15417	0.09319	0.50831	0.16318	0.08115	5.84791	初步转变
2011	0.18478	0.12117	0.47670	0.13987	0.07748	5.60820	初步转变
2012	0.166445	0.151449	0.453218	0.129381	0.099507	5.68811	初步转变

从表 5-17 可以看出，"十五"期间，2000 年兵团经济发展方式已经处于初步转变阶段，但是在这个五年时间里面 2002 年到退到了转变准备阶段，由此可知在"十五"计划的时候兵团经济发展方式处于转变准备和初步转变之间徘徊，不是真正意义上的进入了初步转变阶段。从 2007 年开始兵团经济发展方式真正进入了初步转变阶段，其阶段加权合成值一直保持在 5 以上且不断靠近中度转变阶段临界值水平。在 2008 年外遭世界经济危机，内遇调结构，转方式压力，兵团通过自身政府职能改革改善投资环境，增加科技研发投入，推动产业结构优化，加快了兵团经济发展方式的转变速度。兵团经济发展方式转变加权合成值从 2008 年的 5.12 上升到了 2011 年的 5.60 出现了大幅度上升。但是其转变依旧处于初步阶段，纵观经济发展方式转变阶段，其转变的程度依旧处于较为初级和低下水平。今后几年兵团在实现经济发展方式转变还有很长的路要走，只有通过转变初级阶段才能进入中度转变阶段并最终达到兵团经济发展方式的高度转变，最终完成其经济发展方式质的飞跃。为了更好地了解兵团经济、社会、自然各系统对兵团经济发展方式的影响作用，下文将从经济、社会、自然三个视角分析兵团经济发展方式转变。由于兵团所处的阶段为转变准备和初步转变阶段，所以重点

分析兵团各指标与这两个阶段的临界值之间的差异。

2. 兵团经济发展方式转变的综合分析

通过上文的测算和判断已经得出兵团经济发展方式转变所处的阶段。为了能够明确在兵团经济发展方式转变测评指标体系中的不同指标对于兵团经济发展方式转变的影响作用，文章将根据指标体系的构成要素与兵团经济发展方式转变中的转变准备阶段临界值 b 和初步转变阶段临界值 c 进行比较。

（1）兵团经济发展方式转变的经济系统分析。

兵团经济发展方式转变，首先要从经济系统等各指标反应，因为经济发展是首要任务，兵团建设的重中之重。经济系统的主要指标有经济发展程度、经济结构和经济效益，它们分别反映了兵团经济发展的量和质。文章将从这三个方面对经济系统进行剖析。

①经济增长方面。

前文构建的经济增长因素包括了经济增长的速度、潜力。目前衡量经济增长最常用的指标是 GDP，通过 GDP 衡量经济增长虽然不是最科学的，但是确实是一种既简单又具有说服力的方法。因此，本章通过描述兵团 2000~2012 年 GDP 的增长率和人均增长率。其结果如图 5-18 和 5-19 所示。从图表可以发现，兵团 2000~2007 年兵团 GDP 增长率围绕临界值 b 在上下波动，兵团人均 GDP 增长率也是同样。2008~2012 年兵团 GDP 增长率和人均 GDP 增长率都跳跃到了临界值 c 以上，对兵团经济发展方式的转变做出了贡献。

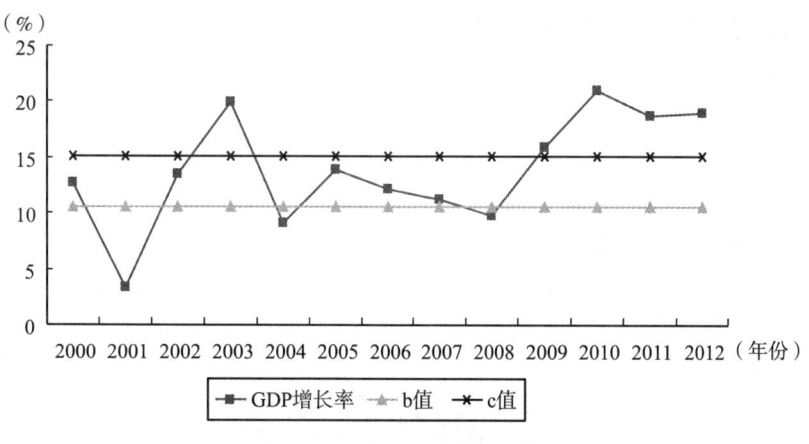

图 5-18 兵团 GDP 增长率变动

资料来源：《新疆生产建设兵团统计年鉴》（2013）。

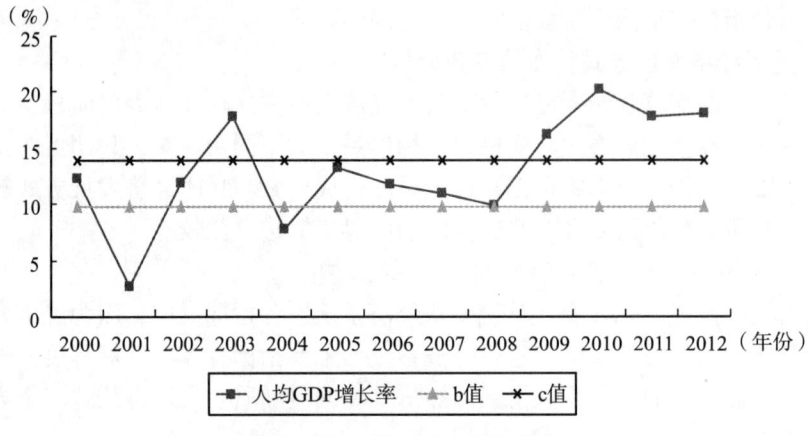

图 5-19 兵团人均 GDP 变动

资料来源:《新疆生产建设兵团统计年鉴》(2013)。

经济增长的潜力主要考察的是兵团经济能否具有可持续发展的可能。基于该目的本章采用科技进步贡献率和经济密度两个指标进行衡量。兵团 2000～2012 年的科技进步贡献率和经济密度的值与兵团经济发展方式转变临界值 b、c 的比较如图 5-20 和图 5-21 所示。虽然兵团经济增长速度已经达到了临界值 c 的水平,但是兵团经济增长潜力却令人担忧。主要表现在,兵团科技进步贡献率在 2007 年出现了跳水,之后一直处于临界值 b 的水平。兵团的经济密度从 2000～2012 年,一直低于临界值 b 水平,而且远远低于该水平。由此可见兵团的经济密度严重阻碍了兵团经济发展方式的转变。

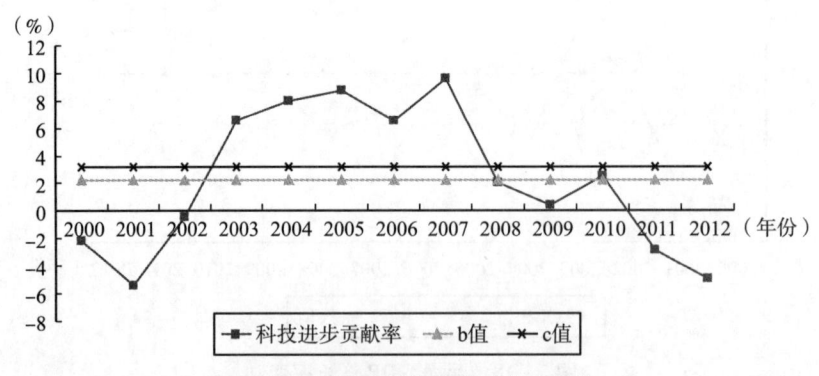

图 5-20 兵团科技进步贡献率变动

资料来源:《新疆生产建设兵团统计年鉴》(2013)。

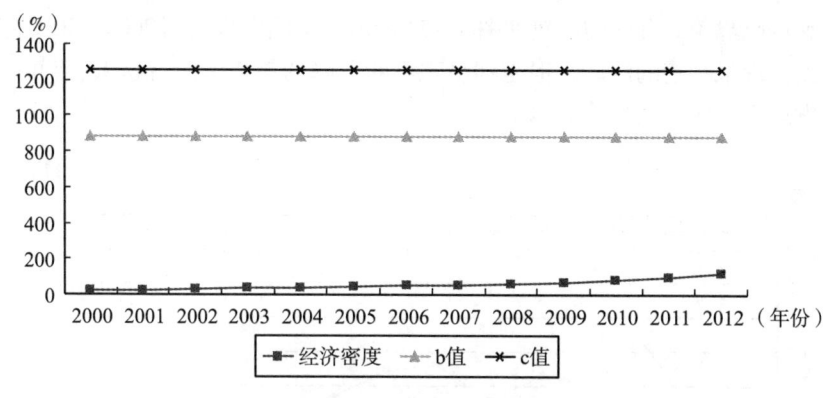

图 5-21　兵团经济密度变动

资料来源：《新疆生产建设兵团统计年鉴》(2013)。

②经济结构方面。

单纯依靠经济增长不能全面的衡量兵团的经济状况，所以还要从经济的内部结构进行分析。文中的指标体系经济结构方面的指标主要有产业结构、贸易结构、投资消费结构等。产业结构的衡量指标为高级化程度。兵团 2000~2012 年产业结构的高级化程度与兵团经济发展方式转变阶段判断中该指标的临界值 b 和 c 的比较如图 5-22 所示。从图发现兵团 2000~2012 年产业结构的高级化程度虽然有所上升，尤其是 2010 年以后更是出现了较大的跳跃，但是其依旧处于经济发展方式转变临界值 b 以下，不利于经济发展方式转变。

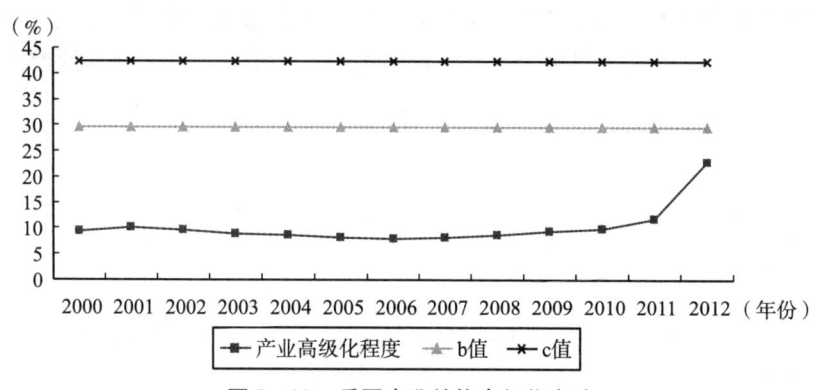

图 5-22　兵团产业结构高级化变动

资料来源：《新疆生产建设兵团统计年鉴》(2001~2013)。

由于改革开放使我国开始主动开放国门，通过对外贸易和引进外资等多种手段发展经济。在一定程度上，外商投资对于地区经济的发展起促进作用。文中采用外资依存度来衡量兵团的外贸结构。2000~2012 年，兵团外资依存度与兵团经济发展方式转变的临界值 b 和 c 的比较如图 5-23 所示。从图发现兵团 2000~2012 年的外资依存度出现了一定的波动，但是却呈现不断下降的趋势，而且这 12 年间一直处于经济发展方式转变临界值 b 以下。

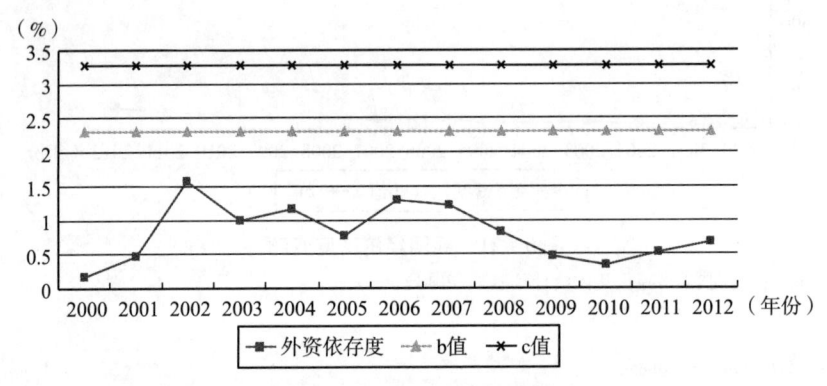

图 5-23　兵团外资依存度变动

资料来源：《新疆生产建设兵团统计年鉴》(2001~2013)。

自从 2008 年经济危机之后，我国通过许多政策刺激内需，通过内需带到经济的增长。书中采用投资率和消费率两个指标衡量经济系统的投资—消费结构。兵团 2000~2012 年消费率的变动与经济发展方式转变临界值的比较如图 5-24 所示。书中采用城市化水平和城乡差距两个指标衡量城乡结构。兵团 2000~2012 年城市化水平与经济发展方式转变临界值的比较如图 5-25 所示。从图中可以发现兵团城市化水平在 2000~2012 年不断上升，而且远高于经济发展方式转变临界值 b 和 c。由此可以说明兵团城市化发展走在了经济发展方式转变的前列。

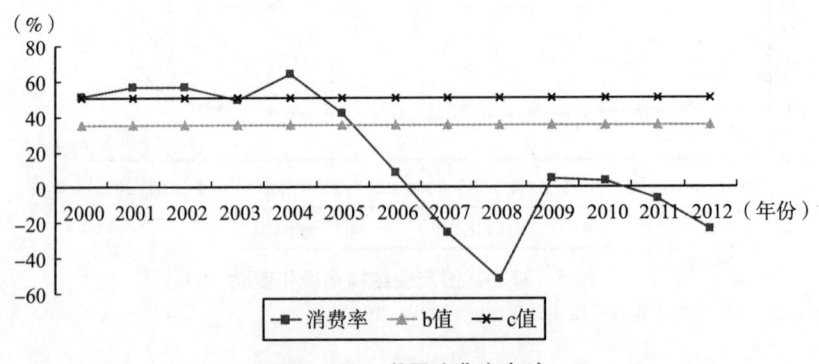

图 5-24　兵团消费率变动

资料来源：《新疆生产建设兵团统计年鉴》(2001~2013)。

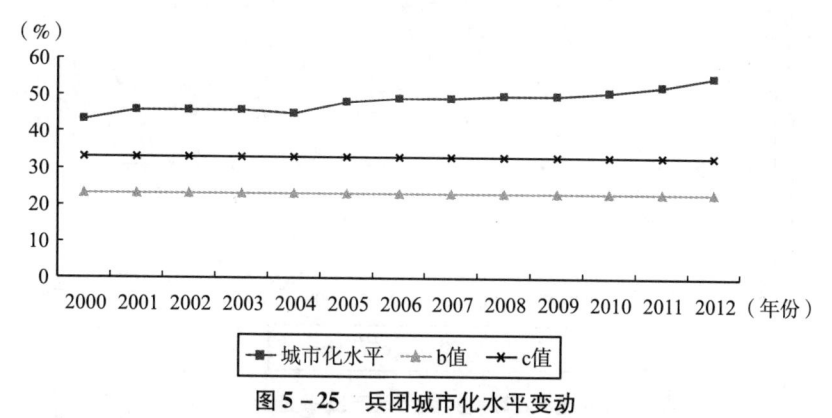

图 5-25　兵团城市化水平变动

资料来源:《新疆生产建设兵团统计年鉴》(2001~2013)。

③经济效益方面。

经济发展的质量可以从经济效益的指标很好反应。因为经济效益是相同的要素投入所带来的不同产出的体现,若经济效益高则投入相同的生产要素带来的经济增长量大。所以文中采用能源产出率、劳动产出率和资本产出率三个方面衡量。兵团 2000~2012 年能源产出率的变动与经济发展方式转变临界值 b 和 c 的比较如图 5-26 所示。从图中可以看出兵团 2000~2012 年,能源产出率处于临界值 b 和临界值 c 之间,但是 2007 年之后兵团经济发展方式已经处于初步转变阶段了,而能源产出率指标却一直小于临界值 c。

兵团劳动产出率 2000~2012 年的变动和兵团经济发展方式转变的临界值 b 和临界值 c 的比较如图 5-27 所示。从图中可以明显看出兵团劳动产出率在 2000~2012 年一直处于急剧上升并且于 2004 年超越临界值 b 于 2008 年超越临界值 c,之后一直保持在临界值 c 以上。所以,兵团劳动产出率领先于其经济发展方式转变。

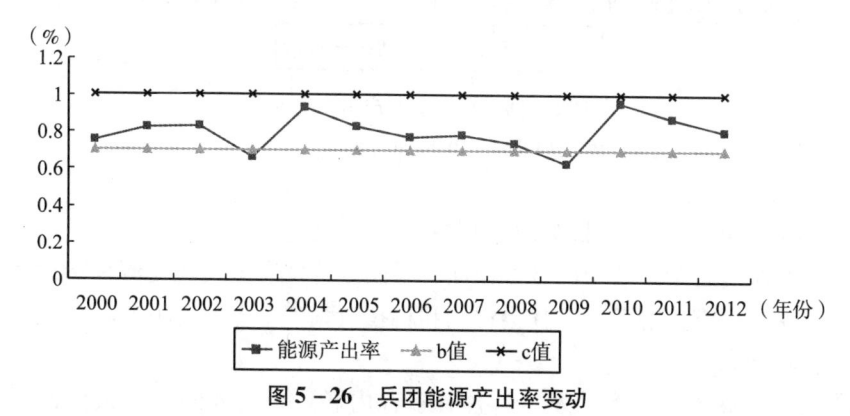

图 5-26　兵团能源产出率变动

资料来源:《新疆生产建设兵团统计年鉴》(2001~2013)。

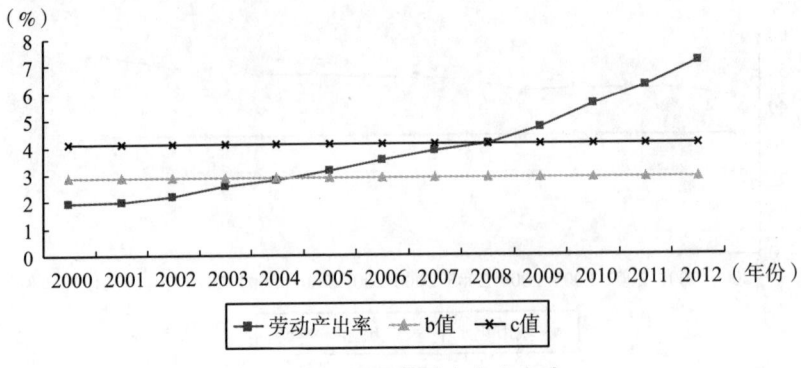

图 5-27 兵团劳动产出率变动

资料来源:《新疆生产建设兵团统计年鉴》(2001~2013)。

2000~2012 年兵团资本产出率与其经济发展方式转变临界值的比较如图 5-28 所示。从图中可以看出兵团 2000~2012 年资本产出率出现了大幅度的下降,从接近临界值 c 的水平一直下降到了临界值 b 以下,而且下降的趋势一直未能扭转。这不利于兵团经济发展方式的继续转变。

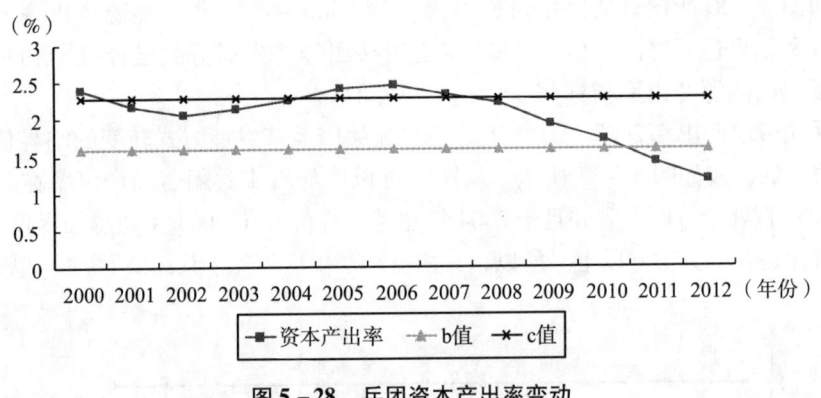

图 5-28 兵团资本产出率变动

资料来源:《新疆生产建设兵团统计年鉴》(2001~2013)。

(2) 兵团经济发展方式转变的社会系统分析。

社会系统包含了生活中的方方面面,兵团经济发展方式转变测评指标体系中的社会系统包含有人的发展、社会福利和科技教育三个方面。下文将从这三个方面来分析社会系统。

①人的发展方面。人的发展包含有多种内涵:一是人的生存条件;二是人的生活条件;三是人的素质修养;四是人的自由发展。人具有自然属性首先要生存然后才能发展。人的生存条件在文章中用自然增长率和平均寿命衡量。兵

团 2000~2012 年自然增长率、人的预期平均寿命与经济发展方式转变临界值 b 和临界值 c 的比较如图 5-29 和图 5-30 所示。从图中可以看出，兵团人口自然增长率在 2000~2012 年一直处于下降趋势，虽然人口下降对于经济的发展有一定的积极作用，但是尤其是经济发展处于较低级水平的情况下人口自然增长率的下降不利于经济发展方式的转变。

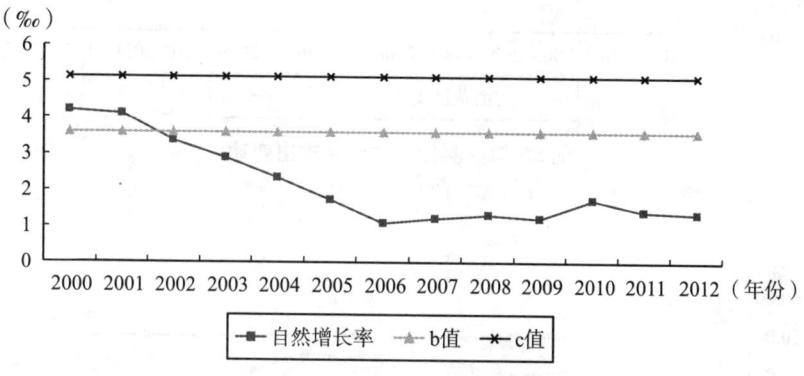

图 5-29 兵团人口自然增长率变动

资料来源：《新疆生产建设兵团统计年鉴》（2001~2013）。

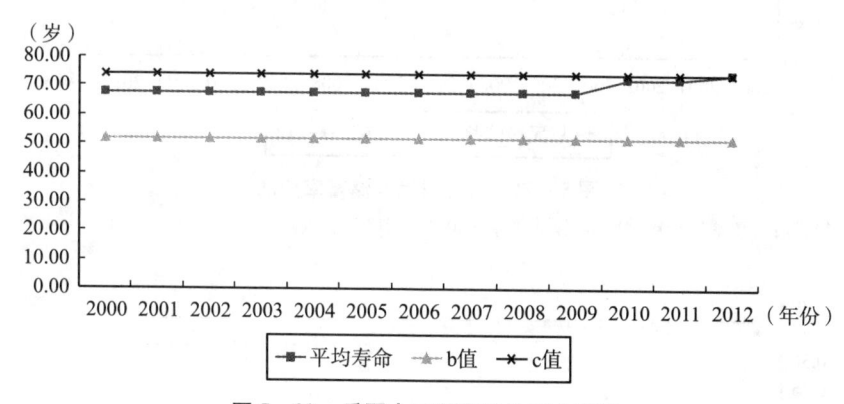

图 5-30 兵团人口预期平均寿命变动

资料来源：《新疆生产建设兵团统计年鉴》（2001~2013）。

人的生活条件本文章中采用人均消费性支出、居民净储蓄率、恩格尔系数衡量。兵团经济发展方式转变临界值 c 的比较如图 5-31、图 5-32、图 5-33 所示。从以上三个图可以发现兵团人均消费支出从 2000~2012 年一直呈现上升趋势并且在 2008 年突破了临界值 c 后继续上升，兵团居民净储蓄率虽然呈现一定的下降趋势，但是其徘徊在临界值 b 与 c 之间，恩格尔系数也处于临界值 b 和临界值 c 之间。

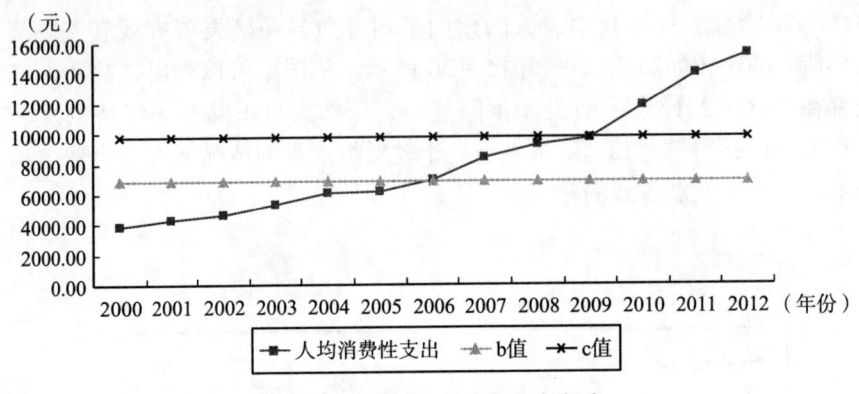

图 5-31　兵团人均消费支出变动

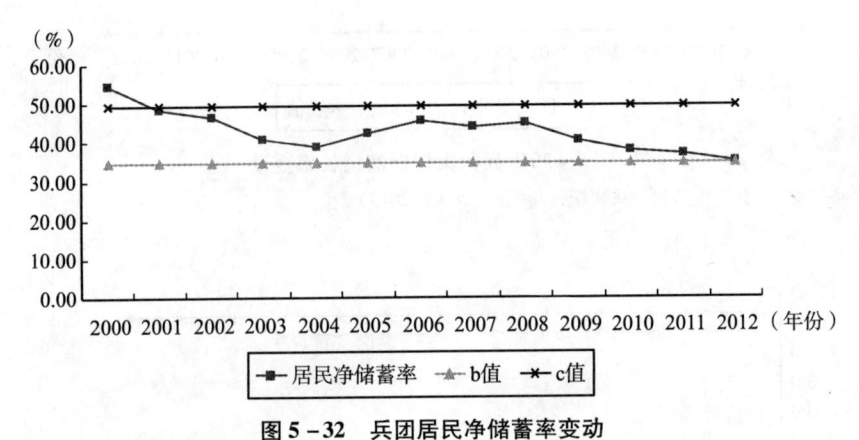

资料来源:《新疆生产建设兵团统计年鉴》(2001~2013)。

图 5-32　兵团居民净储蓄率变动

资料来源:《新疆生产建设兵团统计年鉴》(2001~2013)。

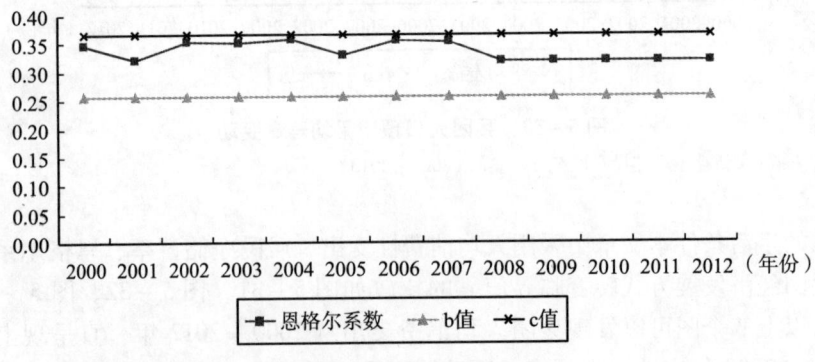

图 5-33　兵团恩格尔系数变动

资料来源:《新疆生产建设兵团统计年鉴》(2001~2013)。

人的素质修养在文章中用每万人在校大学生数和计划生育政策符合率两个指标衡量。兵团 2000~2012 年每万人在校学生数和计划生育政策符合率与经济发展方式转变临界值 b 和临界值 c 比较如图 5-34 和图 5-35 所示。从图中可知兵团每万人在校大学生数在 2000~2012 年急剧增加，但是由于原先基数较小，到了 2012 年才超越经济发展方式转变临界值 c。计划生育政策符合率一直处于经济发展方式转变临界值 c 以上。

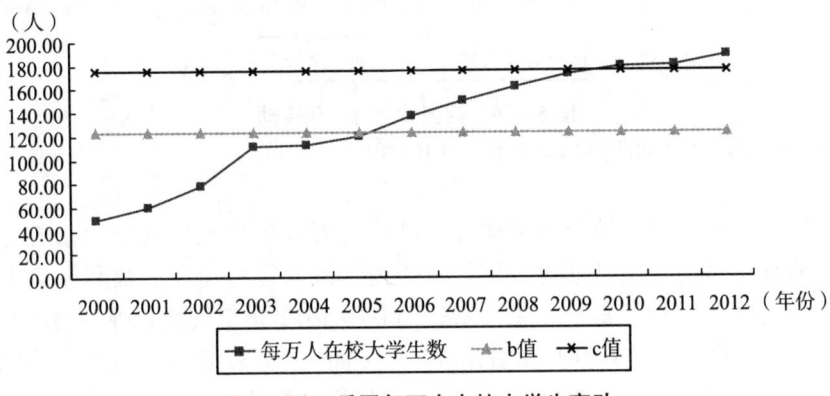

图 5-34　兵团每万人在校大学生变动

资料来源：《新疆生产建设兵团统计年鉴》（2001~2013）。

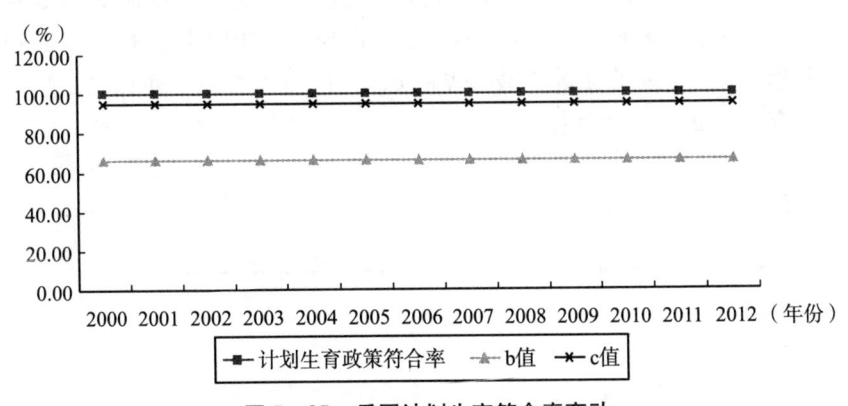

图 5-35　兵团计划生育符合率变动

资料来源：《新疆生产建设兵团统计年鉴》（2001~2013）。

自由发展在文章中用休闲与文化衡量，兵团 2000~2012 年休闲与文化变动与经济发展方式转变临界值 b 和临界值 c 的比较如图 5-36 所示。从图中可以看出兵团 2000~2012 年休闲与文化还处于十分低的水平，这对于兵团经济发展方式转变是一大障碍。

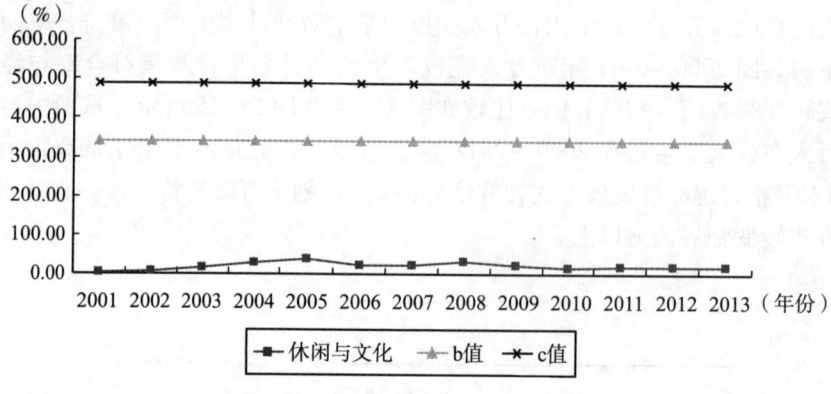

图 5-36　兵团休闲与文化变动

资料来源：《新疆生产建设兵团统计年鉴》(2001~2013)。

②社会福利方面。社会福利体现了经济发展成果有人民共享的宗旨，体现了发展的真正目的。文章通过工资增长弹性、人均住房面积、福利保险水平和社会救济程度四个指标进行衡量。兵团 2000~2012 年工资增长弹性变动情况与其经济发展方式转变临界值 b 和临界值 c 比较如图 5-37 所示。从图中可知兵团 2000~2012 年工资增长弹性呈现倒"U"型特征。并且在多数年份处于经济发展方式转变临界值 b 之下。

兵团 2000~2012 年人均住房面积情况与经济发展方式转变临界值 b 和临界值 c 的比较如图 5-38 所示。从图中可知兵团 2000~2012 年人均住房面积虽然呈现上升趋势，但是一直未能突破临界值 c，这说明人均住房面积也是阻碍兵团经济发展方式转变的一个因素。

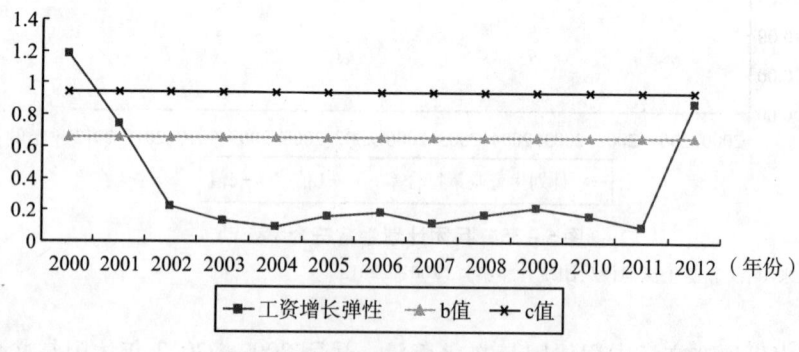

图 5-37　兵团工资增长弹性变动

资料来源：《新疆生产建设兵团统计年鉴》(2001~2013)。

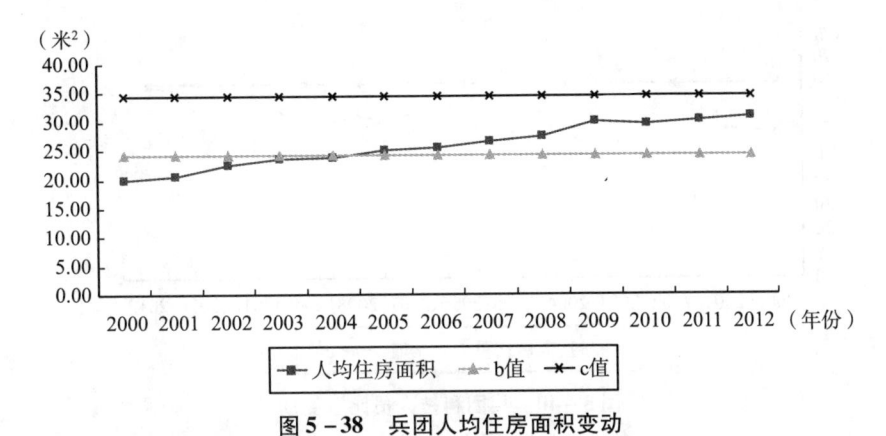

第5章 新常态下兵团经济发展方式转变研究

图5-38 兵团人均住房面积变动

资料来源：《新疆生产建设兵团统计年鉴》(2001~2013)。

③教育科技方面。教育与科技对于经济增长质量的提高，对于经济发展方式的转变具有重要的作用。文中用小学生升学率来衡量教育水平，用科技人员比重和R&D投入强度来衡量科技水平。兵团2000~2012年小学生升学率变动与经济发展方式转变临界值b和临界值c的比较如图5-39所示。兵团2000~2012年科技人员比重和R&D投入强度与经济发展方式转变临界值b和临界值c的比较如图5-40和图5-41所示。从以上两个图可以看出虽然兵团在这12年间科技人员比重在不断上升，但是兵团R&D投入却未能同步上升，并且一直处于临界值b以下。

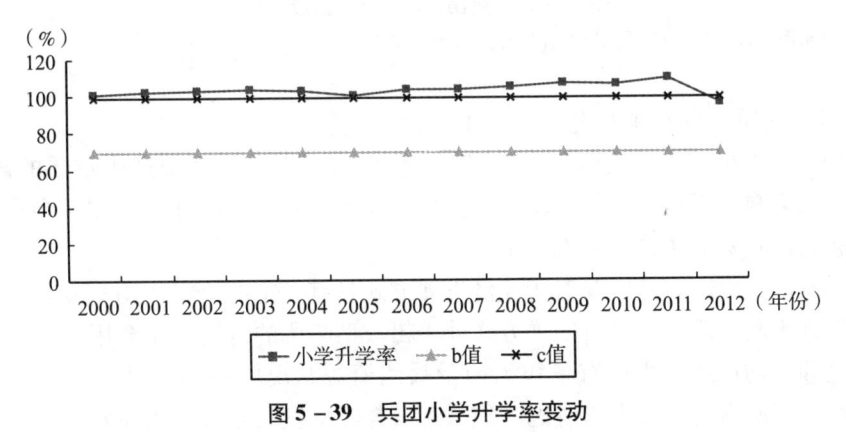

图5-39 兵团小学升学率变动

资料来源：《新疆生产建设兵团统计年鉴》(2001~2013)。

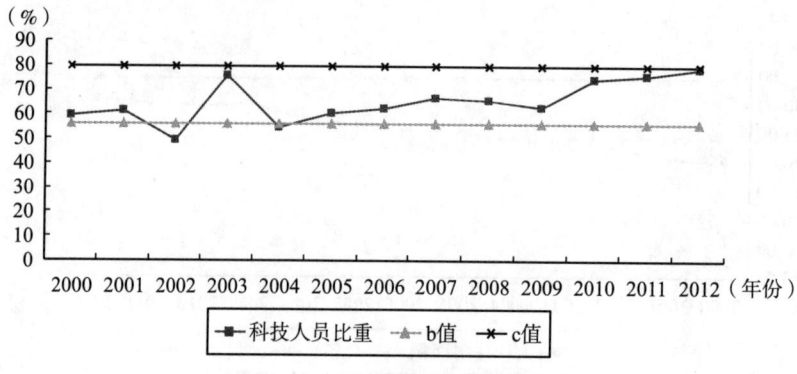

图 5-40 兵团科技人员比重变动

资料来源：《新疆生产建设兵团统计年鉴》(2001~2013)。

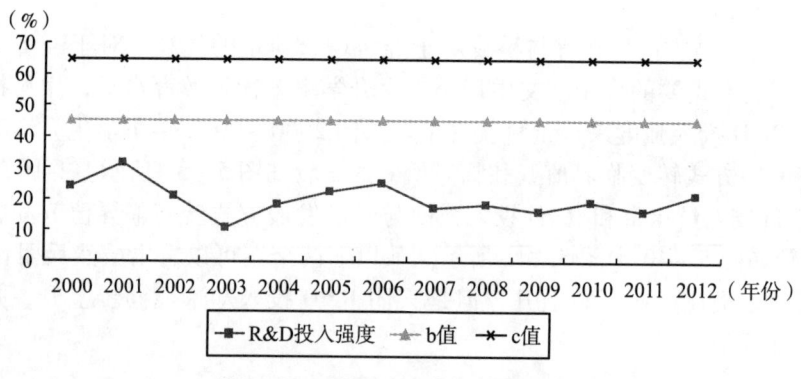

图 5-41 兵团 R&D 投入强度变动

资料来源：《新疆生产建设兵团统计年鉴》(2001~2013)。

(3) 兵团经济发展方式转变的自然系统分析。

经济的发展首先要收到自然的限制，同时又会对自然系统产生重要的影响，甚至会破坏自然系统自身的平衡。兵团经济发展方式转变测评指标体系中自然系统所包含的指标有资源、生态两个方面。

①资源方面。自然资源对于经济发展方式具有一定的决定作用，尤其是在经济发展处于起步阶段，经济发展方式处于粗放型阶段的时候。文章用人均水资源占有量和人均耕地面积占有量作为衡量兵团资源状况的指标。兵团 2000~2012 年人均水资源占有量和人均耕地面积占有量与经济发展方式转变临界值 b 和临界值 c 的比较如图 5-42 和图 5-43 所示。从图中可以发现兵团水资源占有量丰富，但是人均耕地占有量不多。

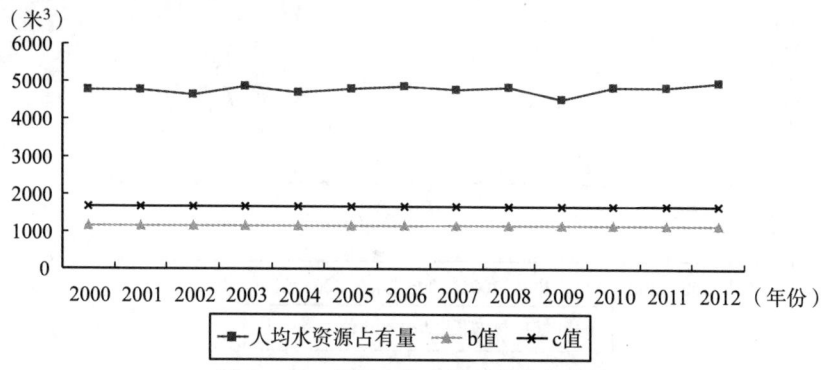

图 5-42 兵团人均水资源占有量变动

资料来源:《新疆生产建设兵团统计年鉴》(2001~2013)。

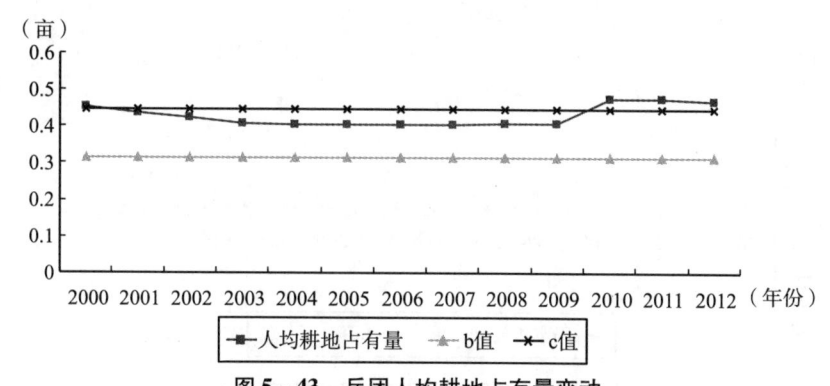

图 5-43 兵团人均耕地占有量变动

资料来源:《新疆生产建设兵团统计年鉴》(2001~2013)。

②环境方面。经济发展的环境代价一直以来被忽视,但是这样的代价一直存在着,并且被转为人民的负担。由于工业发展对环境的破坏最为严重,在工业污染物中又以工业三废的排放最为突出。兵团 2000~2012 年间工业三废排放情况与经济发展方式转变临界值 b 和临界值 c 的比较如图 5-44、图 5-45 和图 5-46 所示。

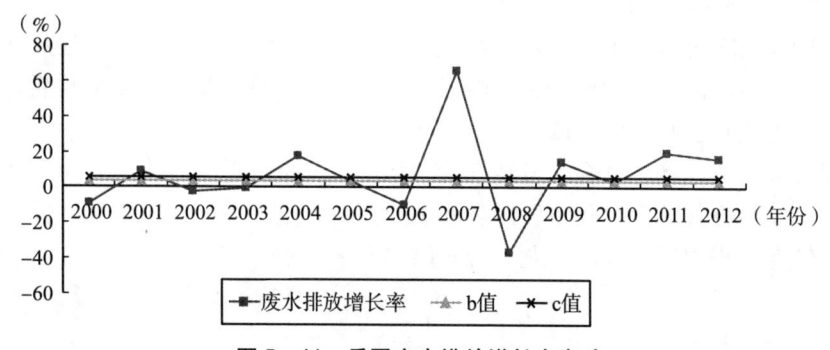

图 5-44 兵团废水排放增长率变动

资料来源:《新疆生产建设兵团统计年鉴》(2001~2013)。

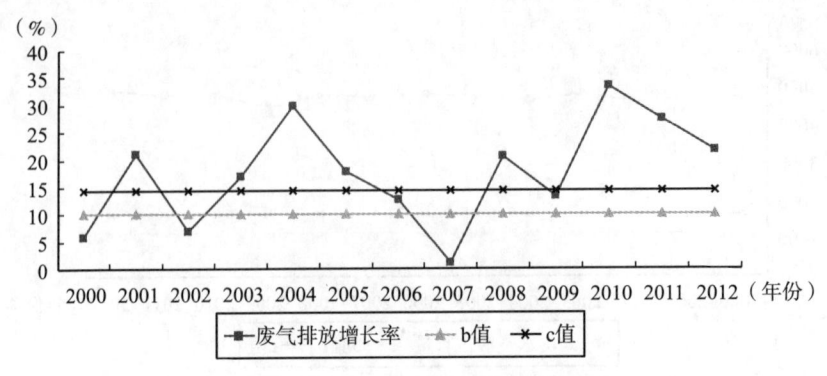

图 5-45 兵团废气排放增长率变动

资料来源:《新疆生产建设兵团统计年鉴》(2001~2013)。

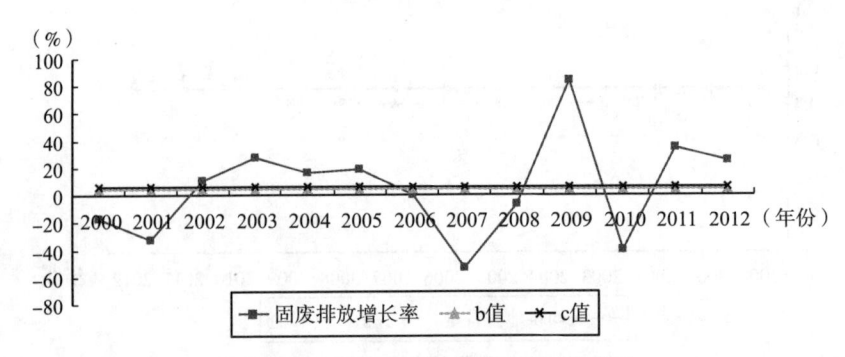

图 5-46 兵团工业固废排放增长率变动

资料来源:《新疆生产建设兵团统计年鉴》(2001~2013)。

③生态方面。兵团经济发展方式转变测评体系生态方面主要指标有森林覆盖率、建成区绿化覆盖率和自然保护区覆盖率。兵团 2000~2012 年间,森林覆盖率、建成区绿化覆盖率和自然保护区覆盖率与经济发展方式转变临界值的比较如图 5-47、图 5-48 和图 5-49 所示。

从图 5-47 可以看出兵团森林覆盖率在 2008 年以后显著提高,建成区绿化覆盖率也呈现不断上升的态势,自然保护区覆盖率一直保持在很高的位置,处于经济发展方式转变临界值 c 以上。

通过以上的经济、社会、自然三大系统的主要指标进行综合分析有利于得出兵团经济发展方式转变过程中所出现的主要问题,下一节将主要描述兵团经济发展方式转变过程中所出现的问题和现实障碍。

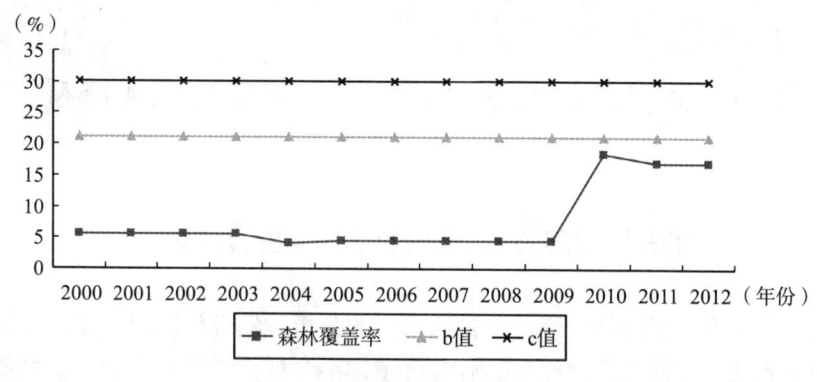

图 5-47　兵团森林覆盖率变动

资料来源：《新疆生产建设兵团统计年鉴》（2001～2013）。

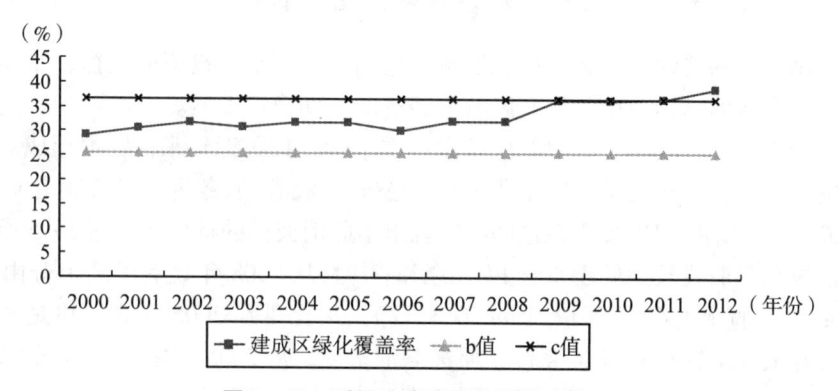

图 5-48　兵团建成区绿化覆盖率变动

资料来源：《新疆生产建设兵团统计年鉴》（2001～2013）。

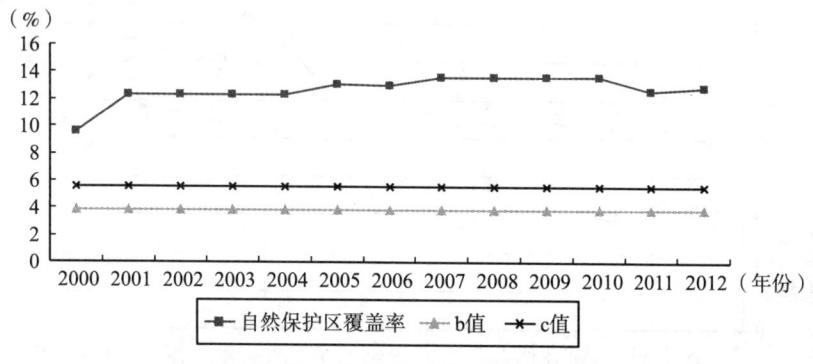

图 5-49　兵团自然保护区覆盖率变动

资料来源：《新疆生产建设兵团统计年鉴》（2001～2013）。

5.3 兵团经济发展方式转变的问题及现实障碍

5.3.1 兵团经济发展方式转变过程中存在的问题

通过第 4 章对于经济—社会—自然系统的分析，发现兵团经济发展方式转变过程中所表现出来的主要问题主要有经济结构不合理、经济效率低下、创新对经济增长动力不足。

5.3.1.1 经济增长依靠投资拉动、出口拉动

国民经济的波动，实际上就是消费、进出口、储蓄与投资的失衡，是实体经济和虚拟经济的结构失衡，从而影响了经济的长期稳定发展。

从投资、出口、消费在 GDP 中所占比重来看，兵团近年来，资本形成总额占 GDP 的比重一直处于较高水并且呈现上升趋势，商品和服务进出口总额占 GDP 比重与最终消费所占 GDP 比重在这些年表现出了此消彼长的特征。由图 5-50 可知，资本形成总额曲线长期处于 40% 以上的水平，且从 2008 年之后不断上升由 2007 年的 40% 一直上升到了 2012 年的 70%。净出口比重在 2005 年之后更是具有跳跃趋势并最终维持在 40% 的高位，而最终消费支出从 2005 年之后则出现了跳水，虽然在 2010 年左右有所反弹，但是依旧处于不到 10% 的低位。

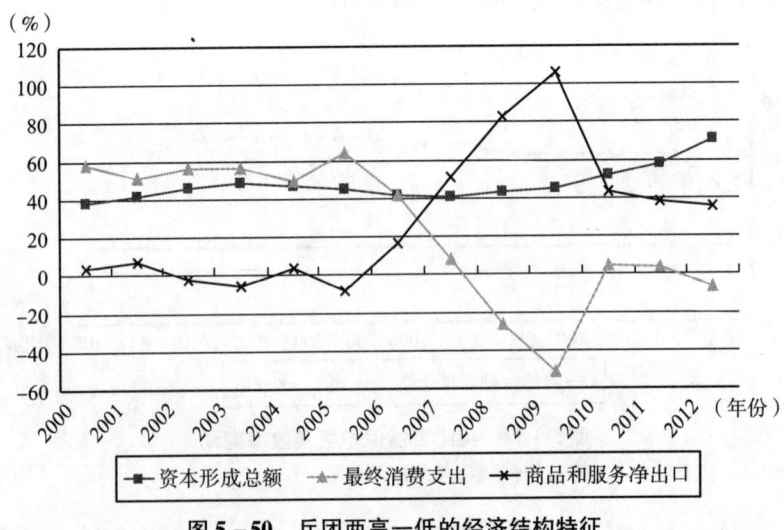

图 5-50 兵团两高一低的经济结构特征

资料来源：《新疆生产建设兵团统计年鉴》(2001~2013)。

从投资、出口、消费对经济增长的贡献程度来看，2000~2012年兵团资本形成总额对经济增长的贡献率一直处于较高水平并且呈现抬头趋势，商品和服务进出口总额对经济增长的贡献率和最终消费支出对经济增长的贡献率也呈现此消彼长的态势，其中进出口对经济增长的贡献率不断上升，而消费对经济增长的贡献率不断下降。具体情况如图5-51所示，在2001~2005年，兵团资本形成总额对经济增长的贡献率一直维持在0左右，2005年之后该贡献率逐渐增加到了2009达到最大值约为10%，然后出现小幅回落。2001~2006年兵团净出口对经济增长的贡献率曲线和最终消费对经济增长的贡献率曲线基本重合，但是2007年之后开始分离，出现此消彼长的特征，其中进出口对经济增长的贡献率曲线快速上升，而最终消费对经济增长的贡献率曲线则快速下降。到了2009年两者又开始逐渐靠拢。

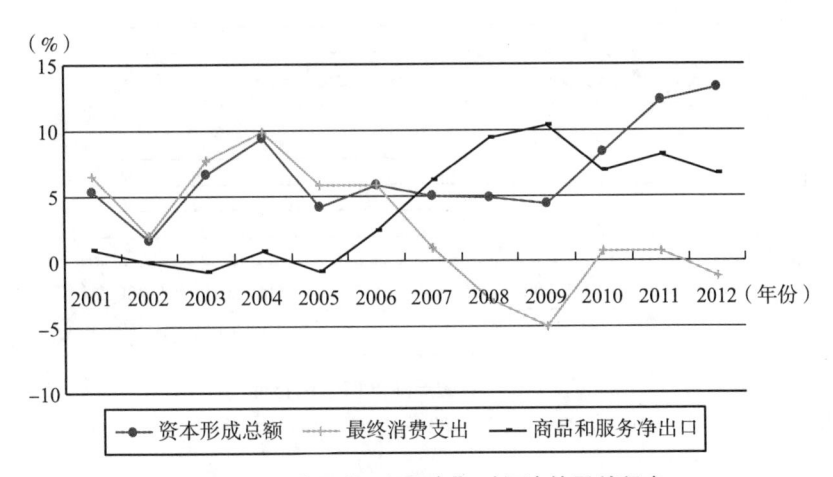

图 5-51 兵团"三驾马车"对经济的贡献程度

资料来源：《新疆生产建设兵团统计年鉴》(2001~2013)。

由此可见兵团依然是投资、出口拉动型的经济增长方式，经济增长对投资、出口依赖程度很高，而对消费的依赖程度很低。由于缺乏消费对经济增长的拉动作用，经济容易受到投资和出口变动的影响，这不利于经济的稳定可持续发展。

5.3.1.2 产业结构低下且不平衡

1. 基于产业比例关系协调性的判断

(1) 三次产业产值结构失衡。人类社会从农业经济演变到工业经济，再从工业经济过渡到服务业经济，产业结构不断高级化。从世界各国三次产业增加值比重的变化趋势可以看出，近年来世界第一产业、第二产业比重均呈现不断下降的趋势，而第三产业的比重出现上升趋势。其中第一产业在高收入水平的国家和地区的比重大致保持在 2% 以下，中等收入水平国家和地区保持在 4% 以下，而低收入国家和地区保持在 25% 以下；第二产业增加值比重的世界平均水平在 30% 以下；第三产业增加值比重的世界平均水平在 67% 以上，中等收入国家水平也一直保持在 50% 以上。① 兵团就人均 GDP 指标而言，较为接近中等收入国家水平，但是与这些国家的产业结构相比却存在较大的偏差，突出表现在第一、第二产业比重过高，而第三产业增加值比重偏低。目前，兵团正处于工业化发展的中期发展阶段，重化工业的发展快于服务业，由此造成第三产业发展落后。由图 5-52 可知兵团 2012 年第三产业增加值比重为 35.9%，相当于北京 1987 年的发展水平，浙江省 2000 年的发展水平，广东省 1995 年的发展水平。由此可见，兵团三次产业结构还存在较大偏差，结构失衡现象较为明显。

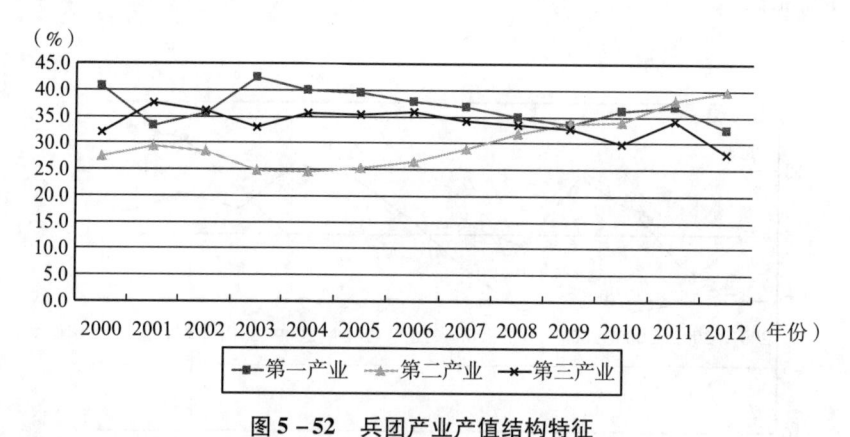

图 5-52 兵团产业产值结构特征

资料来源：《新疆生产建设兵团统计年鉴》(2001~2013)。

（2）产业结构偏离度过大。某产业的就业比重与产值比重之差衡量的是该产业的产业结构的偏离度。当某一产业的劳动生产率低下的时候，其增加值比重要比就业比重小，在该情况下存在着劳动力迁出的压力，反之相反。当完全竞争的产业结合可自由流动的劳动力要素的时候，劳动力会实现产业间的不断转移最终保证劳动生产率在不同产业中实现相同的结果。两者的偏离度较高时，就业与产业结构的不对称性就较差，反之说明产业的发展较为均衡。从世界发达国家和地区来看，多数国家和地区的产业结构偏离度较小，特别是发达国家的产业结构偏离度基本维持在一定的低水平。如美国 2005 年三次产业结构偏离度分别为 0.4%、-2.2% 和 0.8%。从表 5-18 可知 2000~2012 年兵团三次产业结构偏离度基本维持在 7%、8% 和 5% 左右的高度。

---

① 沈开艳. 结构调整与经济发展方式转变 [M]. 上海：上海社会科学出版社，2012，73-74.

表 5-18 兵团 2000~2012 年产业偏离度情况 单位：%

年份	第一产业偏离度	第二产业偏离度	第三产业偏离度
2000	6.695908	-4.40837	-2.28754
2001	13.90678	-6.64847	-7.2583
2002	11.65782	-6.41369	-5.24413
2003	8.23611	-5.0029	-3.29736
2004	10.60226	-5.80187	-4.74839
2005	9.574864	-5.71796	-3.8569
2006	11.50512	-7.82784	-3.72981
2007	12.35837	-9.72159	-2.63678
2008	12.06448	-13.1988	1.134305
2009	13.20575	-14.819	1.613294
2010	9.603442	-14.2386	4.63518
2011	7.087657	-15.9198	-0.28214
2012	6.959729	-14.9881	8.028372

资料来源：根据《新疆生产建设兵团统计年鉴》(2013) 整理。

尽管兵团一定程度上改善了劳动的就业结构，但是各产业的就业结构依旧十分不合理，突出表现为二、三产业就业人员比重偏低，第一产业则偏高，（见图 5-53）在这种情况下会导致产业结构的偏离度变大。

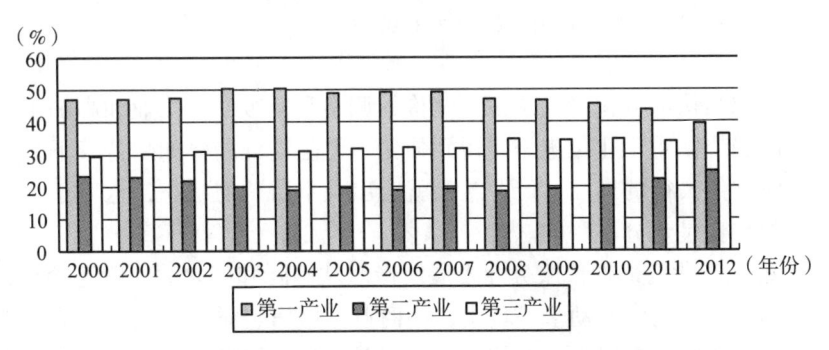

图 5-53 兵团三次产业就业结构变动

资料来源：《新疆生产建设兵团统计年鉴》(2001~2013)。

2. 基于产业内部比例关系协调性的判断

（1）第一产业内部种植业独大局面不能扭转。兵团第一产业内部以种植业独大，其占第一产业产值的比重在 2000~2012 年基本保持在 80% 的高位，而且种植业内部结构较为单一，主要以棉花种植为主，有人将兵团的经济发展称为农业经济，并且这种农业还主要是传统的种植业。兵团的农业服务业发展缓慢，在 2000~2012 年这 12 年间，兵团的农业服务业一直处于较低的发展水平。

(2) 第二产业内部工业轻重比例不合理。纵观兵团进入 21 世纪之后的第二产业的发展过程，其受政府工业化发展战略的影响十分明显。在 2000~2012 年兵团第二产业内部轻重工业之间所呈现的趋势十分明显。重工业呈现逐步上升的发展态势，而轻工业却出现了不断的下滑态势。图 5-54 表明，在 2000 年的时候重工业只占到工业总产值比重的 30% 左右，经过 12 年的发展该比重超过了轻工业所占的比重，超过了 60%；相反，轻工业占工业总产值的比重却从 2000 年的 68% 下降到了 2012 年的不到 40%。

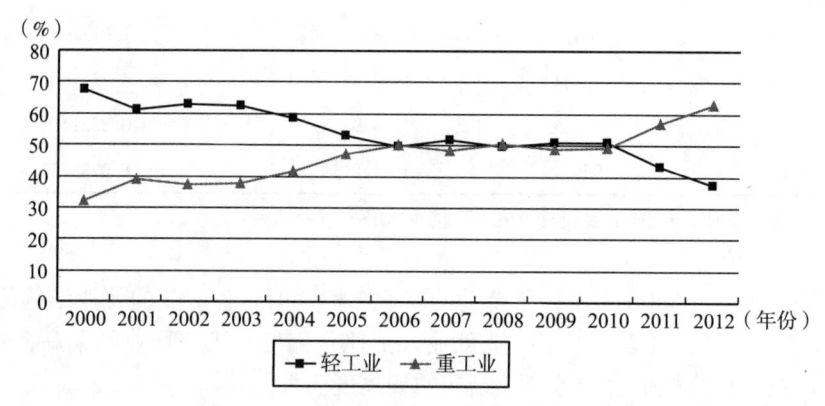

图 5-54 兵团轻工业、重工业比重变动

资料来源：《新疆生产建设兵团统计年鉴》(2001~2013)。

兵团需求结构的变化带动了工业结构的调整和升级，重工业和高加工化成为工业发展的趋势，重工业化进一步得到强化，但是这种趋势如果持续下去，会出现轻重工业比例失衡的局面，产业结构就会出现不协调的状态，这对于兵团经济发展方式的转变是十分不利的。

(3) 第三产业内部现代服务业发展缓慢。从国际和国内的一般经验来看，第三产业内部产出结构的变动会呈现出，从商业、旅馆、餐饮、交通运输、邮电等传统服务业为主向金融保险、电信等现代服务业为主的发展趋势。兵团服务业现在主要以传统服务业为主，而金融业还处于相当初级的阶段，金融机构体系的建设也很不完善。

5.3.1.3 人才流失且人力资源开发不足

截止到 2012 年底，兵团拥有总人口 2648636 人，其中从业人员人口 1172160 人，从业人员人口中在岗职工人数为 687887 人，在 2000 年的时候这三个指标分别为 2427920 人、925796 人、702257 人，在这 12 年中兵团总人口增加 20 余万人，而在岗职工人数减少了 1 万余人。如图 5-55 所示，兵团总人口增加的情况下，在岗职工人数却逐年减少，由此可见兵团人才在不断流失。

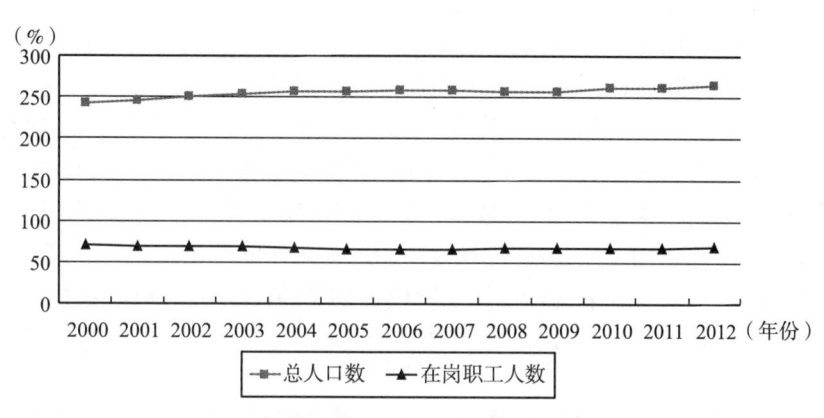

图 5-55 兵团总人口、在岗职工人数变动

资料来源：《新疆生产建设兵团统计年鉴》(2001~2013)。

随着在岗职工数量的不断减少，其质量也出现逐渐下降的趋势。主要表现在三个方面：一是高层次人才流失严重，高级专业技术人才匮乏，尤其是一些高学历、高职称的中青年骨干严重流失；二是人力资源质量在某些方面呈下降趋势，由于兵团经济发展尤其是农业生产规模特别是棉花种植面积逐年扩大，而团场的职工数量却呈现出不断下降的趋势，兵团各团场连队只能从内地招募民工务工干活和承包土地。这些新引进的劳工大多来自贫穷、边远、人多地少的地区，综合素质偏低。低素质的外来务工人员的引进以及本地高素质人才的大量外流，必然使兵团人口素质呈现下降趋势。低素质的人力资本，成为制约兵团经济发展方式转变的重要因素之一。①

5.3.1.4 创新对经济增长驱动不足

自从熊彼特在 20 世纪初提出了"创新理论"以来，创新便被视为经济增长的源泉，备受经济学者关注，先后形成了熊彼特创新理论、演化经济理论、新熊

---

① 王永静. 兵团经济发展方式转变. [D]. 石河子：石河子大学，2008.

彼特学派和国家创新系统理论。科技创新的进程决定着经济增长的长期趋势。第 4 章的分析结果显示，兵团经济发展转变过程中，科技创新对于经济发展的贡献表现为动力不足。具体体现在科技进步对于经济增长的贡献率较低且波动巨大，科技 R&D 经费投入低。

（1）全要素贡献率低且波动巨大。2000 年兵团全要素贡献率增长率为 -2.15%，2006 年的时候上升到了 6.53%，2012 年的时候又回落到了 -4.93。在整个过程中兵团全要素贡献率的增长率低且波动幅度大的特征十分明显。由于全要素贡献率衡量的是除了劳动、资本等意外的要素对经济增长所起到的贡献作用，因此，可以用该指标衡量经济增长的要素驱动。由于兵团全要素生产率较低且波动幅度大，所以兵团科技创新对经济增长的贡献动力不足。

（2）创新投入强度不足。创新驱动来源于创新投入，具体体现在各部门 R&D 经费投入的强度。兵团在 2000 年的 R&D 经费投入强度为 23.8%，到了 2012 年为 21.4%。经过了 12 年经济的发展其 R&D 经费投入强度不仅没有增加，反而出现了小幅度的下降。由此可见兵团创新投入强度不足。而经济发展方式转变在 R&D 经费投入强度下的初步转变阶段达到了 46% 以上，所以兵团创新投入强度不足是兵团经济发展方式转变中的一大问题。

5.3.2　兵团经济发展方式转变的现实障碍

5.3.2.1　传统粗放型发展观念制约

很多人都认为新疆"地大物博"，兵团地处新疆沿天山南北坡和沙漠边缘等能源资源较为丰富的地区，未能认识到节约资源的重要性和紧迫性。当我们以这种态度来利用可再生资源的时候，危机也就离我们不远了。因为可再生能源的自身属性决定了它的有限性。此外，将经济增长等同于经济发展传统的发展观忽视人的全面发展，所造成了地方将 GDP 作为其的唯一指标。在这种发展观念支配下的经济增长其实是"没有发展的增长"。传统的发展观念对于兵团经济发展方式转变具有制约作用，因此，要能全面认识经济发展和经济增长的关系必须要用辩证的观点来对待。① 兵团存在的价值是屯垦戍边，维护边疆稳定。但是新时期新阶段，屯垦戍边的内容会发生巨大的变化，要是再以旧思想，旧方式来处理屯垦戍边的问题，就不利于兵团经济发展方式的转变。

---

① 刘娟. 马克思经济增长理论与我国经济发展方式转变问题研究 [D]. 西北师范大学硕士论文，2013.

5.3.2.2 资源环境因素制约

经济增长方式转变不是短时期内就能完成的,它需要一个过程。一定的经济增长方式总是同特定的经济发展阶段相适应的,它受到生产力发展水平和技术水平等多个条件的制约。实现经济发展方式转变必须与兵团实际结合起来综合思考。目前,兵团正处于积极推进"三化"建设的进程中,由于历史发展的原因兵团经济的粗放型特征依然十分明显,其中建筑类企业和钢铁、石油企业高消耗的特征又强化了粗放型经济的特征。另外,兵团正在进行的是跨越式发展战略,这种战略引导下,出现了基础设施建设的热潮,这种潮流使兵团现阶段的增长的高消耗特征进一步强化。可见,兵团想在短时期内实现经济发展方式总体的突变的可能性不是很大。[1]

5.3.2.3 人文社会因素制约

(1) 人口少、地域广。新疆生产建设兵团是当今现成唯一的兵团,其镶嵌在新疆的内陆腹地。作为祖国西北边境的铜墙铁壁,兵团在维持新疆稳定中起到了十分重要的作用。2012年,兵团总人口为264.86万人,土地面积为6.98万平方公里,人口密度不足40人/平方公里,距离全国平均水平很远。兵团地多人少,绿洲经济的特点将对兵团经济发展方式转变并实现可持续发展具有一定的制约作用。[2]

(2) 三股势力的危害。兵团最大的作用就是稳定边疆,但是由于"三股势力",即宗教极端势力、民族分裂势力、国际恐怖势力的存在,对新疆的社会安定产生了威胁。这"三股势力"一边大搞暴力恐怖袭击,一边制造舆论,蛊惑人心。他们的根本目的是将新疆从中华人民共和国版图中分裂出去,在动乱和混乱中建立他们所谓的纯粹的"伊斯兰政权"。温家宝在考察新疆是提出:"促进新疆加快发展,保持新疆的长期稳定,不仅具有重大的经济意义,而且具有重大的政治意义。"独特的新疆区情使得新疆历来就是一个敏感地区。兵团处于新疆腹地也在很大程度上受到"三股势力"的影响。如2009年7月5日,发生在乌鲁木齐的"7·5"事件,2013年6月26日发生在鄯善的暴力恐怖事件,同年10月28日发生在北京的"金水桥"事件,2014年3月1日发生在云南昆明的暴力恐怖事件。不仅给新疆、兵团,而且给全国经济的发展带来了一定的消极影响,对兵团经济发展方式转变也起到了一定的阻碍作用。

---

[1] 刘娟. 马克思经济增长理论与我国经济发展方式转变问题研究 [D]. 西北师范大学硕士论文, 2013.

[2] 韩江涛. 新疆城镇化发展的制约因素与对策研究 [D]. 石河子大学硕士论文, 2010.

5.3.2.4 经济体制制约

经济体制是制约兵团经济发展方式转变的重要原因。主要表现为市场运行的机制尚不完善、要素定价机制不够合理。

(1) 市场运行机制尚不完善。兵团近年来虽然致力于构建现代企业制度并且也取得了巨大成就，但是国有企业依旧主导了兵团的经济发展。受制于产权，国有企业不能完全通过市场进行经营和决策，并不能很好的利用价格机制提高自身产品的竞争力，特别是自 2008 年金融危机以来，国有企业的扩张加速，挤压了民营企业的发展空间。就目前国有企业的经济和发展状况来看，其面临着双重效率损失，一是国有企业自身效率低下；二是由于国有企业存在隐性补贴，从而使得国有企业对经济发展存在着"增长拖累"。如在部分行业中存在着国有企业的行政性垄断，垄断租金使得国有企业能保持一定的获利空间，便不会进行自主创新。造成国有企业双重效率损失的原因正是市场运行机制的扭曲，国有企业产权关系不明晰，权责利不明确。国有企业的生产经营活动，受到许多行政性干预，致使企业本身无法真正成为独立经营的市场主体。因此，国有经济存在的行政性垄断和不明晰的产权关系，形成了制约经济发展方式转变的正反馈机制。兵团又称为"新建集团"整体上是一个大型的国有企业，但是该企业由于自身改革不够全面不能像一般企业一样以利润最大化为目的进行资源配置。

(2) 要素定价机制不够合理。改革开放以来，由政府控制要素和资源性产品价格从而降低投资成本的制度设计与市场经济形成了矛盾：市场机制不仅要求对产品市场改革，而且要求对要素市场改革。从目前改革实践来看呢，市场价格仅仅能在产品和服务市场发挥较大作用，而土地、资本、劳动力等要素市场发育滞后，在兵团甚至是产品服务市场上价格机制也不能完全发挥作用，兵团的特色优质农产品市场如棉花、番茄等都会受到兵团相关行政机构的干预。由于行政干预价格形成机制，导致价格体系丧失反映资源稀缺程度的能力，市场也不能通过价格杠杆发挥作用。扭曲的要素价格体系低估了生产厂商的生产成本为粗放型经济的发展提供了获利空间。其中，资源产权不明晰和生产要素价格被各行政机构所控制，导致了开采非再生资源和消费这些资源的程度大大超过了其实现最优的开采量。由于资源产品价格远远低于其正常市场价格，这实际上与鼓励高投入、低产出的行为是一致的。要素市场被过多的干预导致了市场价格机制扭曲，这种扭曲激励了经济活动者采用粗放型的发展方式来提高数量增长速度。企业生产过程中存在着外部性生产成本部分转移到了社会当中，所以其可以选择粗放式生产方式。

5.3.3 兵团经济发展方式转变路径的缺陷

兵团经济发展方式转变过程中存在着多条路径，但是这几条路径所表现出来具有共同的特征，这些特征使得兵团经济发展方式转变过程中的一些问题很难得到解决。其具体表现在对高投资的依赖，对廉价劳动力的依赖，对资源环境的依赖。对高投资的依赖主要表现在，兵团长期以来的高增长得益于过去"高储蓄、高投资"的模式，这使得投资在国民经济增长中具有举足轻重的地位。在经济景气时通常会出现过度投资的现象，而在经济不景气时，先前的过度投资就会导致严重的产能过剩，继而再引起投资的衰减，兵团机关又通常采取过度投资刺激的政策，这样在政策退出时，便会产生政策衰减效应，导致更严重的结构性产能过剩。这种投资刺激政策的循环往复，就形成了经济发展方式转变对于高投资的路径依赖与锁定效应。但从长期增长的角度看，兵团的结构调整滞后于经济增长，现在每年新增经济总量中用于投资的比重越来越大，所形成的生产能力却不能由出口和消费充分消化，导致产能闲置和浪费，降低了经济增长效率，并给未来增长带来隐忧。因此，如果再通过扩大固定资产投资带动经济增长，可能形成新的产能浪费。对廉价劳动力的依赖主要表现在兵团持续多年的高增长最重要的原因之一就是工业化进程中的廉价劳动力供给。大量的廉价劳动力在一定程度上延缓了资本报酬递减，极大地加速了兵团工业化的进程，这就形成了经济发展方式转变中对于廉价劳动力的路径依赖与锁定效应。但劳动力无限供给状况只是人口转变和城镇化进程中的短暂机遇期，终将会消失。兵团自然增长率逐年下降更会加快其人口红利的消失速度。对资源环境的依赖具体表现为多年来，由于计划经济时期实行的赶超战略的影响，作为重要生产要素的自然资源，其价格往往被人为压低，自然资源的低成本使得其在经济发展中出现了过度开发和效益低下的特征，这种过度开发极大加速了中国的工业化进程。但由于过度开发对自然资源成本和生态环境成本是存在时滞效应的，其破坏性后果往往要隔一段时间才能体现出来，因此地方政府处于短期目标的考核往往仍会选择这种粗放的发展方式，由此就形成了经济发展方式转变的对资源环境的路径依赖与锁定效应。但以不断耗竭资源为代价的经济发展模式必定不可持续。自然资源价格被低估为兵团粗放型工业发展具有禀赋优势的基础，新变化也在兵团的资源环境状况出现：一是环境污染；二是资源浪费。

兵团经济发展方式转变路径的这些特征产生的主要原因是兵团经济发展方式是"唯GDP论"，兵团经济发展以要素驱动为主要动力，兵团经济发展以短期为重点。

5.4 国内外成功经验对兵团经济发展方式转变的借鉴

5.4.1 发达国家经济发展方式转变的经验

5.4.1.1 美国经济发展方式转变的经验

目前美国是世界第一大经济体，其经济发展模式已经是资源集约型、环境友好型的可持续发展模式。但是，美国在实现其可持续发展的路途中也经历了多次的经济发展方式转变。距今200多年前美国还是一个生产力低下的农业国，在内战结束后的不到50年之内，美国重视科技创新在经济发展中的原动力作用，以集约型发展作为其经济发展的科学路径，逐渐实现了其经济的工业化和现代化，成功实现由农业国向工业国转变的宏伟目标。历史上将美国战后经济增长划分为三个时期：19世纪中叶，美国经历的是基于高度发展的科学技术通过增加投入实现经济增长的高速增长期。该阶段，美国大幅增加对教育、科学技术研究等的投入，并且产生了大量的科技成果，这些成果为美国现在的重要支柱产业的发展奠定了坚实的基础。并且，该阶段采用了先进的科学技术，显著提高了美国的生产效率。农业、工业、制造业都得到了长足的发展，第三产业实现了爆发性的增长和发展，其在美国国民经济中的比重快速上升，并最终成为了主导产业，其要素生产率贡献率达到60%，美国也完成了从高资本投入的粗放模式到集约模式的顺利转型。1970~1990年为第二阶段，该阶段美国产业结构优化升级效率达到最高。该阶段初期的世界石油危机倒逼美国加快要素投入型经济模式转变为依靠高生产效率的集约化发展模式。美国产业结构中的高科技、高附加值的产品和服务迅速增加。政府鼓励和支持低污染、低消耗的企业发展，实现这些企业的规模效应，同时限制甚至勒令禁止高污染、高消耗的重型加工工业和生产供应业企业的生产。从19世纪90年代初至今被认为是美国的新经济增长期。该阶段的前十年在保持较高增长速度的同时维持了低通胀、高就业、低赤字的健康状况，是全面的经济增长和发展时期。其中高科技产业、航空航天技术、通信技术对国民经济发展的贡献是45%，是名副其实的"新经济"，至此，美国的发展模式已经完全是集约型、可持续的经济发展模式。2008年美国次贷危机引发的全球金融危机使得其经济陷入了低谷，出现了许多问题，但是5年过去了，全球经济逐渐回升向好，美国凭借其雄厚的基础率先复苏，逐渐使其经济回到以前的轨道上，并且其领先世界经济的地位依然不可动摇。①

5.4.1.2 日本经济发展方式转变的经验

日本地处环太平洋火山地震带，其资源匮乏，国内市场潜力小，其经济对外依存度很高，抵御风险能力相对较低。在第二次世界大战之后，日本国内进行将粗放的重工业转变为技术密集产业，将中央集权的封闭经济转变为自由开放的市场经济等一系列改革。由于战争所建立起来的日本中央集权的统治型经济体制已经不再适合战后日本经济恢复的需求，战争之前的许多经济政策和统治政策也不再适用，因此，战后日本首要的就是要用市场为主导经济体制来替换中央集权的统治型经济体制。日本为了尽快建立起与欧美等发达经济体相似的具有风险抵御能力和国际竞争力的自由开放的经济，取缔传统的中央集权经济和军事化的管理统治，出台并实施了"道奇计划"，实现了由中央直接统治的集权统治向市场为主、政府干预为辅的间接管理体制的转变，此外日本为了使其管理更加规范，废除了经济安定部（之前进行经济集权统治的部门），建立了经济企划厅，同时日本也制定了一系列新的土地政策对土地进行了大刀阔斧的改革等等。在上述改革之下日本在战后迅速发展了一大批支柱产业恢复了国民经济，顺利地实现了向市场经济的转变。

战后日本逐步建立了依靠对外贸易的外向型经济，实现了从封闭经济向开放本国市场和经济的成功转变。在日本政府的支持和鼓励下日本企业依靠科技不断提高生产效率，重视产品质量，通过自有贸易参与国际竞争不断提升其国际竞争力。因此，该阶段日本所建立的大批的支柱产业，具有很高的科学技术含量和很高的附加值，在国际市场上具有绝对优势，并占有支配地位。

另外，战后日本在实现产业转变过程中虽然走过一段弯路甚至错路，但是最终还是实现了由投入密集型产业向技术密集型、知识密集型的产业的转变。20世纪70年代，日本由于忽视自身现状，想抢占其在世界重工业市场的支配地位，大肆发展重工业瓜分世界市场，结果不仅造成了资源更加匮乏也带来了本国环境污染、生态破坏等严重问题。因此，20世纪80年代后，日本重点调整了本国的经济发展策略。将低污染、低能源消耗、高科技含量、高附加值的轻工业、旅游业和相关服务业定位为其主导产业，努力降低重化工业的比重。"科教兴国""科教立国"作为此时日本的国家战略。此后，日本经济实现了循环经济、集约型经济发展模式。②

5.4.1.3 德国经济发展方式转变的经验

德国推行循环经济时间较早，其发展水平也处于世界领先。但是战后德国也

---

①② 李树祯. 我国经济发展方式转变研究 [D]. 西北农林科技大学硕士学位论文，2010.

与日本一样曾经走过比较曲折的弯路。战后德国为了迅速恢复经济，大力发展重化工业，但是德国及时认识到这种发展所带来危害的严重性并且及时进行了行之有效的改革。为了尽可能减少本国垃圾问题给经济带来的不良影响，相关经济管理部门与相关的部分科研人员合作，根据德国的"垃圾经济"制定了关于德国发展循环经济的战略措施，在德国历史上被称为"垃圾革命"。战后德国大力发展石油、钢铁、煤炭等加工工业以实现其迅速恢复经济实力，满足本国人民生活、生产物质资料的需求目标，仅仅追求经济数量的扩张而忽视经济质量的提高。到了 20 世纪后半期，由于"垃圾经济"所产生的垃圾遍布德国各地，而且这些垃圾还会带来较为严重的二次污染，因此，垃圾问题成为了比较恼人的问题，严重制约了德国的经济发展，对于人民的生活和健康造成了巨大的影响。德国一度将垃圾问题造成的恶性循环视为其首要解决的重大发展问题之一，该国的研究人员也在很长一段时期内致力于垃圾处置方法、垃圾处理技术的研究。为了进一步提高资源利用效率，同时使得废弃物排放对生产生活造成的影响得到降低，一套合理有完善的垃圾处理体系在德国逐步形成，慢慢建立了垃圾处理工场，将原来的垃圾回收，变废为宝、循环利用。随后相关配套的国家垃圾处理管理部门也相应建成。在 20 世纪 70 年代，垃圾处理场在德国已经随处可见，同时德国的法制系统改革也在同步推进，就在 1972 年德国颁布并实施了该国首部关于垃圾处理的管理惩罚办法《废弃物处理法》（Waste Disposal Act），使得处理垃圾的问题有了法律保障。另外，在 1974 年德国又颁布了《联邦污染物排放控制法》（Federal Emission Control Act）进一步完善了该国关于垃圾处理的法律体系。在 70 年代中期，德国还颁布并实施了该国首个废弃物管理规划，要求回收和循环利用各种资源并且明确规定了如何惩罚污染企业。在 80 年代，德国又根据适当修改了上述两部法律。在 1990 年以后，德国为了加强资源循环利用进一步完善垃圾处理体系，还制定了垃圾管理相关条例。德国在 1994 年颁布实施了《循环经济与废弃物管理法》（Circular Economy and Waste Management Act），以满足可持续发展和实现循环经济的要求，该法律对废弃物及其分类和处置、循环机构及管理办法作了明确规定。此后，德国的工业、农业等行业中都广泛运用了其科研领域的循环经济方法和垃圾处理技术，同时，循环经济理念在德国居民的生活中得到了很好的体现，目前已经产生了规模效应并且实现了经济的良性循环。德国经济不仅实现了持续稳定的增长，循环经济、可持续经济在德国的发展处在世界前列。[①]

---

① 李树祯. 我国经济发展方式转变研究 [D]. 西北农林科技大学硕士学位论文，2010.

5.4.2 我国发达地区经济发展方式转变的经验

5.4.2.1 广东省经济发展方式转变的经验

广东省是我国典型的外向型经济的先行者。30多年来，广东的实践证明发展外向型经济有利于在世界经济全球化环境中有效利用国内国际两种资源，两个市场。但是，总体上广东省的经济发展是一种粗放型的经济增长方式，这种增长只追求增长的数量而不管增长的质量。广东经济增长也被称为"三高一低"的经济增长模式，广东的产业结构较为低级，制造业处于产业链底端，产业升级较为缓慢。加入世贸组织以来广东省的经济增长模式已经难以为继，到了不得不转变的地步。广东省的转变思路为以产业结构调整来推动经济增长方式的转变，通过淘汰和升级落后产业，培养和发展新兴产业来改变广东粗放型增长的发展格局。经过多年的发展，广东的经济发展方式有了一定的转变，资源消耗、环境污染等问题有所缓解，但是总体上广东的经济发展方式没有实现根本转变。2010年全国两会上，时任国务院副总理李克强提出，30多年改革开放以来广东一直处在全国改革与经济发展的前列起着排头兵的作用，今后广东要在加快转变经济发展方式上走在全国的前列，不仅要"危中求机"，还要"机中求进"，勇于抢占世界经济发展的制高点；作为我国改革开放的前线，广东省是有条件、有能力在加快转变经济发展方式这新一轮改革中始终保持走在全国前列的；加快转变经济发展方式重点是调整经济结构，解决不全面、不协调、不可持续发展等诸多问题，要依靠机制体制创新从根本上改革和完善市场经济体制。中央和广东省委省政府高度重视广东经济发展方式转变的战略定位，对广东经济增长方式转变指明了方向。第一，正确认识转型的特点。西方发达国家历史表明，其实现经济增长方式从粗放向集约转型是在实现了工业化的基础上进行的。从广东自身来看，要想实现高水平的工业化必须要依靠以集约型为主的增长方式。此外，我国经济体制转型和经济增长方式转型同步推进，也是一个重要特点。在上述情况下排除三个方面的障碍对于实现转变经济增长方式是必不可少的：一是思想障碍，对于实现经济增长方式的紧迫性、复杂性、艰巨性和长期性必须要有充分的认识；二是体制障碍，对于束缚经济增长方式转型的传统计划经济体制必须予以瓦解；三是技术障碍，对于制约经济增长方式转型的传统落后技术必须通过各种手段进行改进。第二，发展循环经济是根本途径。粗放型的经济增长方式单纯追求经济数量的扩张忽视经济质量的提高，而且对于资源仅仅进行一次性利用，这不仅造成了资源浪费同时也污染了环境。所以要实现经济增长方式转变不能仅仅提高资源的利用效率而不去改变资源的一次性利用模式，相反是要将一次性资源利用模式改变为资源的综合利用和循环利用模式。因此，必须发展循环经济，循环经济在许多国家都已成为现实并且给这些国家带来了规模效应和经济的可持续发展，这为我国经济增长方式转型提供了极好的路径。循环经济不仅可以在工业行业推行，还可以通过发展生态农业、生态服务业得到有效推广，只要能够合理有效的发展循环经济必将有力地推动产业结构调整和经济增长方式转型。第三，提高自主创新能力。一些企业和产业的落后的生产技术成为了制约经济增长方式转型的重要因素。目前解决这一问题的方法有两种：一是通过引进先进技术或者设备；二是增强本省的科技研发投入，提高自主创新能力。无论采取哪种方法都必须要增加科技的投入。政府应当重视科技与教育的重要作用，大幅度加大科技投入力度，用于先进科学技术的研发、引进和推广应用；通过税收优惠、政府财政贴息贷款等政策措施，引导和鼓励企业增加对技术研发和技术更新改造的投入，提高综合利用、循环利用、清洁利用资源的水平；通过行政手段强制淘汰落后企业，通过多渠道融资、投资方式建设新的技术先进的企业。第四，建立长效的经济增长方式转变绩效评价机制。对于衡量经济发展成果的核算方法要进一步改进；在党政机关各个层面对领导干部的政绩考核体系要进一步改进；在企业内部对经济效益和管理绩效的评估方式要进一步改进。以科学发展观为指导设计更加合理的能够如实全面反映社会发展成果的考核方法和指标体系，建立科学而有效的奖惩机制来激励全社会力量推进经济增长方式转型的积极性和自觉性。[1]

5.4.2.2 浙江省经济发展方式转变的经验

我国实行改革开放这 30 多年间，浙江省经济大致经历了从粗放发展为主向以提高经济效益为中心发展转变，最终实行发展方式初步转变这三个阶段和两个转变的历程。在这 30 多年间，浙江在面对资源匮乏、经济基础薄弱、缺乏国家优惠政策扶持的条件下，依靠强烈的改革意识展开了观念、体制、机制的创新，在国内率先走上了以制度创新为主导、以民营经济为主体的经济市场化改革之路。从 1978 年到 1990 年，我国经济发展具有十分强劲的内在动力，异常旺盛的市场消费需求，随着非国有经济的发展壮大并开始在资源配置中的作用越来越大，浙江经济发展飞速。1992 年邓小平南方谈话以后，我国改革开放也进入了新的阶段。浙江并没有陶醉在经济社会发展的巨大成功之中，而是开始对其资源要素紧缺、低成本竞争和粗放型产业发展、环境压力增大等制约产业企业发展的问题高度关注，因此，浙江将转变经济发展方式问题提上了重要议事日程。1995年，浙江省委明确提出要加快由粗放型增长方式向集约型增长方式的根本性转变。1996 年，在浙江省《国民经济和社会发展"九五"计划和 2010 年远景目标

---

[1] 李奎. 广东经济增长方式转变研究 [D]. 华南理工大学硕士学位论文，2010.

纲要》中，进一步提出了要将经济工作的重点放在转变增长方式、提高增长质量上。进入 21 世纪以后，浙江资源要素制约、内外市场约束、生态环境压力、城乡区域差距扩大等问题进一步突出。中共十六届三中全会于 2003 年顺利召开，会中提出"坚持以人为本，树立全面、协调、可持续，促进经济社会和人的全面发展"的科学发展观念。2007 年党的十七大报告正式提出：加快转变经济发展方式，推动产业结构优化升级，是关系国民经济全局的紧迫而重大的战略任务。用"转变经济发展方式"取代"转变经济增长方式"更加重视对于经济效率提高、经济结构优化等经济质量提高和真正实现发展结果由人民共享的发展目标。浙江省委相应重要号召，在第十二届二次全会上，再次强调坚持把转变经济发展方式作为"创业富民、创新强省"的主攻方向，促进经济又好又快发展。[①]

5.4.3 国内外成功经验对兵团经济发展方式转变的启示

各国和国内各地区经济增长的经验表明，依靠资源和资本投入所支持的经济增长是无法长期持续的。要维持相对较快的经济增长，必须更多地依靠提高资源配置效率和各类创新活动，或者说必须依靠经济发展方式的转变，这一点兵团也不例外。

（1）体制创新和完善是经济发展方式转变的保障。转变经济发展方式，必须完善社会主义市场经济体制，建立健全能够有效促进经济发展方式转变的体制机制。体制不顺、机制不灵，经济发展就缺少动力和活力，运行就缺乏效率。在社会主义市场经济条件下，市场的不完善和非均衡是个主要矛盾，如果这个问题不解决，经济发展方式的转变是很难实现的。也就是说，领导的思维方式、政府的工作方式、企业的生产方式以及科技的创新方式都必须围绕市场的完善和供求关系的变化而作出相应的转变。

（2）经济结构优化和升级是经济发展方式转变的关键。转变发展方式和调整经济结构是相互制约、相互联系的两个方面，不合理的经济结构是造成增长成本过大、增长方式粗放的重要原因。工业在三次产业中占有过大比重，高物耗、高能耗行业在工业中增长过快，是造成单位 GDP 高能耗、较大环境压力的主要原因。改革开放以来经济发展的历程表明，依靠增加要素投入以单纯扩大工业规模为主的粗放增长模式，尤其是资源高消耗、经济低效益的产业越来越受制于资源、环境条件。若经济结构一直处于不合理的状况下，经济将无法实现快速增长，实现经济的可持续发展更是天方夜谭。因此调整三次产业结构，不断优化经济结构，加快服务业等第三产业的发展是转变经济发展方式的前提条件。

---

① 王丽丽. 浙江能源—经济—环境协调发展研究 [D]. 浙江理工大学硕士学位论文，2010.

（3）科技创新是经济发展方式转变的支撑。转变增长方式的本质是更加高效地配置各种生产要素，以尽可能少的投入实现尽可能多的产出。[1] 在低成本竞争优势弱化和能源资源约束强化的情况下，只有将增长建立在科技进步的基础上，促使经济增长由主要依靠资金和物质要素投入带动向主要依靠科技进步带动转变，经济发展才是有后劲、可持续的。科技创新通过改变产品结构，提高产品的附加值水平和科技含量水平。提高高科技产品和高附加值产品的市场价格。价格是市场经济的重要调节机制，价格高的产品对于生产者将带来较高的利润，因此会刺激生产者进行科技创新的积极性。如果市场价格难以反映创新产品的稀缺性，或者收入分配不能反映科技人员的创新劳动价值，科技人员的创新积极性是不可能被激发出来。所以，要实现经济增长方式的转变，就需要政府加大保障市场合理运行的制度建设通过相关法律体系建设将创新产品价格能够体现创新价值，提高市场的均衡和完善程度。因为随着市场均衡程度和完善程度的提高，科技创新产品的价格能够反映科技人员的劳动价值，初次分配能够体现科技人员的劳动成果，这将会激发科技人员的创新积极性。若政府能出台相应的政策措施，鼓励科技创新行为，将调动科技人员的积极性和创造性，进而推动经济发展方式的转变。[2]

（4）发展循环经济是经济发展方式转变的必由之路。加快发展循环经济，建设资源节约型和环境友好型社会，实现经济增长方式的根本性转变，是今后经济社会发展应着力解决的重大问题。循环经济是以资源的高效利用和循环利用为核心，以"减量化、再利用、资源化"为原则，以低消耗、低排放、高效率为基本特征，符合可持续发展理念的经济增长模式。

5.5 兵团经济发展方式转变的路径选择与保障措施

5.5.1 兵团经济发展方式转变总体思路

5.5.1.1 以追求经济发展质量为目标

兵团的粗放型经济发展方式虽然实现了兵团经济的较快速发展，但是兵团也为之付出了巨大的经济社会代价，而随着经济发展新阶段各项禀赋条件的变化，这种数量式增长方式已经不能成为兵团实现可持续发展方式方法了，兵团只有保

---

[1] 孙飞.科学发展观与中国经济发展方式的转变［J］.经济与管理，2007（12）.
[2] 徐鑫.山东省转变经济发展方式问题研究［D］.中共山东省委党校硕士学位论文，2012.

增长的同时，做好结构调整，促进各领域的改革提高经济发展的质量才能保证兵团的可持续发展。所以兵团要实现追求数量的经济发展转变为追求质量提高的经济发展，生活质量、结构调整、生态环境更加应当关注。首先要确保经济增长的稳定性，控制经济波动处于一定的安全区间之内；其次要优化经济增长的结构，通过"三化"发展来实现经济结构的优化；再次要做到人与自然的和谐发展，使环境质量得到不断提高，使经济发展的生态环境代价最小化；最后要保障人民能够分享改革和发展的成果。

5.5.1.2 以实现要素创新驱动为动力

21世纪以来，科学技术作为社会发展驱动力的作用日益明显。在国际上，正在酝酿着一场新的工业革命和技术革新，各国对于实体经济的发展更加重视；在国内，则将依靠科技力量和提高自主创新能力视作其实现科学发展的根本力量。而实施创新驱动发展，最关键的是要促进科技与经济紧密结合，就是要充分发挥各类创新的综合协同作用。以产业创新形成新型产业体系，以科技创新形成完备的技术创新体系，以产品创新形成新市场和经济增长点，以制度创新为经济发展方式转变提供保障，以战略创新形成协同创新体系，以管理创新提升各类创新绩效，以文化创新提供精神动力和智力支持，推动创新成果尽快转化为生产力，以加快经济发展方式转变。

5.5.1.3 以追求经济可持续发展为重点

传统经济发展方式将追求经济的短期高增长视作经济发展，但是这对于解决可持续发展未能提供保障。依靠短期需求因素实现的增长是无法解决长期发展问题的。只有实现技术创新、结构转变才能突破短期增长中要素的约束，更新红利范围进而保障经济的长远发展。因此，在兵团经济发展新阶段过程中，必须将经济发展方式转变的长期效应和短期效应进行必要的区分，将经济发展的重点转向长期因素，特别是未来新增长红利的创造：一方面要抓住城镇化过程中的转型机遇，构建加快经济发展方式转变的供给结构优化机制，从而形成新的结构红利以科技创新为核心构建加快转变经济发展方式的创新驱动机制和实现路径；另一方面要突破兵团现阶段要素供给约束，通过制度改革释放新的制度红利。①

5.5.2 兵团经济发展方式转变具体路径选择

通过上文已经对兵团经济发展方式转变的总体思路进行了适当的定位之后，

---

① 王永静. 新疆生产建设兵团经济发展方式转变研究 [D]. 石河子大学博士学位论文，2008.

就应该要选择一种或者几种方式方法来确保兵团经济发展方式的转变朝着所确定的方向前进。这就需要对兵团经济发展方式转变的路径进行选择。文章对兵团经济发展方式转变的路径选择主要通过参考国内外成功经验，结合兵团自身问题所选定的。主要有三条路径：调整经济结构、依靠技术进步、发展循环经济。

5.5.2.1 路径之一：调整经济结构促进发展方式转变

兵团的经济结构调整包括多方面内容，主要有投资需求结构的调整和产业结构的调整。通过突破需求结构调整，实现内外的经济平衡。通过增强经济的自主动力，提高居民消费实现出口导向型向内需拉动型发展战略转变。通过建立刺激国内需求的长效机制来增强持续协调发展能力。通过优化投资结构来调整经济结构。通过产业升级与优化产业结构相结合来推进经济发展方式转变。在国际金融危机后期，国内外市场需求发生巨大的变化，应该及时调整产业结构，结合产品结构优化产业结构，促进产业升级，以适应全球经济结构和产业结构调整的趋势，增强综合国力和国际竞争力。农业是国民经济长期稳定发展的基础，经济增长不能超过农业的支持。经济的农业基础地位应得到进一步的巩固，农业的资本有机构成应得到进一步的提高，通过调整农业产业结构，培养现代产业体系，促进三次产业协调发展。[①]

5.5.2.2 路径之二：通过技术进步与自主创新促进发展方式转变

产业结构战略性调整的重要方面是支持技术进步，加快自主创新的团队建设，兵团需要加快自主创新进程，实现从技术引进到自主创新的根本转变。首先，实现上述转变必须基于培养人才的自主创新能力为目标，树立"以人为本"的人才理念，培养一大批具有创新精神和能力的人才。其次，兵团必须建立以企业为中心的创新投资机制，继续增加企业技术创新的政策支持，加快建立和完善政府资助相结合的机制和企业的研究和开发机制，加强企业自主研发成果的知识产权保护，鼓励企业增加研发投资。再其次，兵团需要以构建创新平台的基础研究为核心，明确和完善管理体系的基础研究及其评估工作，充分发挥科技创新主体的作用。最后，兵团需要建立产学研结合的创新体系，并不断改善促进产学研结合的政策环境，增加资源配置指导和支持产学研结合的投入，构建面向产学研结合的公共服务平台，促进施工生产技术创新联盟。

5.5.2.3 路径之三：发展循环经济转变经济发展方式

循环经济本质上是一种生态经济，不同于传统的广泛的一次性资源利用模

[①] 孙志. 转变经济发展方式的财政视角：体制与政策演变及创新 [D]. 东北财经大学博士学位论文，2011.

式，循环经济要求经济活动组织成一个"资源—产品—再生资源"的反馈过程，所有物质和能量在这个正在进行的循环中得到合理和持久的利用，以尽可能地减少经济活动影响自然环境的水平。循环经济利用高、产量高、排放低、效率高的优势实现了发展经济与保护环境的统一。兵团必须调整结构，加快发展循环经济，转变经济发展方式实现人与自然的和谐发展。

5.5.3 兵团经济发展方式转变路径的保障措施

5.5.3.1 解放思想，转变观念

正确的实践活动来源于正确的理论观念的指导，经济发展方式的转变是一场深刻的思想变革，也是生产力发展方式的变革，从某种意义上讲，发展方式的转变程度取决于思想观念的转变程度。兵团要实现经济发展方式的转变，必须进一步解放思想，转变观念，确立与经济发展方式转变相适应的市场、竞争、科技、质量、效益等观念和意识，克服那种重投入轻产出、重项目轻技术，重速度轻效益、重数量轻质量的旧的思维定式。[①]

正确的做法要以正确的理论观为指导，转变经济发展方式是一场深刻的思想革命，在一定程度上，转变发展方式取决于观念的转变。兵团要实现经济发展动力的转变，解放思想和转变观念是必需的。树立满足市场的需求的发展观念对于兵团经济发展方式转变具有重要的指导作用。

（1）树立可持续发展观念。要实现转变兵团经济发展方式，树立科学的发展观指导一切的发展理念，对于经济增长与经济发展之间的关系的要有辩证认识，改变简单地将经济发展等同于增长的发展观。只有实现速度、结构和效率统一的发展方式才是符合科学发展观的经济发展方式。在尊重经济规律的同时，也必须尊重自然规律。要将实现经济发展建立在充分考虑资源和生态承载能力的基础上。长期以来，片面追求经济增长，外延发展模式的数量轻质量的思想植根于党委，因而忽略了成本和效益，输入和输出的比较。兵团曾多次提出要经济效益为中心，但是当经济发展目标，实践中增长方式粗放成为兵团的选择。因此，单纯的经济增长无法突破传统观念的束缚。为了实现经济发展、内在质量等综合经济素质的提高和转变经济增长方式，领导干部与兵团经济建设的实际工作者都应该用正确的政绩观指导自身工作。实践中要减少资源消耗，降低生态环境的成本。[②]

（2）强化市场观念，处理好特殊管理体制与市场机制的关系。在兵团转变经济发展方式的过程中，市场意识要更加加强，传统经济增长和计划经济的思想束

[①] 阮彩灵. 新疆经济发展方式转变研究 [D]. 石河子大学硕士学位论文，2011.
[②] 王永静. 新疆生产建设兵团经济发展方式转变研究 [D]. 石河子大学博士学位论文，2008.

缚必须要突破，过分强调特殊性的保守思想和观念要坚决摒弃。但是，有必要重视兵团体制的特殊性和兵团使命的特殊性的结合。不过兵团要为了自身更合理更好的发展也不能以计划的手段来发展经济。现实的经济发展表明，市场是实现高效率配置资源的手段。只有正确处理好市场体制与兵团特殊机制之间的关系，让市场来配置资源才能真正实现兵团经济发展方式的根本转变。社会主义的兵团可以与市场经济相统一，在特殊的系统不排斥市场机制的情况下通过兵团改革实现经济发展方式的转变。在经济发展方面，生产建设兵团的特殊性，必须符合市场机制的普遍性和经济规律的前提下发挥效力。

5.5.3.2 深化机制体制改革

实现兵团经济发展方式转变，必须毫不动摇地推进兵团体制改革和创新，实现社会主义市场经济体制与兵团特殊体制之间的完美融合。既要发挥市场和价格配置资源的基础作用，也要体现兵团自身机制调节经济的主观愿望。

（1）积极发展和完善市场体系，充分发挥市场机制的作用。加快完善社会主义市场经济体制是转变经济发展方式的关键。在兵团当前经济发展新阶段，要通过完善社会主义市场经济体制，提高市场运行效率，为加快经济发展方式转变提供前提条件和基本保证。一是要加快完善要素价格形成的市场机制，使各生产要素定价制度得到更好的完善，使通过市场竞争实现优胜劣汰的作用得到更好的发挥。促进企业主要依靠管理创新来降低成本，而不是靠压低工资的手段来实现，使得规模扩张型发展方式难以为继。二是要加快完善企业运行的市场机制，加快破解国有经济结构调整和非公有制经济发展的体制性障碍，深化企业改革，增强企业自主创新动力，促进技术进步和集约经营。三是要加快完善现代化流通体制和外贸体制，以消除国内市场与国际市场接轨特别是对外开放的体制性障碍。

（2）加快完善自主创新机制。实施创新驱动是经济发展方式转变的重要体现和基本要求。实施创新驱动的主要内容就是加快完善以企业为主体、市场为导向、产学研相结合的自主创新机制，最大限度地推动本国禀赋结构、产业结构和技术结构的同步升级，实现经济增长的速度、质量和效益的最大化。一是加快完善以科技人员为主力军、科学研究与高等教育有机结合的知识创新机制，以形成具有自主知识产权的创新体系为基础，提高国家创新能力，带动经济快速增长。二是加快完善以企业为主体、市场为导向、产学研相结合的技术创新机制，加大对高新技术人才的培养与引进，加大科技投入，形成完备的技术创新体系。三是加快完善各具特色和优势的区域创新机制，发展具有比较优势的产业链，根据比较优势形成产业链以增强国际竞争力。四是加快完善社会化、网络化的科技中介服务机制，在宏观和微观经济运行中提高资源配置效率和资源利用效率，将科技创新和产业创新的成果实现作用最大化。

（3）创新兵团政绩考核机制。对兵团领导的考核应围绕职能履行状况进行，要改变过去以 GDP 为中心的政绩考核机制，对政绩进行全方位综合考核。通过政绩考核评价机制的创新促进经济发展方式转变。一是创新政绩考核的目标。主要体现为改革政绩考核指标体系，在政绩考核指标体系中加入环境保护指标、社会人文指标、经济发展能力指标、教育指标，同时建立科学合理的权重体系，从目标层面上转变经济发展方式。二是政绩考核评价的主体多元化。

（4）创新兵团循环经济激励约束机制。兵团要坚持鼓励与限制相结合，运用财政、税收、信贷、投资、价格等政策，调节和影响市场主体的行为，形成以企业为主体，政府调控、市场引导、公众参与相结合的促进循环经济发展的政策体系和社会氛围。

5.5.3.3 加大科技创新投入

兵团要实现经济发展方式转变就需要增强自主创新能力，加快技术进步，提高全要素生产率水平。从兵团对经济发展的角度，显示出它的经济增长与真正依靠科技进步的增长还有很大的偏差，因而经济增长密集程度有时表现不高，有时表现较高很不稳定，波动幅度也较大。只有做到降低能耗、依靠科技进步实现资源利用效率和生产效率的提高才能真正实现经济发展方式的转变，实现兵团经济和社会的可持续发展战略目标。

（1）加大科技投入。兵团要发展，要兴盛，要强大不能不重视科技投入的作用。只有通过科技投入增加对于科技进步的投资支持力度才能实现兵团的发展目标。兵团党委应对科技投入增强力度，科技创新支持全面落实到兵团科技政策和经济发展战略规划中。一方面，增加教育经费，资金研发的份额，同时要重视相关投资在科学和技术应用，科技资源配置，使用效率中落实程度和作用的发挥；另一方面，鼓励企业不要简单地只在项目中使用有限的资金扩大规模，要进行更多的技术改革和科技成果的开发和应用。因此，加强科学研究的支持已成为兵团科学发展战略的必然选择。

（2）坚持先进技术引进与消化、吸收、创新相结合。兵团还处在比较低的科技进步水平。兵团和发达地区之间的科技水平差距是比较大，依然要充分利用引进较为先进的技术实现生产效率的提高。因此，兵团首先要做好技术引进的工作，这对于兵团有效促进技术进步的现实意义非常巨大。实现经济发展方式的转变，必须特别注意科研成果转化，科研和市场经济发展相结合，和处理好自主研发的关系与引进之间的关系。要加快提高对引进技术的消化，吸收能力，并在此基础上实现技术创新。

5.5.3.4 加大人力资本建设

（1）大力发展教育提高人才培养力度。要造就一支高素质的劳动者队伍，首先，必须大力发展教育，加大人才培养力度，加强素质教育，提高职工受教育水平。专注于高等教育的发展，充分发挥高等教育在教育系统的战略性、综合性角色作用，调整教学结构，提高教学目标，提高教育质量。注重培养学生的实践能力和创新意识，注重人才的培养特色及人才的市场需求。其次，必须用现代科学技术武装教育体系。充分利用网络技术进行普及网络教育，通过教育与实践相结合，培养高素质、实用性的经济社会工作者。再其次，兵团需要加大对教育的投入。鼓励社会各方力量办学，进行教育投资体系多元化建设，鼓励各类资本通过多种方式投资教育事业。

（2）加大现有人力资源开发利用程度。形成有利于发现和挖掘人才的人才综合开发机制。要树立以人为本的观念，善于从实际中发现和挖掘人才，要尊重人才、爱护人才、理解人才、关心人才，用人所长，努力营造鼓励人才干事业、支持人才干成事业、帮助人才干好事业的人才环境。针对兵团财力有限的实际情况，在人才开发上要坚持有所为有所不为的原则，抓住人才开发的重点，把有限的财力物力精力集中投向与兵团经济发展密切相关的优势产业和特色产业，建立和完善有利于优秀人才脱颖而出、充分施展才华的用人机制。以公开、公平、公正、平等、竞争为原则，面向社会公开选拔不同层次的管理人才和专业技术人才，开拓选人视野，拓宽选人渠道，面向职工群众广开言路，不拘一格选人才。做到人尽其才，才尽其用，用其当时。同时对在兵团工作的科技人员、知识分子和高级管理人员，要做到工作上照顾、生活上关心、政策上倾斜，为他们提供良好的生活环境和创业环境，要"感情留人、事业留人、待遇留人"。要在全兵团营造尊重知识、尊重人才的有利氛围，形成尊重知识、尊重人才的良好风气。要善于发现人才，培养人才，使用人才，爱护人才，提拔人才，努力创造激励优秀人才脱颖而出的良好用人机制。[①]

---

① 王永静. 新疆生产建设兵团经济发展方式转变研究 [D]. 石河子大学博士学位论文，2008.

参 考 文 献

一、中文部分

[1] 樊根耀. 新疆兵团主导产业选择的量化分析 [J]. 工业技术经济, 2006 (12).

[2] 王晶, 曾彦荣, 杨宝仁. 基于偏离—份额法的新疆兵团主导产业量化选择研究 [J]. 经济师, 2012 (4).

[3] 陈喜乐. 我国战略性新兴产业理论综述研究 [J]. 未来与发展, 2011 (9).

[4] 韩冰. 新兴产业发展的文献综述 [J]. 新财经, 2010 (7).

[5] 杨楠楠. 对发展兵团战略性新兴产业的思考 [J]. 新疆农垦经济, 2011 (6).

[6] 迈克尔·波特. 国家竞争优势 [M]. 李明轩, 邱如美译. 北京: 华夏出版社, 2002.

[7] 亚当·斯密. 国民财富的性质和原因的研究 [M]. 商务印书馆, 1972.

[8] 约瑟夫·熊彼特. 经济发展理论 [M]. 孔伟艳译. 北京: 北京出版社, 2000.

[9] 肖兴志. 中国战略性新兴产业发展研究 [M]. 北京: 科学出版社, 2011.

[10] 艾伯特·郝希曼. 经济发展战略 [M]. 北京: 经济科学出版社, 1991.

[11] 张少春. 中国战略性新兴产业发展与财政政策 [M]. 北京: 经济科学出版社, 2010 (10).

[12] 国务院关于培育和发展战略性新兴产业的决定 [EB/OL]. 中国政府门户网站, 国发 2010 (32 号).

[13] 李克强. 不失时机地发展战略性新兴产业 [N]. 人民日报, 2009 - 05 - 22 (1).

[14] 万钢. 把握全球产业调整机遇培育和发展战略性新兴产业 [J]. 求是, 2010 (1).

［15］朱瑞博．中国战略性新兴产业集群培育及其政策取向改革［J］，2010（3）．

［16］陈柳钦．战略性新兴产业自主创新问题研究［J］．新疆社会科学，2011（3）．

［17］来亚红．对发展战略性新兴产业的几点思考［J］．创新，2011（3）．

［18］王欢．战略性新兴产业研究综述［J］．山东工商学院学报，2012（1）．

［19］李晓华，吕铁．战略性新兴产业的特征与政策导向研究［J］．宏观经济研究，2010（9）．

［20］李朴民．关于加快培育战略性新兴产业的思考［J］．中国经贸导刊，2010（8）．

［21］李金华．中国战略性新兴产业发展的若干思考［J］．财经问题研究，2011（5）．

［22］姜大鹏，顾新．我国战略性新兴产业的现状分析［J］．科技进步与对策．2010（9）．

［23］胡昱．战略性新兴产业的突出特征［J］．传承．2011（19）．

［24］张志宏．关于培育和发展战略性新兴产业的思考［J］．中国高新区，2010（11）．

［25］刘洪昌．中国战略性新兴产业的选择原则及培育政策取向研究［J］．科学学与技术管理，2011（3）．

［26］乔芳丽．"十二五"时期辽宁产业发展战略研究［J］．沈阳工业大学学报，2010（4）．

［27］刘佳，马卫华．广东、江苏、山东新兴产业选择及相关科技资源支撑对比分析［J］．科技管理研究，2010（23）．

［28］郭连强．国内关于"战略性新兴产业"研究的新动态及评论［J］．社会科学辑刊，2011（1）．

［29］肖兴志．发展战略、产业升级与战略性新兴产业选择［J］．财经问题研究，2010（8）．

［30］时玉霞．利用风险投资推进江西省战略性新兴产业发展研究［D］．景德镇陶瓷学院，2012．

［31］黎春秋．县域战略性新兴产业选择与培育研究［D］．中南大学，2013．

［32］胡莺，赵景兰．应用分子分析法对战略性新兴产业的选择研究［J］．社会科学辑刊，2010（6）．

［33］贺正楚，张训，周震虹．战略性新兴产业的选择与评价及实证分析［J］．科学学与科学技术管理，2010（12）．

［34］张和平．对于大力发展战略性新兴产业的思考与建议［J］．经济界，

2010 (3).

[35] 房汉廷. 发展战略性新兴产业要过七道坎 [N]. 中国高新技术产业导报, 2010 - 01 - 25 (A3).

[36] 李锵. 山东省战略性新兴产业发展问题研究 [D]. 山东师范大学, 2012.

[37] 谯薇. 我国新兴产业发展中存在的问题及对策思考 [J]. 经济体制改革. 2011 (8).

[38] 冯赫. 关于战略性新兴产业发展的若干思考 [J]. 经济研究参考. 2010 (43).

[39] 贾建锋, 运丽梅. 发展战略性新兴产业的经验与对策建议 [A]. 第八届沈阳科学学术年会论文集. 2011.

[40] 李东卫. 战略性新兴产业发展与金融支持问题研究 [J]. 西南金融. 2011 (4).

[41] 刘若霞. 论以战略性新兴产业培育区域先导产业 [J]. 天府新论, 2012 (3).

[42] 钟清流. 为战略性新兴产业创造健康成长的条件 [J]. 中国集体经济, 2010 (6).

[43] 苑广继. 关于战略性新兴产业的理论思考 [J]. 北方经贸, 2012 (5).

[44] 李豫新, 付金存. 农业产业化主导产业选择研究——以新疆生产建设兵团为例 [J]. 中国科技论坛, 2011 (3).

[45] 约瑟夫·熊彼特. 经济发展理论 [M]. 北京: 商务印书馆, 1990.

[46] 约翰·格利, 爱德华·肖. 金融理论中的货币 [M]. 上海: 上海人民出版社, 2006.

[47] 雷蒙德·戈德史密斯. 金融结构与金融发展 [M]. 上海: 上海三联书店, 1994.

[48] 罗纳德·麦金农. 经济发展中的货币与资本 [M]. 上海: 上海三联书店, 1997.

[49] 兹维·博迪, 罗伯特·莫顿, 欧阳颖等译. 金融学 [M]. 北京: 中国人民大学出版, 2000.

[50] 藤田昌久, 保罗·克鲁格曼, 安东尼. 维纳布尔斯, 梁琦主译. 空间经济学——城市, 区域与国际贸易 [M]. 北京: 中国人民大学出版社, 2005.

[51] 刘仁伍. 区域金融结构和金融发展: 理论与实证研究 [M]. 北京: 经济管理出版, 2003.

[52] 谈儒勇. 金融发展理论与中国金融发展 [M]. 北京: 中国经济出版社, 2000.

[53] 黄解宇,杨再斌. 金融集聚论［M］. 北京：中国社会科学出版社, 2006.

[54] 孙洛平,孙海琳. 产业集聚的交易费用理论［M］. 北京：中国社会科学出版社, 2003.

[55] 马卫锋,王春峰. 中国金融发展与经济效率的实证分析：1978~2002［J］. 财贸研究, 2003（2）.

[56] 周立,王子明. 中国各地区金融发展与经济增长实证分析：1978~2000［J］. 金融研究, 2002（10）.

[57] 潘英丽. 论金融中心形成的微观基础——金融机构的空间聚集［J］. 上海财经大学学报, 2003（1）.

[58] 闫彦明. 金融资源集聚与扩散的机理与模式分析——上海建设国际金融中心的路径选择［J］. 上海经济研究, 2006（9）.

[59] 张志元. 金融企业集群理论研究评述［J］. 经济学动态, 2006（10）.

[60] 宁钟,杨绍辉. 金融服务产业集群动因及其演进研究［J］. 商业经济与管理, 2006（8）.

[61] 滕春强. 区域金融企业集群的竞争优势［J］. 经济咨询, 2006（1）.

[62] 滕春强. 金融企业集群：一种新的集聚现象的兴起［J］. 上海金融, 2006（5）.

[63] 胡永佳. 产业融合的经济学分析［M］. 北京：中国经济出版社, 2008.

[64] 厉无畏,王慧敏. 国际产业发展的三大趋势分析［J］. 上海科学院学术季刊, 2002（2）.

[65] 西蒙·库兹涅茨. 现代经济增长［M］. 北京经济学院出版社, 1989.

[66] 王晓玉. 国外生产性服务业集聚研究述评［J］. 当代财经, 2006（3）.

[67] 何德旭. 关于金融服务业的一个比较分析［J］. 金融理论与实践, 2004（7）.

[68] 于尚艳. 金融产业的形成条件及成长因素分析［J］. 东北师大学报（哲学社会科学版）, 2005（2）.

[69] 徐全勇. 英国金融服务业产业集群发展对上海金融中心建设的启示［J］. 上海金融, 2004（12）.

[70] 秦淑娟. 伦敦国际金融中心的发展对上海建设国际金融中心的启示［J］. 集团经济研究, 2005（3）.

[71] 张卫华. 纽约是怎样成为世界金融中心的［J］. 经济, 2007（Z1）.

[72] 郭保强. 从费城到纽约——美国金融中心的变迁及其原因［J］. 华东师范大学学报（哲学社会科学版）, 2000（6）.

[73] 新加坡金融中心三步曲［N］. 上海金融报, 2007.

［74］李豫．借鉴新加坡经验，尽快将上海建成国际金融中心［J］．金融研究，2001（8）．

［75］梁颖，罗霄．金融产业集聚的形成模式研究：全球视角与中国的选择［J］．南京财经大学学报，2006（5）．

［76］黄金老．从加入 WTO 角度看中国金融服务业的开放［J］．经济导刊，2000（6）．

［77］何德旭．关于金融服务业的一个比较分析［J］．金融理论与实践，2004（7）．

［78］唐宁斌．开放条件下我国金融服务贸易竞争力实证分析［J］．金融经济，2006．

［79］李扬．中国金融发展报告（2006）［M］．北京：社会科学文献出版社，2007．

［80］张艳．浅析西方金融创新对我国银行业的启示［J］．特区经济，2004（12）．

［81］李悦．产业经济学［M］．北京：中国人民大学出版社，2008．

［82］戈德史密斯（Goldsmith Raymondw），浦寿海译．金融结构与金融发展［M］．北京：中国社会科学出版社，1993．

［83］沈浩．新疆服务业外部规模经济探索［J］．商业经济，2010（3）．

［84］原帼力．新疆现代服务业发展的影响因素分析［J］．济南职业学院学报，2009（2）．

［85］胡宜挺．新疆生产建设兵团农业服务业发展刍议：以农八师为例［J］．科技管理研究，2010（10）．

［86］范念龙．兵团服务业结构变动及其对经济影响分析［J］．新疆农垦经济，2011（10）．

［87］郁鹏．西部地区现代服务业发展探析［J］．中国商贸，2010（10）．

［88］汤莉，薛桂花．兵团服务业发展现状及其对经济增长的影响分析［J］．新疆农垦经济，2011（2）．

［89］H. 钱纳里、S. 鲁宾逊、M. 赛尔奎因著，吴奇等译．工业化和经济增长的比较研究［M］．上海：上海三联书店，1995．

［90］S. 库兹涅茨著，戴睿等译．现代经济增长：速度、结构与扩展［M］．北京：北京经济学院出版社，1991．

［91］奥古斯特·勒施著，王守礼译．经济空间秩序——经济财货与地理间的关系［M］．北京：商务印书馆，1995．

［92］白燕，杨玲．兵团特色的城镇化道路探析［J］．兵团党校学报，2013（2）．

［93］保罗·克鲁格曼．发展、地理学与经济理论［M］．北京：北京大学出版社，2000．

［94］蔡功文．新疆生产建设兵团城镇发展模式研究［D］．西北大学，2012．

［95］查永杰．新疆兵团第一师一团小城镇发展研究［D］．石河子大学，2013．

［96］陈科．新疆兵团新型城镇化发展及对策研究［J］．城市规划，2012（7）．

［97］褚素萍．我国农村城镇化发展及其动力机制分析［J］．农业经济，2005（5）．

［98］崔艳娟．金融发展、城镇化与贫困减缓——基于系统 GMM 的估计［J］．兰州学刊，2014（8）．

［99］崔照忠．区域生态城镇化发展研究［D］．华中师范大学，2014．

［100］道格拉斯·C·诺斯著，刘守英译．制度、制度变迁与经济绩效［M］．上海：上海三联书店，1994．

［101］多淑杰．城镇化对产业转型升级的作用机理及实证分析——基于我国283个地级市横截面数据的分析［J］．企业经济，2013（6）．

［102］樊红敏．城镇化进程中的社会风险［J］．人民论坛，2011（14）．

［103］高岗仓，张凤艳．新疆生产建设兵团城镇化发展的战略思考［J］．社会主义研究，2007（3）．

［104］高慧．新疆农二师二十九团城镇化的影响因素分析［D］．新疆农业大学，2013．

［105］龚新蜀，胡志高．服务业发展、城镇化与就业——基于我国省际面板数据的门槛模型分析［J］．软科学，2015（11）．

［106］龚新蜀，胡志高．我国城镇化对社会稳定的影响：理想与现实的差异及其原因分析［J］．理论导刊，2015（11）．

［107］顾光海．新疆生产建设兵团体制转型研究［D］．武汉大学，2009．

［108］何念如．中国当代城市化理论研究（1979～2005）［D］．复旦大学，2006．

［109］何元超．兵团城镇化发展相关问题研究［J］．石河子大学学报（哲学社会科学版），2011（2）．

［110］姜文仙．区域协调发展的动力机制研究［D］．暨南大学，2011．

［111］康杰．进一步推进兵团城镇化发展的思考［J］．新疆农垦经济，2006（8）．

［112］蓝庆新，陈超凡．新型城镇化推动产业结构升级了吗？——基于中国省级面板数据的空间计量研究［J］．财经研究，2013（12）．

[113] 李建伟, 王炳天. 丝绸之路沿线城镇发展的动力机制分析 [J]. 城市发展研究, 2012 (12).

[114] 李江成. 新疆生产建设兵团城镇化发展研究 [D]. 石河子大学, 2010.

[115] 李静. 三江平原垦区城镇化过程与空间组织研究 [D]. 中国科学院研究生院（东北地理与农业生态研究所）, 2012.

[116] 李萌, 杨龙. 农村贫困、收入不平等与城镇化关系的实证研究——基于2000～2012年省际面板数据 [J]. 统计与信息论坛, 2014 (6).

[117] 李强, 陈宇琳, 刘精明. 中国城镇化"推进模式"研究 [J]. 中国社会科学, 2012 (7).

[118] 李强. 旅游城镇化发展模式与机制研究 [D]. 东北师范大学, 2013.

[119] 李世泰, 孙峰华. 农村城镇化发展动力机制的探讨 [J]. 经济地理, 2006 (5).

[120] 李晓梅, 赵文彦. 我国城镇化演进的动力机制研究 [J]. 经济体制改革, 2013 (3).

[121] 李扬扬. 关于推进我国农村城镇化发展动力机制的研究 [J]. 黑龙江对外经贸, 2011 (4).

[122] 李豫新, 孙乾坤. 新疆生产建设兵团城镇化综合发展水平实证分析 [J]. 新疆社会科学, 2013 (1).

[123] 蔺雪芹, 王岱, 任旺兵, 刘一丰. 中国城镇化对经济发展的作用机制 [J]. 地理研究, 2013 (4).

[124] 刘厚莲. 人口城镇化、城乡收入差距与居民消费需求——基于省际面板数据的实证分析 [J]. 人口与经济, 2013 (6).

[125] 刘晓岩. 新疆城市化进程及动力机制研究 [D]. 石河子大学, 2011.

[126] 刘阳. 西部欠发达地区县域城镇化研究 [D]. 华南理工大学, 2013.

[127] 刘玉侠, 方森君. 城镇化中农业人口非制度化政治参与分析 [J]. 浙江社会科学, 2014 (2).

[128] 陆大道. 我国的城镇化进程与空间扩张 [J]. 城市规划学刊, 2007 (4).

[129] 吕维轩. 兵团第九师小城镇发展模式研究 [D]. 新疆农业大学, 2013.

[130] 马永坤. 城乡建设用地增减挂钩机制的经济学分析 [D]. 西南财经大学, 2011.

[131] 马远, 龚新蜀. 城镇化、农业现代化与产业结构调整——基于VAR模型的计量分析 [J]. 开发研究, 2010 (5).

[132] 马远. 新疆特色城镇化路径研究 [D]. 石河子大学, 2011.

[133] 倪超军, 李豫新, 赵雪冉. 兵团城镇化发展的动力机制研究 [J]. 新

疆农垦经济，2010（9）.

［134］倪超军，赵雪冉. 新疆生产建设兵团城镇化发展道路的特殊性及战略意义［J］. 中国农业资源与区划，2012（2）.

［135］史磊. 乌昌都市区城镇化动力机制与区域协调发展研究［D］. 新疆师范大学，2013.

［136］宋元梁，肖卫东. 中国城镇化发展与农民收入增长关系的动态计量经济分析［J］. 数量经济技术经济研究，2005（9）.

［137］孙沛瑄. 基于VAR模型的新型城镇化动力机制研究［D］. 重庆工商大学，2014.

［138］孙乾坤. 兵团城镇化与工业化协调发展研究［D］. 石河子大学，2013.

［139］孙爽."平台替换论"：城市化对中国转型期贫富差距的影响研究［D］. 南开大学，2012.

［140］田宽. 合肥市新型城镇化动力机制研究［D］. 安徽大学，2013.

［141］万程成. 区域文化产业发展的动力机制研究［D］. 四川省社会科学院，2012.

［142］汪芳. 新疆兵团特色城镇化建设管理模式与运行机制刍议［J］. 农村经济与科技，2011（8）.

［143］王凤鸿，伊文君. 区域农村劳动力转移与人口城镇化协调发展的动力机制研究——以山西省为例［J］. 技术经济与管理研究，2007（8）.

［144］王付晓. 当前维护新疆社会稳定面临的挑战［J］. 兵团教育学院学报，2008（5）.

［145］王建兵. 基于动力机制分析的甘肃省城镇化发展的对策与建议［J］. 小城镇建设，2011（6）.

［146］王洁心. 武汉都市区簇群式空间发展的动力机制研究［D］. 华中科技大学，2010.

［147］王磊. 石河子地区城镇化发展战略研究［D］. 石河子大学，2011.

［148］王婷. 中国城镇化对经济增长的影响及其时空分化［J］. 人口研究，2013（5）.

［149］王云飞，胡业方，王效柳. 论我国城镇化动力机制存在的问题［J］. 怀化学院学报，2014（4）.

［150］王泽. 新疆生产建设兵团城镇化动力机制研究［J］. 中外企业家，2013（27）.

［151］于建嵘. 新型城镇化：权力驱动还是权利主导［J］. 探索与争鸣，2013（9）.

［152］于立. 中国生态城镇发展现状问题的批判性分析［J］. 国际城市规

划，2012（3）．

[153] 喻开志，黄楚蘅，喻继银．城镇化对中国经济增长的影响效应分析[J]．财经科学，2014（7）．

[154] 张贵凯．人本思想指导下推进新型城镇化研究[D]．西北大学，2013．

[155] 张贵先．重庆市产业集群与城镇化互动发展模式研究[D]．西南大学，2012．

[156] 张杰．新疆特色城镇化动力机制研究[D]．石河子大学，2011．

[157] 张丽．城乡协调发展视角下的新疆城镇化产业支撑研究[D]．新疆农业大学，2010．

[158] 张蔚．快速城镇化进程中农村土地退出机制研究[D]．西南大学，2011．

[159] 张雯．金融支持兵团城镇化发展的效应研究[J]．新疆农垦经济，2012（1）．

[160] 张欣然．石河子垦区城镇化空间发展模式研究[D]．石河子大学，2013．

[161] 张彧泽，胡日东．我国城镇化对经济增长传导效应研究——基于状态空间模型[J]．宏观经济研究，2014（5）．

[162] 张宗益，伍燨熙．新型城镇化对产业结构升级的影响效应分析[J]．工业技术经济，2015（5）．

[163] 赵阳．城镇化背景下的农地产权制度及相关问题[J]．经济社会体制比较，2011（2）．

[164] 赵莹．我国长三角地区小城镇发展研究[D]．福建师范大学，2013．

[165] 郑鑫．城镇化对中国经济增长的贡献及其实现途径[J]．中国农村经济，2014（6）．

[166] 中国人口与发展研究中心课题组，桂江丰，马力，姜卫平，王钦池，张许颖，陈佳鹏，王军平．中国人口城镇化战略研究[J]．人口研究，2012（3）．

[167] 周玉斌，陈科．新疆生产建设兵团新型城镇化道路解析及其城乡规划体系构建探索[J]．城市发展研究，2012（5）．

[168] 朱磊，张琰．新疆兵团城镇化建设问题研究[J]．中国农垦经济，2004（5）．

[169] 朱一鸣．城镇化与农民增收的关联性研究[D]．沈阳师范大学，2014．

[170] 阿瑟·刘易斯．经济增长理论[M]．北京：商务印书馆，1996．

[171] 爱德华·肖．经济发展中的金融深化[M]．上海：上海三联书店，1988．

[172] 蔡昉，都阳，王美艳．经济发展方式转变与节能减排内在动力[J]．

经济研究，2008（6）.

［173］曾培炎．促进国民经济又好又快发展［J］.改革，2007（12）.

［174］曾铮．亚洲国家和地区经济发展方式转变研究——基于"中等收入陷阱"视角的分析［J］.经济学家，2011（6）.

［175］常修泽．论以人的发展为导向的经济发展方式转变［J］.上海大学学报（社会科学版），2010（3）.

［176］车春鹂，高汝熹．对中国经济发展方式的思考［J］.审计与经济研究，2009（6）.

［177］陈达云，郑长德．中国少数民族地区的经济发展实证分析与对策研究［M］.北京：民族出版社，2006.

［178］陈荣荣，王新宏．中国经济增长制度因素分析［M］.北京：社会科学文献出版社，2005.

［179］陈雪薇，沈传亮．我国探索推动经济发展方式转变的历程及启示［J］.毛泽东邓小平理论研究，2009（8）.

［180］陈耀邦．可持续发展战略读本［M］.北京：中国计划出版社，1996.

［181］褚劲风．上海创意产业空间集聚的影响因素分析［J］.经济地理，2009（1）.

［182］邓子基．转变经济发展方式与公共财政［J］.东南学术，2010（4）.

［183］狄帕克·拉尔．发展经济学的贫困［M］.上海：上海三联书店，1992.

［184］董运来，赵慧娥，王大超．基于全要素生产率的辽宁省农业经济发展方式转变分析［J］.农业技术经济，2008（6）.

［185］方竹正．用科学发展观推进经济发展方式的转变——基于我国30年来经济发展方式转变的探析［J］.现代经济探讨，2009（1）.

［186］甘肃计划委员会．跨世纪的腾飞：甘肃省国民经济和社会发展"九五"计划和年远景纲要文集［M］.兰州：兰州大学出版社，1997.

［187］高帆，石磊．中国各省份劳动生产率增长的收敛性：1978～2006年［J］.管理世界，2009（1）.

［188］高峰．发达资本主义经济增长方式的演变［M］.北京：经济科学出版社，2006.

［189］高敬．加快转变经济发展方式党员干部读本［M］.北京：国家行政学院出版社，2010.

［190］高庆丰．把握功能定位实现中心城区整体提升［J］.经济丛刊，2006（4）.

［191］龚六堂．经济增长理论［M］.武汉：武汉大学出版社，2000.

［192］郭金龙．经济增长方式转变的国际比较［M］.北京：中国发展出版

社，2000.

[193] 郭熙保. 发展经济学经典论著选［M］. 北京：中国经济出版社，1998.

[194] 国务院发展研究中心课题组著. 转变经济发展方式的战略重点［M］. 北京：中国发展出版社，2010.

[195] 海因茨·沃尔夫冈·阿恩特. 经济发展思想史［M］. 北京：商务印书馆，1999.

[196] 郝寿义. 区域经济学原理［M］. 上海：上海人民出版社，2007.

[197] 何振亚. 中国消费信贷发展回顾与展望［J］. 上海金融，2009（3）.

[198] 胡乃武，金碚. 经济增长理论比较研究［M］. 北京：中国人民大学出版社，1990.

[199] 黄少安. 制度经济学研究（第二辑）［M］. 北京：经济科学出版社，2004.

[200] 贾康，程瑜. 论"十二五"时期的税制改革——兼谈对结构性减税与结构性增税的认识［J］. 税务研究，2011（1）.

[201] 贾康. 促进经济发展方式转变的公共财政建设与改革——"十二五"公共财政前瞻［J］. 中共中央党校学报，2010（3）.

[202] 简新华. 中国经济结构调整和发展方式转变［M］. 山东：山东人民出版社，2010.

[203] 江世银. 四川实现产业结构优化升级的对策研究——基于承接产业转移的背景［J］. 理论与改革，2009（5）.

[204] 姜作培. 经济增长方式转变的政策选择［M］. 北京：中国经济出版社，2001.

[205] 姜作培. 扩大消费：经济发展方式转变的理性选择［J］. 福建论坛（人文社会科学版），2008（6）.

[206] 姜作培. 转变经济发展方式与地方政府的执行力［J］. 当代经济研究，2008（5）.

[207] 金碚. 国际金融危机下的中国工业［J］. 中国工业经济，2010（7）.

[208] 金德尔伯格. 经济发展［M］. 上海：上海译文出版社，1988.

[209] 科斯，A. 阿尔钦，D. 诺斯等. 财产权利与制度变迁——产权学派与新制度学派论文集［M］. 上海：上海三联书店，上海人民出版社，1994.

[210] 李嘉图. 政治经济学及赋税原理［M］. 北京：商务印书馆，1976.

[211] 李克强. 关于调整经济结构促进持续发展的几个问题［J］. 求是，2010（11）.

[212] 李萍. 经济增长方式转变的制度分析［M］. 成都：西南财经大学出版社，2001.

[213] 李学勇. 加快推进自主创新着力促进经济发展方式转变 [J]. 求是, 2010 (11).

[214] 李长春. 正确认识和处理文化建设发展中的若干重大关系努力探索中国特色社会主义文化发展道路 [J]. 求是, 2010 (12).

[215] 理查德·R·纳尔森. 经济增长的源泉 [M]. 北京: 中国经济出版社, 2001.

[216] 厉无畏. 转变经济增长方式研究 [M]. 上海: 学林出版社, 2006.

[217] 利文斯通. 发展经济学的发展 [J]. 经济学译丛, 1983 (7).

[218] 林毅夫. 实现经济增长方式的转变谋求科学发展 [N]. 新华网, 2005-10-16.

[219] 林跃勤. 财政支出结构优化与经济发展方式转变 [J]. 中国金融, 2008 (7).

[220] 刘东皇, 沈坤荣. 公共支出与经济发展方式转变: 中国的经验分析 [J]. 经济科学, 2010 (4).

[221] 刘世锦. 我国经济发展方式转变的认识和政策问题 [J]. 前线, 2008 (2).

[222] 刘永佶. 中华民族经济发展论 [M]. 北京: 中国经济出版社, 2008.

[223] 罗伯特·M·索洛等. 经济增长因素分析 [M]. 北京: 商务印书馆, 2003.

[224] 罗斯托. 经济增长的阶段——非共产党宣言 [M]. 北京: 中国社会科学院出版社, 2001.

[225] 马凯. 以"三个转变"加快经济发展方式的转变 [J]. 当代经济, 2007 (12).

[226] 马强文, 任保平. 中国经济发展方式转变的绩效评价及影响因素研究 [J]. 经济学家, 2010 (11).

[227] 倪红日. 推进经济发展方式转变的税收政策研究 [J]. 税务研究, 2008 (3).

[228] 欧曼·G·韦格纳拉加. 战后发展理论 [M]. 北京: 中国发展出版社, 2000.

[229] 逄锦聚. 经济发展方式转变与经济结构调整 [J]. 财会研究, 2010 (5).

[230] 蒲晓晔, 赵守国. 关于近年来经济发展方式转变研究的观点述评 [J]. 西北大学学报 (哲学社会科学版), 2010 (2).

[231] 蒲晓晔, 赵守国. 我国经济发展方式转变的动力结构分析 [J]. 经济问题, 2010 (4).

[232] 齐建国. 用科学发展观统领经济发展方式转变 [J]. 财贸经济, 2010 (4).

[233] 钱津. 论加快中国经济发展方式的转变 [J]. 学习与探索, 2008 (1).

[234] 钱纳里等. 工业化和经济增长的比较研究 [M]. 上海: 上海人民出版社, 1995.

[235] 沈玉芳. 产业结构演进与城镇空间结构的对应关系和影响要素 [J]. 世界地理研究, 2008 (4).

[236] 史晋川, 黄良浩. 总需求结构调整与经济发展方式转变 [J]. 经济理论与经济管理, 2011 (1).

[237] 史晋川. 论经济发展方式及其转变——理论、历史、现实 [J]. 浙江社会科学, 2010 (4).

[238] 舒元著. 中国经济增长分析 [M]. 上海: 复旦大学出版社, 1993.

[239] 苏东水. 产业经济学 [M]. 北京: 高等教育出版社, 2000.

[240] 谭宗台. 发展经济学 [M]. 上海: 上海人民出版社, 1989.

[241] 汤姆·泰坦伯格. 环境与自然资源经济学 [M]. 北京: 经济科学出版社, 2003.

[242] 唐龙. 论中国经济发展方式的转变 [J]. 探索, 2007 (6).

[243] 唐龙. 体制改革视角下转变经济发展方式研究述评 [J]. 中共中央党校学报, 2009 (2).

[244] 唐龙. 转变经济发展方式关键在于政府改革 [J]. 经济体制改革, 2008 (6).

[245] 汪青松. 行政体制转型与经济发展方式转变 [J]. 安徽师范大学学报 (人文社会科学版), 2010 (6).

[246] 王必达. 经济发展理论的演变: 一个文献综述 [J]. 兰州大学学报 (社会科学版), 2004 (3).

[247] 王国刚. 城镇化: 中国经济发展方式转变的重心所在 [J]. 经济研究, 2010 (12).

[248] 王军. 完善经济发展方式转变的动力问题研究 [J]. 理论学刊, 2009 (9).

[249] 王可达. 自主创新: 转变经济发展方式的中心环节 [J]. 西北大学学报 (哲学社会科学版), 2008 (4).

[250] 王梦奎. 迈向新增长方式的中国 [M]. 北京: 社会科学文献出版社, 2007.

[251] 王明亮. 生态文明建设与经济发展方式转变 [J]. 城市发展研究, 2008 (4).

[252] 王振中. 转变经济增长方式 [A]. 见：政治经济学研究报告 8 [C]. 北京：社会科学文献出版社，2007.

[253] 魏礼群. 转变政府职能为加快经济发展方式转变提供制度保障 [J]. 求是，2010 (12).

[254] 西奥多·W·舒尔茨. 改造传统农业 [M]. 北京：商务印书馆，1999.

[255] 夏长森，顾金吾等. 政治经济学原理资本主义部分 [M]. 天津：南开大学出版社，2003.

[256] 许经勇. 政治经济学社会主义部分 [M]. 厦门：厦门大学出版社，2004.

[257] 杨大明. 甘肃经济概况 [M]. 兰州：兰州大学出版社，1991.

[258] 杨莉. 民族区域自治地方经济发展研究 [M]. 北京：经济科学出版社，2009.

[259] 杨正位. 中国对外贸易与经济增长 [M]. 北京：中国人民大学出版社，2006.

[260] 杨志. 资本论选读 [M]. 北京：中国人民大学出版社，2004.

[261] 姚愉芳等. 中国经济增长与可持续发展理论模型与应用 [M]. 北京：社会科学文献出版社，1998.

[262] 叶振宇，叶素云. 要素价格与中国制造业技术效率 [J]. 中国工业经济，2010 (11).

[263] 翟书斌. 中国新型工业化路径选择与制度创新 [M]. 北京：中国经济出版社，2006.

[264] 张平. 后危机时代宏观政策转变：从需求扩张转向供给激励 [J]. 经济学动态，2010 (12).

[265] 张卓元. 我国转变经济发展方式的难点在哪里 [J]. 经济纵横，2010 (6).

[266] 郑少春. 资源环境约束和福建经济发展方式转变 [J]. 中国科技论坛，2009 (9).

[267] 郑长德. 中国少数民族地区经济发展方式转变研究 [J]. 西南民族大学学报（人文社科版），2009 (10).

[268] 中国社会科学院工业经济研究所课题组，李平. "十二五"时期工业结构调整和优化升级研究 [J]. 中国工业经济，2010 (1).

[269] 周民良. 论民族地区经济发展方式的转变 [J]. 民族研究，2008 (4).

[270] 周书莲. 中国经济增长的两个转变 [M]. 北京：经济管理出版社，1997.

[271] 周叔莲，刘戒骄. 如何认识和实现经济发展方式转变 [J]. 理论前

沿，2008（6）.

［272］周述实. 转型成长中的甘肃经济问题研究［M］. 兰州：甘肃人民出版社，2005.

［273］周振化. 增长转型：中国经济分析1996［M］. 上海：上海人民出版社，1997.

［274］专家团. 加快转变经济发展方式——全面建设小康社会［M］. 北京：中央文献出版社，2010.

［275］庄荣盛. 深化改革促进经济发展方式转变［J］. 社会科学，2007（11）.

［276］邹东涛. 中国—西部人开发全书［M］. 北京：人民出版社，2000.

二、英文部分

［1］Rajshree Agarwal. Abandoning Innovation in Emerging Industries. Voice（2）265 – 513.

［2］Carlota Perez. The Double Bubble at Turn of the Centuey：Technological Roots and Structural Implications［J］. Cambridge Journal of Economics，2009（33）.

［3］Brookshire，Kelm，Matthias，"Evolutionary and New Institutional Economies"：Some Implications for industry policy［C］，ESCR Centre for business Research-working papers，1996.

［4］Toby Harfield. Competition and Cooperation in an Emerging Industry［J］. Strategic Change，1999（4）.

［5］Brown P，Soybel V，Stickney C. Comparing U. S and Japanese corporate level operating performance using financial statement data［J］. Strategic Management，1994（1）.

［6］Thomas Hatzichronoglou. Revision of the High-Technology Sector and Product Classification［J］. OECD Science，Technology and Industry Outlook. Vol. 79（1997）.

［7］Trajtenberg，M. Product innovations，price indices and the measurement of economic performance. NBERW working Paper. NBER：1990，No. 3261.

［8］Vernon，R. International Investment and International Trade in the Product Cycle［J］. Quarterly Journal of Economics，1966，80（2）.

［9］Patrick H T. Financial Development and Economic Growth in Underdeveloped Countries. Economic Development and Cultural Change，1966.

［10］King R G and Levine R. Finance and Growth：Schumpeter Might Be Right. *Quarterly Journal of Economics*，1993.

［11］King R G and Levine R. Finance，Entrepreneurship and Growth：Theory and Evidence. *Journal of Monetary Economics*, 1993.

[12] Levine R, Loayza Norman, Beck T. Financial Intermediation and Growth: Causality and Causes. World Bank Policy Research Working Paper, No. 2059, 1999.

[13] Beck T Levine R. Financial Intermediation and Growth: Correlation and Causality. Journal of Banking and Finance, 2000.

[14] Martin R L (2000) Institutional Approaches in Economic Geography. Companion to Economic Geography, T. Barnes and E. Sheppard, eds. Blackwell, Oxford.

[15] McGahey R, Malloy M, Kazanas K, Jacobs M P. Financial Services, Financial Centers: Public Policy and the Competition for Markets, Firms, and Jobs. Boulder, Colorado: Westview Press, 1990.

[16] Alm, James. "Municipal Finance of Urban Infrastructure: Knowns and Unknowns." Wolfensohn Center for Development Working Paper No. 18. Washington, D. C.: The BrookingsInstitution. 2010.

[17] Ahmad N. Abdel-Rahman, Mohammad R. Safarzadeh, and Michael Bruce Bottomley. Economic Growth and Urbanization: A Cross-Section and Time-Series Analysis of Thirty-Five Developing Countries [J]. RISEC, Volume53 (2006), No. 3.

[18] Aad G, Abat E, Abdallah J, et al. The ATLAS experiment at the CERN large hadron collider [J]. Journal of Instrumentation, 2008, 3 (8).

[19] Aguayo, M. I. etc. Revealing the driving forces of mid-cities urban growth patterns using spatial modeling: a case study of Los Angeles, Chile [J]. Ecology and society 2007. 12 (1).

[20] Annez, Patricia Clarke, Gwenaelle Huet, and George. E. Peterson. Lessons for the Urban Century: Decentralized Infrastructure Finance in the world Bank Washington, D. C.: World Bank. 2008.

[21] Blien U, Suedekum J. Wolf K. Local Employment Growth in West Germany: A Dynamic Panel Approach [J]. Labour Economics, 2006, 13 (4).

[22] Beck U. A Cosmopolitical Manifesto [J]. Dissent-New York, 1999.

[23] Crowley K, Elster K. Mean Girls at Work: How to Stay Professional When Things Get Personal: How to Stay Professional When Things Get Personal [M]. McGraw Hill Professional, 2012.

[24] Chenery H B. Restructuring the world economy [M]. World Bank, 1975.

[25] Clark C. Urban population densities [J]. Journal of the Royal Statistical Society. Series A (General), 1951, 114 (4).

[26] Coser L A. The functions of social conflict [M]. Routledge, 1956.

[27] Comte A. A general view of positivism [J]. Trans. J. H. Bridges. London: Routledge, 1908.

[28] De Tocqueville A. Democracy in America (trans: Goldhammer A) [J]. New York: Libr-ary of America, 2004.

[29] Davis K, Hertz H. The World Distribution of Urbanization [J]. reprinted in JJ Spengler and O. D. Duncan, Demographic Analysis: Selected Readings (Free Press, Glencoe, Ill., 1956), 1956.

[30] Dorian, James P. Central Asia: A major emerging energy player in the 21st century. Energy Policy. 2006 (34).

[31] Dongsoo Kim. Urbanization and Economic Growth: The Effects of Urban Structure [D]. Columbian college of Arts and Seienees, 2007.

[32] Goldstein, A. and Goldstein, S. Rural Industrialization and Migration in the People's Republic of China. Social Science History. 1991. Vol. 15, No. 3.

[33] Eisenstadt S N. Modernization: protest and change [M]. Englewood Cliffs, NJ: Prentice Hall, 1966.

[34] Huntington S. 1968Political order in changing societies [J]. Yale University, 1968.

[35] James C, Davis and J. Vernon Henderson, Evidence on the Political Economy of the Urbanization Process [J]. Journal of Urban Economics, 53 (2003).

[36] Jorgenson, D. W. 1967. Surplus agricultural labor and the development of a dual econ-omy. Oxford Economic Papers. Vol. 19.

[37] Jefferson M. Distribution of the World's City Folks: A Study in Comparative Civilization [J]. Geographical Review, 1931, 21 (3).

[38] Khan H. Challenges for Sustainable Development: Rapid Urbanization, Poverty and Capabilities in Bangladesh [R]. MPRA Paper, 2008.

[39] Kornhauser W. The Politics of Mass Society [J]. London: Routledge & Kegan Paul, 1960.

[40] Lewis, W. A., Economic development with unlimited supply of labor [J]. The Manchester School of Economic and Social Studies, 1954. Vol. 22, No. 2.

[41] Min Zhao, Ying Zhang. Development and urbanization: a revisit of Chenery-Syrquin's patterns of development [J]. Ann Reg Sci (2009) (43).

[42] Margherita Comola and Luiz de Mello. Fiscal Decentralization and Urbanization in Indonesia. UNU – WIDER 2010, Working Paper No. 2010/58.

[43] Michael Spence, Patricia Clarke Annez, and Robert M. Buckley Urbanization and Growth [M]. The International Bank for Reconstruction and Development/The

World Bank, 2009.

［44］Mendras H. La fin des paysans. Changements et innovations dansles sociétés rurales françaises ［J］. 1972.

［45］Northam R M. Urban geography ［M］. John Wiley & Sons, 1979.

［46］Portnov B A. Long-term growth of small towns in Israel: Does location matter? ［J］. The Annals of Regional Science, 2004, 38 (4).

［47］Sato Y, Zenou Y. How Urbanization Affects Employment and Social Internations ［R］. IZA Discussion Paper, 2014.

［48］Scott A J. Globalization and the rise of city-regions ［J］. European Planning Studies, 2001, 9 (7).

［49］T. L, saaty. A scaling method for priorities in hierarchical structures ［J］. Journal of Mathematical Psychology, 1977 (15).

［50］Todaro M P. A model of labor migration and urban unemployment in less developed countries ［J］. The American economic review, 1969, 59 (1): 138 – 148.

［51］Wilson M G. The American woman in transition: the urban influence, 1870—1920 ［M］. Praeger Pub Text, 1979.

［52］Zipf G. K. Human Behavior and the Principle of Least Effort. An Introduction to Human Ecology, Etc ［M］. New York & London, 1965.

［53］Adelman I and Morris C T. Economic Growth and Social Equality in Developing countries ［M］. Stanford university press, 1973.

［54］Edward Barbier. Natural Capital and the Economics of Environment and Development ［M］. 1998.

［55］Galenson W and Leibenstein H. Investment Criteria Productivity and Economic Development ［J］. Quarterly Journal of Economics, August 1955.

［56］Gerschenkron A. Economic Backwardness in Historical Perspective ［M］. Harvard University Press, 1962.

［57］Hirschman A O. The Strategy of Economic Development ［M］. Yale university press New Haven, 1958.

［58］Krueger A O. Liberalisation Attempts and Consequences. NBER, New York. 1978. Bhagwati. J. N. Anatomy and Consequences of Trade Control Regimes. NBER, New York. 1978.

［59］Kuznets S. Economic Growth and Income inequality ［J］. American Economis Review, Vol. 45, March 1955.

［60］Little I M And Mirrless J A. Manual of Industrial Project Analysis in Developing Countries ［J］. Vols. I and II, OECD Development centre, Paris, 1968 and

1969.

[61] Lucas R. On the Mechanics of Economic Development [J]. Journal of monetary Economic, July, 1988.

[62] Nurkse R. some International Aspects of the Problem of Economic Development [J]. Economic Review, May 1952.

[63] Romer P. Increasing Returns and Long Run Growth [J]. Journal of plitical Economy, Oct, 1986.

[64] Rosenstein-Rodan P N. Industrialization of Eastern and South Eastern Europe [J]. Economic Journal, Vol. 53, 1943.

后 记

  当前我国经济已经进入从高速增长转为中高速增长的新常态，区域经济发展的内外条件也已发生明显变化。对新疆生产建设兵团而言，在经济新常态背景下，经济发展的条件和环境也发生了深刻变化，科学研判新常态下兵团经济发展的新机遇、新问题、新挑战，主动适应经济新常态，探寻兵团经济发展的新动力、新优势、新增长点，是实现经济持续健康发展的必然要求。兵团经济作为市场经济的一个组成部分，既要遵循经济运行的客观规律，与宏观经济环境有着密切的联系，同时也受兵团特殊体制机制、区域环境和发展阶段等的作用和影响，呈现出既与全国经济趋势相一致的普遍性，又有着不完全相同的个性差异。基于此，研究新常态下兵团经济发展问题，理性分析全国经济新常态下兵团经济面临的机遇和挑战，进而提出应对策略，对兵团完成"十三五"发展规划，顺利实现全面建成小康社会和当好安边固疆稳定器、凝聚各族群众大熔炉、先进生产力和先进文化示范区具有重要意义。作为一个长期从事经济学教学与研究的学者，很荣幸能为此提供智力支持。希望自己的研究成果能够起到抛砖引玉的作用，让更多的学者关注兵团经济发展问题，为实现兵团步入提质、增效、升级的经济发展新阶段提供更多的帮助。

  本书是我们关注研究新常态下兵团经济发展问题所取得的一些阶段性研究成果。在研究过程中，由本人主持并提出研究思路、设计总体研究方案，确定研究框架，带领团队成员进行实地调查研究，并与各章撰稿人讨论确定写作内容，最后对全书各章节进行调整、补充、修改并定稿。许晓莹、胡志高协助我拟定调研方案，协调课题调研，收集相关资料，参加书稿的整理和修改工作。本书各章分工如下：第1章：龚新蜀、许晓莹、胡志高；第2章：张海鹏、刘宁、许晓莹；第3章：程长林、龚新蜀、潘明明；第4章：胡志高、许晓莹、王艳；第5章：许捷、付玉梅、程莉。

  在完成本书写作过程中，课题组成员深入兵团各师市、团场进行实地调研，获取第一手研究资料和数据，足迹遍布广袤的新疆大地。面对各种各样的难题，团队成员们并没有退缩，用辛勤的汗水换来了现有的研究果实。本书的资料收集和调研得到了新疆生产建设兵团发改委、新疆生产建设兵团统计局、自治区统计局、乌鲁木齐海关等有关部门和领导的大力支持和协作。此外，本书的付梓还要感谢为调研提供热情帮助的各师市、团场领导、企业和有关人员。同时，在本书的编写过程中，我们参考了大量文献，也向这些文献的作者表示深深的谢意。

在新常态下研究兵团经济发展问题，既是理论界研究的热点问题，同时又是兵团经济社会发展中的现实重大问题。随着兵团经济社会的不断发展，我们的研究也将会更加全面深入。虽然作者为本书的完成做了大量工作，但不足与缺憾仍是在所难免，恳请各位专家、读者批评指正。

龚新蜀
2016 年 12 月